# 付属屋と小屋の
# 建築誌

## もうひとつの民家の系譜

大場 修 編著

鹿島出版会

# まえがき――付属屋と小屋が面白い

ハウスメーカーに住宅を注文したとしよう。でき上がった一軒の住宅、通常は一棟である。生活に必要な機能が一つ屋根の下に完備されている。本書のタイトルにある「付属屋」は付いていないし、その必要もない。

現代の住宅で付属屋といえばガレージだろうか。ただ、屋根がなくとも駐車できるから、現代人にとって付属屋は馴染みが薄い。「小屋」についても、「物置小屋」や「犬小屋」など、小さく簡易な建物を指す言葉として今も使われるが、日常生活に不可欠というわけではない。だから、「付属屋と小屋が面白い」と言われても、ピンとこないかもしれない。

しかし、伝統的な「民家」では、敷地の中に便所や風呂、納屋や蔵などが並んでいる。これが付属屋で、「主屋」(母屋、おもや)に付き添う建物である。付属屋があることで住宅としての機能が全うされる。

付属屋は、古くは「小屋」と呼ばれたりした。今でも納屋を小屋と呼ぶ地域があるし、古い民家を訪ねると牛(馬)小屋や木小屋、漬物小屋、灰小屋などの名を聞く。土蔵を除く付属屋の多くを小屋と呼ぶようである。

小屋は、山小屋や水車小屋、舟小屋、芝居小屋など、付属屋でもなく、また居住に関係しない建物を指して呼ぶことがある。いずれも簡素で小規模なものである。芝居小屋も元々は筵《むしろ》掛けの仮設小屋から発生したから、この名が残った。

本書で取り上げる民家とは、およそ昭和戦前期までに建てられた庶民住宅の総称である。民家は、農家や町家（商家）、漁家などに大別されるが、みな生業《なりわい》に関わる機能を内包している。民家が民の家たる所以であるが、多くの場合、付属屋がその生業を担っている。酒蔵などは主屋よりも大きくて家業を象徴しているし、本書が取り上げる宇治茶を製造する茶工場は、主屋に隣接しつつ主屋よりも目立つ位置に建てられている。舟小屋は漁業施設であり、付属屋として設ける場合もあれば、浜辺に群をなして建ち並ぶものもある。付属屋と小屋は生業に関わりつつ敷地の内外に建ち、地区や集落の景観をつくるものが多くある。

日本の民家建築は地域性に富むといわれる。実際、寺社や御殿建築と比べれば、豊かな地域性は民家の際立つ特質であることがわかる。

この場合の民家とは主屋を念頭においている。町家は通りに面して主屋を並べ、農家も主屋が屋敷の中心を占めるから、当然である。屋根だけを取り上げても、主屋の造形は多彩である。「合掌造り」

や「中門造り」を紹介するまでもない。
しかし、繰り返すが民家は主屋と付属屋・小屋で構成されている。付属屋や小屋の類も、多様性という点では主屋に勝るとも劣らない。時には付属屋が主屋以上に地域性を表出し、個性的な場合だってある。

どういうことか。

付属屋や小屋の多様性について、少し考えてみよう。日本の民家主屋）は「木造軸組造」を標準とする。防火建築として発達した土蔵造りの町家も、木造軸組の外側に土壁を厚く塗った建物である。防火や耐火を目指すのであれば、石造や煉瓦造という選択肢もあったはずだが、日本の民家建築に石造や煉瓦造は普及しなかった。一部の地域には石造民家があることが知られるが、例外として扱っても差し支えない。日本の民家は木造一辺倒なのである。

付属屋や小屋の類も、多くは木造である。しかし、なかには「石積み」のものがあり、石積みと木造が混じり合ったものもある。石積みと書いたのは、整った切石による石造ではなく、自然石を積み上げたものが多いからである。付属屋や小屋には、木と石と土、さらには煉瓦も使用され、その多彩な構造や工法（構法）のヴァリエーションは、主屋にはない付属屋や小屋の大きな特徴である。

用途もさまざまである。機能に応じた独特の多彩な意匠や形式がある。さらには特別な技術も発達させた。家財や商材を保管し保護するための土蔵は、地域によっては防火性能を超えて、左官職人のワザの結晶として、高度な意匠性をもつものまで出現した。しかも、内部が「蔵座敷」と呼ぶ特別な接客空間となって、地域の生活文化を担う重要な建築に高められていたりする。この辺りのことは本論で詳しく述べている。

伝統的な付属屋や小屋を観察すると、主屋とは異なる「もう一つの民家の世界」が見えてくる。日本民家における自然や風土、生業や社会との関わりが、主屋よりもむしろ鮮明に読み取れるのが、付属屋であり小屋である。

しかるに、これまでの民家研究はもっぱら主屋を扱ってきた。主屋にかまけてきたのである。民家研究は「主屋研究」であり、民家史は「主屋建築史」であった。少なくとも戦後から今日まではそうであった。民家を語るあまたの本も主屋一筋で、付属屋や小屋は久しく蚊帳の外におかれてきた。文化財指定においても、付属屋の存在を評価せず主屋に限る時代があった。

本書は、付属屋や小屋にスポットを当てる。その成立背景や気候風土との関係を探り、独自の機能や意匠・工法・構造的特徴を探る。これにより、付属屋や小屋が主屋にもまして多様性に富み、地域固有の集落や町並みの景観形成に不可欠で重要な役割を果たしてきたことを、この本は具体例に即して明らかにする。

本書はまた、小屋と呼ばれる小さく簡単な建物が、なぜ今日まで使われて続けてきたのか、その背景と維持のメカニズムを探る。維持と更新がもっぱら大工の専門技術に委ねられてきた民家の主屋とは異なる、人と住空間との持続的な関わりの諸相を、本書は小屋や付属屋から読み解いていく。

「もう一つの民家の系譜」としての付属屋や小屋の魅力を伝えること、それが本書の目的である。もう一つの系譜とは、自然に向き合い、生かされてきた人々の生業や生活文化、知恵の所産としての住空間であり、その総体である。主屋よりも付属屋や小屋に問いかけた方が、史的住空間の特質がより鮮明に読み取れる、と筆者は踏んだのだ。

本書は、民家史学に建築意匠学・構法・材料、さらには土木学という分野横断的な研究チームを組み、数多くの研究会を積み重ねることで、地域に密着する固有で多彩な付属屋や小屋を「住空間遺産」として収集し、誌した記録集である。

目次

## 第3章 風土に向き合い、自然と共生する営み

第4章

# 命を守る——生存のための小屋



第5章

# 石を積む営み——石と木のハイブリッドな世界

第6章

## 土と石でつくるハンドメイドの風景



第7章

## 土蔵——究極の職人技

# 第1章

# 付属屋・小屋の知られざる世界

# 第1節　価値と魅力の捉え方



民家の主役は主屋（母屋）であるが、この本の主役は、脇に佇む付属屋や小屋たちである。民家に関する本は数多あるが、付属屋や小屋をさまざまに拾い上げ、歴史や意匠、技術、構法などを解説した本は少ない。本書は、未知なる付属屋や小屋の世界を読み解こうとしている。

伝統的な民家といえば、主屋しかイメージがわかない通念を脱ぎ捨て、民家は小屋・付属屋・屋敷・集落という「住空間」の全体性の中で成立し発展したことを、主屋から視線をシフトすることで浮き彫りにする。民家（主屋）は付属屋・小屋なしでは成立しえないし、民家は屋敷を構え集落を構成する要素である、という当たり前の事実に本書は立ち返る。

この本のねらいは「まえがき」に十分に書いた。「もうひとつの民家の系譜」である付属屋や小屋の魅力を伝えること、これが本書の目的である。そのために、民家史学に建築意匠・構法・材料学、さらに土木学という分野横断的な研究チームで議論を重ねた。従来の縦割で個別的な取り組みを横断的に接続し、研究の視点や方法論を交流させることで、付属屋や小屋に対するこれまでにない独自の視点や新たな評価軸が数多く見いだされた。

他の文化財建造物と同様、これまでは民家建築についても「古いもの＝歴史的価値」「立派なもの＝意匠的価値」「優れたもの＝技術的価値」で評価されてきた。民家の場合はこれに地方的特色という価値が加わるが、だとしても「古くないもの」「質素なもの」「簡易なもの」は有形文化財としては評価しづらい。

けれども、小屋は本来そのようなものである。付属屋も、立派な土蔵などは主屋に準じて評価できるが、漬物小屋や灰小屋など呼び名に小屋と付くものや、茶工場など工場と呼ばれるようなものは既存の価値軸にはなじまない。では、どうすれば小屋や付属屋の文化的価値が測れるのか。

本書は、日本人の伝統的な住空間の中で小屋や付属屋が果たしてきた役割やつくられ方を再考することで、その問いに答える。

まえがきにも書いたとおり、まずは生業である（第2章）。次に気候風土（第3章）、さらに災害を挙げなくてはいけない（第4章）。生産の現場に足を運べば、付属屋や小屋が主屋以上に活躍してきたかがわかる。そして、民家が気候風土をどのように受容し、災害といかに向き合ってきたか。そこにも、主屋に付属するさまざまな建物や小屋が主屋以上に重要な役割を担ってきた歴史を見ることができる。

付属屋や小屋の材料や工法、技術にも目を向ける必要がある。とりわけ石である（第5章）。石造りの建物には、木造一筋の主屋とは違った建築と生活の文化がある。

石を積み、土を突き固める行為それ自体も注目に値する。付属屋や小屋は、手仕事・ハンドメイドの所産である。その営為が地域の中で継承されてきたことに無形遺産的な価値がある（第6章）。そして土蔵。土蔵には左官職人の究極の技が投入されてきた。土蔵の歴史やその技術をひもとくことは、主屋と比肩する独自のステータスを付属屋に付与することになるはずである（第7章）。

# 第2節 小屋とは何か

本書は、付属屋と小屋をひと括りにしている。理由は、実際区別ができないからである。しかし、だからといって付属屋と小屋について何も議論せずに先に進むわけにもいかない。

付属屋とは、主屋に付属し主屋の機能を助ける建物である。主屋以外のものは付属屋ということになる。ただし、主屋が複数の棟でできているものもある。例えば、その名の通り「分棟型」の民家［図1］。「二棟造り」「釜屋建て」とも呼ばれ、居室棟と炊事棟が別棟になっている。この場合は二棟で主屋である。洋館を持つ近代住宅の場合も、洋館は主屋の一部であろう。一方、離れ座敷などは付属屋として扱うことが出来そうである。付属屋なのか主屋の一部なのか迷うこともあるが、付属屋とは主屋の機能を補完する建物で、主屋と対をなす建物の総称とみなして大禍ないだろう。

小屋の方は難しい。『広辞苑』（岩波書店）も『建築大辞典』（彰国社）にも、小屋とは小規模・粗末・仮設の建物だと書いている。『建築大辞典』は、「民家においては小規模の付属小屋」と付け加えている。民家の語彙を集めた『日本民家語彙解説辞典』（日外アソシエーツ）も、薪置き場や馬屋を示しながら、小屋は敷地内の小規模な付属屋を指す呼び名だとまず説明した上で、さらに項目が並ぶ。二つ目は、延焼を防ぐために集落から離れたところにまとめて建てる蔵（長崎県対馬地方）。これは主屋に付属しない事例である。三つ目は「民家の屋根裏を小屋と呼ぶ」とある。

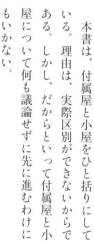

小屋に関する四つ目の解説は重要であろう。小屋とは江戸期における無高農民層の住居を指す呼称だと説明する（東大阪市付近）。民家史研究の第一人者である宮澤智士も、中世の建築は「堂」と「小屋」に大別できるとし、宗教建築と貴族住宅は堂、庶民住宅の大部分は小屋と考えられると指摘している。

小屋に最も早く着目したのは今和次郎であろう。一九二六年から翌年にかけて『アルス建築大講座』に掲載された「郷土建築」と題する小屋論は正鵠を射たもので、いまも新鮮である。今は、小屋を「その土地で

［右］図1 旧作田家住宅、千葉県上総地方の分棟型民家の代表例（重文、江戸時代中期、旧所在地千葉県九十九里町、現川崎市立日本民家園）

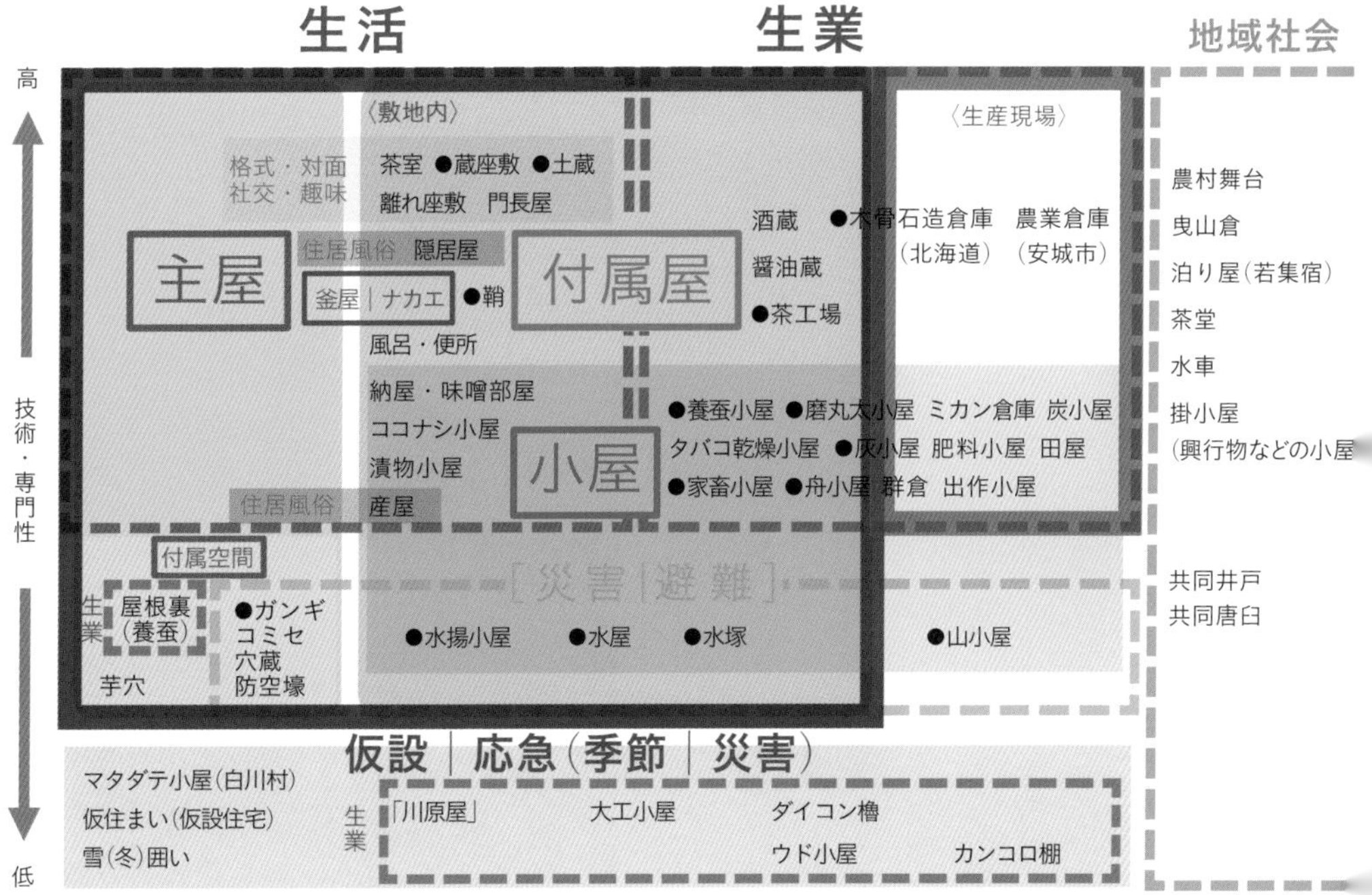


図2 付属屋・小屋の位置や機能との相関図（主屋と生活や生業、地域社会・災害との関係性）（●印は本書収録の付属屋・小屋）



無代（あるいは無代に近い代価）で得られる材料で、使用目的に適するように、簡単に自給的に造った建物」であり、「自給的なる建物は他人への見栄もなんもかまわぬから、でたらめな工作過程から結果される面白さが出る」し、「造る材料と使用目的とを骨と肉として、一体となりきっている結果を見せてくれている」と評した。そして「いちばん真実な実例を持ってくるなら、開墾の労作に働く人たちの、働く原野の上に最初に建てられる家屋である。（中略）超民家建築で、素朴それ自身である。（中略）まだ家と言えるような姿になっていない建物のことを一般に小屋という概念のもとに見なければならないのだ。そして、この小屋というものに対する理解は、民家を味わう場合の重要な要素となる」と、小屋を明確に定義づけている。小屋とは民家の祖型（素朴な超民家建築）だと、今は言うのである。

小屋は付属屋と重なりつつも、敷地（屋敷）の外にも立つし、古くは粗末な下層民の住居の呼び名であった。この点は、小屋に素朴で「住宅未満」な状態を見いだす今和次

郎の眼差しと呼応する。小屋は幅が広く奥が深い魅力的な用語である。

本書は書名に「建築誌」と付けたように建築史の本ではない。付属屋と小屋について、歴史も含めさまざまな観点から書き誌した本である。ここではその準備作業として、付属屋と小屋の具体例を一堂に書き上げた。並べ方は簡単ではないが、立地（敷地の内か外か）や用途、施工技術のレベルも考慮しつつ、これらを相関図にまとめてみた[図2]。

まず、住まいであるから「生活」に必要なものがある。これらは屋敷の内に建つ付属屋である。便所や風呂は家の中に設ける場合もあるが、伝統的な民家の場合、普通は主屋と接続、あるいは近傍にある。付属屋には簡素で小規模なものが多く、これらは小屋と呼ばれる。漬物小屋やコナシ小屋などである。一方で、土蔵は長屋門[図3]などとともに格式を表すものでもあるから、見栄えを意識して意匠性が高く、高度な施工技術を駆使した高級な付属屋である[図4]。

敷地内には「生業」に関わる付属屋がある。酒蔵、醤油蔵、製茶工場などは大きな

[上から]図3　山田家住宅長屋門、幕末に建てられた大阪の泉南地域で最大級の長屋門（国登録有形文化財、大阪府泉南市）　図4　旧大沼家住宅の主屋裏手に建ち並ぶ土蔵群、同家は近世には紅花商、近代は味噌醤油等の製造販売で財をなした最上層商家（重文、宮城県柴田郡村田町）　図5　石造りの大型灰屋、中で木の枝や落ち葉、藁などを燃やし、焼灰をつくる小屋。畑に撒く肥料となる。「はんや」と呼ぶ地域もある（和歌山県東牟婁郡北山村七色）　図6　丹後半島伊根町新井崎の舟小屋群、入江に沿って戸建ての舟小屋が並ぶ。集落は背後の高台にある（京都府与謝郡伊根町）

［右頁］図7 玉ねぎの産地として知ら
る淡路島に残る玉ねぎ小屋。「なる」と
ぶ棒に渡して吊り下げ、乾燥熟成させる
「吊り玉」は甘みが増し表皮にツヤが
る（兵庫県南あわじ市阿万吹上町）

［上から］図8 対馬市鰐浦の群倉。対馬では防火対策と作業効率のために小屋をまとめて建てる。鰐浦地区は150棟以上の小屋が林立するコヤヤシキの代表例。小屋の面する空き地は「ベー」「ベードコ」と呼ばれる（長崎県）
図9 吉野川の氾濫域に建つ田中家住宅（重文）。阿波藍の生産で財をなし、地元産の青石による石積み宅地に主屋を始め藍納屋、藍蔵などが建ち並ぶ（徳島県西郡石井町）
図10 石積みで嵩上げされた敷地の最奥部に、石をさらに高く積み上げた基壇の上に立つ「水揚げ小屋」。水害時の避難小屋である（和歌山県東牟婁郡古座川町一雨）

図11 福知山旧城下町の町家では、頻発する由良川の
に備えて屋根裏の3階に人や家財の避難場所「タカ」を
ける。荷物は土間の上部に吊るした滑車で揚げる。写真
部の手摺は2階のタカ、上部3階のタカにある階段は
の上に脱出するためのもの（京都府福知山市）

ものもあるが、牛（馬）小屋やタバコ乾燥小屋など小屋に類するものも多い。

生業を担う建物は屋敷の外にも広がっている。田畑の傍ら、水辺、山林など生産現場の一角を占めて建つ小屋は、灰屋［図5］、肥料小屋や舟小屋［図6］、玉ねぎ小屋［図7］など枚挙にいとまがない。

災害に備える付属屋や小屋もある。屋敷の一角を占める土蔵は、ステイタスの象徴

［上右］図12 旧今井染物屋付近の雁木通り、雁木上部に2階を伸ばした「造込み式雁木」の事例（新潟県上越高田市）
［上左］図13 青森県黒石市の「こみせ通り」、青森県や秋田県では建物の表通りに設けられたひさしを「こみせ」と呼ぶ。積雪期には軒先に「しとみ」を落とし込み、雪の吹き込みを防ぐ
［下］図14 旧北国街道今庄宿に残る組み立て式の雪囲い（棟岳寺境内、福井県南越前町）

であるとともに、そもそも土を厚く塗り込めた防火建築である。集落からあえて離して建ち並ぶ群倉［図8］も火災から財産を守る知恵である。

本書が特に注目したのは水害に備える小屋である。洪水多発地帯を抱える日本では、各地で水害対応型の屋敷構え［図9］を見ることができる。石積みの上に建つ避難施設としての小屋は、住民の生命を守る自助の備えであり、隣近所にも開放され、互助の施設でもある［図10］。市街地では、水害時の垂直避難先として町家の屋根裏（小屋）を活用する地域もある［図11］。主屋内部の「付属空間」が避難小屋を代行するのである。

日本海側の豪雪地帯では、「雁木」［図12］や「こみせ」［図13］の存在が知られている。町家の庇を長く張り出して通路とするもので、主屋の付属空間が防雪機能を果たしている。「雪囲い」は冬季限定の仮設物で、組み立て式の雪囲いの伝統を残す地域がある［図14］。このような一時的な工作物も、主屋の回りに出現する付属空間である。宮崎や鹿児島で見かける「大根ヤグラ」などは組み立て式の農業施設の典型例で、近年有名になりつつある。

図2には、さらに地域社会が共有する施設も並べている。地域の年中行事や通過儀礼の拠所となるこのような建物も、民家の影に隠れてあまり注目されてこなかった。

［上］**図15** 北山杉の磨き丸太倉庫群。本来は主屋の付属屋として建てられたが、昭和戦前期に大型化し独立建てとなる（京都市北区中川北山町）
［下］**図16** 宇治茶の生産集落では、主屋の脇に大型の茶工場が建てられる。主屋と棟筋を違え、2階に格子窓を設け集落景観を特徴づけている（京都府相楽郡和束町）

## 第3節 異形の建築

本書は、付属屋と小屋の世界を多様な視点から解説する。それぞれの章で、読者に何を伝えようとしているのか、本論に入る前に要点を抄出しておきたい。

### 1

### 第2章 「生業《なりわい》」が生み出す小屋の形

第2章は、民家の所以である職住一体の住空間において、付属屋や小屋が果たす役割を探る。さまざまな生業が地域性豊かな付属屋と小屋を生成したことを具体的に示す。考えてみれば、民家は敷地の内も外も農林商漁業に関わる労働の場であり、付属屋や小屋は生産労働の担い手であった。本章はこの点を改めて明確にする。

まず第1節では、各論の前段で生業施設としての付属屋・小屋の類型を総括的に説いている。第2節は、島根県において地域独特の景観を形成する干し柿作りの作業小屋「柿小屋」を取り上げ、その風土建築としての意義を探る。第3節は、愛媛県の養蚕小屋をクワナヤ（桑納屋）などの付属屋とともに取り上げて、養蚕業の発展に伴う主屋を含む建築的な変遷をあとづけている。第4、5節は、伝統的な漁業集落における舟小屋について、佐渡島と隠岐の島の事例からその構造や形式、所有関係などを明らかにして、それぞれの地域特性を探った。第6節は、京都市北区の北山杉の磨き丸太倉庫［図15］に着目し、主屋の付属施設から、大型化し独立の倉庫建築へと発展する過程

図17　生垣や樹木が景観の主体となっている旧武家屋敷の町並み（青森県弘前市仲町地区）

をたどった。第7節は、京都府相楽郡和束町における伝統的な宇治茶製造のための茶工場［図16］について、近世以来の手仕事を基本とする作業場建築とその近代的な変容を解説し、茶畑とともに地域の文化的景観を形成する意義を記した。第8節は、マニュファクチュアとしての大規模な作業場建築群の好個の例として、長崎県の鯨加工場を諸資料から解読している。

## 2

## 第3章　風土に向き合い、自然と共生する営み

第3章は、気候風土と地勢が育んだ日本の民家と付属屋や小屋、屋敷構えから集落構成までを横断的・包括的に検討し、住空間の地域性と多様性、そこに潜む秩序性を探る（第1〜3節）。第1節では主屋の間取りと付属屋の配置、屋敷構え、「イエの領域」などとの相互関係を読み解き、これらが水路やミチを介して集落の空間秩序を生成していることを示した。第2節では民家の屋敷構えの多様な類型とその地域特性を総覧する。第3節では旧武家住宅の屋敷構えにおける生垣や庭、樹木の文化的な価値を明確にしている［図17］。

世界的にも有数の豪雪地帯を擁する日本。章の後半は、雪と共生する居住システムに目を向ける。雁木や雪囲い、鞘（覆屋）［図

［右］図18　土蔵造りの主屋が鞘（覆屋）の中に収まる、類稀な形式を持つ佐藤家住宅（重文、明治初期、秋田県横手市増田町）　［左］図19　主屋から裏手に巨大な鞘をのばして内蔵（蔵座敷、明治中期）を覆い、主屋と一体的な構成とする（旧石平金物店、秋田県横手市増田町）

［上］図20 水防のための石積み宅地の事例。熊野川の氾濫に備えて民家の宅地が高く嵩上げされている（三重県熊野市五郷町）
［下］図21「焼山」と呼ばれた富士山の高所域では、噴石や溶岩で防御を固めた小屋（石室）を建てた。富士宮口本7合目の山口山荘（昭和32年建て替え）は石室の姿を伝える

18・19］など、主屋に付属する雪国独特の伝統的な施設や装置から、自然環境と共生する生活の知恵と営みを明らかにする（第4〜6節）。

## 3 第4章 命を守る——生存のための小屋

第4章は、防災施設としての付属屋や小屋、屋敷構えをクローズアップする。災害時、人は主屋を捨て小屋に逃げ込む。第1〜3節は、水害に備える屋敷構えや小屋の事例を示しつつ、土木（石積み）・建築（小屋）・生活（知恵）が三位一体の、水防文化遺産とも言える価値を提示する［図20］。

第4節は、人を容易に寄せつけず、ゆえに神聖化された富士山「焼山」ゾーンの山小屋（石室）［図21］を取り上げ、その石室の意味と宗教性を論じる。

## 4 第5章 石を積む営み——石と木のハイブリッドな世界

日本の民家建築に通底する木造軸組造に対し、小屋や付属屋には異なる景色がある。第5章は、石を積む、あるいは石と木が混用される世界である。

第1節は、木造という普遍性をまとう主屋とは対象的に、地元産石材の産物である石積み建物は、最も地域性豊かな建物類型であることを指摘し、その特質を明らかにする。第2節は、石積み建物の好個の例と

［左頁］図24　石柱と土ダンゴを積み上げた壁で構築された下層部に、木造軸組の上部構造を載せた小屋（広島県三原市大和町上徳良）

［上］図22　大谷石の石造蔵や付属屋が建ち並び、独特の通り景観を形成している（栃木県宇都宮市芦沼町上河内町葦沼地区）
［下］図23　新島固有のコーガ石（軽石）を使った前田家住宅の外便所。新島にはコーガ石の建物が多数残る（国登録有形文化財、東京都新島村本村）



して宇都宮市の大谷石建物群［図22］を取り上げ、第3節では、国見石（福島県）と高畠石（山形県）という地元に根づいた石造建物に光を当てる。石材が地域内でストックされ貨幣のように流通するという、石材の特異な事象も示される。

第4節は、北海道小樽の木骨石造という石と木の混構造の倉庫建築が、伝統的な土蔵建築の代用建築として普及したことを明らかにし、第5節では長崎県に分布する石積み建築における石造と木造との序列的な関係を明確にしている。第6節は、新島の抗火石（コーガ石）という特殊な石材と、その石積み建物の用法を解き明かしている［図23］。

## 5

## 第6章　土と石でつくる ハンドメイドの風景

第6章は、ほとんど知られていない土ダンゴを積み上げたユニークな小屋、あるいは土着の石垣を通して、「積む」技術の意味を問い直す。第1節は、知られざる異形の「土積み」の小屋を通して建築工法の常識を再考し、第2節では土と石を積み上げた小屋の地域固有の構造を解いた［図24］。第3節も、石垣と一体となった、あるいは石積みと木造が混用された長崎県の「ドヒョモタセ」と呼ばれる独特の小屋建築を取り上げた。

さらに第4節では、宅地や田畑を形づくる石垣が、住空間と生業空間を生成する「生きるための技術」の所産であることを明ら

［上］図25　寒冷地である長野県諏訪地方には、内蔵を抱え込むようにして建つ「たてぐるみ」というユニークな形式の民家がある（長野県茅野市宮川新井）
［下］図26　会津若松の大商家福西本店座敷蔵入り口、書院造の27畳半の座敷蔵は広い畳敷の広縁が付き、広大な日本庭園が望める（福島県会津若松市）

かにし、日常的な手入れによりこれらが継承されてきたことの文化的価値を提起する。

本章は、専門職である大工棟梁が建てる民家の主屋とは異なる、人と住空間との持続的な関わりの諸相を、土と石を通して明らかにしている。

## 6　第7章　土蔵——究極の職人技

土蔵は民家の代表的な付属屋であるが、その歴史は意外に知られていない。第1節では土蔵の技術や意匠の歴史を振り返る。第2節は、塗り重ねる「壁の建築」がそもそも世界的に稀であることを指摘しつつ、土蔵を土蔵足らしめている左官技術の神髄と、鏝による高い造形性を説いた。第3節では、長野県諏訪地方の土蔵を取り上げ、寒冷地で独自に発達したそのユニークな形式の成立背景を、第4節は同地方の「たてぐるみ」と呼ばれる主屋に守られた内蔵の伝統とその意味を解き明かした［図25］。第5節は蔵座敷［図26］である。接客という高度な生活文化的行為が主屋ではなく土蔵内部で展開されることの意味を探り、第6節では蔵屋敷独自の室内空間とその地域性を明らかにする。

本書は、日本各地の付属屋と小屋を具体的に取り上げて、生業・風土・災害・技術・材料などとの関係を探りつつ、その独特で豊かな異形の建築世界に分け入った。

その所在は北海道から九州の広範囲に及ぶ［図27］。付属屋・小屋の知られざる系譜をたどる物語を始めよう。

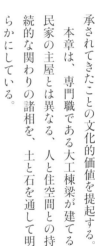

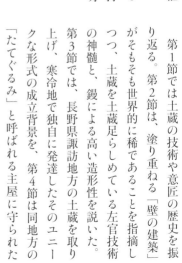

図 27 本書に記載した付属屋や小屋などの所在分布図

**凡例**

- ● 2 章 「生業」が生み出す小屋の形（第 2 節～第8節）
- ● 3 章 風土に向き合い、自然と共生する営み（第 3 節～第 6 節）
- ● 4 章 命を守る――生存のための小屋（第 2 節～第 4 節）
- ● 5 章 石を積む営み――石と木のハイブリッドな世界（第 2 節～第 6 節）
- ● 6 章 土と石でつくるハンドメイドの風景（第 2 節～第 4 節）
- ● 7 章 土蔵――その職人芸と地域性（第 3 節～第 6 節）

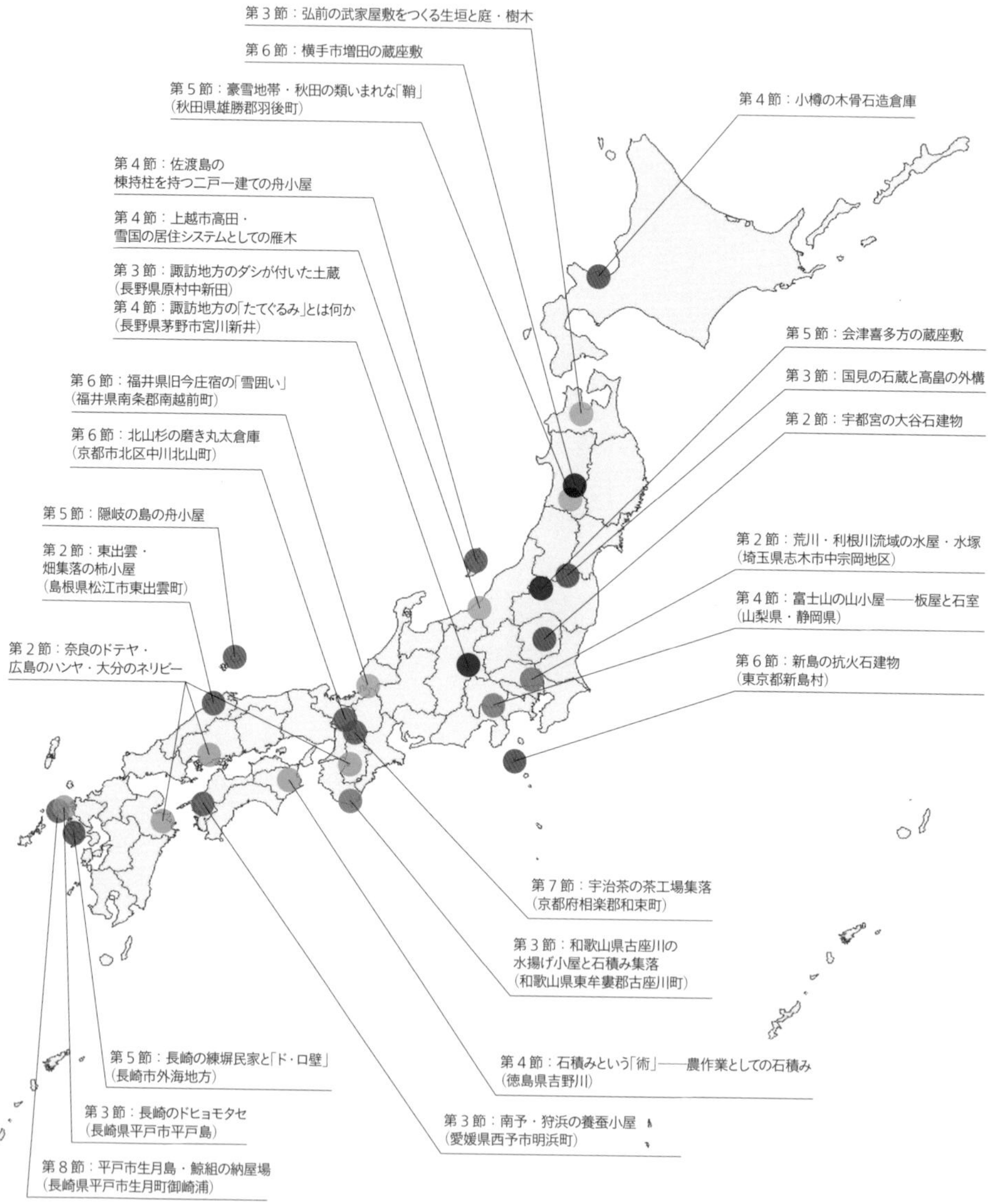

# 第2章

# 「生業《なりわい》」が生み出す小屋の形

図1 祠屋（茅野）

# 第1節 生業を担う小屋

## 1 「小さく、粗末で、仮設的」な小屋

幾つかの辞書で調べるとわかるが、「小屋」の第一定義は「小さく粗末で仮設的な建物」である。ここから、身近でありあわせの材料（土石草木）を用いて、大工の手を借りず民衆がセルフビルドしたもの、というイメージが生まれるだろう。「粗末」な小屋は、架構・設えともに素人的、甚だシンプルであり、必然定期的な補修が必要になる。こうした小屋本来の特性を最も示すプリミティブな事例の一つとして、**図1**には「祠《し》屋《おく》」を示した。諏訪（茅野市）の「御小屋掛」と呼ばれるもので、四本柱の内部には三峯社を祀り、地元有志によって毎年一二月につくり変えられる。人の手の痕跡が感じられる愛すべき小屋であり、原始的な小屋といえる。

## 2 生業による区分

しかし現代となっては、第一定義だけで生業を担う小屋を俯瞰することはできない。近代以降、構法・素材は変化し、時に集約化・大規模化がなされてきたからである。そこで、少し視点を広げて、縦軸に産業区分を、横軸にその主機能を要約し、マトリクス化した結果（約九〇種）が**表1**である。「農業」に分類される生業は、水稲・雑穀・いも・野菜・果樹などの育成に加え、菜種・葉タバコ・生茶といった工芸農作物と、畜産（養蚕・養蜂含む）が対象となる。稲作に関わる小屋は、その多くが農家の屋敷地内に置かれ、基本的に付属屋の性格が強いが、機能上、耕作地に近接し点在する小屋も存在する。「農具小屋」［図2］はその代表格であり、田園風景の中では、あまりに日常的なため、特に気にかけられることもない「名もなき小屋」である。この他に、水田脇に建てられた、秋の収穫期に「稲架」を組み立てるための杭を置いておく開放的な建屋を「ハサ杭小屋」［図3］あるいは「ナガキ小屋・稲木小屋」などと呼ぶ。

農業関連小屋には、「作期に合わせて活躍する小屋」に幾つかのバリエーションがある。例えば、初夏の南あわじの農村風景

表1 小屋のマトリクス

| | | 貯蔵 | 作業 | 乾燥 | 宿泊・休憩 | 道具・動力収納 | 監視・販売 | その他・備考 |
|---|---|---|---|---|---|---|---|---|
| 農業 | 稲作 | 籾倉・米蔵<br>納屋 | コナシ小屋 | 稲架小屋<br>**ハサ杭小屋**<br>木小屋 | | **農具小屋**<br>**ポンプ小屋**<br>家畜舎 | 水番小屋 | |
| | 畑作<br>果樹 | 堆肥舎<br>灰小屋＊<br>**密柑小屋** | 藍寝床<br>**砂糖〆小屋 L** | **玉ねぎ小屋**<br>**椎茸小屋**<br>柿小屋＊<br>大根櫓<br>地実棚 | **出作り小屋 D**<br>**開拓小屋** | 製粉水車 | 畑小屋<br>スイカ番小屋 | ウド小屋 |
| | 工芸<br>畜産 | 家畜舎<br>桑納屋<br>風穴小屋 | 茶工場＊<br>養蚕舎＊ | **葉タバコ小屋**<br>トウモロコシ小屋 | **茶摘み小屋**<br>草泊まり | オイ小屋 | | |
| 林業 | | **納屋 D**<br>杉丸太小屋 | **炭焼小屋**<br>**楮蒸小屋 L**<br>杓子小屋<br>紙漉小屋<br>漆釜屋 | **薪棚** | **杣小屋 L**<br>狩猟小屋 L<br>木挽小屋 L | 製材水車 | **松茸小屋**<br>薪販売小屋<br>鴨監視小屋 | |
| 漁業 | 漁業 | **浜納屋**<br>藻小屋 | **四手網小屋**<br>煮干釜屋<br>番屋 | **昆布小屋**<br>海苔小屋 | **浜小屋・番屋**<br>海女小屋 | **網倉**<br>**船小屋 C**<br>**ウインチ小屋 C** | 魚見小屋 | マテ小屋・やな小屋<br>船頭小屋 |
| | 養殖 | **カバタ**<br>いけす小屋 | **真珠屋形**<br>**牡蠣小屋** | | | | | |
| 鉱業 | | 曬水小屋 L<br>塩納屋・**釜屋** | **弁柄小屋 L**<br>湯の花小屋 | **鉱石乾燥小屋** | | トロッコ小屋<br>消防器具小屋 | | **オンドル小屋 P** |
| 地域社会 | | **群倉 D**<br>**郷倉 D**<br>ゴミ置き小屋 | 穴蔵 | | 泊り屋<br>**茶堂**（**辻堂**）<br>石室＊ | 山車倉 | 流刑小屋 | **祠屋 P**<br>産小屋<br>**イケ**（**共同井戸屋形**）<br>桟橋小屋 |

＊：別節で取り上げられているもの
太字は本節で取り上げたもの。「P：小さく粗末で仮設的な小屋」「D：離れて建つ小屋」「L：失われゆく小屋」「C：変わりゆく小屋」

[上]図2 農具小屋（備中国分寺）
[下]図3 ハサ杭小屋（高梁成羽）

を彩る「玉ねぎ小屋」[図4]は、糖度を上げるため、釣り玉と呼ばれる乾燥工程で活躍する小屋である。宇治の「茶摘み小屋」[図5]は、碾茶《てんちゃ》用の覆下園《おおいしたえん》で働く摘子さんの道具収納と休憩場所を兼ねたもので、五月に活躍する。ちなみに茶園では、覆いを稲藁で行っていた時代に「オイ小屋・ハサ入れ」と呼ばれる小屋もあった。

「林業」には、材木の保育・保護、丸太・パルプ材などの素材生産、薪・木炭・漆・樹皮・松茸・天然キノコなどの特用林産物生産に加え、野生動物の狩猟が含まれる。

8 番屋（田野畑・机浜）

このうち「炭焼小屋」（図6）と、資材乾燥のための「薪棚（木小屋）」は、雨露をしのぐだけの小規模なものが多い。一九五〇～六〇年代の燃料革命以前、木炭と薪は「囲炉裏・カマド・火鉢・風呂釜」などの熱源・生活必需品であり、江戸期の「木屋」は便所と同じくらい貴重な付属屋であった（第3章第2節参照）。炭焼小屋は、今でもナラを用いた「岩手炭」、ウバメガシを用いた紀州・土佐・日向の「備長炭」の製炭所では現役である。

その他、林業系の個性的な小屋には、天然キノコのアカマツ林内に設置された「松茸小屋」（図7）がある。現場に設けられた飲食施設に過ぎないが、製材関連施設（分類上は製造業）が大型化の傾向にあることを鑑みれば、小屋の佇まいを留める現役小屋として注目すべきであろう。

「漁業」は、ブリ・カンパチなどの魚類養殖、貝・藻類・真珠養殖、コイやウナギ・サケ・マスなどの内水面養殖といった「養殖業」を含んでいる。よって従来の「海面

［上から］図4 玉ねぎ小屋（南あわじ）／図5 茶摘み小屋（宇治）／図6 炭焼小屋（久万石丸家）／図7 松茸小屋（上田）

図9 浜納屋（井野浦）

漁業」に加え、「採貝・採藻業」「潜水器漁業」など含め生業種が多くなる。

まず「漁家の小屋」として多くの人が最初に思い浮かべるのは、出稼ぎ労働者の宿泊場としての「浜小屋・番屋」[図8]であろう。ただし漁業関連の小屋の多くが、元来「漁具の収納の場としての物置」が江戸後期に拡張・分化していったものという説を鑑みれば、半漁半農の集落に存在する物置きとしての「浜納屋」[図9]や「網倉」といった建屋も無視できない。養殖関連の小屋では、船の上に設えた屋根のある部屋を「ヤカタ」と呼び、「真珠屋形」[図10]は宇和海沿岸の水辺景観を担う漁業小屋の代表格である。

## 3 働き方による区分

次に、働く小屋の「働き方」について。まず「貯蔵」は字義どおり「何かを貯めておく」小屋である。これらは農業全般で付属屋となる確率が高いが、少し離れた畑近隣に建つ小屋もある。西日本に点在する「蜜

［上から］図10 真珠屋形（津島町浦知）／図11 蜜柑小屋（砥部）／図12 カバタ（針生）／図13 イケに建つ小屋（マキノ町梅津）

図18 地実棚(旧高野家)

[上から]図14 四手網小屋(九蟠)/図15 牡蠣小屋(加茂湖)/図16 葉タバコ小屋(井原)/図17 椎茸小屋(大洲河辺町)

柑小屋」[図11]はかつて収穫調整のための貯蔵小屋であった。琵琶湖畔集落の「カバタ」[図12]は、伏流水を貯め、野菜冷蔵や「食用淡水魚の生け簀」として利用されてきたものである。「作業を行う」建屋には、琵琶湖湖畔に「イケ」と呼ばれる野菜洗い場と地蔵祠を兼ねた共同管理地に立つ小屋[図13]がある他、農業系の付属屋では「養蚕小屋」(第2章第3節参照)、「茶工場」(第2章第7節参照)が代表格として挙げられる。

漁業系の作業小屋では、「四手網小屋」[図14]が特徴的な水辺景観を彩っている。現在では観光施設化されているが、かつて主農従漁集落のタンパク源確保のために考案されたものであろう。養殖漁業の「牡蠣小屋」[図15]は、出荷前の殻剥きを行う小屋で、そのタイプには海上に浮かぶ「ヤカタ」系と水際に建つ「舟小屋」系の二つがある。

乾燥すなわち「干すこと」は、古くより生活にとって大切な行為であった。まず熱源としての薪・柴、資材としての藁などを乾かすために軒下や主屋南の干場が利用されることは周知であるし、「木小屋・薪棚」が独立して設けられる例、さらに昨今では薪販売のための無人小屋も出現している。

特定作物の乾燥に特化した小屋には、「柿小屋」（第2章第2節参照）の他、目下絶滅の危機にあるものの「葉タバコ小屋」［図16］、「椎茸小屋」［図17］、木の実を乾燥させる「地実棚」［図18］などがある。その他、漁業関連の乾燥系の代表格には、浜で天日干しした昆布を追加乾燥・切り揃える「昆布小屋」［図19］が、鉱業系では大型の「鉱石乾燥小屋」［図20］がある。

「泊まる小屋」には前述の「番屋」「開拓小屋」［図21］、「出作り小屋（後述）」「泊り屋」「草泊まり」などの遺構がある。「休む小屋」には、茶摘み小屋の他に、「海女小屋」「茶堂・辻堂」［図22］などを挙げることができる。

道具収納の農具小屋は既に触れたが、おそらく「動力収納系」で全国的に最も数が多いのが「ポンプ小屋」［図23］であろう。かつて表層水（水路）による水利が難しい耕作地では、水田用に地下水をくみ上げる必

［上から］図19 昆布小屋（利尻町）／図20 鉱石（クレー）乾燥のための建屋（備前）／図21 北海道の開拓村に復元された開拓小屋（札幌）／図22 茶堂（井原美星町）

［上］図23 ポンプ小屋（石井町）［下］図24 網倉（利尻町）

図27 白山麓の出作り小屋

要があった。江戸期の新田開発に、井戸からツルベで水を組み上げていた人々の労苦を連想させる小屋である。漁業関連では「浜納屋」「網倉」［図24］も収納のカテゴリーとなる。

## 4 離れて建つ小屋

小屋の中には、屋敷地のみならず生産現場とも別に建てられるものが存在する。火災を避けて集落の外れに設けられる「群倉」［図25］は、家財貯蔵ゆえ生業に直接関わるものではないが、「離れて建つ小屋」の代表格である。江戸期に地域単位で凶作に備え穀物を備蓄した「郷倉」は、村の辻や社寺境内に設けられることが多かった。林業集落における「納屋」［図26］は、町場から集落にアプローチする林道沿いに設けられた物置で、利便性のために集落中心部より低位置に集約的に建てられた小屋である。

さらに居住集落とも遠く離れて建てられ

［上］図25 群倉（檜枝岐村）
［下］図26 鈴鹿山系・林業集落の納屋（廃村霊仙）

図28 四国村の楮蒸小屋（高松）

た小屋には、古くは出稼ぎ鉱山師のための仮住まいや、北海道の開拓小屋などがあった。同様に、白山麓にわずかに残る「出作り小屋」［図27］は、四〜一一月の生産活動期に母村から離れ、山間地で焼畑農業・養蚕・スギ苗栽培・製炭・堅果栽培なども行うための「出張小屋」の性格をもっている。

## 5 失われた小屋たち

山間地の小屋には、失われていったものが多い。製材業は林道整備により集約・大型化、製紙業は化学工業化され、製炭業も燃料革命により一挙に衰退したからである。木地師発祥の地である鈴鹿山系の林業集落も、かつては製炭・畑作で栄えたが、その多くが一九九〇年代に廃村してしまった。こうしたロスト・ワールドの小屋に、「猟師小屋」「楮《こうぞ》蒸小屋」［図28］、伐木職人のための「杣《そま》小屋」［図29］、製材職人のための「木挽小屋」などを挙げることができる。

［上から］図29 飛騨の里の杣小屋（高山）／図30 四国村の砂糖〆小屋（高松）／図31 赤穂市立海洋博物館の曜水小屋／図32 吹屋ふるさと村のベンガラ館（成羽町吹屋）

34　ウインチ小屋（佐渡）

図33　3階建ての舟小屋（竹野町宇日）

林業以外では「砂糖〆小屋」［図30］、鉱業系の「嚾《かん》水小屋・釜屋」［図31］、「弁柄工場」［図32］なども過去の遺物となり、その姿は博物館・民家園で確認できるのみとなった。

## 6　変わりゆく小屋たち

このように生業を担う小屋は、構法や素材の変化のみならず、生産集落の社会的変容、品種改良や熟成方法・肥料開発に代表される生産手法の変化、使用機材・動力の開発などにより、その姿を時とともに変えていく存在である。簡素であるから時に更新され、失われやすいというだけでなく、そもそも生業が動態であるという事実と、深く結びついているといえるだろう。

小屋ファンに人気の「舟小屋」（第2章第4節参照）もその例外ではない。一九七〇年代の沿岸道路整備によって、浜から切り離され未利用となった舟小屋が多いことに加え、今なお浜辺に建つ建屋もすっかり建て替えられ、三階居室を併設する立派な事例［図33］が現れつつある。佐渡の舟小屋も、ＦＲＰ製船とモーター導入によりその役割を終えつつあるが、一方で、船体を引き揚げるための電動ウインチとモーター用燃料を格納する「ウインチ小屋」［図34］と呼ぶべき小屋は今なお現役である。収納物と素材からみて「インダストリアル・ヴァナキュラー」としての小屋の典型例であろう。

藤森照信は『日本の民家』に寄せたあとがきの中で、今和次郎の小屋への眼差しを「農民の工作物の中に工作そのものというか、美の発生以前のもっとプリミティブな〈人と物との初原の関係の面白さとせつなさ〉のようなものを感受していた。（中略）彼にとっては、開拓地の農民のように木の枝や草といった〝自然のカケラ〟で家を作ることも（中略）トタンや針金といった〝文明のカケラ〟で家を作ることも同じに思えた」と評している。技術・機能・素材が変わろうとも、その環境を目いっぱい活かそう、という現場の人々の創意は絶えることがない。モノと人のプリミティブな関係の証しである限り、これからも小屋は変わりゆくはずである。

# 第2節 東出雲・畑集落の柿小屋

## 1 保存のための食料の乾燥

冷蔵庫などが存在しなかった時代には、食料を長期間保存するのは大変なことであった。穀物は蔵の中などで保存することが可能であったが、魚介類や肉類、野菜類は数日で傷んでしまい、そのまま保存することは難しい。そこで工夫されたのが、食料を「乾燥」させる、という方法である。乾燥させて時には塩分を加えることで雑菌の繁殖を防ぐことにより長期間の保存が可能となり、重量も軽くなるため遠方へ運搬・販売することもできるようになる。古くから乾燥された海藻（海苔・昆布など）や、魚介類（干鮑、干鰯など）が北前船などを利用して広く交易されてきたが、野菜類に関しても今回の対象である干し柿の他にも切り干し大根などが古くからつくられ、保存食として利用されてきた。

干し柿は、渋柿の皮を剝いて紐で吊るすことで水分が抜けて乾燥し、渋みの原因となるタンニンが化学的に変化して甘い干し柿となる。産地としては長野県や福島県などが有名であるが、全国的に生産されている。使用する柿の品種や柿の干し方などもさまざまであるが、一般的には主屋の軒先や専用の仮設小屋を利用して生産されている。

## 2 畑集落の柿小屋

島根県東部の松江市東出雲町に位置する畑集落は、干し柿生産のための常設の付属小屋を建設している珍しい地域である。木

図1 畑集落の一般的な柿小屋（松江市東出雲町）

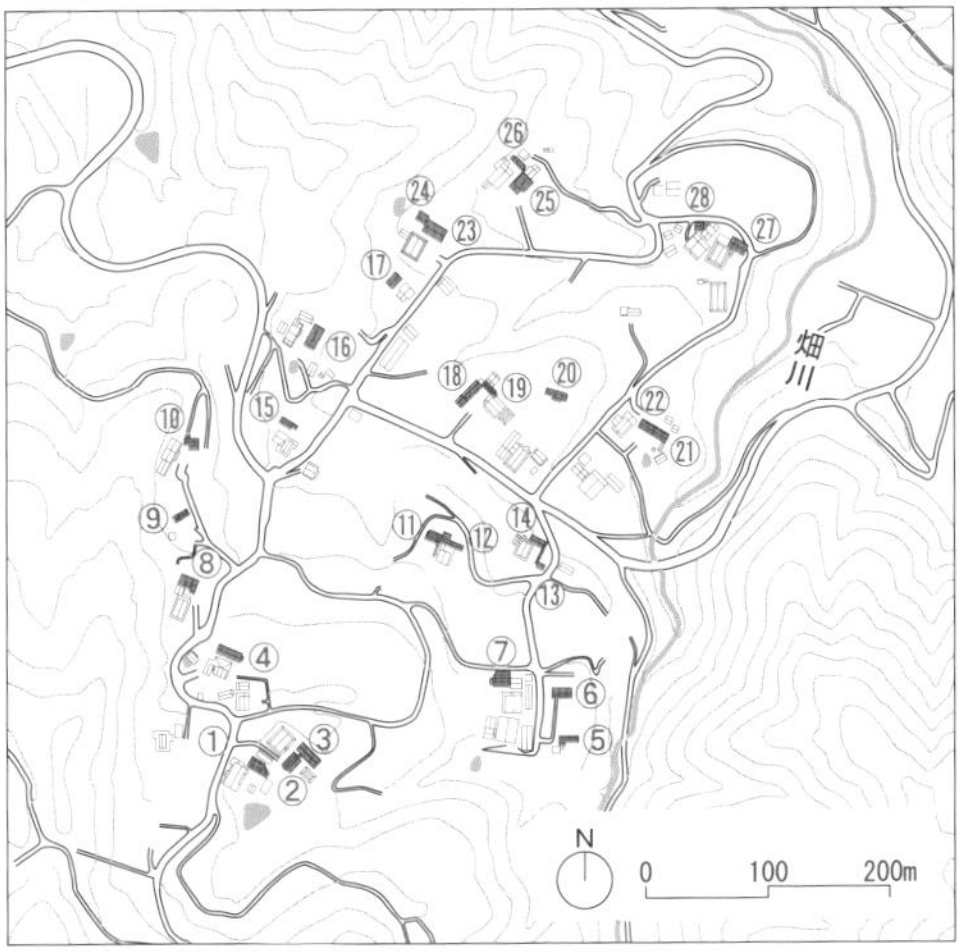


図2 畑集落における柿小屋の分布状況

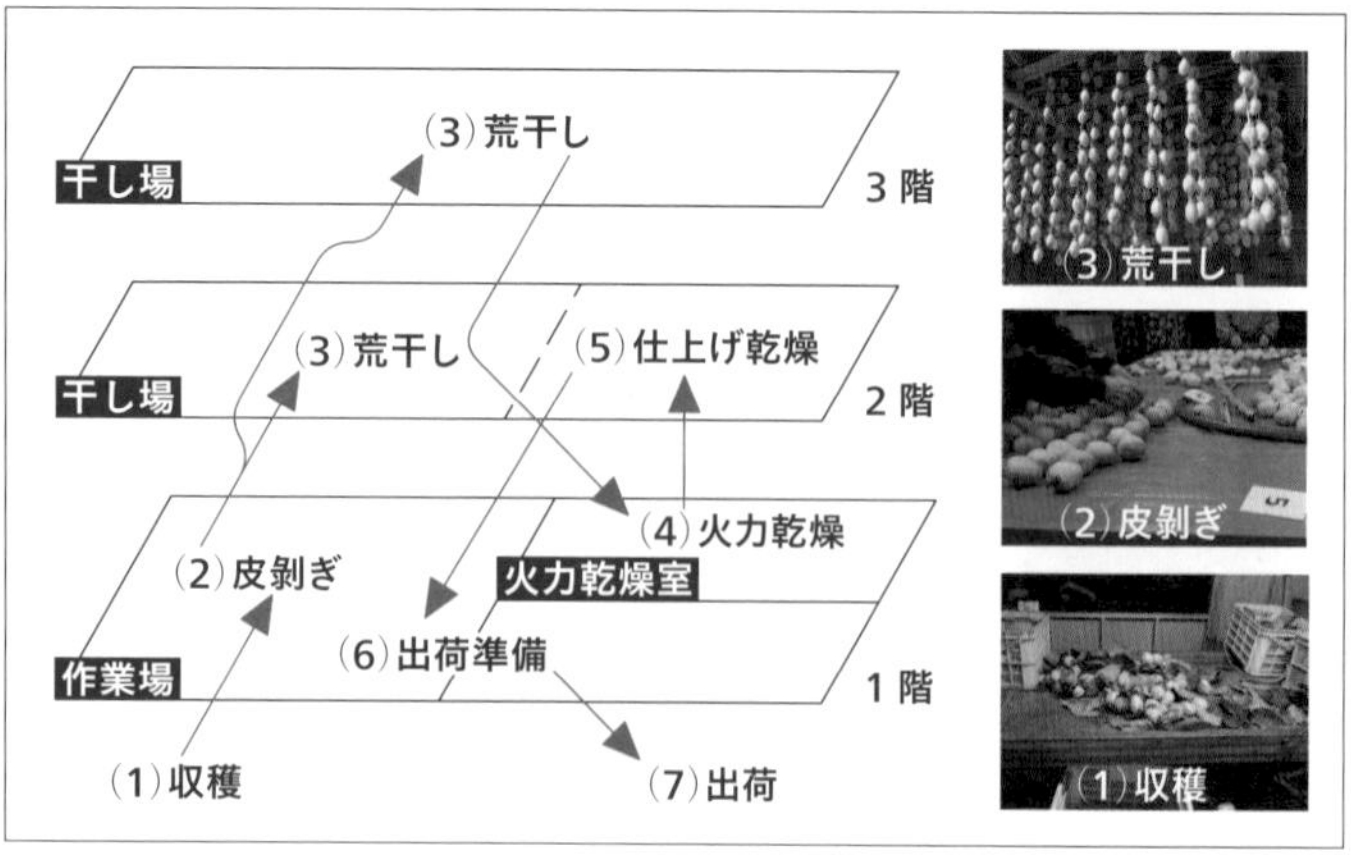


図3 柿小屋内での一般的な作業動線

造の軸組構造で二〜三階建ての柿小屋［図1］が集落内に多数建設されている［図2］。

畑集落の立地は、汽水湖である中海の南側四キロメートル程度、標高一五〇〜二〇〇メートル程の山中に位置しており、夏であっても比較的涼しく、干し柿の生産に適した地域である。周辺の意東川の沢筋を含めると計四六棟の柿小屋が存在しているが、そのうちの二八棟が畑集落に集中している。畑集落の干し柿生産農家は一九戸であるが、九戸においては二棟の柿小屋を所有している。

## 3 柿小屋の使い方と構造

干し柿の多くは正月の縁起物として年内に出荷される。生産工程としては、柿の収穫を一〇月末より一一月下旬頃までに行い、等級分けをして皮を剥き、約一メートルの紐に柿一〇個ずつをつないで上階の干し場で吊り下げ、一〇〜二〇日間の自然乾燥を行う［図3］。ある程度乾燥が進むと練炭を用いた火力乾燥室に入れて補助的な乾燥を行う。さらに一〇日間程度の自然乾燥を行い、干し柿を完成させる。

古い形式の柿小屋［図4〜8］においては、一階部分は畜舎や物置として使用されていた。昭和三〇（一九五五）年頃までの主な生業は農業であり、農耕で使役する牛馬のための畜舎が必要であった。その畜舎の二階部分に干し柿を生産するための乾燥室が設けられている。乾燥室は軸組のみで壁を持たない吹き放しの構造のため十分な通風を得ることができ、屋根は茅葺きの招き屋根の形式で、多くの日照が得られるよう工夫されていた。悪天候の時には周辺を薦《こも》などのシートで覆って防いでいた。二階の乾燥室の床板の下地（一階の天井裏）には土が全面に敷かれており、畜舎からの湿気と臭気が上階に及ばないようになっていた。

昭和三〇年頃には「畑乾柿生産組合」が結成され、生産量の増加に応じて干し柿の生産に特化した柿小屋が建設されるようになっていく。現代の柿小屋［図9〜13］を見てみると、一階には作業場と火力乾燥室が整備され、二階以上に設けられた乾燥室はアルミサッシで四方を囲まれている。構造は

[上から]図5 古い形式の柿小屋 外観（正面）／図6 外観（妻面）／図7 1階の旧畜舎 内観（現在は物置として使用）／図8 2階の旧干し場 内観（現在は火力乾燥室を設置）

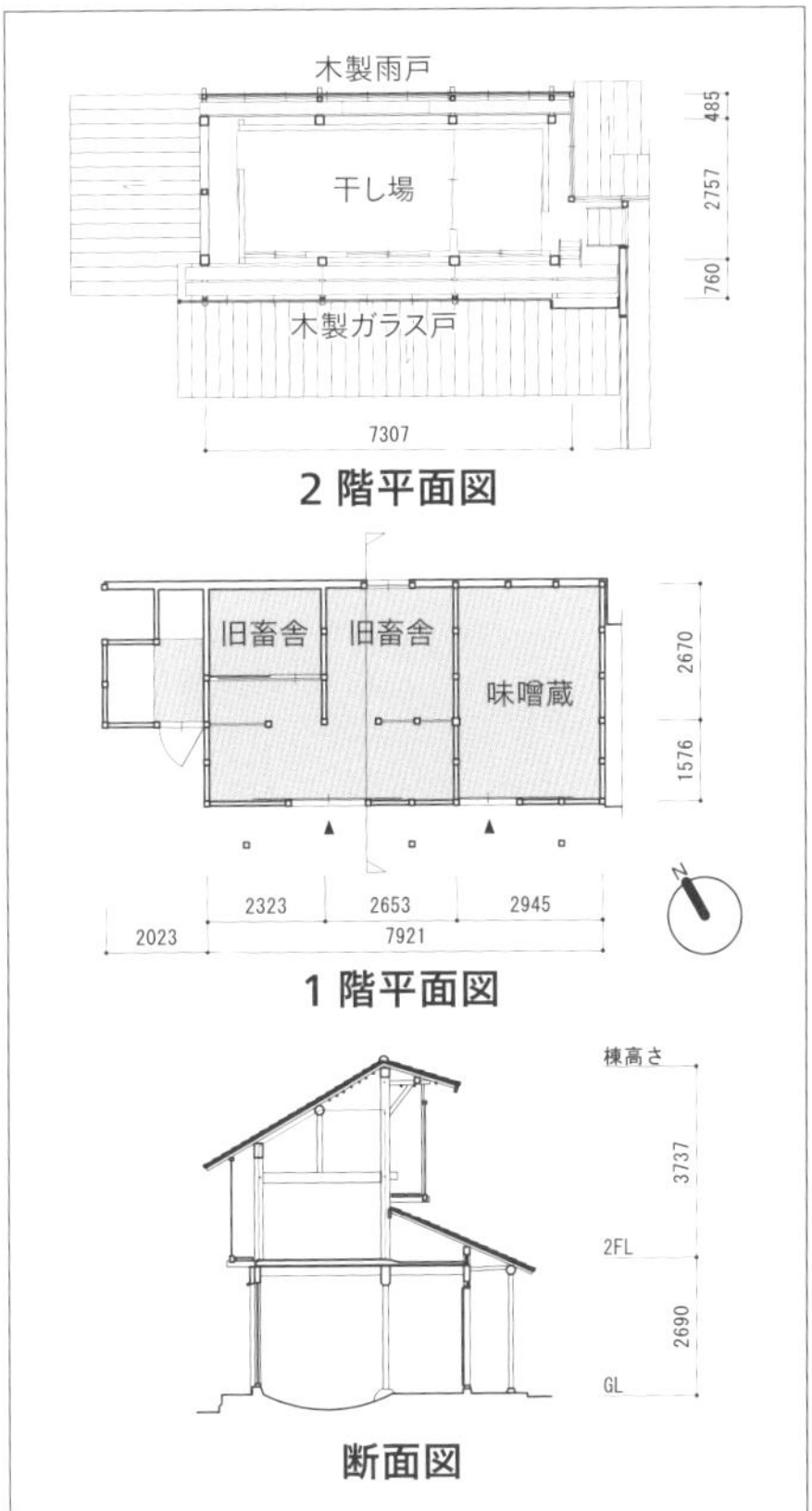


図4 古い形式の柿小屋

一般的な木造軸組構法であるが、二階以上の部分には壁面がなく構造的に弱いため、金属ブレースや方杖などで補強されている。アルミサッシは昭和四五（一九七〇）年頃から使用され始め、十分な日照を確保しつつ窓の開閉によって風力を調整し、湿気や雨を遮ることが可能になった。室内の換気にはさまざまな配慮がされており、三階床面の吹抜け、屋根面近くの換気扇、移動式の扇風機などが併用されている。火力乾燥は昭和二六年（一九五一）頃に導入され、自然

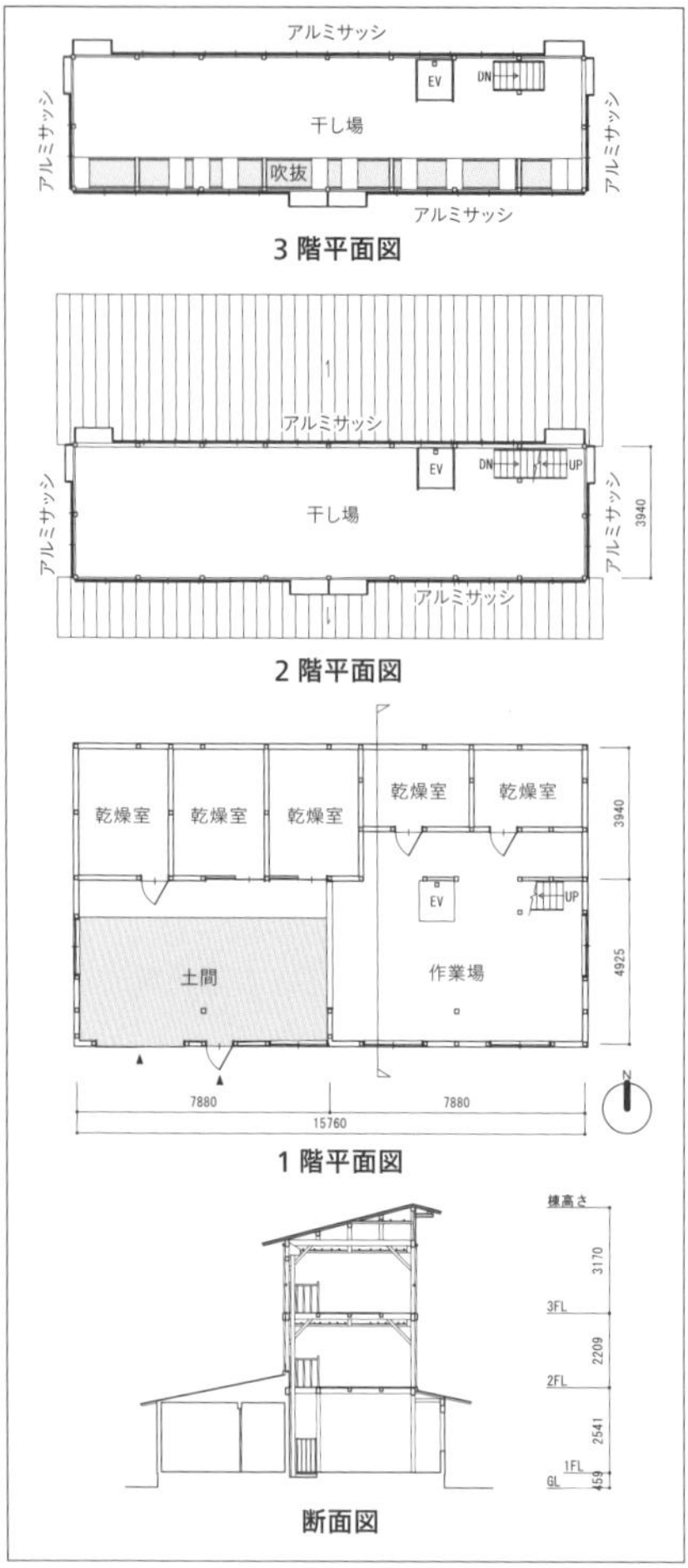

図9 新しい形式の柿小屋

［上から］図10 現代の柿小屋 外観（正面）／図11 外観（妻面）／図12 1階の作業場 内観／図13 3階の乾燥場 内観

乾燥と併せて使用されるようになるが、新しい形式の柿小屋においては常設の火力乾燥室が多数設置されるようになる。また、重い柿を効率的に運搬するための工夫として、台車を移動するためのバリアフリー化や、上下階の移動のための貨物用エレベーターの設置が進んでいる。

　畑集落の柿小屋は、大量生産によって専業化していくにしたがって専門の作業場が設けられ、採光と通風が制御しやすいように建具などが改良されていった。また、運搬作業の効率化のための改良も加えられている。現在は気候の変化により干し柿がつくりにくくなってきているため、さらに建築的な工夫を加えることで生産性を維持、向上させていくことが求められている。

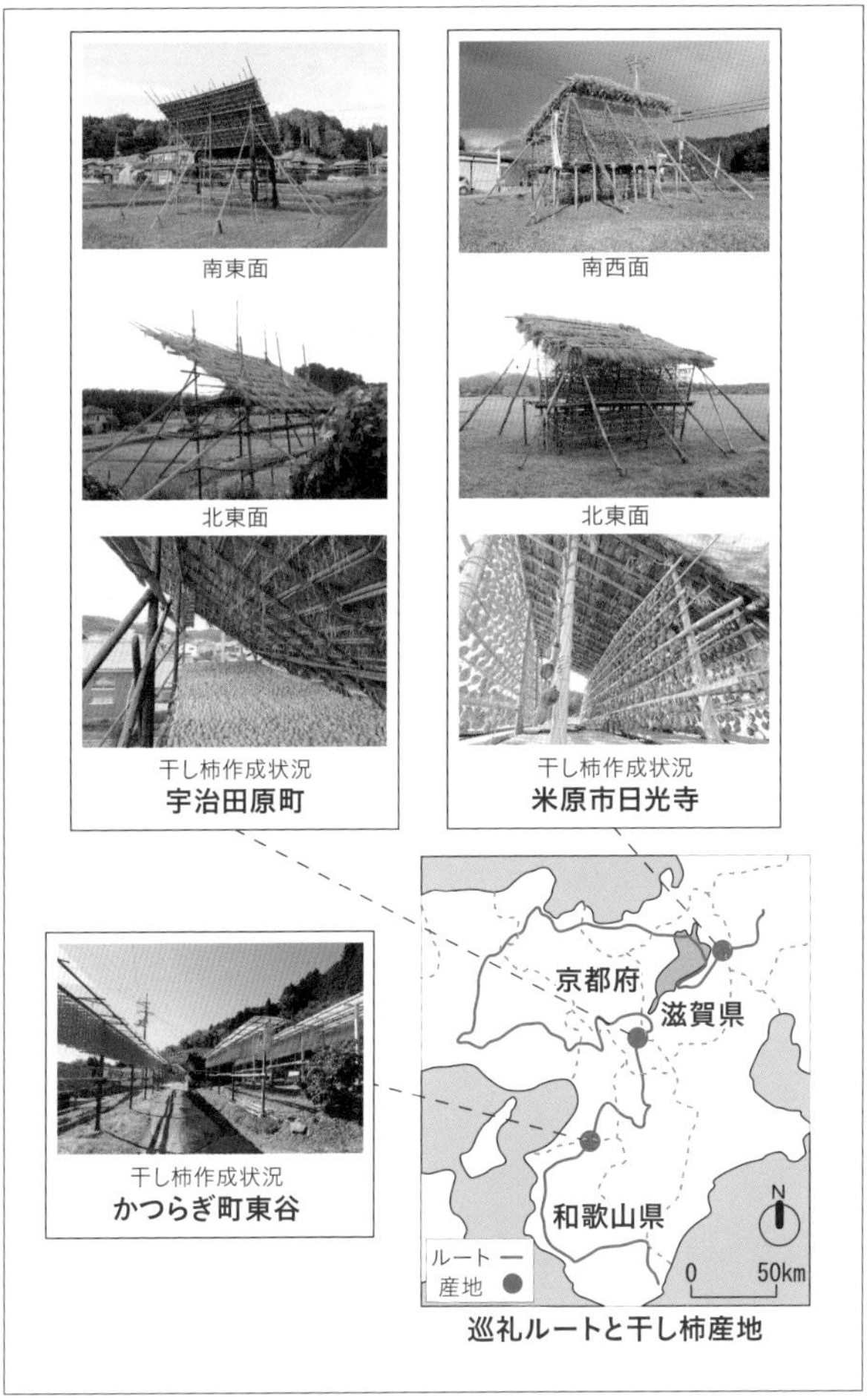


図14　西国三十三所巡礼のルートとその周辺地域で見られる干し柿の生産手法

# 4 畑集落の柿小屋のルーツは？

畑集落の柿小屋は、全国でも類例のない常設の干し柿小屋であるが、伝承によると他地域の干し柿生産を参照してつくられ始めたと言われている。畑集落の大工職人であった住民が文化四（一八〇七）年に西国三十三所巡礼に出かけ、その際に見かけた干し柿のための小屋を基に、文化六（一八〇九）年に初めて畑集落に柿小屋をつくったとされている。巡礼の行程の中で干し柿の産地として現在においても有名な地域を確認すると［図14］、滋賀県米原市日光寺、京都府綴喜郡宇治田原町、和歌山県かつらぎ町東谷の三地域が該当した。和歌山県の事例は列状の構造物で類似点がないが、滋賀県と京都府の事例は仮設の建築物であるものの、畑集落における古い形式の柿小屋［図15］に似た部分がありそうだ。

　京都府宇治田原町では、稲刈り後の田地の中にカキヤ（柿屋）［図16］が設置される。多層型の仮設建築物で、小型のものから大型のものまで規模はさまざまである。江戸

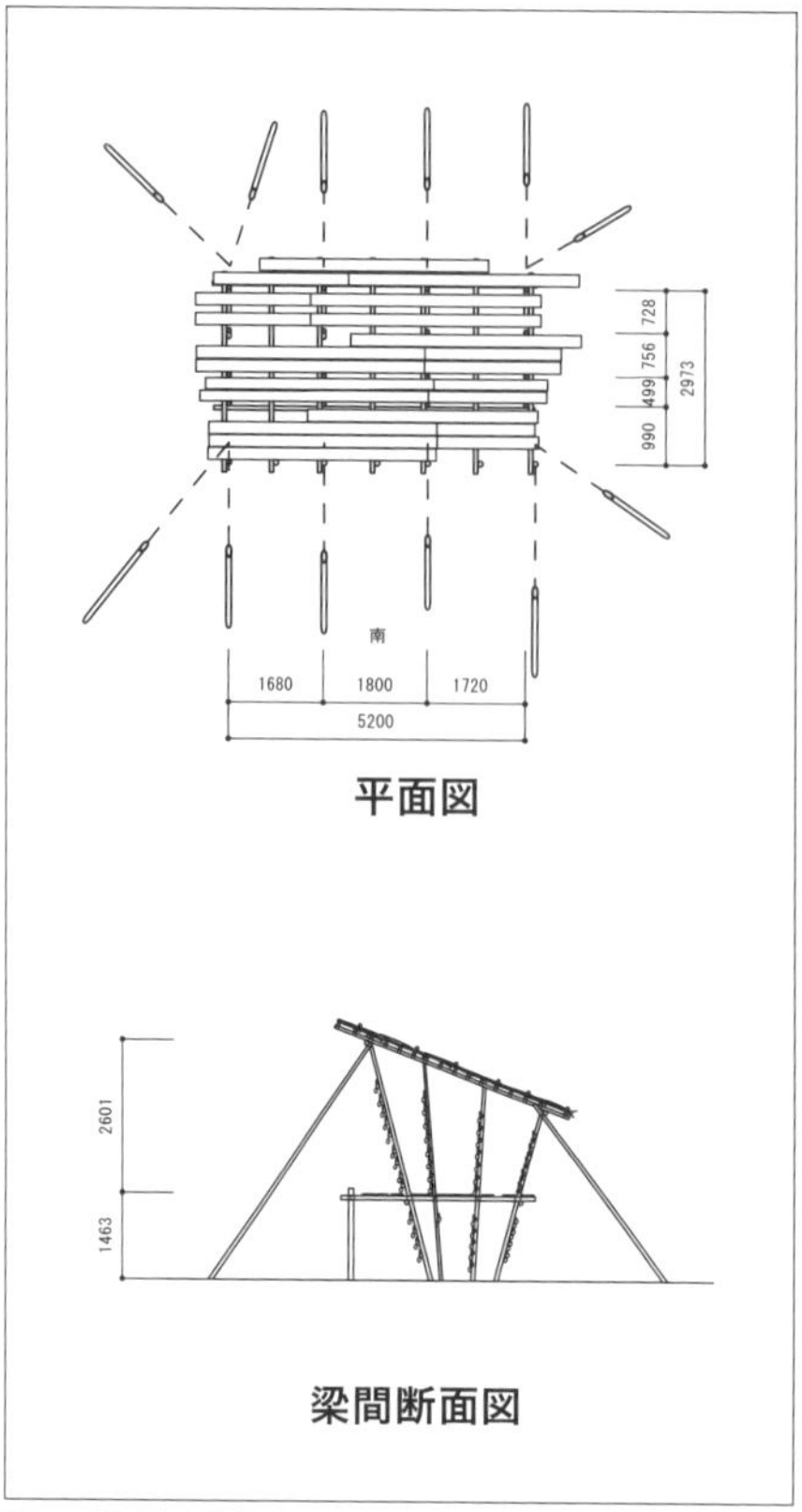


図 17 米原市日光寺のカキヤ

図 15 昭和 50 年頃の柿小屋
（出典：『畑のほしがき』東出雲町乾柿生産組合、1974 年）

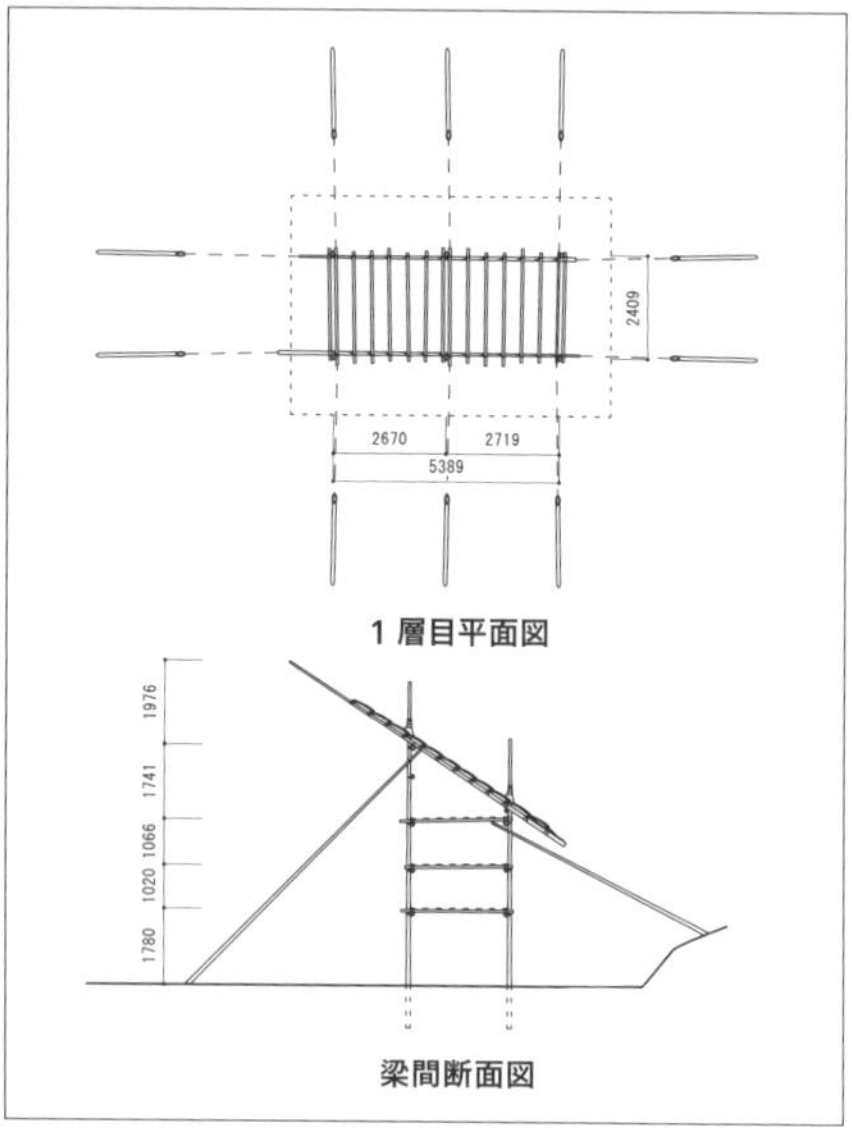


図 16 宇治田原町のカキヤ



時代前期から干し柿をつくってきたといわれており、現在でも多数のカキヤが建設されている。柿は床の上に置いた状態で乾燥されるため、乾燥の方法は異なっているが、片流れ屋根で多層構造の乾燥小屋を建設している点は畑集落の柿小屋と類似している。

滋賀県米原市日光寺［図17］では、やはり稲の収穫後の田地の中にカキヤと呼ばれる干し柿小屋をつくる。仮設の小屋で、昔は一軒に一棟つくっていた。干し柿の生産は江戸中期より始まり、幕末には村の基幹産業であったが徐々に生産量が減少し、現在つくられているカキヤは、集落で共同管理している一棟のみである。茅葺きの片流れ屋根で、柿を吊るして乾燥する様子は畑集落の古い形式の柿小屋にも類似している。これらの事例は、生業の伝播に伴って建築物の形式が伝わっていく過程を見るようで興味深い。

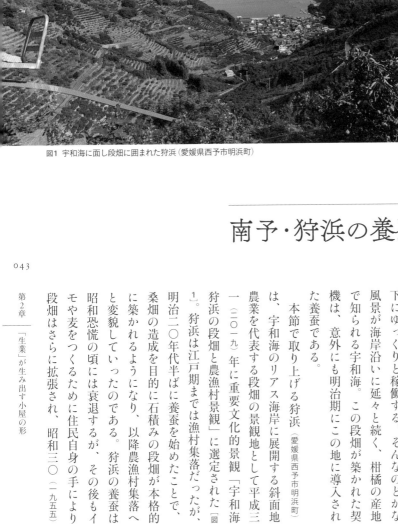

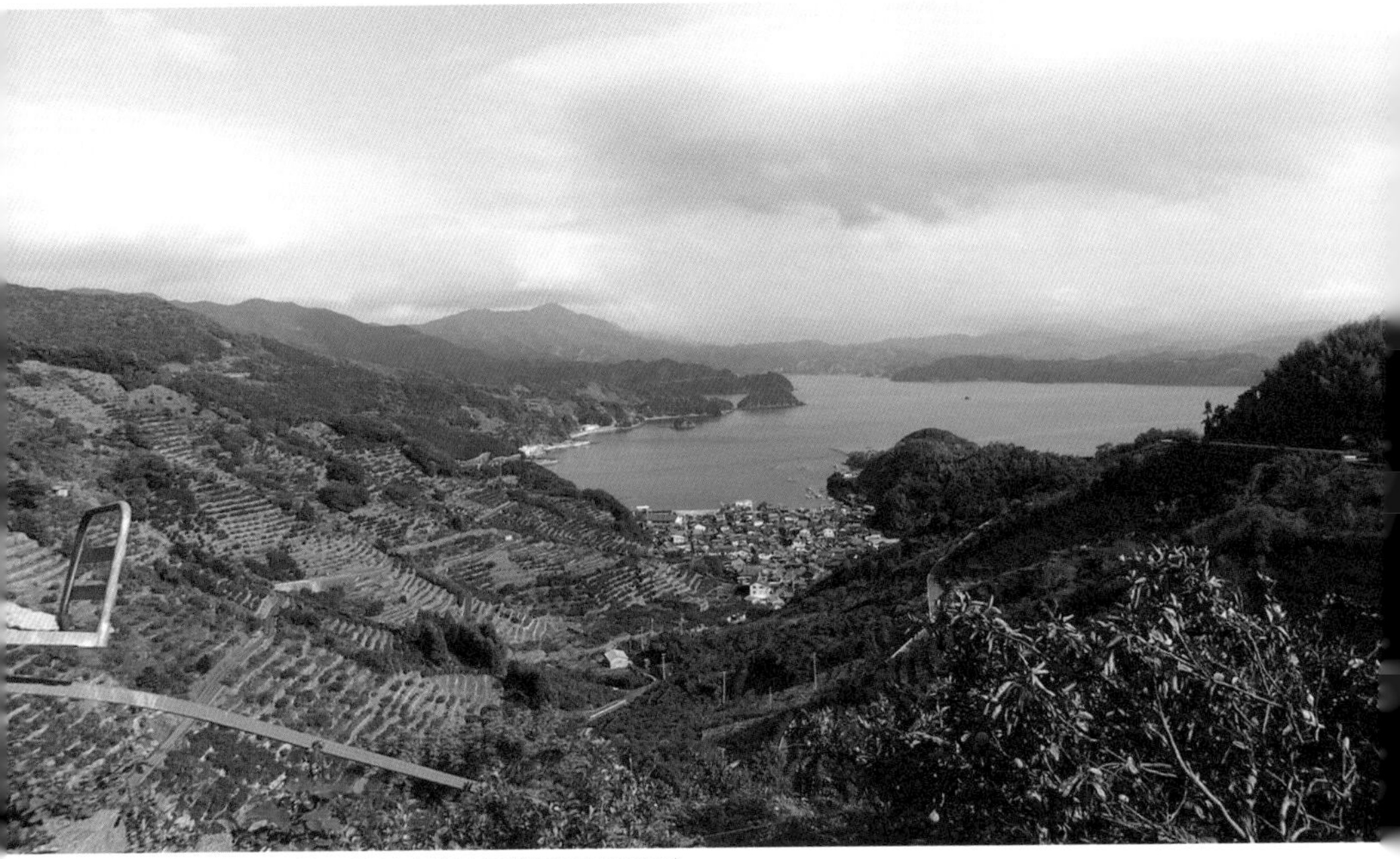

図1　宇和海に面し段畑に囲まれた狩浜（愛媛県西予市明浜町）

# 第3節　南予・狩浜の養蚕小屋

## 1　漁村を一変させた宇和海の養蚕

急斜面の柑橘の段畑《だんばた》を縫うようにつくられた農道を軽トラが走り、モノレールが上下にゆっくりと稼働する。そんなのどかな風景が海岸沿いに延々と続く、柑橘の産地で知られる宇和海。この段畑が築かれた契機は、意外にも明治期にこの地に導入された養蚕である。

本節で取り上げる狩浜（愛媛県西予市明浜町）は、宇和海のリアス海岸に展開する斜面地農業を代表する段畑の景観地として平成三一（二〇一九）年に重要文化的景観「宇和海狩浜の段畑と農漁村景観」に選定された［図1］。狩浜は江戸期までは漁村集落だったが、明治二〇年代半ばに養蚕を始めたことで、桑畑の造成を目的に石積みの段畑が本格的に築かれるようになり、以降農漁村集落へと変貌していったのである。狩浜の養蚕は昭和恐慌の頃には衰退するが、その後もイモや麦をつくるために住民自身の手により段畑はさらに拡張され、昭和三〇（一九五五）

年頃に今の石積みが完成する。その頃に狩浜の農業は本格的に柑橘へと舵を切ったのである。このように段畑の作物は、明治期の桑から、昭和期のイモ・麦、そして柑橘へと急速に変化してきた。今では段畑に桑はほとんど残っていないため、この段畑の変遷を知る人も少なくなっている。しかし、漁村を一変させる契機となった養蚕業の痕跡は、その集落部の建物の中に今も見ることができる。本節ではその養蚕建築の付属屋を取り上げたい。

## 2 専用蚕室「養蚕小屋」

集落部の養蚕関係の建物で、最も象徴的

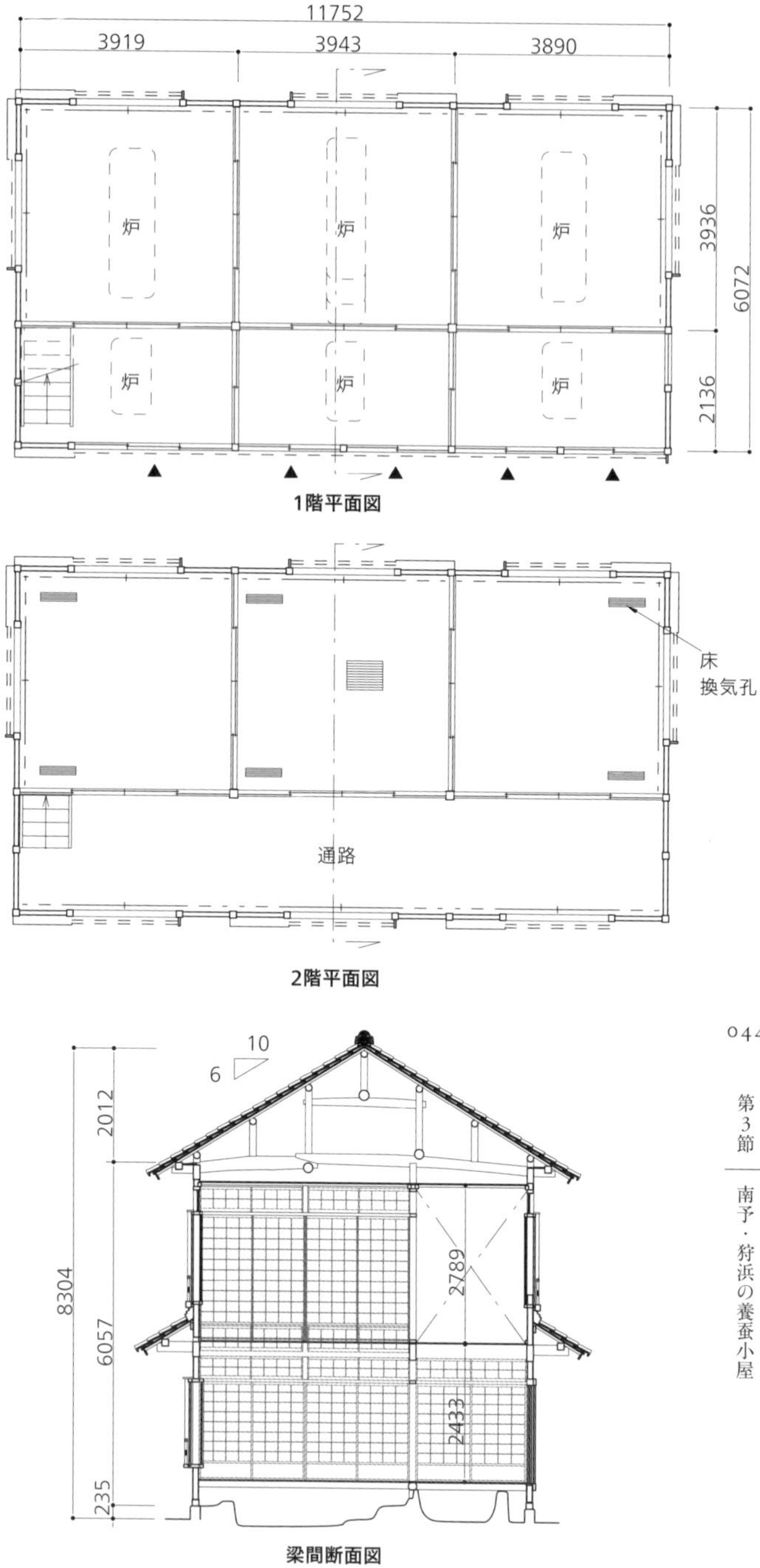

図2 A家の養蚕小屋（復原図）

［上から］図4　障子で仕切られた養蚕小屋の蚕室／図5　大きく開かれた養蚕小屋の開口部と深い軒／図6　腕木をボルトで支持する明治期の付け庇

図3　養蚕小屋の1階床の火炉

なものが「養蚕《ようざん》小屋《ごや》」と呼ばれる、蚕室専用の二階建ての付属屋である。日本で明治期に開始された養蚕はいわゆる近代養蚕で、江戸期までの自然に任せた飼育ではなく、蚕室の温湿度を建築や設備で調整して生育に適した環境をつくるものだった。例えば寒い春先は部屋を加温するなどして春から秋まで長期間飼育できるようにし、飼育に適した蚕室を人為的につくることで生産量の増加が図られた。そうした蚕室の模範的な設備や建築的要素は指導書などにまとめられ、それを参考にしながら各地でその地に適した養蚕建築が生み出されていったのである。宇和海沿岸でも、養蚕教師を招き、蚕室に適した建物のつくりや温湿度の調整方法を学んだ記録が残っており、当初からその近代養蚕の蚕室のつくりを取り入れていったようである。

狩浜で完成した典型的な専用蚕室である、A家の養蚕小屋を図2に示す。養蚕小屋は、一階と二階にそれぞれ八畳の蚕室を三室ずつ配した、蚕室だけの建物である。八畳は蚕室の一つの単位で、一階の各蚕室の中央には火炉を置き［図3］、障子で仕切られた部屋ごとに個別に使用することができるようになっている［図4］。一階火炉上

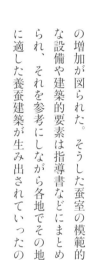

図7　桑納屋

図8　主屋の床下の桑ツボ

部の天井の中央や四隅には開閉具合の調整が可能なスライド式の換気孔を開け、二階にも暖気が上がるようにしている。一間幅の廊下も四畳ずつ中央に火炉を置いて障子で仕切れるようになっており、最盛期には廊下までも仕切って蚕室にしていたようである。興味深いのは、養蚕小屋には土間や出入り口などがなく、一階の大きな開口部から踏み台などで直接出入りする点である[図5]。小屋の中を最大限蚕室に使うため余分な機能を削ぎ落とした、簡潔な建物と言える。

養蚕小屋を特徴づける蚕室としての設備や建築の特徴はさまざまである。例えば、外観では大きな開口部や雨戸、深い軒、屋根の気抜き（越屋根）、床下の吸気孔が挙げられる。内部では、採光を確保するために全ての間仕切りを障子にする点や、床下の火炉や天井の換気孔が挙げられる。これらの装置は、季節や天気に応じて飼育に適した温湿度や採光が得られるように、複合的に使用する。例えば、春先の寒い時季は、火炉で空気を温めながら一階天井の換気窓を開け、暖気を上階の蚕室にも循環させる。夏季は、深い軒で日射を遮蔽し、建具を全面開放して冷涼な空気が内部を通り抜けるようにするなどである。近年の修理工事では、蚕室の一階の開口部上部の付け庇の出を深くするため、腕木の先端を柱からボルトで引っ張っている例があった[図6]。和釘が用いられているので明治期の仕事と見られ、構造的に苦慮しても、当時軒を深く出すことをいかに重視していたかがわかる。

なお、養蚕の最盛期には、養蚕小屋の他に、狩浜にもう一つ新しい建築が生まれている。「桑納屋」[図7]である。桑畑が近隣にあり、毎日必要な量を採りに行ける集落であればいいが、狩浜のように急傾斜の段畑に桑を植えた場合は、頻繁に収穫に行くのは困難であった。そのため、桑をある程度まとめて収穫し、貯蔵する方法をとっていたのである。桑の貯蔵には冷涼な場所が適するため、最初は主屋や付属屋の床下に深さ一メートルほどの桑を入れる穴（ツボ）を目一杯広く掘って入れていたようである[図8]。ただ、床下はイモを貯蔵するイモツ

図9 平屋建主屋の座敷中央に切られた火炉

図10 天井に設けられた換気孔

ボも確保する必要があり、広さにも限界があるため、やがて養蚕が盛んになると床下貯蔵では間に合わなくなり、生産量の多い家は桑納屋という桑の貯蔵専用の小屋を建てるようになった。桑納屋は、内部を真壁、外部を大壁とし、床を一メートルほど掘り下げた建物である。そこに最盛期にはぎっしり桑の葉が入っていたという。同じ宇和海の沿岸集落でも、桑畑が近ければ貯蔵の必要はなかったというので、桑納屋は、狩浜が斜面地で収穫に苦労していたからこそ生まれた貯蔵小屋といえるだろう。

## 3 「養蚕小屋」に住居を組み合わせた「オリヤ養蚕」

新しい文化や技術の受容は段階的に行われるのが常であるが、狩浜の養蚕建築にも当てはまるようである。養蚕の導入当初はまずは既存の主屋や納屋を蚕室向けに改造するところから始まったことが痕跡調査により判明した。その改造内容を見ると、指導書などに書かれた蚕室の要素を部分的にでも取り入れようとした意図が汲み取れる。

例えば、狩浜は明治期には平屋建ての主屋が一般的だったが、最初はその既存の座敷部分を蚕室にしたようで、座敷の床下に後補で火炉を設置する［図9］、座敷の天井の四隅や中央に換気孔を開けて天井からの換気を可能にする［図10］、床下に吸気孔を付ける［図11］などの改造が見られた。これらの試行期を経て、いよいよ本格的に養蚕を拡大しようとした家が、二階建ての養蚕専用の養蚕小屋を新築したのである。

ただ、狩浜の建物を全数調査した結果、実は養蚕小屋と同数程度に、養蚕小屋に居住の機能を付加した「オリヤ養蚕《ようさん》」と呼ばれる二階建ての主屋が分布していることがわかった［図12］。「オリヤ」というのは、「居住」という意味で、「居住を兼ねた養蚕小屋」ということである。既存の平屋建て主屋を改造して蚕室向きにしたのとは違い、最初から専用蚕室さながらの設備を持たせ、どちらかといえばそこに生活に必要な土間やかまどの設備、床飾りなどを付加したような、蚕室としての性格が強い建築なのである。一般的なオリヤ養蚕の平面図を図13に

12 オリヤ養蚕（左奥の２棟は明治期の平屋建の主屋）

図11 平屋の主屋の床下の土壁を取り去り引き違い戸の吸気孔に

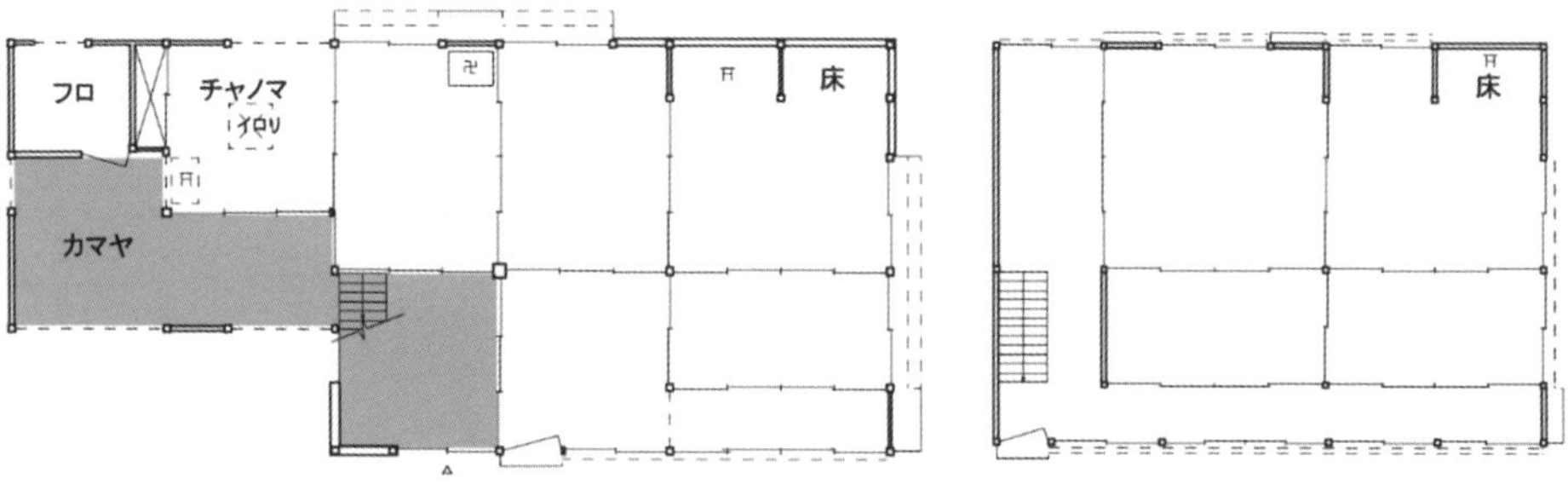


図13 オリヤ養蚕（復原図）





示す。一階の間取りは一見一般的な四間取りだが、土間以外は全て蚕室にすることを想定しているため、各部屋の間仕切りは障子とし、一階の座敷にはやはり火炉を置いている。天井には最初から開閉の程度が調整可能な換気孔が備わり、二階に暖気が上がるようにしている。さらには、二階の各部屋の天井にも換気孔があり、小屋裏へと換気ができる。ほぼ養蚕小屋と同様の使い方ができるようになっているのである。こうしたオリヤ養蚕では、養蚕の時期には床上は全て蚕室になるので、家族はみな土間に寝ていたという話が当地の語り草になっている。

オリヤ養蚕が生まれた背景の一つは、狩浜の屋敷配置図を見ると浮かび上がる。**図14**のA家が平屋建ての主屋と別に養蚕専用の養蚕小屋を建てた例、B家が居住兼用のオリヤ養蚕の主屋の例である。いずれも狩浜では標準的な敷地規模であるが、敷地に建物が目一杯並ぶ。敷地を有効利用する上では、蚕室に居住の機能も持たせたオリヤ養蚕は一つの合理的な選択だったことが

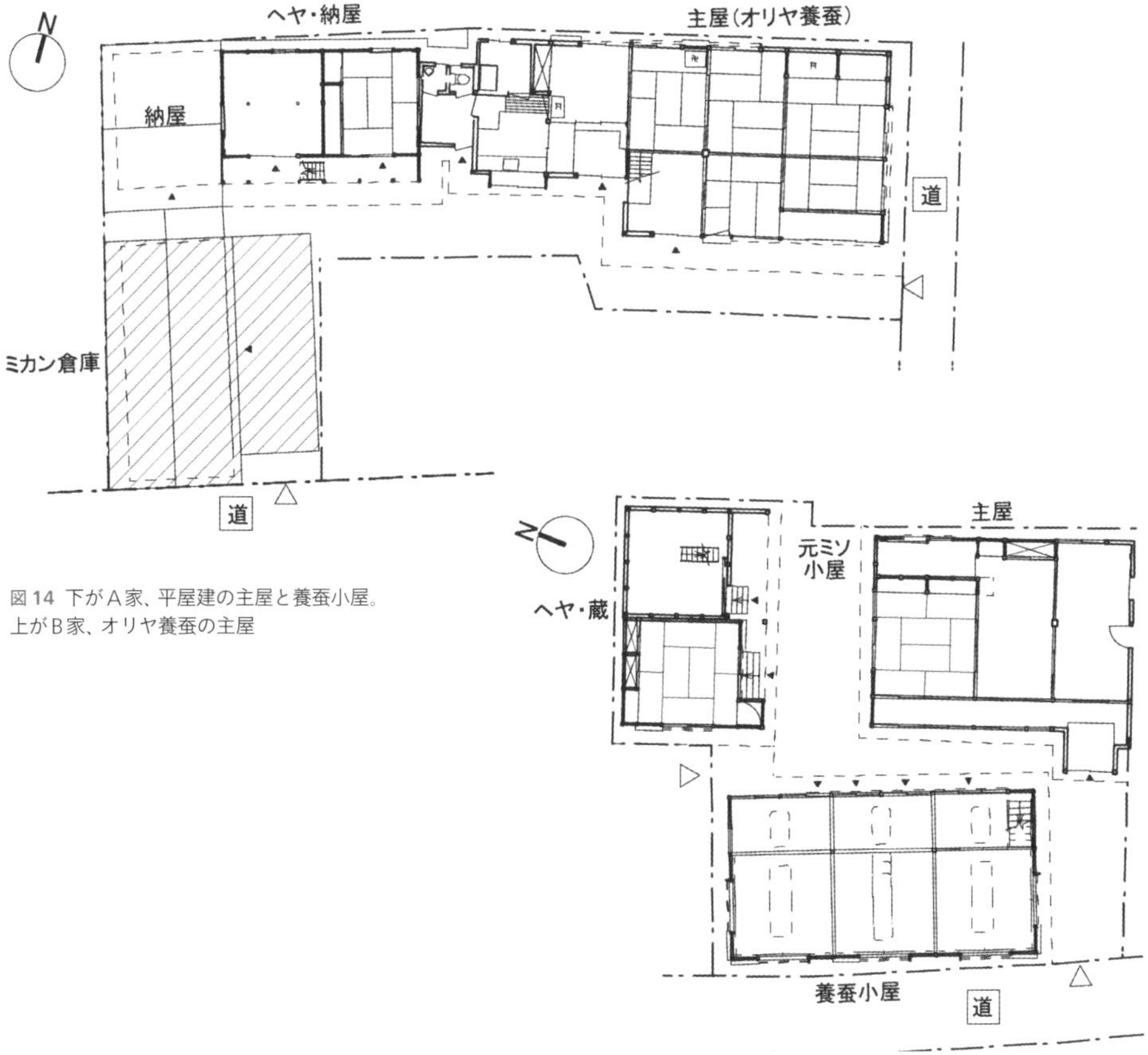


図14　下がA家、平屋建の主屋と養蚕小屋。
上がB家、オリヤ養蚕の主屋

図15　右が養蚕小屋、左の2棟がオリヤ養蚕

わかる。また、養蚕小屋やオリヤ養蚕がいずれも二階建てというのも、高密な集落部で蚕室を確保する上では高度利用が有効な手段だったことがうかがえるのである。

　段畑に続く集落部の細い路地に、今も所狭しと養蚕小屋とオリヤ養蚕が共演する集落景観は、蚕室の用途を終えた今も狩浜の段畑のルーツを伝えている［図15］。

図2　都路華香「豊兆（六曲一双屏風）」大下図（大正元年頃、所蔵：京都国立近代美術館）。
藁葺きの覆いを被った和船が精密に描写されている

図1　越後西頸城郡の舟小屋（出典：今和次郎「親知らずの舟小屋と漁具小屋」『日本の民家』相模書房、1954。初版 1922 年）。
手前は雨具形式の覆いをかけた舟、右手奥に足が付いた舟小屋を描いている

第4節

# 佐渡島の棟持柱を持つ二戸一建ての舟小屋

## 1　雨具から舟小屋へ

「舟に雨具を着せた」ような磯舟に、今和次郎は舟小屋の原形を見た。場所は「越後西頸城郡親知ラズ附近」。現在の新潟県糸魚川市の西端にあたる。『日本の民家』（一九二三年初版）に添えられたスケッチは大正末頃の風景である［図1］。

今は、藁葺きの雨除けを被せた三艘の小舟の右手奥に、屋根型の覆いの下に短い柱が出たものを描き足して、「土地に固着している関係で、もはや建築という観念のものとなってしまうのだ」と続け、雨具に足が付くことで建築的意味が生じ、動かぬ舟小屋になるのだと説いている。

舟の雨具を描いた日本画もある。都路華香による「豊兆（六曲一双屏風）」の大下図で、

図3　佐渡外海府沿岸における舟小屋調査地区位置図
外海府海岸に面した大佐渡地方の舟小屋を調査した

図4［上から］北川内（相川町）／堂釜（小木町）／馬首（両津町）／杉之浦（赤泊町）　1975年頃の佐渡島各所の舟小屋（『南佐渡の漁撈習俗』小木町、1975年より）。丸太を三角に組んで藁を屋根のように被せた舟小屋などが記録されている

制作は大正元（一九一二）年頃とある［図2］。京都国立近代美術館で見たが、その大きさと筆致の迫力に驚いた。藁を編み込んだ丈夫そうな雨具は今が採取したものよりも立派であるが、どちらにせよ舟に被せた覆いは、小屋以前の「工作物」として興味深い。ヨットハーバーに並ぶカラフルなデッキカバーは、この現代版といえようか。

## 2　佐渡の舟小屋

日本は、海岸線が約三万五千キロに及ぶ海洋国である。日本海沿いは干満差が小さく、また漁に出にくい冬を凌ぐために、木造船を収納する舟小屋（船小屋）を備える漁業集落が多い。新潟県や京都府、島根県などの沿岸部には舟小屋が残り、伝統的な漁撈文化を伝えている。本節では、舟小屋が集積する佐渡島（新潟県佐渡市）を取り上げる［図3］。

宮本常一を団長とする「南佐渡の漁労習俗緊急調査」の報告書（一九七五年）は、約半世紀前までは残されていた佐渡の舟小屋の古い姿を記録する［図4］。佐渡島南西の突

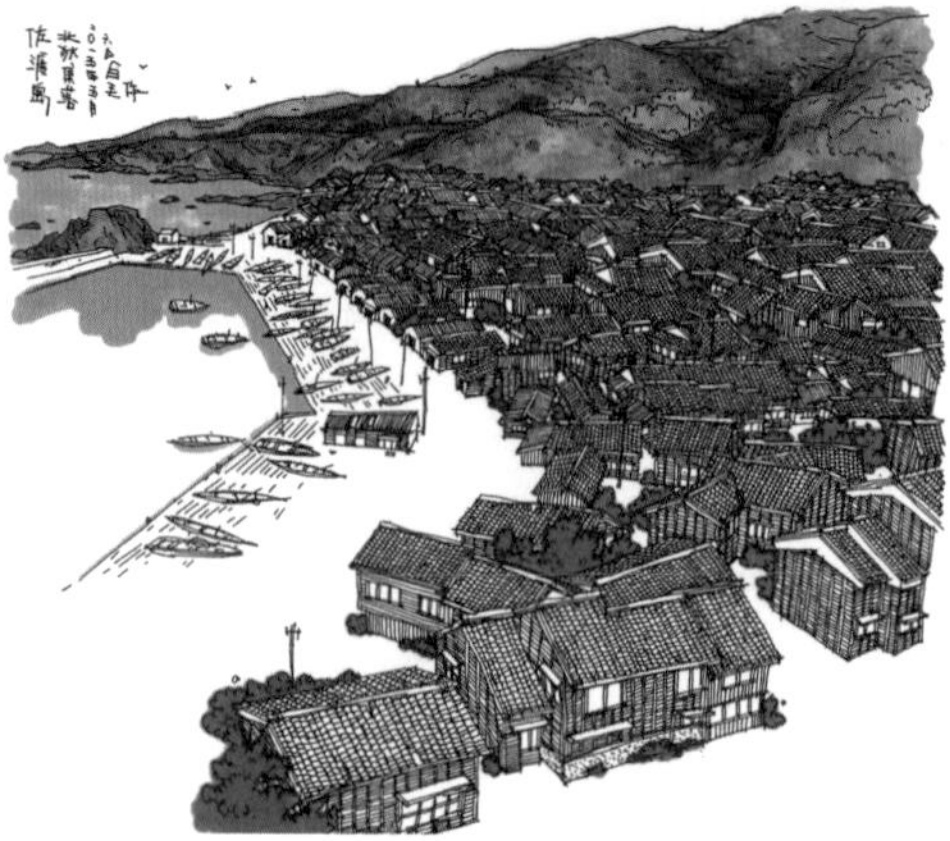

図5 佐渡外海府沿岸の漁業集落・北荻地区。浜に沿って妻入の舟小屋が立ち並ぶ（作図：陳国棟）。北荻地区は、片辺地区とともに、外海府沿岸に沿った漁業集落の典型

端部に位置する小木半島では、「特別、小屋に入れる所は少ない。むき出しの船の上に、藁の束をのせただけの場合が多い。少しましなものは、丸太を三角に組んで藁を屋根のようにかぶせてある。北側で、漁が盛んな所は、柱を立て、藁葺きの屋根の小屋を建てている」と、舟に藁で蓋をしただけの雨具形式が当時は多く残っていたことを伝えている。丸太を三角に組んだだけの、柱のない舟小屋など今はほとんどない（後述）。

報告書は、小木半島を含む佐渡島南側の小佐渡よりも、北部の大佐渡とりわけ西側の外海府沿岸に舟小屋は多く、波や風がきついことからしっかりとしているが二階建ては少なく、屋根は石を置いた板葺きが多いと書く［図5］。対照的に、天候が穏やかな大佐渡東側の内海府海岸には藁葺の舟小屋が多いとも。海の影響の違いで舟小屋の形式が異なるという指摘である。

## 3 片辺の舟小屋

片辺地区は大佐渡沿岸部の中ほど、外海府に沿って点在する集落の一つである（図3参照）。北片辺と南片辺で構成されるが、元は一村であったという。二集落は、佐渡最高峰の金北山《きんぽくさん》の連なる山々が、西の海岸部にせり出した湾入部に細長く弓形をなして伸びている。「潟辺」を地名の起りとする説もうなずける。

片辺の舟小屋は長い浜に沿って四〇棟余りが残る。全て妻入である。多くは地区内に分布し、他は地区の外に密度高く並ぶ。二〇一四年の調査では、北片辺の舟小屋三七棟のうち二三棟が集落内に立ち、北方の舟揚場で一四棟を数えた［図6］。南片辺では、七棟のうち六棟が集落内で主屋に接して建ち、一棟は集落南方の磯に孤立していた。かつては集落外に十数棟の舟小屋が並んでいたという。

舟小屋の所有関係を訊ねると、一世帯が単独で持つ舟小屋が二三棟。みな戸建てである［図7］。二世帯が共同所有する舟小屋が一三棟あり、三世帯で共有するものも三棟あった［図8］。

単独所有の舟小屋は集落内に建つ。浜近くに敷地を持つ漁家の舟小屋である。共同

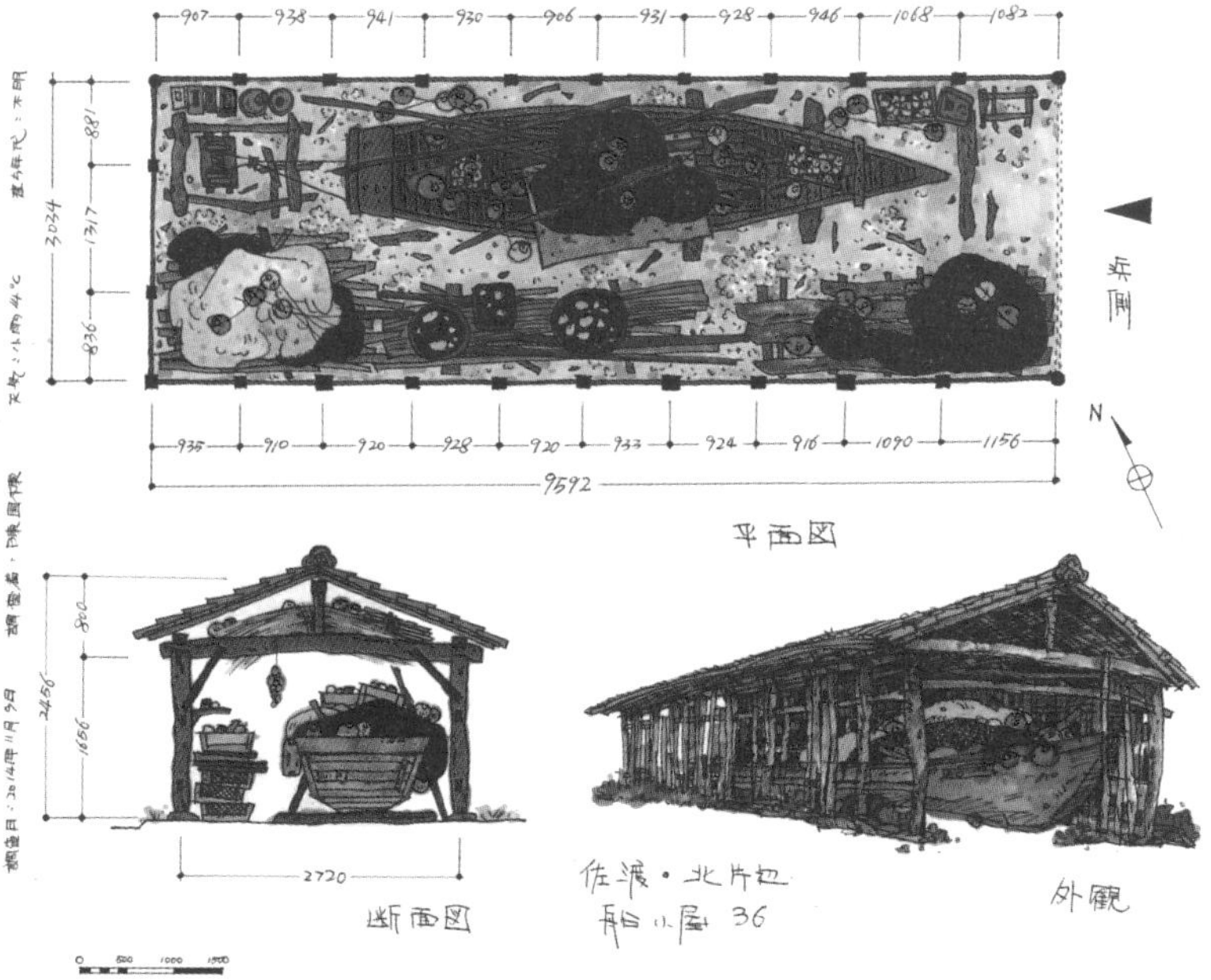


図7 佐渡市北片辺地区の単純梁の舟小屋事例（年代不明、作図：陳国棟）。最も一般的な舟小屋の構造形式

図6 佐渡市北片辺の北部に櫛比する舟小屋群。右から6軒目が単純梁を架けた二戸一建て舟小屋（図10参照）

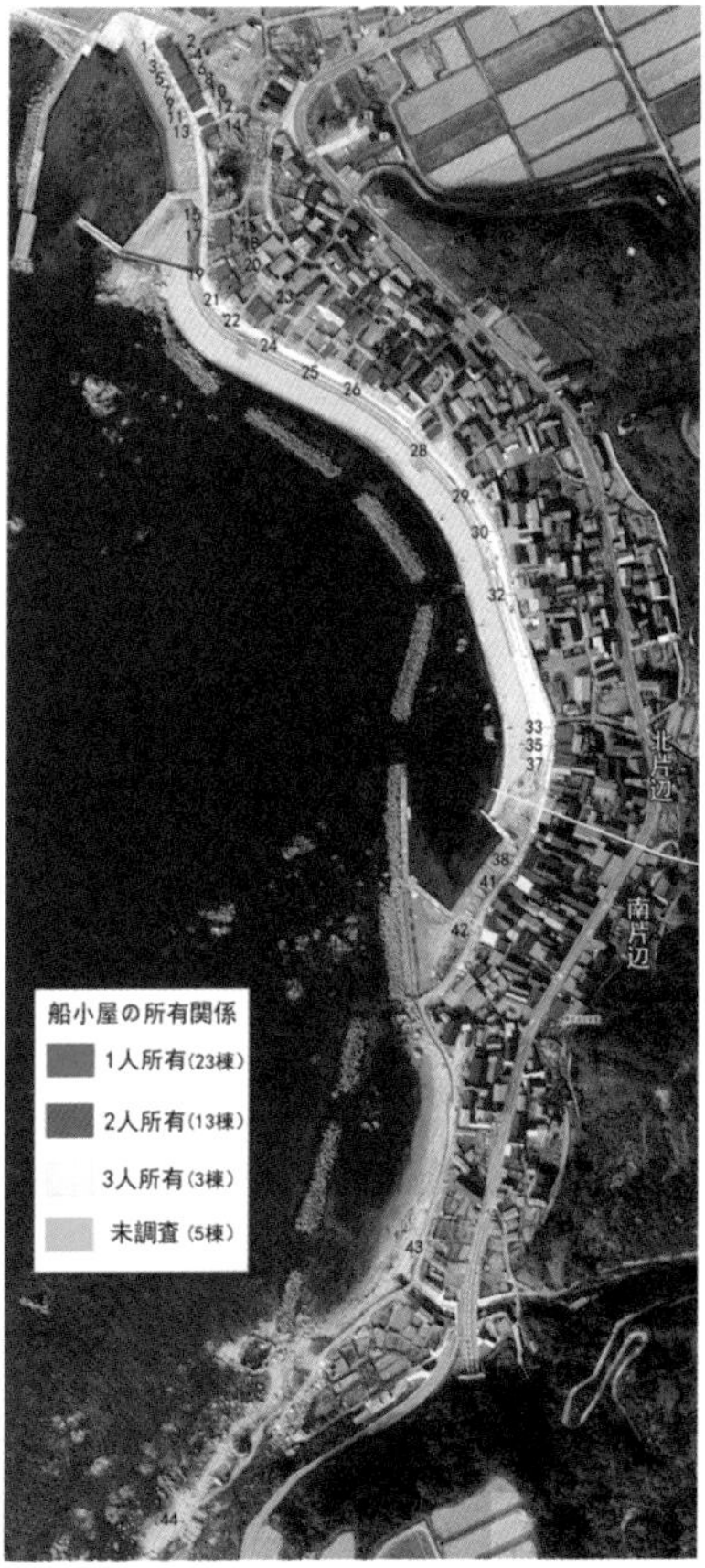


図8 佐渡市片辺における舟小屋の所有形態別分布図。集落の外に、共有型の舟小屋が多い

右］図9 佐渡市北片辺の全面に竪板を並べて閉める舟小屋。片辺地区の舟小屋は、舟の出入り口を竪板を並べたり板を落とし込んで閉ざす
左］図11 佐渡市南片辺の棟持柱を持つ二戸一建て舟小屋

所有のものは土地を求めて集落外に建てる傾向がある。浜から離れて建つ漁家は、二～三軒が共同で空いた浜地を借りて舟小屋を建てたからである。

## 4 棟持柱をもつ二戸一建ての舟小屋

舟の出入り口は、開け放しているとばかり思い込んでいたが、当地の舟小屋では閉

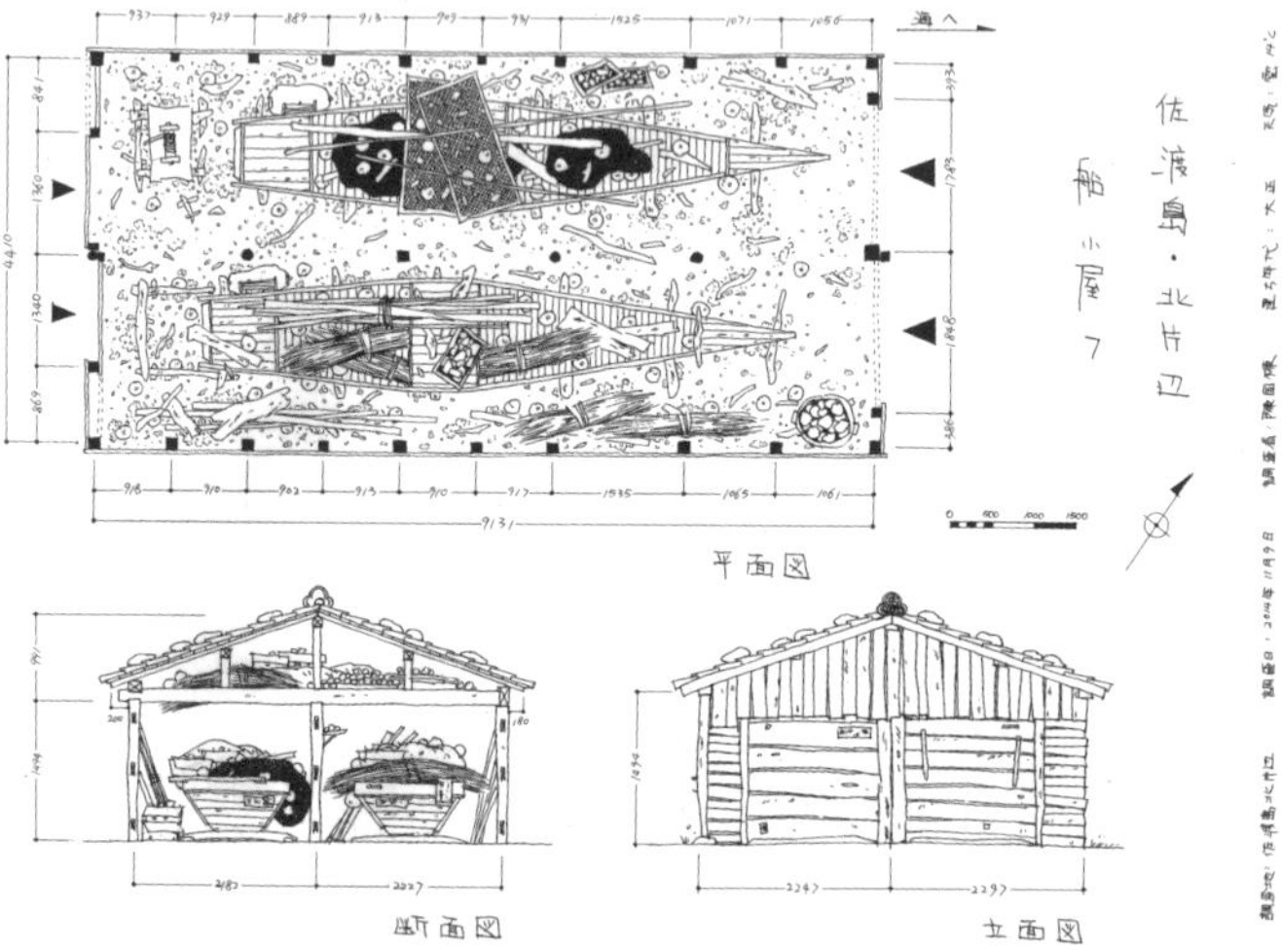


図10 佐渡市北片辺の単純梁を架けた二戸一建て舟小屋（図：陳国棟）

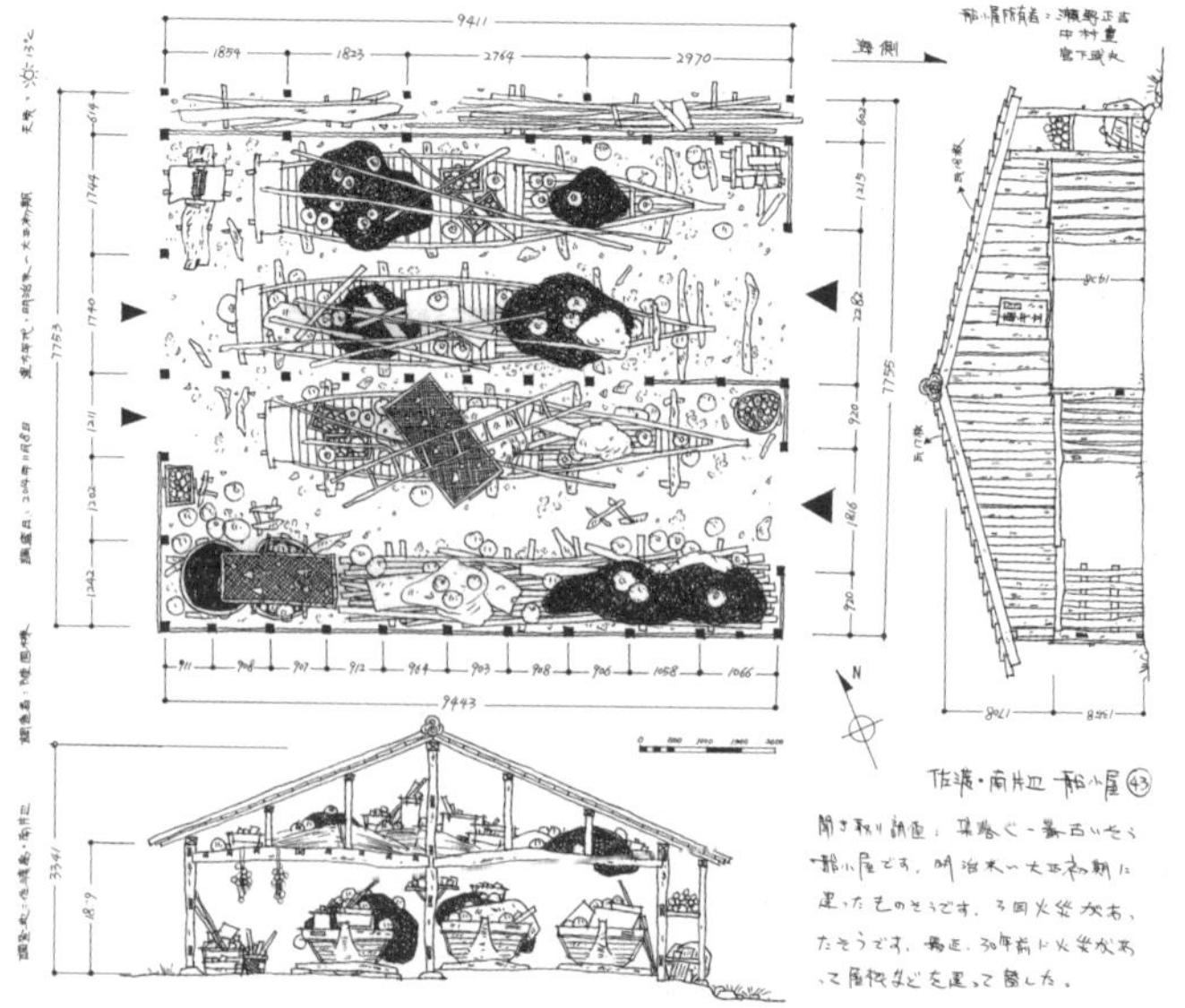


図12 佐渡市南片辺の棟持柱を持つ二戸一建て舟小屋（図：陳国棟）

[下] 図13 佐渡北片辺の間口幅が異なる二戸一建て舟小屋（手前）

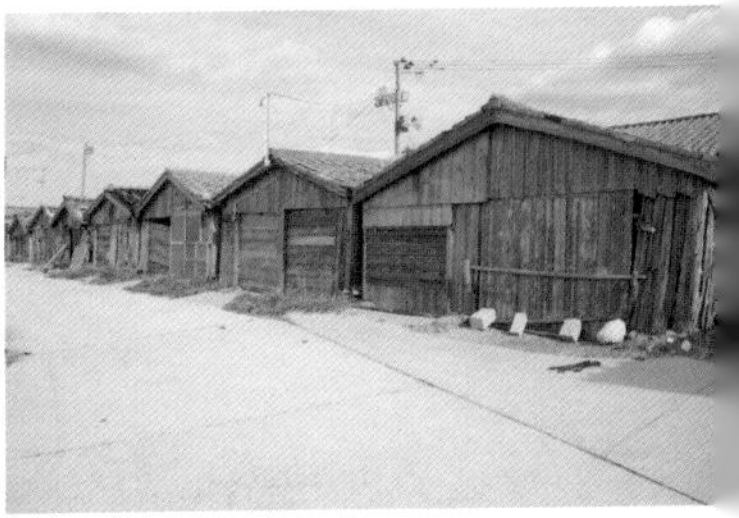

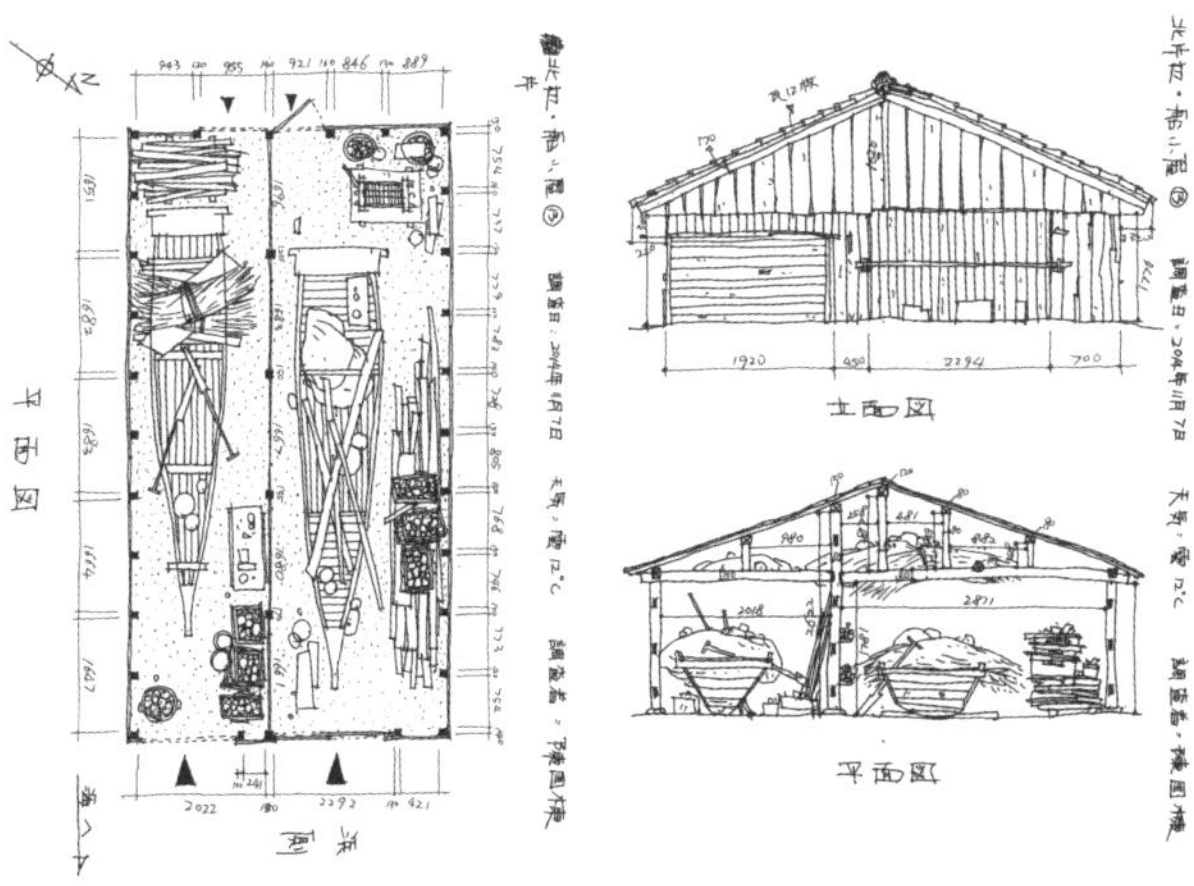

[左] 図14 佐渡北片辺の間口幅が異なる二戸一建て舟小屋（図：陳国棟）。母屋桁に達する通し柱は、母屋のピッチとは異なる位置に立つ

めておくのが定型である。風が強いためであろう。扉を立てるものもあるが、みな新しい。板を上から落とし込む、あるいは板を立て並べるなどして入り口を塞ぐやり方が本来のやり方である［図9］。

片辺舟小屋の特徴はこれだけではない。正面の中ほどに柱を立てて出入り口を左右に分け、内部もこの柱列が二室に区切るものが多い。複数の漁家が共有する「二戸一建て」の舟小屋である。三戸一建てはない。三軒共有型も二戸一建てで、左右のどちらかに二艘を収納する。所有者が違うので、左右出入り口の閉め方は不揃いなのが普通である。

標準的なものは、間口約二・五メートル前後。小舟一艘を収める基本タイプである［図7］。二艘を入れた少し大きなものもあり、調査したものは間口約三・七メートルであった。二〜三艘を収納する二戸一建ては、約四・二メートルから七メートルを超えるものまである。

注目点は構造である。一般に知られる舟小屋は、左右の柱に梁を架け渡すタイプであろう。実際、片辺でも戸建てのものはそうである（図7参照）。二戸一建てのものも、長い単純梁の中央に束を立て棟木を載せる形式が多い。しかし、中央に「棟持柱」を並べるものを発見した。柱は通し柱ながら、位置が棟からずれているタイプもあった。二戸一舟小屋の構造は一様ではないので調べてみると、大きく三タイプあることがわかった。A・B1・B2型と仮称しておこう。

梁を間口いっぱいに掛け渡し、梁下中程に柱を並べて仕切るものをA型とした（図10・図6参照）。構造的には戸建てと同じで、その間口を伸ばしたものである。梁は両側の柱上端部に載せる、いわゆる「折置組」である。梁の架け方は折置を基本とし、桁の上に梁をかける「京呂組」は見かけない。梁の架け方は簡素かつ古式である。

次に中央に棟持柱を並べて間仕切るタイプをB1型とした。両側の柱上から梁を棟持柱の途中に差し込み、梁の上に束を立て屋根裏をつくり、物入れにしている［図11・12］。

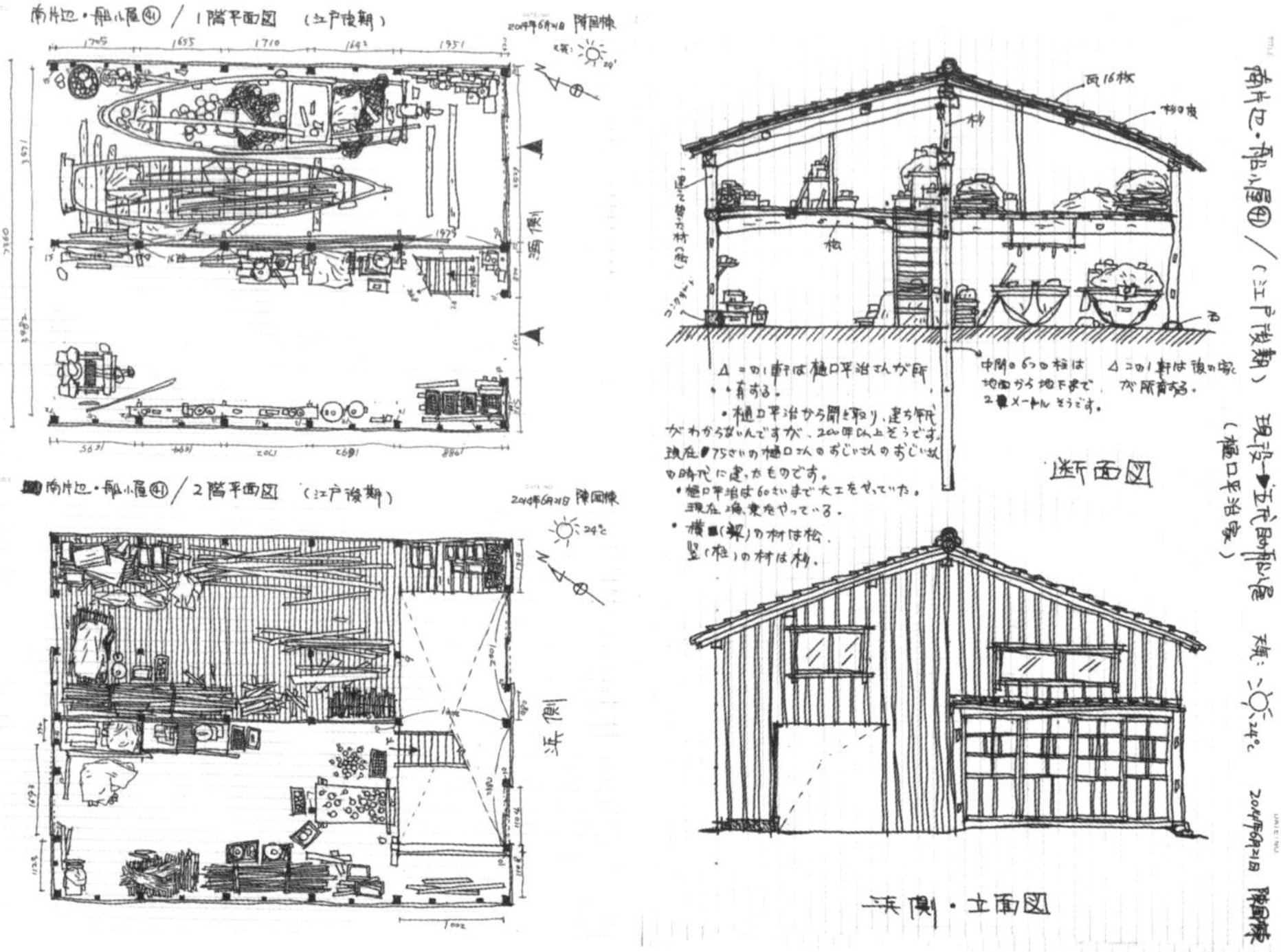

［右］図15 佐渡市北片辺の掘立棟持柱を持つ二戸一建て舟小屋（手前）
［上］図16 佐渡市北片辺の2mも掘り下げているという掘立棟持柱を持つ二戸一建て舟小屋（図：陳国棟）。2階部分は、後の増築であると考えられ、掘立柱上部の横木が当初の棟木であろう



さらに、柱を棟近くの母屋桁まで立ち上げて、左右の間口幅を違えるタイプがある。B1型と同類なのでB2型とした。梁の渡し方はB1型と同じである。通し柱に載る母屋桁が通常のピッチから少しずれたものがあり［図13・14］、間仕切りの位置は任意に決めているように思える。

B1型の中に「堀立柱」を持つ舟小屋があった。築二〇〇年と聞かされた。地区で最古級の舟小屋であろう。中央に並ぶ六つの掘立柱は地面から二メートルほども掘り下げているという［図15・16］。背の低い二階建てであるが、二階部の材料は新しく、柱も各所で継いでいるので上に増築したことは明らかである。中央に並ぶ掘立柱の上には横木が載り、その上に柱が立つ。横木は当初の棟木であろう。当初の桁材も残るので、元々は平屋で板葺き石置き屋根の小屋であったと考えられる。

A型は梁を主体とした形式である。梁がなければ屋根を架けることができず、梁なしでは構造的にも成り立たないからである。B型は棟持柱が主役である。しかも

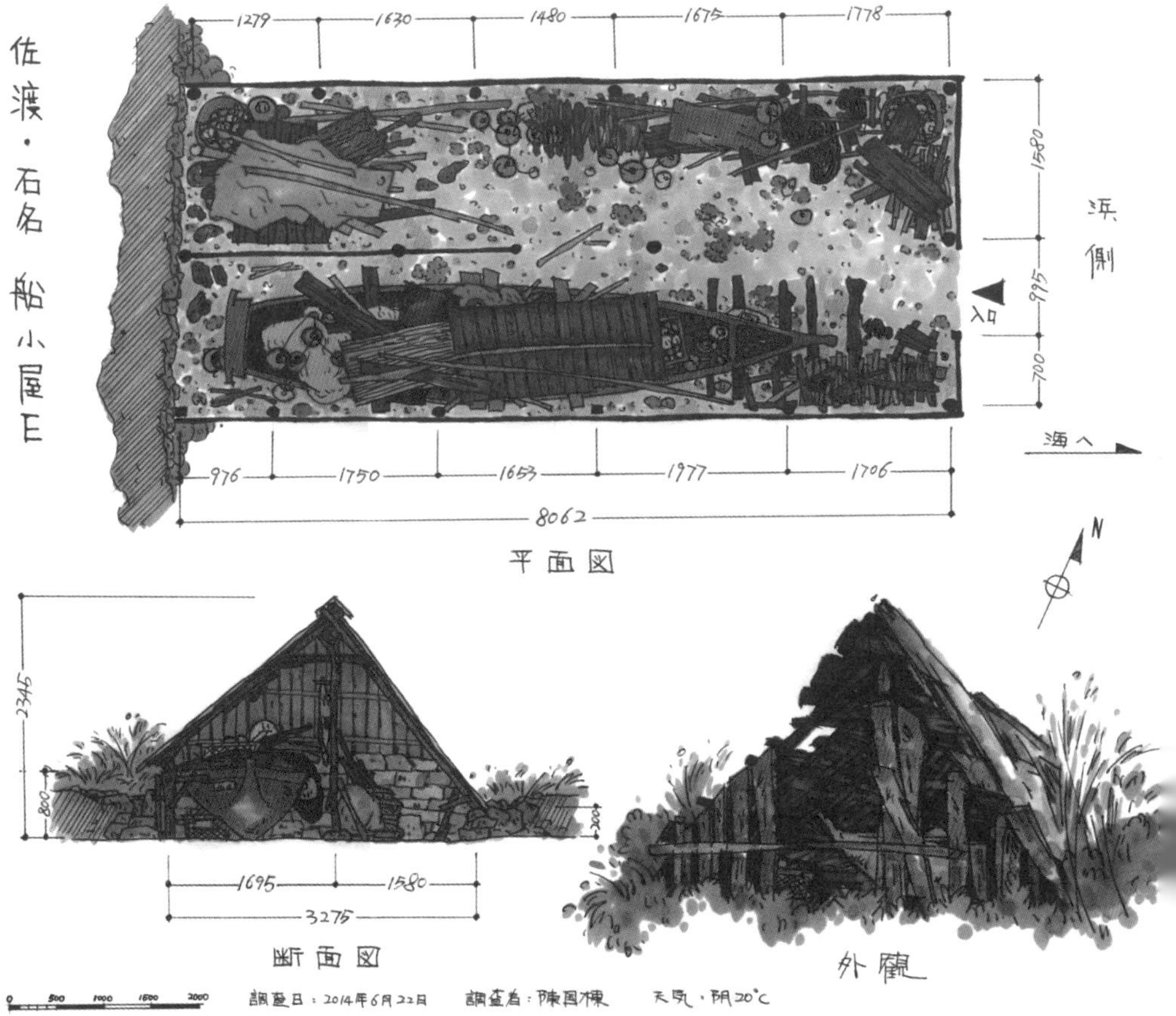


図17 佐渡市石名地区の棟持柱をもつ舟小屋。向かって右手に寄せて立て、左側の間口を少し広くして舟を入れている（図：陳国棟）



掘立柱を前提とするならば、柱が屋根を直接支えるから、梁がなくとも自立する。柱を地面に突き刺して屋根を載せればB型は成立する。梁を架けずに屋根が載る掘立柱のB型は、より原始的な構造形式である。

実際に、梁がなく、さらに柱もない舟小屋を見つけた。片辺地区の北に位置する石名地区の一角に残っていた［図17］。柱は棟持柱のみである。棟木の上に組んだ垂木が、左右の浅い石組みにまで葺き降ろしている。宮本常一が見た「丸太を三角に組んで藁を屋根のようにかぶせ」た、それである。

この棟持柱は「石場立て」であるが、佐渡の舟小屋の原形にも見えるこの形が、片辺の二戸一建て舟小屋に引き継がれたのかもしれない。理由は、棟持柱型が二戸一建ての形式にマッチするからである。共同所有の形態が二戸一建てを生み出したのではなく、垂木を三角に組み柱で支えた舟小屋の祖形が、共有型の舟小屋形式として継承された、と考えたい。

# 第5節 隠岐の島の舟小屋

図1　隠岐の島における一般的な舟小屋（飯美集落）

## 1 日本海沿岸に残る舟小屋

前項で紹介した佐渡島と同様に、隠岐の島においても多くの舟小屋が現存している。舟小屋の形式を大きく二分すると、柱の上部に屋根を架けただけの素朴で開放的な形式と、小屋の四周に壁を設けた閉鎖的な形式があり、佐渡島の事例は壁面を設けた形式である。本節においては素朴で開放的な隠岐の島の舟小屋［図1］について紹介する。

舟小屋の主な利用法は、漁業に用いられる小型の木造舟の収納である。かつての沿岸集落においては漁業を専業とすることは意外と少なく、半農半漁の自給的な生活を営むことが多かった。そのため各家で舟を所有することは一般的であり、主な生業が農業であっても多くの家では採集的な漁業のための舟を所有していた。また、山中を移動するよりも水上を舟で移動したほうが早く、多くの物資を運ぶことができたため、移動・運搬の手段としても舟は多用された。しかし、現在では自家の舟を使用して漁を行うことは少なくなり、また耐久性の高いＦＲＰ製の舟の出現により木造舟を保護するための舟小屋も必要ではなくなった。舟を利用した水上交通も行われなくなり、かつて沿岸集落で営まれてきた舟を用いた生活文化は、舟小屋の減少とともに忘れ去られようとしている。

## 2 隠岐の島の舟小屋

隠岐諸島は島根県の北東沖の約五〇キロメートルに位置し、島前（西ノ島町、海士町、知夫村）と島後（隠岐の島町）の四町村で構成されている。古くから大陸との海上交通の拠点であり、また一八世紀からは北前船の寄港地としても賑わった地域である。中でも多くの舟小屋が見られるのは隠岐の島町であり、他の島において確認できたのは海士町の宇受賀集落のわずか一集落であった。

隠岐の島町において二七集落の沿岸部を確認したところ、八集落において六〇棟の舟小屋の現存を確認した［図2］。聞き取りによると舟小屋が現存しない八集落においてもかつては舟小屋が建設されていたとのことである。その分布を見ると島の東部か

図2　隠岐諸島における舟小屋の分布状況

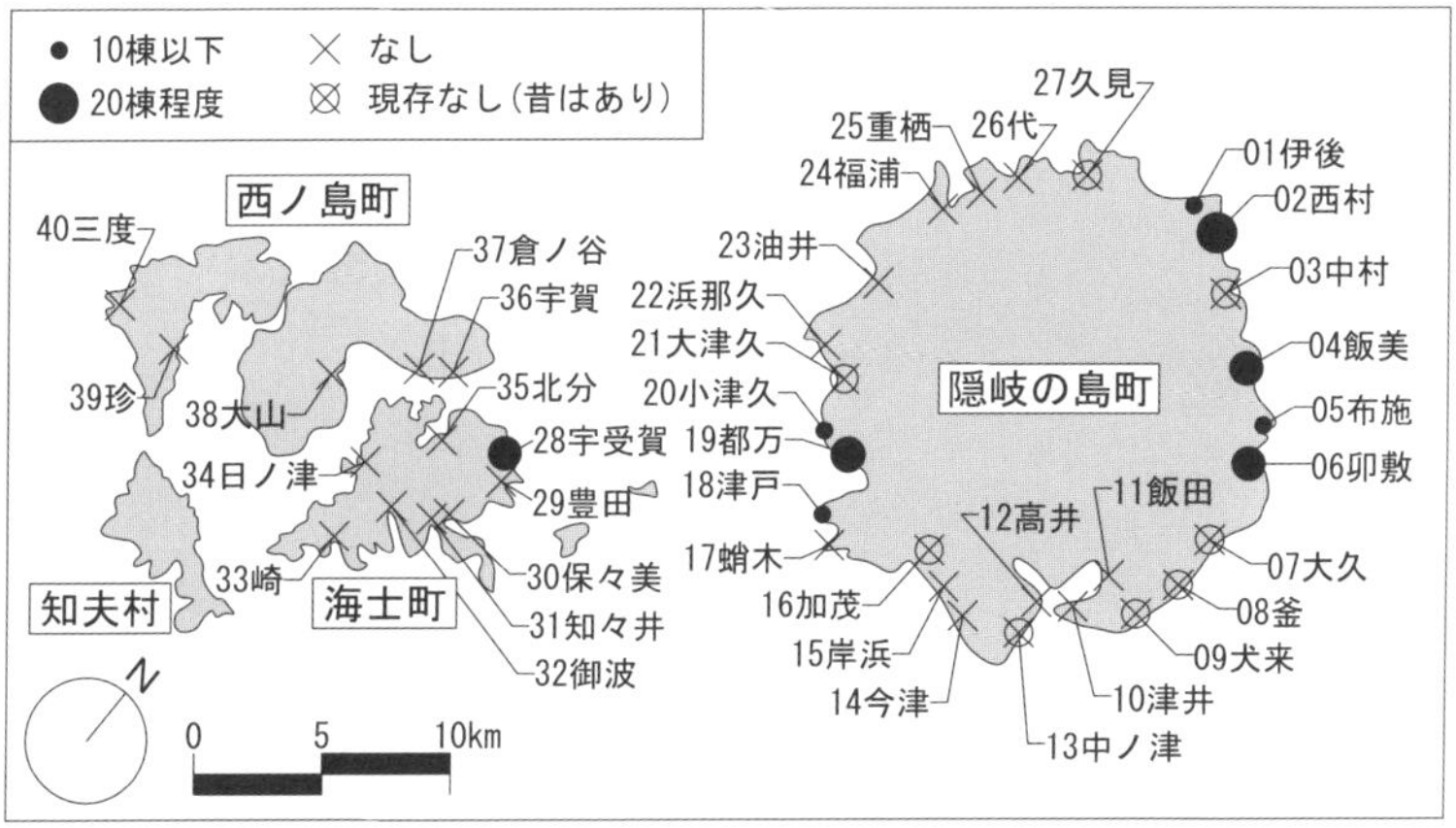


ら南部にかけてに偏っているが、島の北西部の海岸線は入り組んだ断崖が多く見られることから、海辺に舟小屋を設けることが難しかったものと考えられる。

舟小屋の内部には地元でカンコ舟と呼ばれる小型の木造舟が収納され、この舟を用いて集落沿岸で魚や貝類、海藻類を採集するカナギ漁を行っていた。舟小屋の近くにはハデバ［図3］と呼ばれる作業場が設けられ、採取したワカメなどの海藻を乾燥したり、収穫した稲の乾燥場として利用された。舟小屋内部においては農作物である玉葱の乾燥なども行われる。

舟小屋の形式としては、丸柱を掘立てにして上部に梁を渡し、屋根を架けただけの素朴な形式のものが一般的である。少し規模が大きなものになると、内部に舟を二艘収納することができる。一九八〇年代以降には港湾整備や道路の敷設により舟小屋が解体され、場所を移して、現代的な木造軸組工法による連棟式舟小屋［図4］が建設された地域もある。都万集落の連棟式舟小屋［図5］は「屋那の舟小屋」として観光スポットとなっているが、一九八七年の道路拡張

［上から］図3　乾燥場として利用されるハデバ／図4　西村集落における連棟式の舟小屋／図5　都万集落における連棟式の舟小屋

9 飯美集落における般的な舟小屋の構造

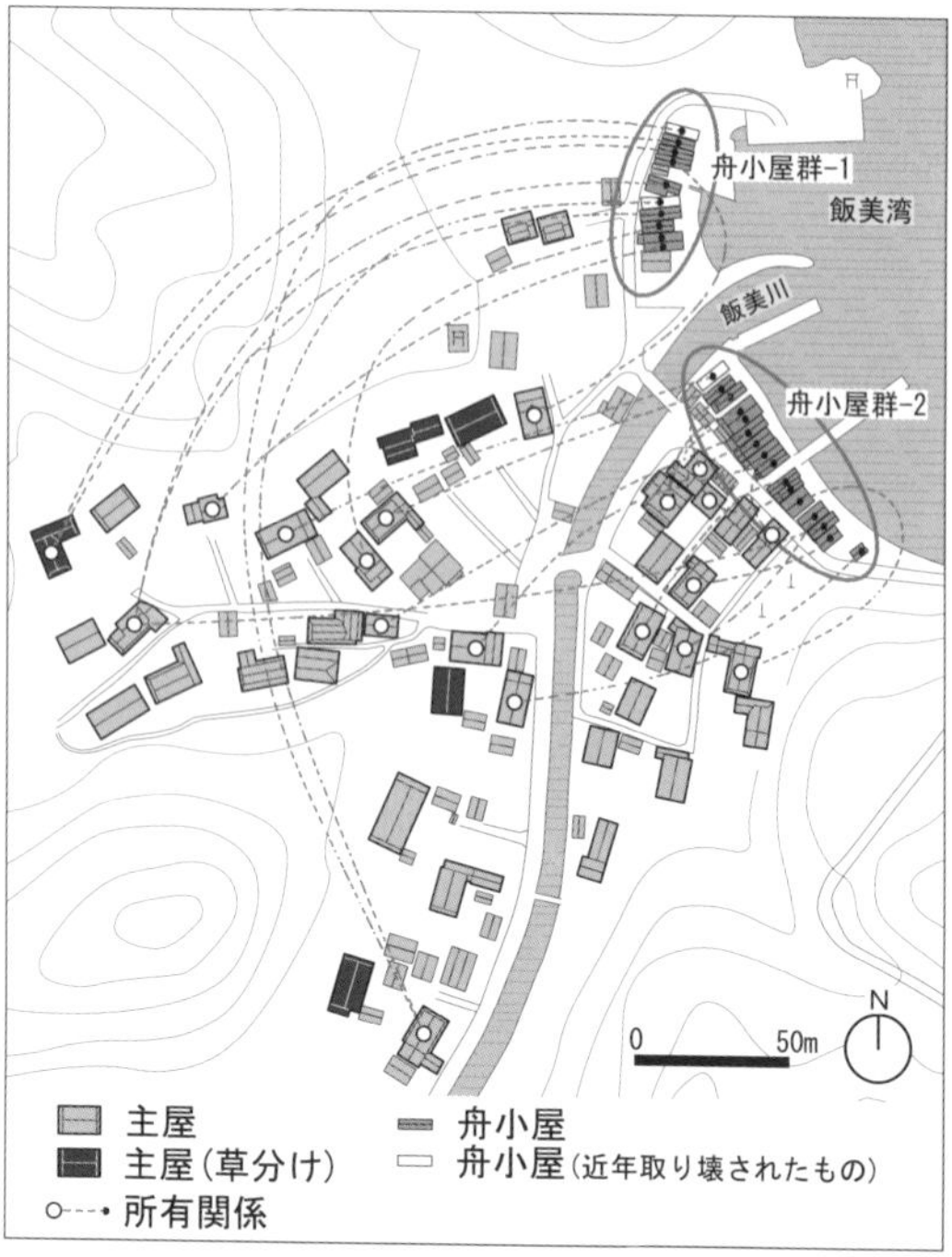


図6 飯美集落における舟小屋の立地と所有関係

工事に伴って既存の舟小屋を撤去し、連棟式に変更して新築したものである。いずれの形式においても、ほとんど壁面を持たない開放的な形式であることが共通している。

## 3 飯美集落の舟小屋

隠岐の島町において、特に多くの舟小屋が古い形状のまま建ち並び、かつての海辺の集落景観を最もよく残しているのが飯美集落である。集落沿岸の砂浜に、中央部を流れる飯美川をはさんで二二棟の舟小屋が建ち並んでいる[図6・7・8]。その所有関係を確認すると二〜三棟を所有している家も見られるが、利用されなくなった舟小屋を譲り受けて利用しているとのことである。

最も一般的な構造[図9]を見てみると、まず二本の丸太を少し内側に傾斜させて掘立てで建て、その上端に梁をかけて門型の

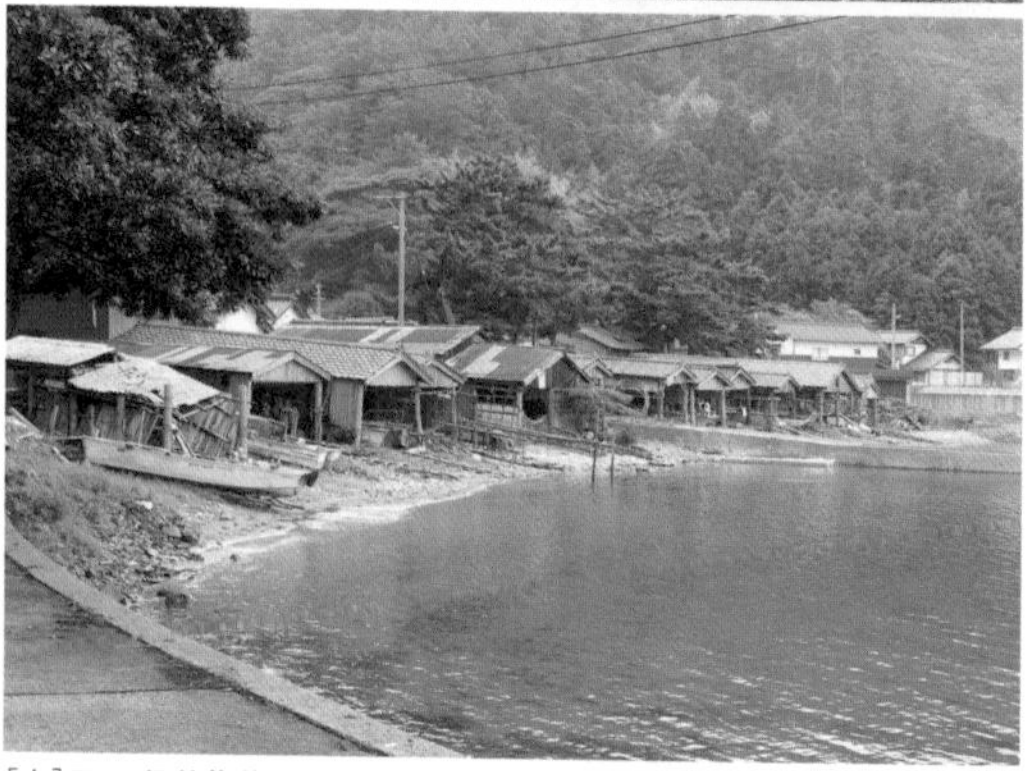

[上]図7 飯美集落の舟小屋群1 [下]図8 舟小屋群2

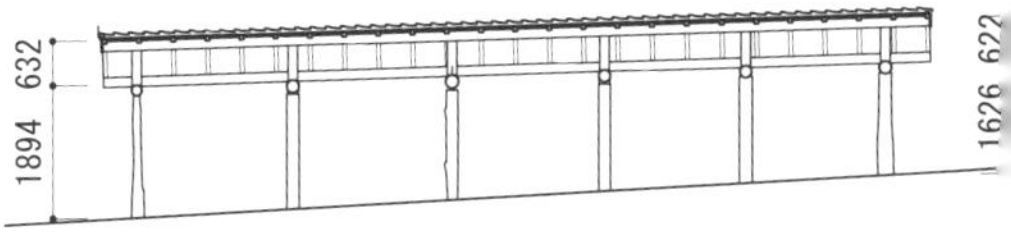

桁行断面図

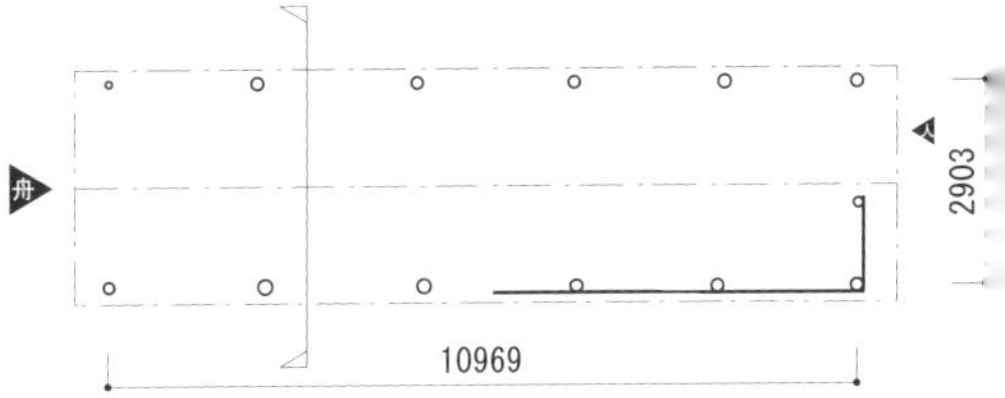

平面図

フレームをつくる。そのフレームを長手方向にいくつか連続して作成し、その上部を繋ぐようにして桁を架け渡して一体化している。使用材は、垂木以外は全て丸太材である。建設は大工に頼まず、地元の人々で自力建設した。現状の屋根葺き材はセメント瓦が多いが、昔は杉皮葺きの石置き屋根[図10]であった。舟小屋が海に面した方向には壁は設けられないが、集落側には壁や扉が設けられることもある[図11]。舟は毎日の漁が終わると浜に引き上げ、荒天時や冬季のあまり舟を使用しない時期には舟小屋に収納した。舟を波打ち際から五〜一〇メートル程度運搬する必要があるが、シラ[図12]と呼ばれる木製のレールを敷くことで舟が滑りやすいように工夫している。また、舟を引き上げる装置として、舟小屋の内部にカグラサン[図13]と呼ばれる回転可能な柱を設け、これに取っ手をつけて回転させロープを巻き取ることで舟を収納した。

## 4 周辺地域の舟小屋の形式

隠岐の島には多くの舟小屋が残されているが、その周辺地域である島根県東部の出

[上から]図10 杉皮による石置き屋根／図11 舟小屋群2(集落側)／図12 舟を海まで押し出すためのシラ／図13 ロープを巻き取って舟を引き上げるカグラサン

14 西浜佐陀のシジミ漁のための舟小屋

雲地域においても少ないながらも舟小屋が現存している。隠岐の島においては磯漁のための舟を収納していたが、出雲地域の汽水湖である宍道湖と中海の周辺においては貝の採取や農業のための舟小屋が建設されており、その立地と利用法に特徴がある。

宍道湖においてはシジミの採取が古くから行われており、現在においても地域の代表的な産業となっている。かつてはこのシジミ漁に使用される舟を収納するための舟小屋が多数建設されていた。西浜佐陀集落の舟小屋［図14］では、宍道湖に注ぐ河川の中に舟小屋を建設しており、舟は水上に浮かせたまま保管する。宍道湖や中海は汽水湖であるため塩分濃度が薄く、フジツボがつきにくい。そのため水上に浮かせたままであっても舟が傷みにくいと言われている。舟小屋の周囲には作業場も設けられている。

中海において、かつてはアカガイ漁が盛んで、そのための舟を収納するための舟小屋が建設されていた。大海崎集落の舟小屋［図15］では、水に接する下部の構造は石造とし、上部に木造の小屋を載せている。や

5 大海崎のアカガイ漁のための舟小屋

図 16 西尾の農耕地に通うための舟小屋

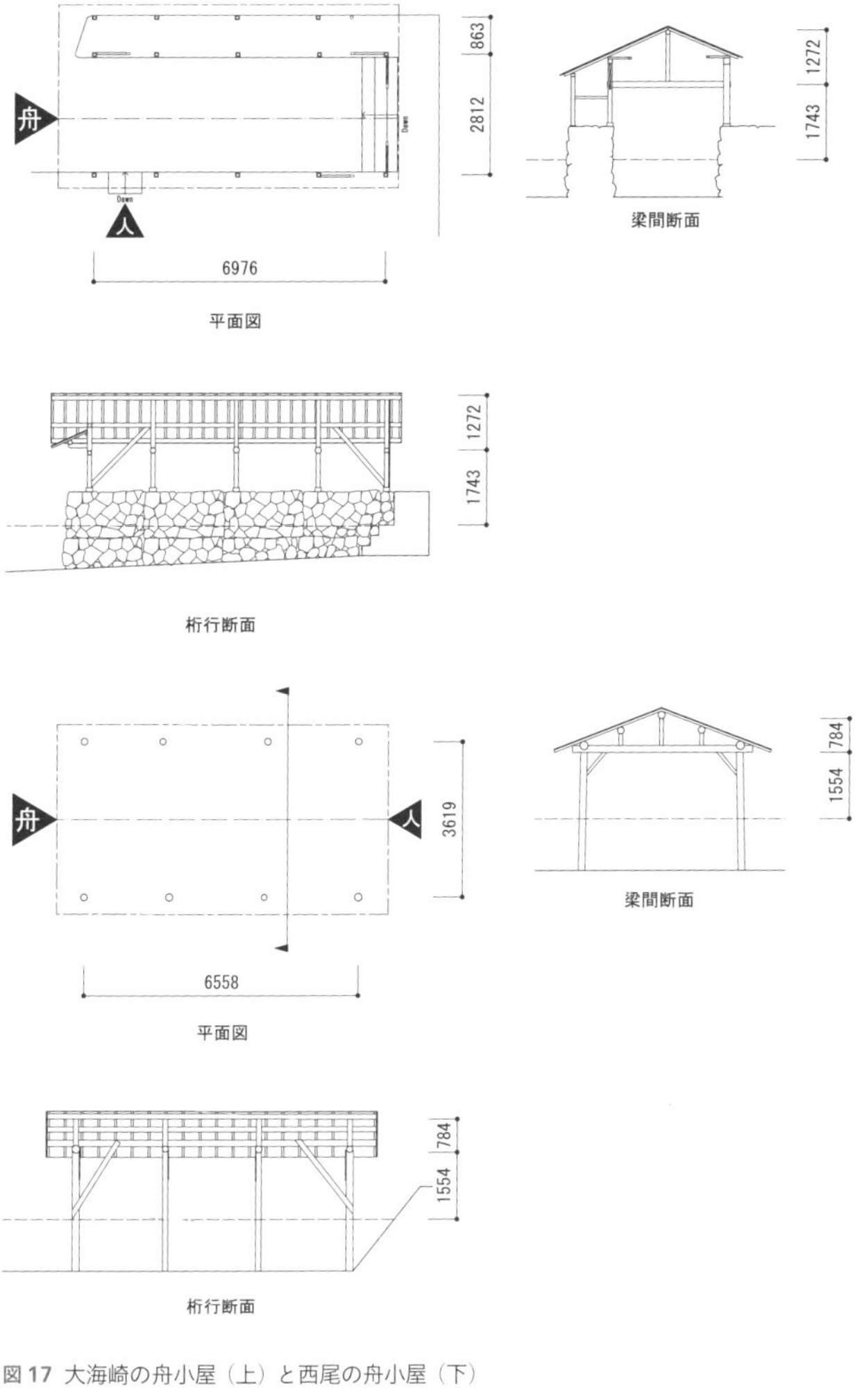


図 17 大海崎の舟小屋（上）と西尾の舟小屋（下）

はり舟は水上で保管される。主屋や作業場に隣接して舟小屋が設けられている点が他地域と異なっている。

宍道湖と中海を繋ぐ大橋川沿いの西尾集落には、農業のために建設された舟小屋［図16］が残されている。川の中州を農地として利用しており、そこに通うための舟を収納していた。ナダと呼ばれる袋状の入江を設け、その中の水上に舟小屋を建設している。構造はシジミ漁のための西浜佐陀の舟小屋と同様の形式である。舟の利用は漁業に限らず、さまざまな生業に対応して水辺の暮らしが成り立ってきたことがわかる。

2 安政2（1855）年に建てられた民家。杉皮葺で、主屋の表側に作業小屋を設け、この地区の典型的な家屋配置を示している（2009年撮影）

図1 昭和初期、清滝川西岸に磨き丸太の加工と保管に用いる大型の林業倉庫が棟を連ねるように建ち始め、1980年代には、最盛期を迎えた（2008年撮影）

# 第6節 北山杉の磨き丸太倉庫

## 1 北山磨き丸太のふるさと

中川は京都市北区中川北山町に位置する谷合の集落である。古くから林業が盛んで、特に北山杉の磨き丸太生産地として知られてきた。清滝川が南北に流れ、川の東側に周山街道（国道一六二号）が併走し、背後には山肌に北山杉が整然と植林されている。京都北山の典型的な林業集落景観である。

清滝川の東岸、街道を軸に一〇〇戸余りの民家の集落が広がり、磨き丸太の製造に関わる建物が点在する。川の西岸には、磨き丸太の乾燥と保管に用いる大型の建物（林業倉庫）が棟を連ねる［図1］。

この林業倉庫群は他では見ることができない独特のもので、本節はこの倉庫群を主役に据えている。しかし林業倉庫は付属屋ではない。小屋と呼ぶにもその規模からしてふさわしくない。だから、林業倉庫の成り立ちから話し始める必要がある。

## 2 磨き丸太小屋

中川地区では、古くから主屋の前庭で杉丸太を磨く作業や保管が行われてきた［図2］。そのために、納屋や倉庫、あるいは小屋とさまざまに呼ばれる小規模な付属屋が、主屋の前に突き出すように建てられた。

伝統的な主屋はみな南を向いた妻入形式で、京都北山地域から丹波山地に広く分布する「北山型民家」と呼ばれる古い民家形式をもつ［図3］。江戸時代のものは茅葺きで、地区には近世後期に遡る茅葺き主屋が二例残る。江戸末期の主屋には杉皮葺きの事例も残るが、明治中頃大火に見舞われた後は瓦葺きが一般化した。

中川地区では、このような主屋に納屋が付属する。しかも、主屋前面の条件の良い

［上］図4 明治中期の大火直後に建てられた地区最古の丸太小屋。すでに庇下には独特の木組みが発達している
［下］図5 中川地区最古の民家の手前に建つ付属屋。1階が納屋、2階は離れ座敷。1階庇の出は深く、そのために独特の木組みが施されている

図3 中川地区で最古の民家。
18世紀中頃に遡り得る北山型民家の典型。手前の付属屋は、1階は納屋、2階は離れ座敷

南庭に付属屋を張り出すのは、磨き丸太の製造と保管が生計の要として重視されたからに他ならない。

付属屋は、古くは茅葺きあるいは杉皮葺きの小規模な小屋であったと想像されるが、今に残る最古のものは明治の大火直後に再建されたもので、一〇坪程の背の低い二階建てである［図4］。他の納屋は二階建てで二階に座敷を仕組んだものも多い。平家建ての主屋から階段で上る離れ座敷から眺める北山の景色は格別で、磨き丸太の買い付けに来た客の目を大いに楽しませたはずである。

付属屋の建築的特徴は一階庇下の木組であろう。梁先を腕木のように庇下に伸ばし庇の出を深くする。梁を二段に組んで延長させた梁の上に出桁を二重に渡して、軒をいっそう深くしたものもある［図5］。広い軒下は丸太に加工する作業場として使われるとともに、丸太を立て掛けて乾燥させる空間としても使われた。

納屋の棟木には、棟上げの年月とともに大工の名が墨書きされていた。庇下の作業空間を拡張するために工夫された軒下の木組みは、大工の技量と創意の賜物である。

## 3 付属屋から林業倉庫へ

昭和に入り、磨き丸太の生産量の増加に伴い納屋も大型化する。「治郎兵衛」を代々襲名し、樹齢三〇〇年を越える台杉株を多数保有する中川きっての林業家である吉田家のそれは敷地内にあるが、もはや納屋や小屋とは呼び難い［図6］。

主屋の山側に並立するこの倉庫は梁間二

［上から］図6 吉田家の林業倉庫。敷地の一隅に建つ付属屋としての倉庫では最大規模／図7 吉田家の林業倉庫。当初は杉皮葺。1階上部の庇に2階外縁を三方に廻らせる／図8 吉田家林業倉庫の2階。天井はなく吹き抜ける

9 昭和戦前期、清滝川西岸に林業倉庫が建ち並ぶ

10 写真中央の3階建ての建物は、昭和11年に建てられた旧北山
太株式会社倉庫





間半に桁行六間、トタン葺きの二階建てである〔図7〕。当初は杉皮葺きであった。かつては二棟あったというちの一つであるから、当家の敷地は地区で屈指の広さである。地棟の下面に「上棟　昭和五年六月拾五日　大工棟梁　樋口喜之助　吉田治郎兵衛」と墨書されている〔図8〕。治郎兵衛は一一代目に当たるという。

一階上部の庇には三方に二階外縁を廻らせる。そのために庇下に梁を長く突き出して縁を支えている。一、二階ともに倉庫であるが、二階の床は中央部を抜いて軒桁など長尺の丸太を収納する。

敷地の一隅に付属屋として建つ倉庫は吉田家のものが最大である。大きくなれば敷地内に収まらず、外に建てるようになる。

昭和五（一九三〇）年、森久商店の第三倉庫（大工：大西弥三郎）が清滝川の対岸、背後に山が迫る狭い川岸に建てられた。これを皮切りに、地区で唯一の三階建てを含む旧北山丸太株式会社倉庫（昭和一一年・一九三六年、大工：樋口重治）をはじめとする大型の倉庫が第三倉庫の左右に建ち並んだ。清滝川に架橋し、

図12 福新商店の1階内部。
丸太を立てるために縄を巻いた棒が添えられている

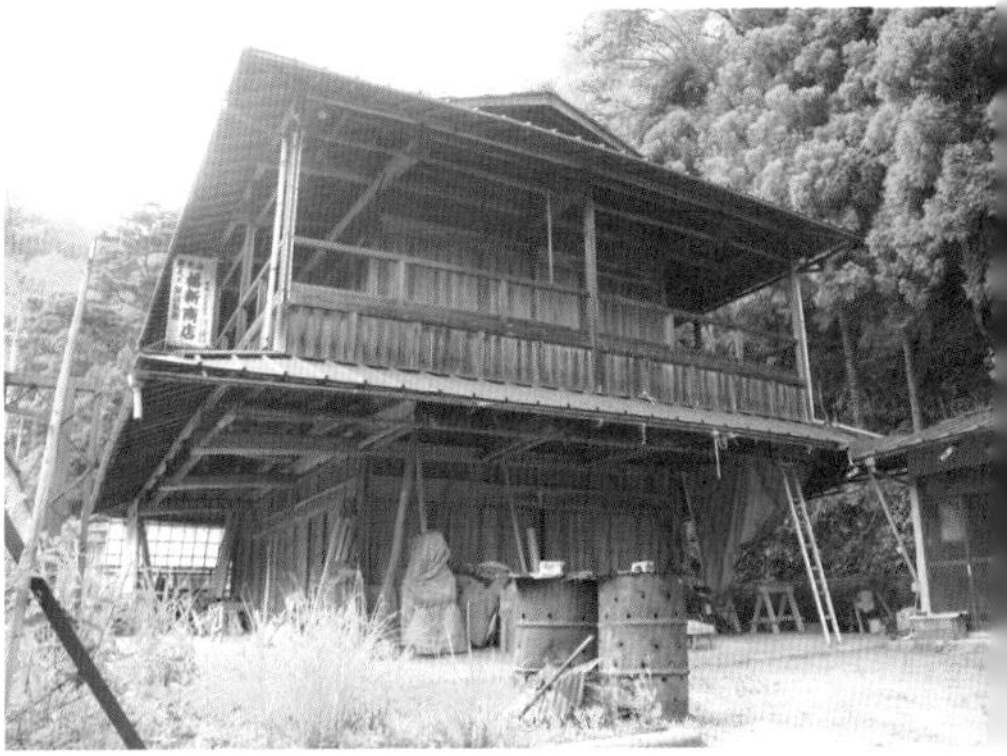

図11 昭和49年築の福新商店倉庫。庇の出が一段と深く、そのために軒裏の木組みが発達している

［右］図13 福新商店倉庫の一階庇下廻り。二重の片持梁方式が深い軒を支持している
［左］図14 福新商店倉庫の二階外縁。幅一間で四周を取り巻いている

地区と結ばれた林業倉庫群の景観は壮観かつ特異である［図9・10］。

最も新しい大型倉庫は、昭和四九（一九七四）年、地区の北端部に建てられた福新商店倉庫であろう［図11］。屋根はトタン瓦棒葺き、外壁は全て竪板張りの木造二階建てである。梁行二間、桁行四間と書けばさほど大きくないが、大屋根と庇を四周に長く延ばした外形はかなりの迫力である。

一階室内は低い板床張りの一室空間である。見上げると梁が縦横に架け渡され、丸太を立てるために縄を巻いた棒が梁下に打ち添えられている［図12］。北側の壁を除いて掃き出しの引違い板戸を嵌め込み、丸太の出し入れがしやすく開放的につくられている。二階も中に柱を立てず一室で、床の一角を抜いて吹き抜けとし、周囲は一階と同じ掃き出しの戸を並べている。外周は奥行一間の外縁で手摺りを廻し、作業場を兼ねた開放的な通路である［図13・14］。

## 4 工法の発達と棟梁

興味を引くのはこの二階縁の深い張り出

［上］図 15 岩井家の林業倉庫。昭和 27 年に樋口重治棟梁によって建てられ、二重梁の構造が初めて採用されている

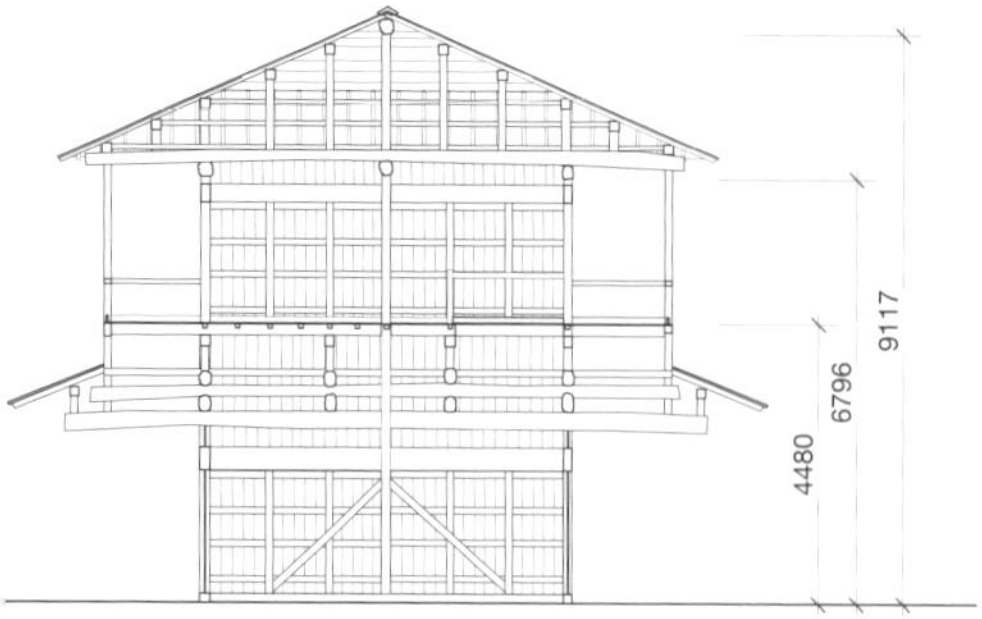


［左］図 16 福新商店倉庫 梁行断面図

しである。二階の床下に太さと長さの違う梁を二段に組んで四方に長く差し延ばし、下の太い梁が上の梁を支える二重の片持梁方式が縁を支持している。二階の廻り縁も、長い梁で延ばされた大屋根の軒先に覆われている。

福新商店倉庫は樋口雅一棟梁が手掛けた。雅一棟梁は父である樋口重治棟梁と協働でこれを建てたという。二重梁による軒庇の工法も雅一棟梁の考案によるもので、同倉庫で初めて採用された。筆者が晩年の雅一氏から直接聞いた話である。先代の重治棟梁は大正九（一九二〇）年頃から、雅一棟梁は昭和二五（一九五〇）年から当地区で大工を営み、先述の吉田家倉庫を建てた樋口喜之助棟梁は、雅一棟梁の先々代である。

三代にわたる樋口棟梁は中川地区で多くの倉庫を建て、なかでも重治棟梁は林業倉庫の普及に最も貢献したという。重治棟梁は、昭和二七（一九五二）年に建てた岩井家の付属倉庫において、これまで一本であった出梁を二重に組む工法を考案している［図15］。雅一棟梁による二重梁の工法は、先代の工法を発展させたもので、二重梁による出梁構造は、樋口流林業倉庫建築の集大成ということになろう［図16］。

平成に入ると磨き丸太の需要が減り、林業倉庫の建設は途絶える。二重梁工法で建つ福新商店倉庫は林業倉庫の到達点であるとともに、その最終形態となった。

中川地区の林業倉庫は、京都市中の町家とも、周辺の農家とも異なる異形の建築である。建物を包み込む元杉皮葺きの大屋根と深い軒下空間は、北山杉の磨き丸太を加工し保管する必要から工夫されたもので、純粋な生業建築であり、ゆえに独自の外形が創出された。

北山磨き丸太の林業倉庫群は他に類例がなく希少である。北山の林業景観としての価値と相まって、その歴史的価値は北山型民家ともども極めて高い。

図2 大正から昭和初期の焙炉場と焙炉師（出典：『京都府茶業百年史』京都府茶業百年史編纂委員会編）

図1 なだらかな山の斜面につくられた和束町の茶畑、茶葉への霜害を避けるため風車が林立する

# 第7節 宇治茶の茶工場集落

## 1 和束の煎茶づくり

京都府南部、東西に貫流する和束川に沿って、山麓から山頂まで青々とした茶畑が斜面を覆い尽くす［図1］。和束（京都府相楽郡和束町）の茶づくりは鎌倉時代に遡り、鷲峰山に栽培したのが始まりだという。元文三（一七三八）年、鷲峰山を越えた宇治田原で永谷宗円が色や香味に優れた煎茶の製法を編み出し、煎茶は江戸を通じて全国に広まった。蒸した新芽の茶葉を焙炉（木枠の底に和紙を張った道具、その下に炭火を仕込む）の上で揉みながら乾燥させるというもので［図2］、寛政年間（一七八九〜一八〇一）には和束に伝わり、茶業を営む者が現れた。近世末には海外に販路が開かれ、郡内一の産地へ成長する。

明治後期より製茶機械の試用が始まり、大正四（一九一五）年、摘採機（茶摘みハサミ）の特許が取得される。大正中期には全国で製茶機械台数が増加し、粗揉機で下揉みしてから手揉みで仕上げをする半機械製の加工となり、大正末から昭和初期には京都の茶業が全機械製へ変化したとされる。現在、

5 2階の居室に縁と手摺を付ける茶工場（画像提供：大場修）

図4 2階を座敷に整えた茶工場（画像提供：大場修）

図3 伝統的な2階建て茶工場



和束町は府下において生葉や荒茶の最多の生産量を誇る。荒茶とは、蒸し、揉み、乾燥した茶葉をいい、この後、茶問屋で二次加工して出荷される。かつては、茶農家の周辺に広がる茶畑で茶葉を積み、屋敷地内に置かれた茶工場で荒茶加工までを行うものがほとんどであった。現在、茶工場の多くは物置となり、屋敷地外に大型の茶工場が稼働している。

## 2 茶工場の伝統的な建築形式

和束町における茶工場の伝統的な建築形式は、一階を焙炉場、二階を居室とする二階建てである［図3］。一階の焙炉場には主に桁行方向の壁に沿って焙炉を据え、風と光を採り入れるため窓を水平に連ねる。さらに、茶葉に直射光が当たらないよう格子を付けるが、山間の斜面に建つせいか連続窓の向きに法則性はない。平入の主屋に棟を違えて、一方の脇に離れや蔵、他方に茶工場を置くものが多い。二階の居室には繁忙期に雇い入れた茶葉の摘み子や焙炉師が滞在した。新婚夫婦や子供、親類などが使用したとも聞く［図4］。屋根の一方を入母屋造とし（他方は切妻造）、居室には妻側に縁と手摺［図5］、あるいは出格子を付けて（図3参照）前面道路に向ける。和束の伝統的な茶工場は、工場建築としての機能性と仮住まいの居住性を兼ね備えつつ、製茶集落と

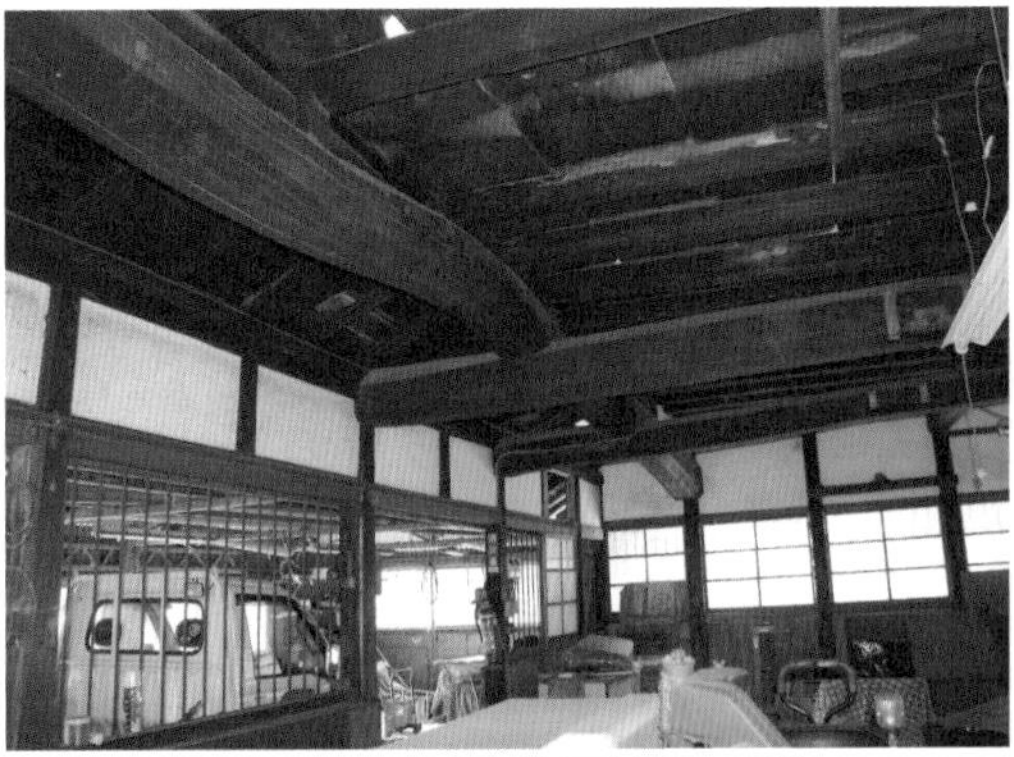

図8 湯船の茶工場にみられた大断面材（画像提供：大場修）

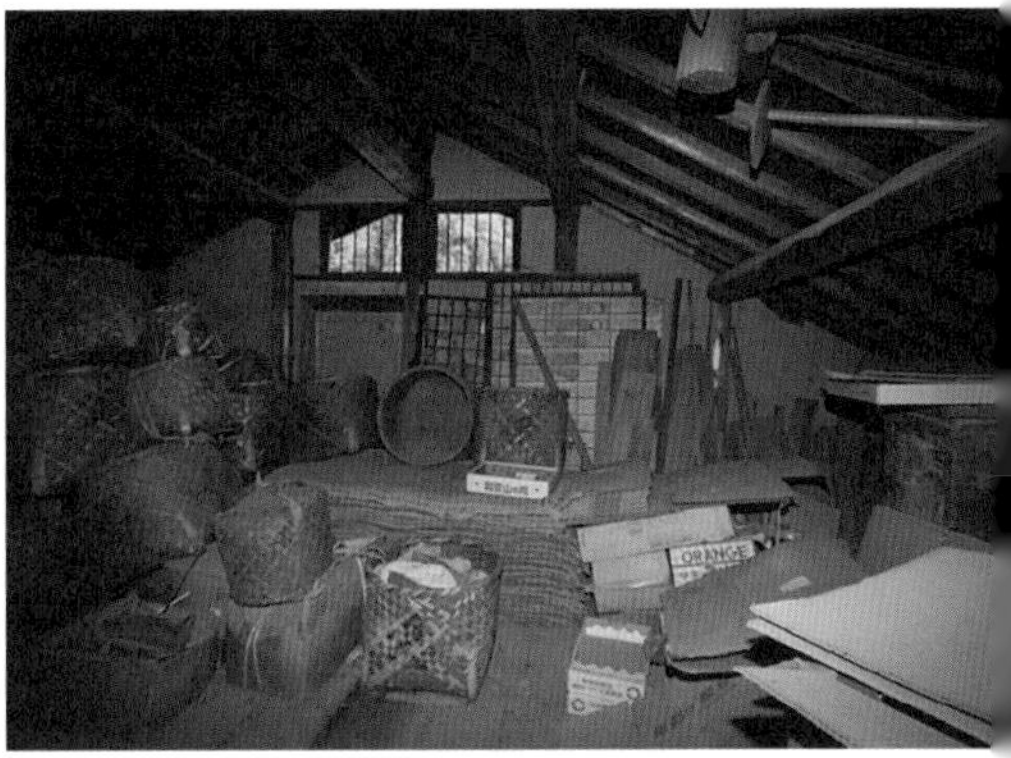

図6 2階を物置とする茶工場（画像提供：大場修）

してての景観を意識して建てられたようだ。一方、二階を製茶道具などの物置とする茶工場もみられ［図6］、この場合は切妻造となる。二階の用途の違いは、その棟高の高低や窓の多少、屋根形式に表れる。

こうした茶工場の梁間は二〜三間で、多くが梁を迫り出して下屋を支え、葺き下ろす［図7上］。軒下は半屋外の作業にも使われたが、屋内化され焙炉場を増床した。架構はいたって単純で、礎石の上に柱を置き、小屋梁を折置組とするものが多い。柱間寸法は三尺、四尺、六尺などばらつきがある。小屋組は、旧来の二階建てでは和小屋、後に、製茶の機械化に伴って登場する平屋建てでは洋小屋となる［図7下］。いずれの村も、個々が所有する山林から木を伐り出し、村内で加工して近郊の大工が建設したという。

## 3 集落景観に表れる村の製茶史

昭和二九（一九五四）年まで、和束は上流

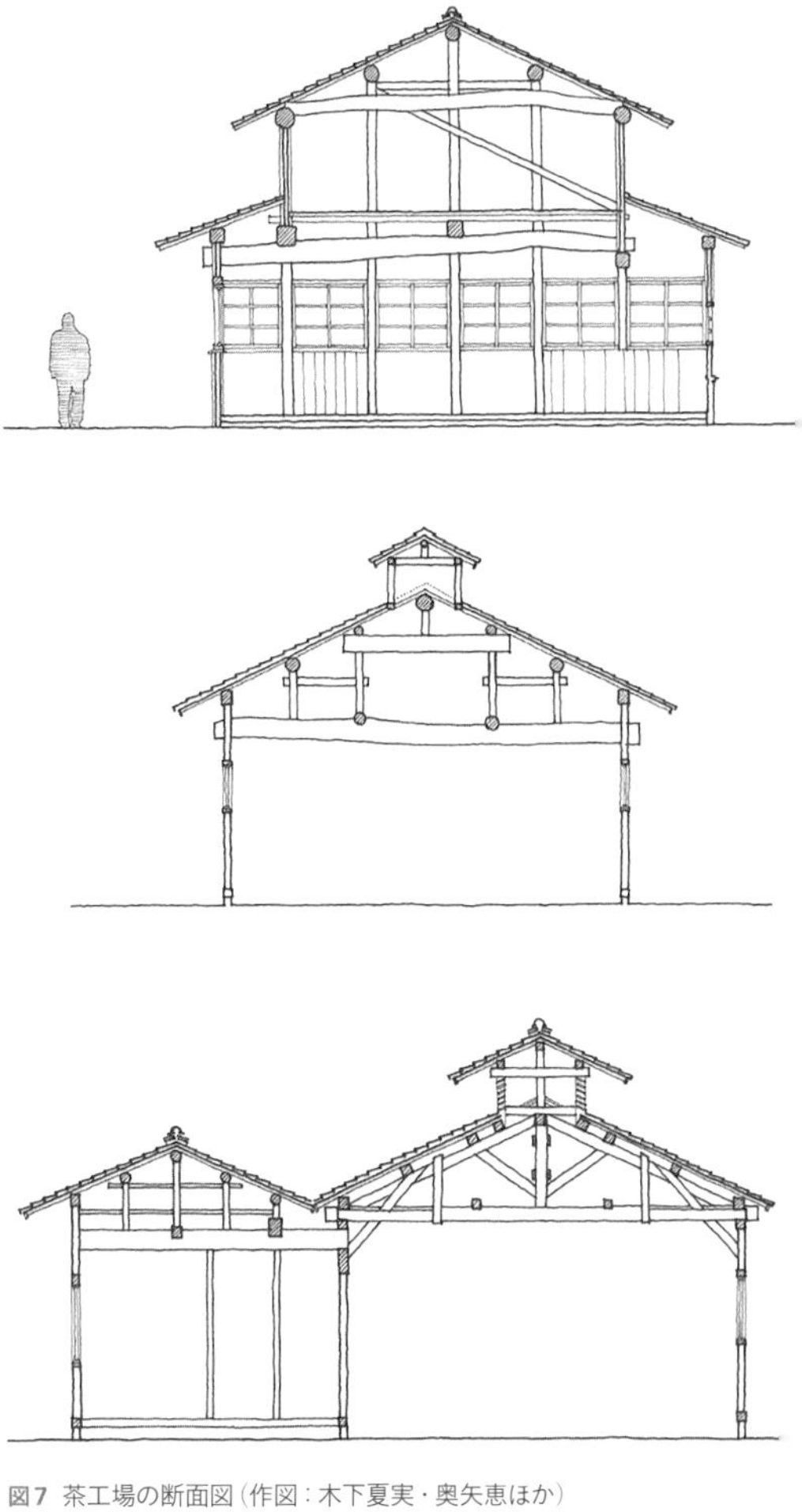

図7 茶工場の断面図（作図：木下夏実・奥矢恵ほか）

図9　越屋根付きの平屋建て茶工場

10　ラインシャフトで駆動する製茶機
画像提供：和束町地域力推進協議会）

から下流にかけて湯船、東・中・西和束の四村から成り、製茶の機械化に対する動きは村によって異なった。東・中和束では共同製茶工場の設立や講習会の開催など製茶の協業による技術研鑽が盛んに行われ、機械化を前提とした品質向上の取り組みがなされた。他方、最も標高が高く山深い湯船は、主な生業である林業から得た収益を個々が人件費や肥料などに投じ、伝統製法にこだわって高級路線を貫いた。西和束は番茶を主とし、煎茶の製茶は複数ある生業の一つであった。こうした違いは、茶工場とそれらが形成する集落景観にも表れる。

　例えば、湯船でみられるほとんどの茶工場は伝統的な二階建てだ。これはひとえに、手揉みの伝統製法にこだわったためだろう。しかも、林業を主な生業としたためか、他村に比べて大断面材をふんだんに用いた〔図8〕。しかし、早摘み（一番茶）がもてはやされるようになると、標高の高い湯船は茶業において不利になっていったという。さらに、太平洋戦争後には材木需要が増加し、副業のための茶工場は増改築されることなく、現在まで旧来の姿が温存された。明治三二（一八九九）年、京都府茶業組合聯合会議所が紀伊郡に建設した製茶試験場の建設仕様書では、製茶機械を導入するため製茶場は平屋で土間とするが、湯船における機械化への対応は一階床を板敷から土間へ改める程度に留まる。

　一方で、東・中・西和束では、越屋根を付けた棟高のある平屋建て茶工場が主となる（図7中央・7下・9参照）。屋敷地内には二、三棟の茶工場が並列し、平屋建てはセメント瓦で葺くものも多い。特に、東・中和束では、村ぐるみで機械化を進めてきたことの表れだが、実際には、戦後まで製茶の各工程に手作業が多く残っていた。各機械に直接接続できる小型の電気モーターが普及するまでは、中央動力源から各機械に動力を分配するため、モーターでシャフトを回転させベルトを通じて各機械を動かした〔図10〕。このラインシャフト駆動方式の製茶機械は昭和三〇年代前半まで導入され、各機械にモーターが装填されるようになったのは昭和三五～四〇年頃だった。東・中和束

［上右］図11 ラインシャフトの痕跡 ［上左］図12 建ちが低く均整の取れた外観に筋交を加えて補強する伝統的茶工場 ［下］図13 木造のトラス梁を鉄骨で補強する現役の大型茶工場

では、平屋建て茶工場にラインシャフトの痕跡がみられる［図11］。ラインシャフトの振動によって茶工場は傷み、建て替えたものが多かったと聞く。和小屋に斜材を打ち付けて小屋組を補強するものや、なかには、明治初期に建てられた二階建て茶工場の外壁に筋交、梁に斜材を打ち付けて補強するものもあった［図12］。あるいは、二階床を外して越屋根を付け、機械化に対応した元は二階建ての茶工場もある。

　西和束では、二階建て、和小屋の平屋建て、洋小屋の平屋建てという茶工場の変容を示す各棟を屋敷地内に残しつつ、鉄骨で補強した大型の茶工場を現在も稼働する製茶農家があった［図13］。屋敷地内で棟を移築しながら増築してきたという。製茶が機械化され茶工場が平屋建てになっても、窓が連なる開放的な内部空間の印象は変わらない。

　また、平屋建ての茶工場には連続窓のない板間の下屋が付くものがあり、ここでは仕上げた荒茶を袋詰めしたりした。これを独立させた付属屋をもつ農家もある。

　和束の二階建て茶工場がもつ個々の建築的要素は、伝統的民家ならば他地域にもみられるもので、平屋建ての茶工場ともなればなおさらである。しかし、和束では、こうした要素を茶工場の適材適所に用い、村々の置かれた地勢、技術発展、社会状況に応じて更新してきた。零細な家内工業を支えた工場建築は群として今も残されている。山肌を覆い尽くす茶畑の畝とその間に林立する茶工場が織り成す集落景観には、旧村（現地区）それぞれの製茶史が表れている。

第8節

# 平戸市生月島・鯨組の納屋場

図2 御崎の納屋場・前作事場跡（平戸市生月町御崎浦）。

## 1 西海捕鯨と鯨組

西海は、九州北西海岸から山口県北部に広がる海域である。ここで鯨を捕った西海捕鯨については、中園成生氏の研究が詳しい。氏の研究から概要をまとめると次のようになる。

九州北部の縄文遺跡に土器製作の回転皿に使った鯨骨が出土することから、捕鯨は四〇〇〇年の歴史を持つ。なぜこの海域で鯨が捕れたのか。鯨は、冬の繁殖期を西太平洋の暖かい海で過ごし、夏の摂食期を流氷の含むプランクトンを求めてオホーツク海で過ごす。そのため、冬と春に日本海沿岸を回遊する。加えて西海は、漁に適した瀬戸や入江に恵まれる。これに、漁業技術の蓄積と、一七世紀初頭の平戸オランダ貿易の利潤が相まって、捕鯨の素地があった。

捕鯨技術が紀州から一六二〇年頃に伝わり、『西海鯨鯢記』（享保五／一七二〇年）は西海に七三組の鯨組があったと記録する。しかし経営が安定した鯨組は、大村の深澤組、小値賀の小田組、壱岐の土肥組、呼子の中

益冨家の居宅屋敷（平戸市生月町壱部浦、長崎県指定史跡）。右から主屋・座敷・御成門

図3 『勇魚取絵詞』「生月御崎納屋全図」（出典：国会図書館デジタルコレクション）。図2の地の江戸時代の様子

尾組、生月の益冨組に限られた。

鯨組は、組主を筆頭に一〇〇〇人に及ぶ大集団で、鯨を沖で捕らえる沖場と、捕った鯨を解体加工する納屋場に持ち場が分かれた。漁場沿岸には、組主屋敷、納屋場、船や網の手入れをする前作事場、見張りをする山見などの施設が整えられた。

## 2 益冨組の捕鯨施設

鯨組のうち、明治まで経営が続いたのが、生月《いきつき》島を拠点にした益冨《ますとみ》組である。中園氏によると、享保一〇（一七二五）年から明治六（一八七三）年までの一四二漁期に、二万二〇〇〇頭の鯨を捕った。収益は、平戸藩の大きな支えであった。

益冨組は、居宅屋敷を生月島中部東岸の壱部浦に構えた［図1］。屋敷には、主屋（嘉永元年・一八四八年）、座敷（天明四年・一七八四年頃）、御成門（江戸後期）、恵比須神社（文政八年・一八二五年）が残る。組主の住居と迎賓、経営、信仰、作業の場を備え、鯨組の指揮拠点であった。

この居宅屋敷に対して、鯨組の付属屋に

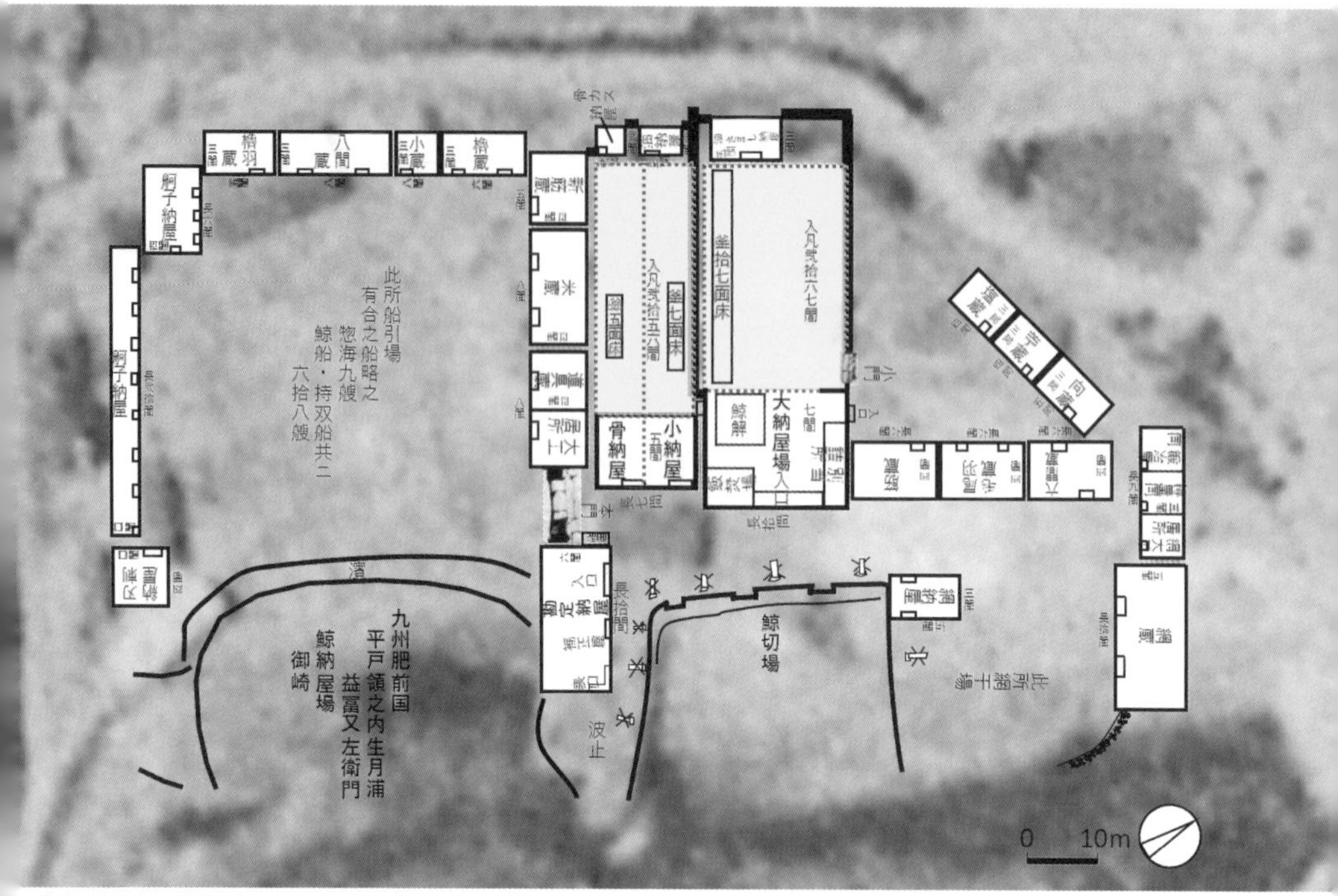


4 御崎の納屋場・前作事場の復原配置図（中野家文書『見嶋鯨組記録』「九州肥前国、平戸領之内生月浦、益冨又左衛門、鯨納屋場、御崎」の
き起こし。赤線と黄色着色は著者追記、背景の写真は昭和 22 年撮影航空写真、国土地理院 USA-M255-54）



当たる納屋場と前作事場は、三キロメートル北の御崎浦《みさきうら》に位置した〔図2〕。中園氏によると、紀伊・土佐では鯨を浜で解体するものの加工施設は持たない。浜辺に石垣を築き、鯨を解体加工する納屋場は、西海捕鯨の大きな特色であった。しかし、近代に入り、捕鯨が変容すると、納屋場は失われた。その中で、益冨家の納屋場と前作事場は、跡地が平戸市指定史跡で保護され、資料から建物の規模や構成が明らかになる。

## 3 御崎の納屋場

益冨家の御崎の納屋場は、享保一四（一七二九）年から明治三〇年代（一九〇〇年頃）まで、一七〇年にわたって利用された。その様子を知る資料は、『勇魚取絵詞』（天保三／一八三二年、図3）、『見嶋鯨組記録』（中野半左エ門、安政四／一八五七年、中野家文書）、『御崎納屋場・網干場敷地図』（明治時代、平戸市生月町博物館・島の館所蔵）がある。

**図4**は、『見嶋鯨組記録』に折図で集録された「九州肥前国、平戸領之内生月浦、益冨又左衛門、鯨納屋場、御崎」の図を描

図5『勇魚取絵詞』「生月御崎浦大納屋図」（出典：国会図書館デジタルコレクション）

き起した。海から見て右手（北側）に納屋場、左手（南側）に前作事場（船引場）を配置する。両方合わせた規模は、幅（南北）一三五メートル、奥行（東西）七五メートルである。

前作事場は浜を利用し、惣海船九艘、鯨船・持双船六八艘を引き上げた。船引場を囲むように蔵と納屋が並ぶ。船を操る舸子《かこ》（水主・加子）の納屋は南に長く置かれ、鯨捕りの要の羽刺《はざし》は別棟だった。蔵は、櫓、櫓羽、米、道具を収蔵し、大工（船大工）の小屋もあった。

納屋場へは、前作事場との間に設けられた本門を通らなくてはならない。本門の波止側には勘定納屋と番所が置かれ、鯨油や鯨肉を勝手に持ち出さないように、出入りが監視されていた。納屋場は、海側に石積みの波止場を設け、八台の轆轤《ろくろ》を備える。

鯨捕りは、瀬戸を通る鯨を待ち、姿が見えれば船団で網に追い込み、羽刺が鯨に飛び乗ってとどめを刺す。捕った鯨は納屋場まで曳航し、速やかに解体加工する。解体の場が鯨切場である。

## 4 納屋場の建築

加工は、鯨切場の正面にある大納屋場と、左手の小納屋・骨納屋で行われた。三棟の納屋は、海側は常設の瓦葺きなどである。奥の黄色部分は苫葺きの仮屋で、捕鯨の時期だけ組立てる仮設建物だった。元図では、仮屋は周囲の石垣と、地面の釜位置で示される。

大納屋は、鯨切場で切り分けた皮身と赤身を加工する。『勇魚取絵詞』の「生月御崎浦大納屋図」［図5］は、入り口から大納屋の奥を見た内観で、作業の様子を伝える。左手前の魚棚で赤身を切り、右奥で油皮を刻み、左奥の釜で油を煎る。右手前の上り框に別当が腰掛け、作業を見守る。

奥の仮屋の屋根は、竹を組み、薄い筵をかぶせる。これが苫葺きである。覆って雨露をしのぎ、室内の煙と湿度を逃して蒸れない。強い風が吹いても受け流す苫葺きは、釜がずらりと並ぶ大納屋に適している。鯨独特の臭いが発生することも、仮屋の一因であろう。大納屋の梁間一〇間、奥行き二

図6 御崎の岬神社の石祠。益冨家が繁栄を祈願して奉納

七間（二〇×五四メートル）の建物を常設で維持するのは容易ではない。三分の二を苫葺きの仮屋にして、作業のない季節に畳むことは、管理上の工夫である。大納屋の奥正面に見える瓦葺きの白壁は、油さまし納屋である。鯨油を冷まし、保管した。

小納屋では骨からこそげ取った赤身や内臓を扱い、骨納屋では骨を切り分けた。内臓や骨からも油が取れるので、小納屋と骨納屋も奥に釜を備え、苫葺きの仮屋だった。鯨油は、水田の害虫駆除や灯火に使われた。国内外の捕鯨の大きな目的は、この鯨油を取ることだった。

大納屋の右手（北側）には、赤身、尾羽毛、筋の蔵が中庭を囲む。出入りは大納屋に通じる側に限られ、ここも監視が厳しい。鯨を余すことなく利用したのがわが国の捕鯨である。

鯨切場の北側は網干場で、網を引き上げて干した。網大工、樽屋、鍛冶屋の小屋が奥にある。いずれの人も出入りは本門をくぐる必要があった。

## 5　地の利を読む

『勇魚取絵詞』は、捕鯨は地の利をよく読むことが大切だと、次のように説く。

鯨の往来が多く、網を張るのに程よい水深があり、捕った鯨を寄せられ、納屋・蔵・船引場などの地理を捉える。これらが的確に配置されると、労力と費用に対して、功が多く、利が厚くなる。

御崎の地は、遠くに鯨の回遊した瀬戸が見え、深い入江を有し、背後に山を抱え、納屋の建つ平場がある。ここに納屋場を設けた地の利に頷ける。享保一四年以前の納屋場は、御崎から六キロメートル南の舘浦にあった。御崎の地を得たことが、益冨組の活躍につながった。

現在、納屋場の面影を示すのは、斜面に安置された岬神社の石祠だけである［図6］。今回図4に復原した御崎の納屋場の配置図が、往時を知るきっかけになろう。

第3章

# 風土に向き合い、自然と共生する営み

図1 庄川扇状地の扇頂に広がる散村

図2 天正地区の散村

# 第1節 砺波平野の集落の成り立ちとその空間秩序



## 1 集落の成り立ちを示す空間秩序

村落の風景は自然そのものではなく、そこに何世代にもわたり暮らしてきた人たちが自然環境にはたらきかけ、整えてきたものと捉えられる。農村は生活と生産の場であり、住人のはたらきかけが村落、屋敷、住宅の各レベルにおいて形となって現れる。屋敷のレベルでは、敷地の中に主屋、付属屋、作業庭、池、屋敷林などの構成要素がある。それらは村落ごとに配置の型をもつが、付属屋の位置は用途のみにより決まるわけではない。屋敷構えの意味を村落が与えている。また、主屋の間取りの型は、屋敷構えが意味を与えている。ここでは、散居として知られる富山県砺波《となみ》平野の農村を例として、村落・屋敷・住宅を通した空間的秩序が居住のためのシステムとしてどのようにつくられているかを見る。

## 2 村落空間の構成要素

砺波平野は日本海へ北流する庄川が形成

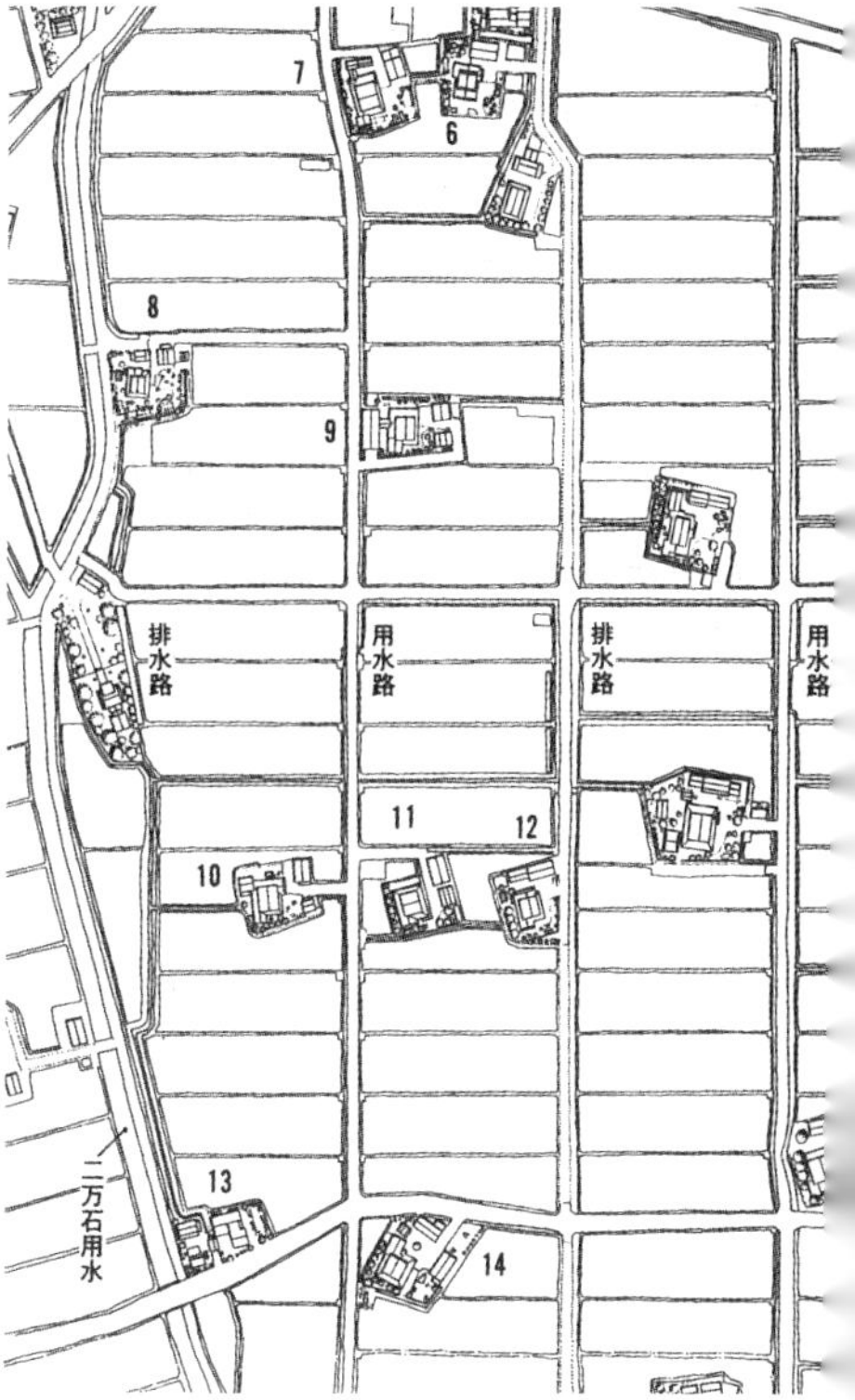


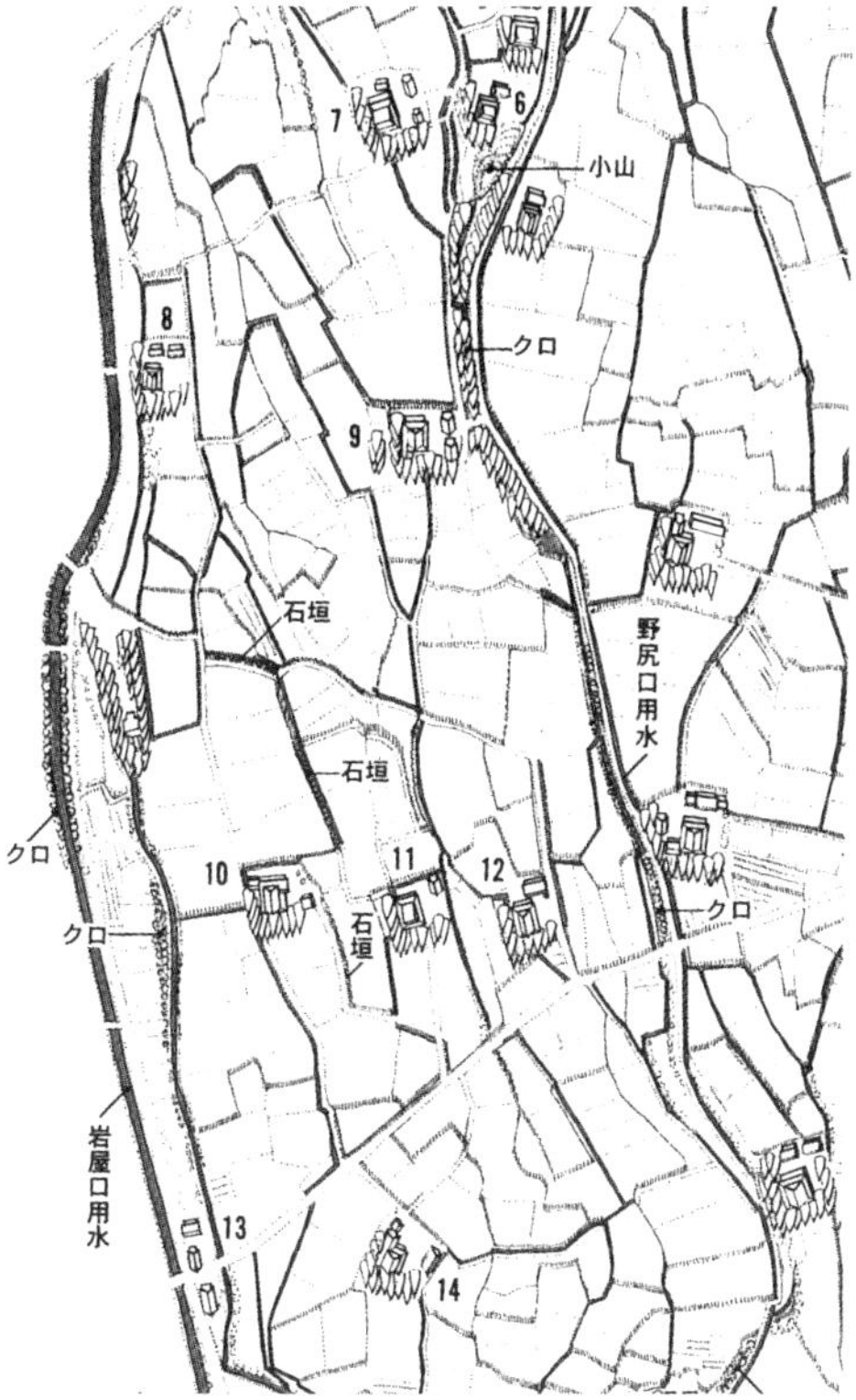


[上] 図3　圃場整備後の村落空間
[左] 図4　圃場整備前の村落空間

した扇状地である。その扇頂から扇央にかけての一帯には、隣村との境界付近まで屋敷が点在する散村がみられる[図1]。このうち扇頂に近い砺波市天正地区は、現在、整然と区画された平坦な水田のなかに屋敷が点在する村落景観となっている[図2]。水田は長辺一〇〇メートル、短辺三〇メートルに揃い、短辺沿いに直線的な道路と水路が一〇〇メートルおきに通されている[図3]。水路は一〇〇メートルごとに用水路と排水路とされている。そして屋敷は水田の区画と無関係に点在するように見える。

この景観は当地区で昭和四八(一九七三)年から実施された圃場整備による。圃場整備以前には、土地に起伏があり、周囲より高所に村落を貫流する二本の用水が通されていた[図4]。用水の脇には樹木が植えられ、細長い林のようになって村落を横断していた。用水の間の土地は谷となり、各所に段差や石垣が見られた。水田の区画は小さく不整形であり、道や水路は水田の境界に沿って細く曲がりくねっていた。全体として変化に富む村落景観を呈していた。

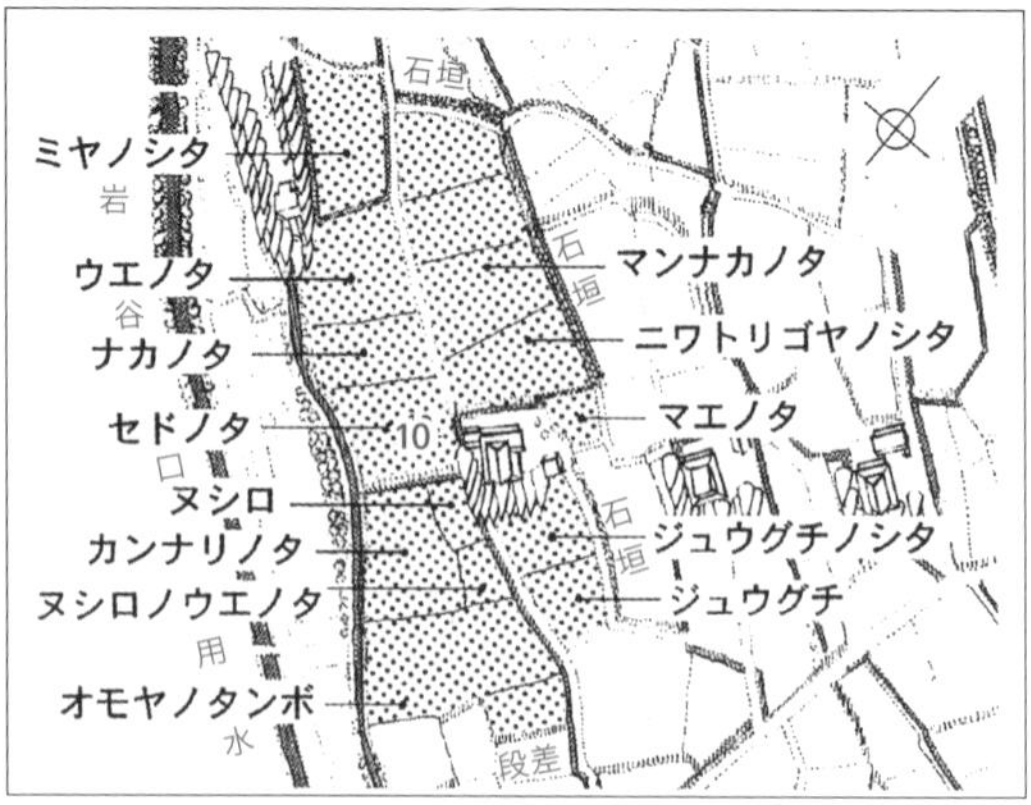

図5　圃場整備前の「イエの領域」

## 3 イエの領域と屋敷構えの要素

圃場整備前の各戸は、屋敷と連続した耕地と離れた耕地とを所有していた。屋敷と連続した耕地は屋敷の周囲にまとまり、水の流れる方向に細長い形となっていた［図5］。水田の一枚一枚に呼称があった。一軒の屋敷と連続した耕地の範囲と村落内の段差や石垣との対応を見ると、段差の多くが所有耕地の境界と一致していた。そして所有耕地の内側は平坦になっていた。つまり、一軒の屋敷と連続した耕地の範囲は、微地形的なまとまりと対応していた。そこで屋敷とこれに連続する耕地の範囲をひとつの単位とみなし、「イエの領域」と呼ぶことにする。村落空間はこうした屋敷とこれに連続する耕地の単位に埋め尽くされていた。

## 4 村落と屋敷をつないでいた水路と道

現在の村落内の水路は、表流水として通された農業用の用水路・排水路と、道路に埋設された生活用の上水道・下水道からなる。図6に農業用の用水路・排水路と水田との関係を模式的に示した。丸印が水田一区画を表す。各水田が用水路と排水路に直結され、独立して水量を調整する。

扇頂に立地し、井戸が深いため、圃場整備前は表流水を農業用と生活用に使っていた［図7］。村落より上流で用水から水路を分岐し、村落内の地面と同じ高さを通していた。水路は用排水兼用だった。全ての屋敷には屋敷を通る水路があり、屋敷周囲の水田はこの水路から取水し、隣接する水田へ畦越しに水を送っていた。屋敷や水田枚一枚を束ねるように流れた水は、再び村

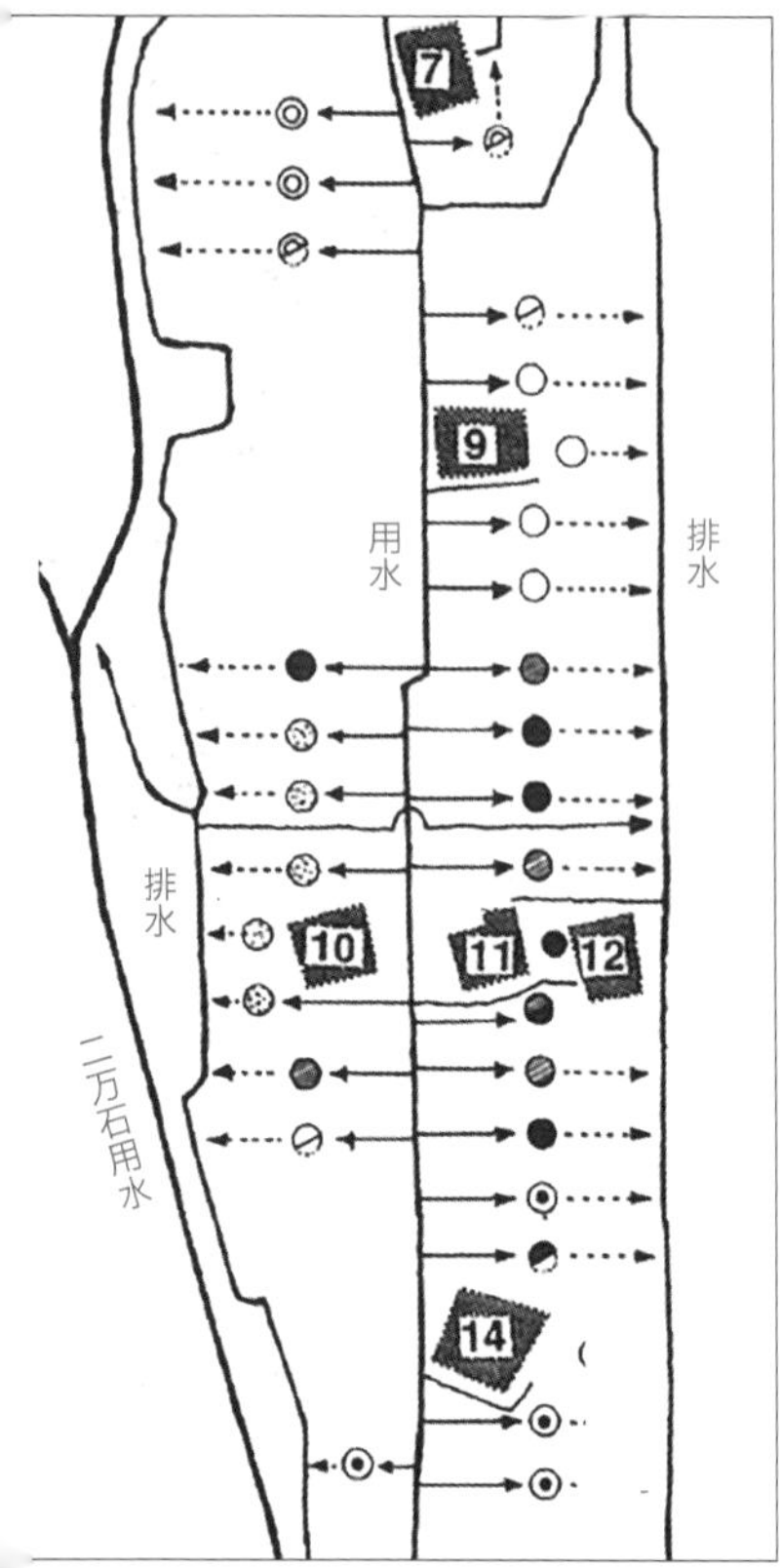

6　圃場整備後の農業用の用水路と排水路

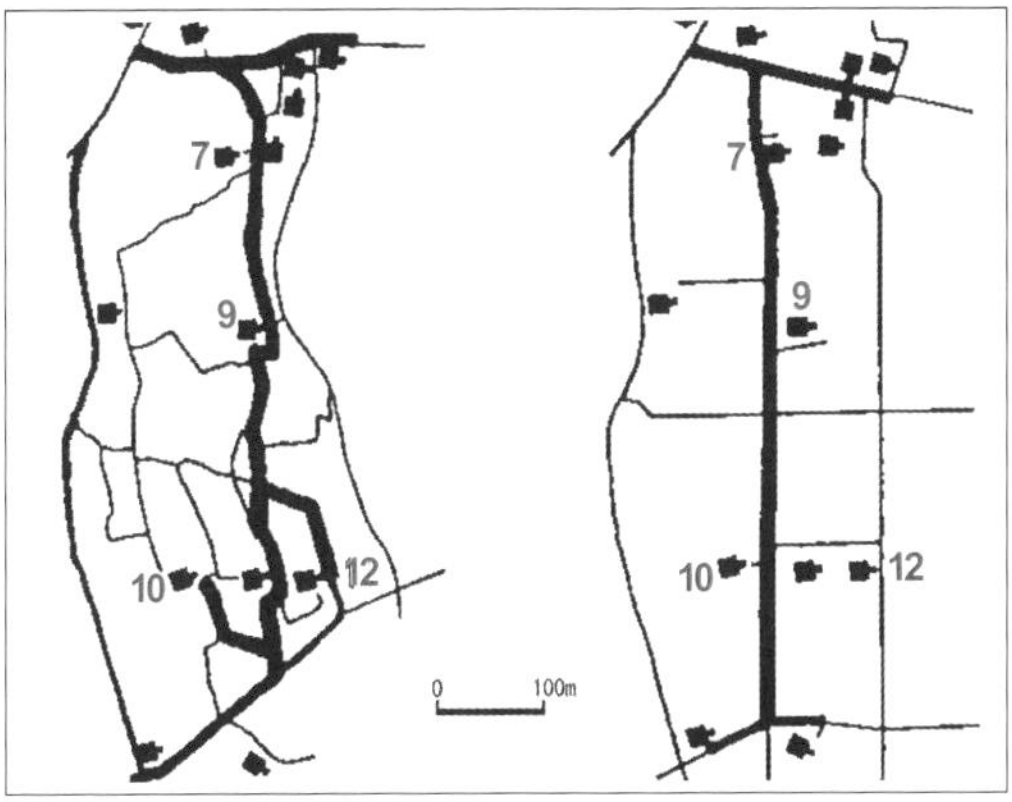


図8 圃場整備前（左）と圃場整備後（右）の道路

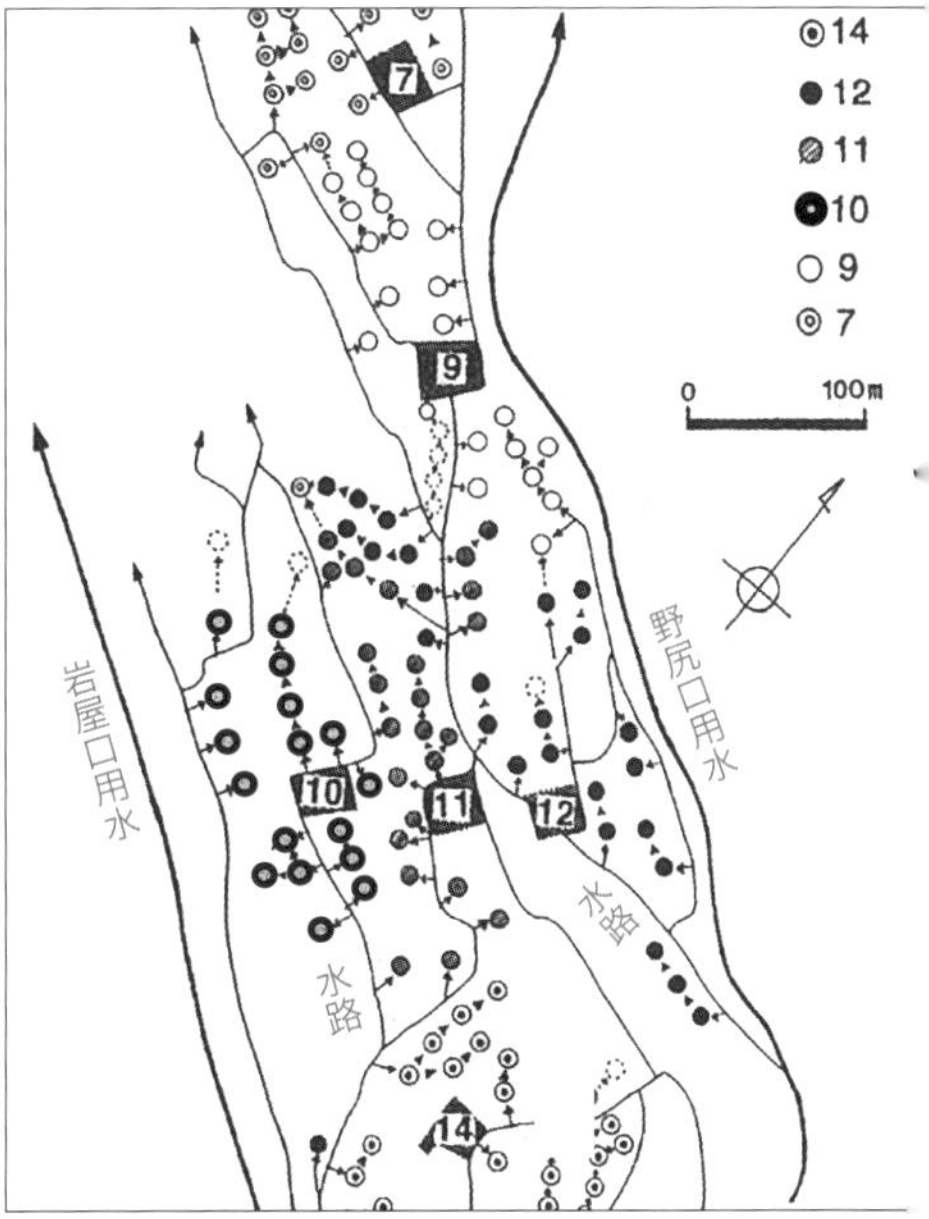


図7 圃場整備前の生産・生活兼用の水路

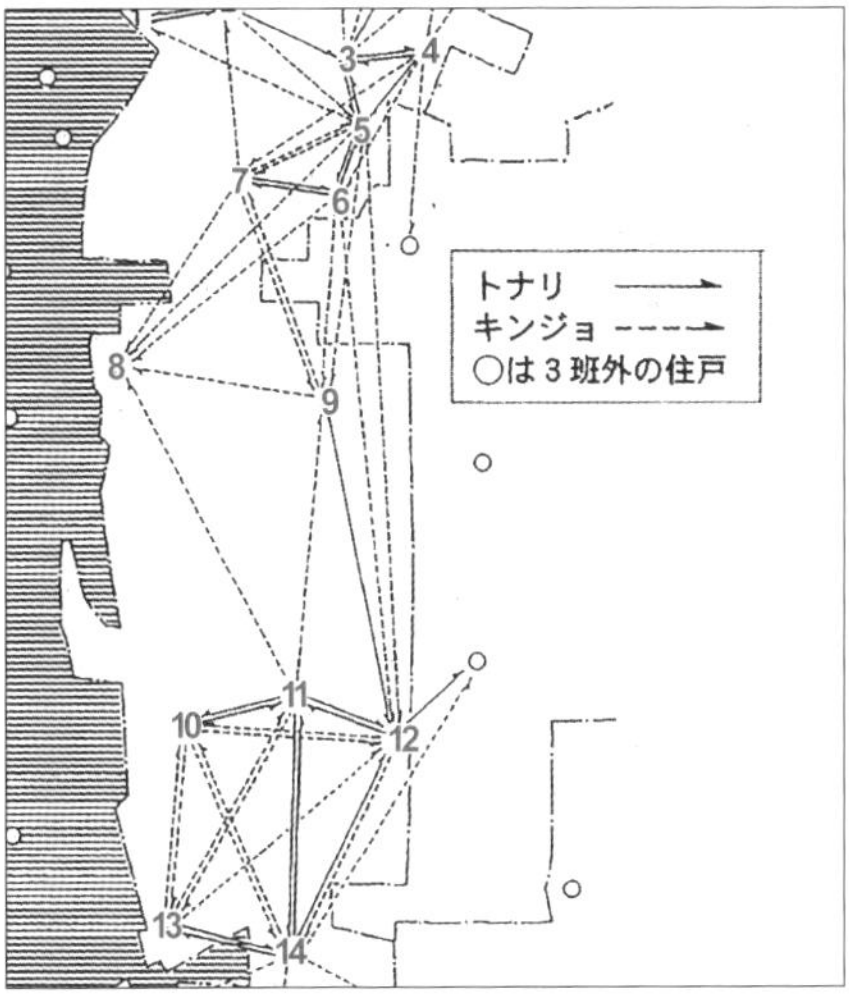


図9 現在の相互扶助関係

落内で用水に流れ込んでいた。一軒の「イエの領域」は、その屋敷を通る水路がまかなう水田の範囲と対応し、「イエの領域」が細長い形をなす根拠となっていた。

圃場整備後の村落内には、南北方向の直線的な道路が一〇〇メートル間隔で通された[図8右]。凸型の記号は主屋の向きを示す。整備後に道路が主屋の西側を通された屋敷では、宅道を西側道路から主屋東側まで造成した。

圃場整備前の村落内の道は、いずれもリアカーを曳いて通るほどの幅しかなく、単に網の目状に屋敷を結ぶように見えるものだった。班内の全一四軒へ道の利用を聞き取り、全軒で利用が重なる道を太線、一軒のみの道を細線で示した[図8左]。すると村落内移動に使われる道が軸のように浮かび上がった。住人はこれをミチと呼んでいた。各戸へのアプローチをジュウグチと呼び、ジュウグチはこの村落共用の道から分岐していた。畦道のように細く網の目状に見えた整備前の道は、住人からは村落共用の道と各戸へのジュウグチとに区別されていた。

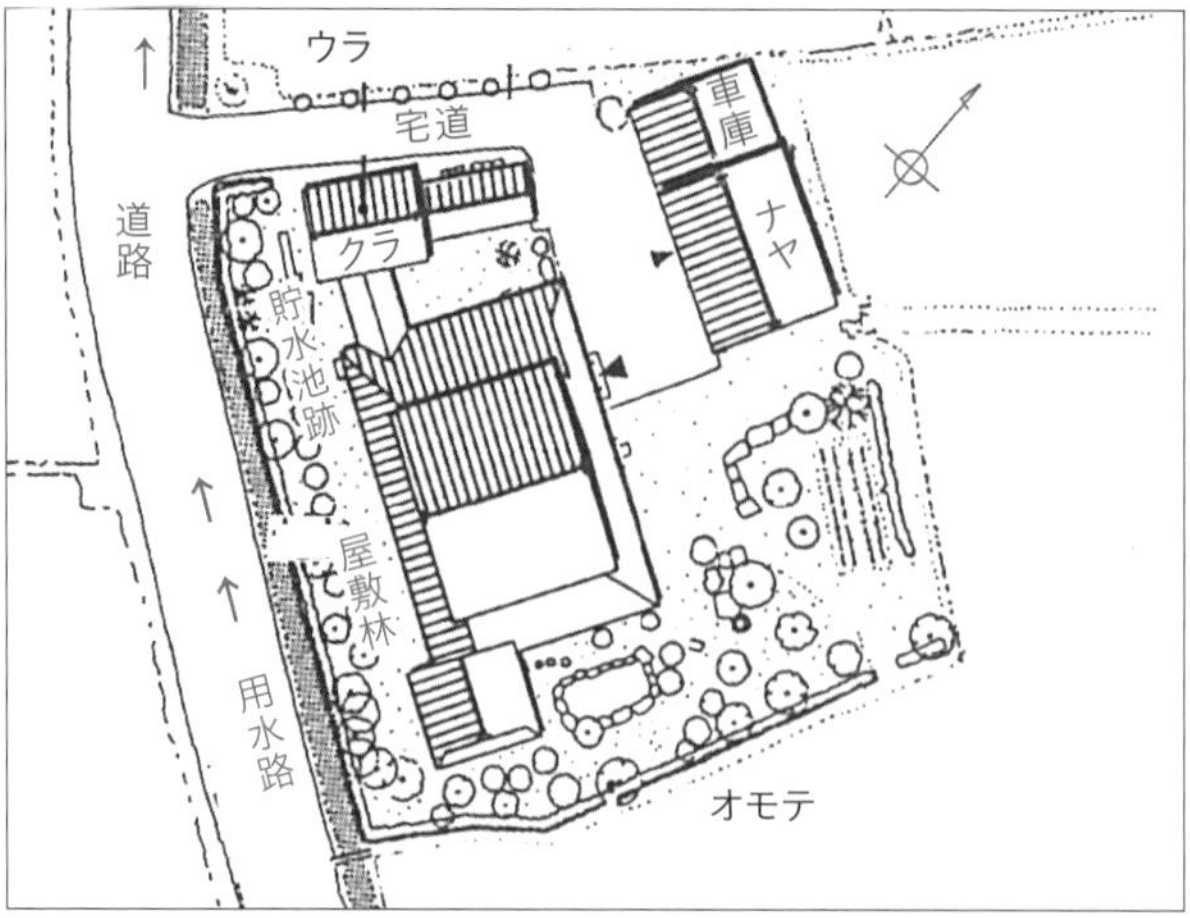


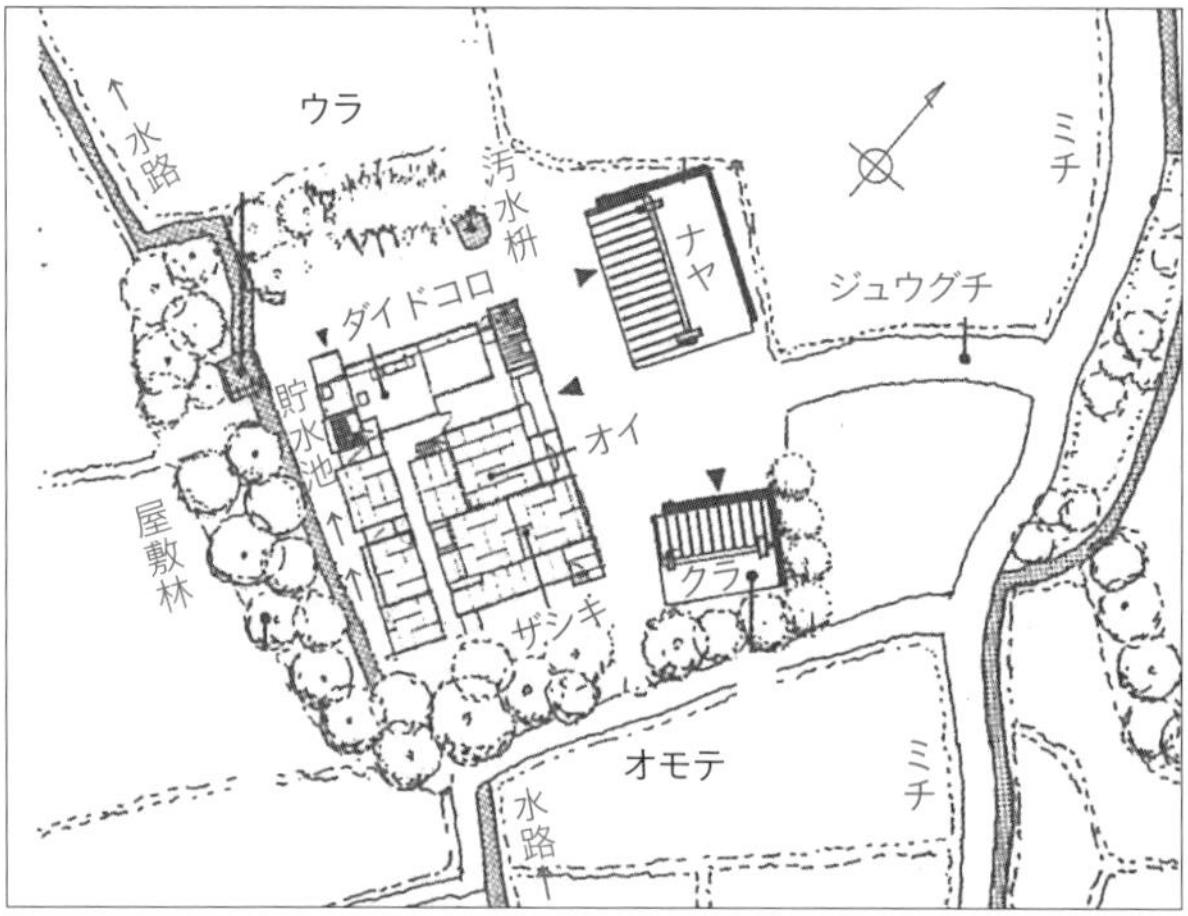


［上］図10　圃場整備後の屋敷構え（No.7）
［下］図11　圃場整備前の屋敷構え（No.7）

**図9**に現在の班内の相互扶助関係を矢印で示した。この地域では、頻繁に冠婚葬祭や農作業を手伝う屋敷を「トナリ」と呼ぶ。図中のNo.9とNo.12はトナリの関係で結ばれている。現在ではNo.9からNo.12へ行くには迂回しなければならない（**図8**右参照）。しかし整備前には**図8**左のように、No.9とNo.12は村落共用の道で直結していた。つまり、現在の地縁関係は圃場整備前の道に対応している。

## 5　屋敷構えと間取りの方向性

圃場整備後の屋敷構えの例を示す［**図10**］。ここでは主屋は東向きのまま、新たな道路が屋敷の西側に通されたため、道路から主屋入り口へ回り込む宅道が造成され、宅道の先に車庫が建てられた。宅地の西側を道路に供出し、西側の屋敷林は一列になった。

圃場整備前の屋敷構えを従前図と聞き取りにより復元した［**図11**］。クラは主屋の前側（東側）にあり、ナヤと並列していた。東側には村落共用の道が通り、ジュウグチが主屋玄関へ向かっていた。主屋の後ろ側（西側）の屋敷林は、冬季の北西季節風から屋敷を守っていた。主屋は切妻屋根の妻面の梁組を見せ、ジュウグチからは、屋敷林を背景に、クラ、主屋妻面、ナヤが並ぶ外観となっていた。**図12**に他家の例を示す。

屋敷を通る水路は、主屋後ろ側の屋敷林を通されていた。屋敷の下流側に石組みの

図12 屋敷前側の外観例（左：クラ、右：主屋）

図13 主屋のオイ前側での獅子舞

貯水池を設置し、その水を飲料、炊事、洗濯に使っていた［図11］。屋敷内には、水路の流れのカミ・シモに対応した、オモテ・ウラの方向性があり、これが屋敷の要素の位置を規定していた。農作業を行うナヤはウラ、収穫米や調度品を保管するクラはオモテに配置されていた。屋敷林は、春季に山から吹き下ろす季節風から守るため、オモテ側（南側）にも厚く植えられ、その根元を鑑賞庭としていた。オモテ側の水田との境には石垣が積まれていた。

　主屋の間取りは、玄関が東を向き、畳敷きのザシキがオモテ側（南側）に、土間のダイドコロがウラ側（北側）に配される、右勝手の間取りとなっていた。玄関から続くオイには囲炉裏があった。客はそのオモテ側に座った。またオイ後ろ側に飾られる衝立は、描かれた鳥獣の頭がオモテ側を向くものを選んでいた。主屋前側のクラとナヤで囲われた空間（ニワバと呼ばれる）では、祭礼時に獅子舞が奉納され、家族がオイの建具を開放し、正座して迎える［図13］。また、ウラ側のダイドコロには、水路の貯水池へ行き来する勝手口があり、汲んだ水をダイドコロで炊事に使った。

　カミ・シモの方向性は、生産のみならず生活レベルでも重要であり、水の流れの方向が村落、屋敷、住宅の構成を秩序化し、相互につなぐ拠り所になっていたと考えられる。

図1　ナヤ（納屋）

# 第2節　付属屋と屋敷構え

## 1　付属屋とは？ そのレパートリー

「付属屋」とは、一体、何に付属する建屋なのか？　民家における生活の中心は「主屋」であり、付属屋という言葉は必然「主屋の周りに従属する建屋」と理解するのが妥当であろう。

これまでの統計的データ分析に基づくと、屋敷地内の付属屋は概ね、❶クラ、❷ナヤ、❸家畜舎、❹便所・風呂、❺堆肥舎（灰小屋含む）、❻門長屋、❼離れ、❽燃料舎、❾屋敷神、❿井戸屋形、⓫その他生業に関わる建屋の一一種類に大別され、そのうち出現頻度が際立って高いものが❶〜❹の四つとなる。クラの詳細については第7章で扱うので、ここでは簡単に❷〜❹の三付属屋について内容を整理しておきたい。

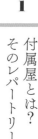

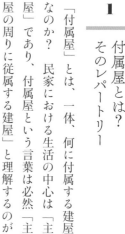

まず「ナヤ（納屋）」［図1］は、農機具・農作物の収納と、農作業を行う建物の総称である。クラが貴重品を貯蔵する場所であるのに対し、稲作・野菜農家の場合、日常的に用いる「農具収納」、短期の「収穫物収納」、稲の脱穀などを行う「作業舎」、以上三つがナヤの主な機能となる。稲の収納を専門とするナヤは「稲屋《イナヤ》」、食料庫に特化した場合「味噌小屋・漬物小屋」などの呼称が用いられる一方、機能が複合化した場合、単に「コヤ」「物置」と呼ばれる。加えて、ナヤの一部に燃料としての薪が収納され、便所・風呂が併設されることもある。また「コナシ小屋」のコナシとは「脱穀」のことを指し、これも作業舎としてのナヤに含まれるが、稲作農家の場合「筵・縄・叺《かます》・俵」を作る作業舎ともなりうる。

次に「家畜舎」［図2］については、馬または牛を飼っておく別棟建屋が「厩（馬屋の意）」「駄屋」などと呼称され、その他に鶏小屋・豚小屋がこれに含まれる。付属屋としての耕馬の飼育場所は、江戸初期までは掘立式別棟の「外厩」が主流であったが、江戸中期になると寒冷地を中心に「内厩」形式に移行し、厩は専ら主屋の土間に取り込まれるかたちとなった（東北の曲家や中門造りなど）。一方、外厩の場合、建屋の配置場所は「主屋のシモ手」に近接して置かれるのが原則

図2 家畜舎・駄屋

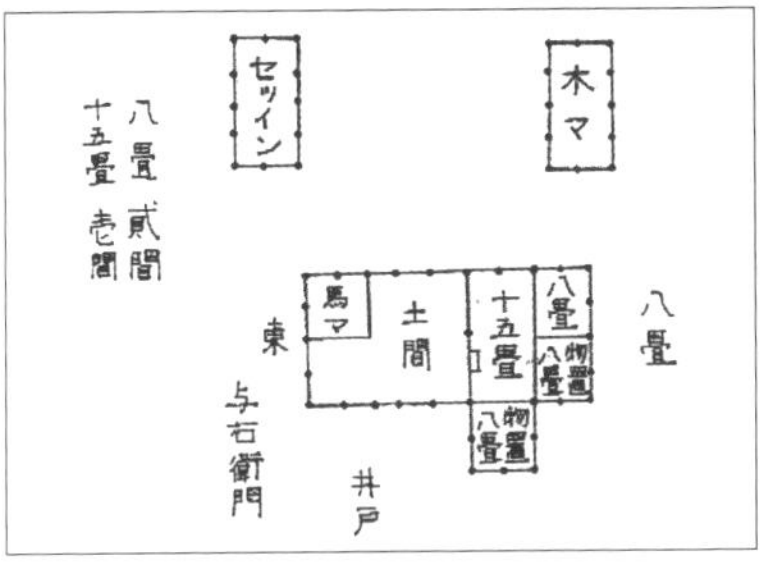


図3 18世紀の屋敷図の例（出典：埼玉県教育委員会『埼玉県の民家』一九七二年）

［上］図4 主屋オモテに置かれた別棟便所（出典：古川修文他編『写真集よみがえる古民家――緑草会編「民家図集」』柏書房、二〇〇三年）
［下］図5 門長屋

で、これに伴い堆肥舎や便所も近接して置かれる。他方、耕作の利便性のために屋敷地から離れ、耕作地近くに設けられた厩は、特に「野厩」と呼ばれた。

付属屋としての「便所・風呂」については、近世の農家の基本的な屋敷構えをイメージする必要がある。江戸期の一般農家の屋敷構えは、主屋・雪隠（便所）が主体で、これに木小屋もしくは灰屋が付く程度の質素で開放的なものであった。一八世紀後半の「江ケ崎村百姓小前絵図」（埼玉県）［図3］を見ると、付属屋には「木屋（薪などの燃料舎）」とともに「雪隠」がどの家にも描かれており、便所（規模的には風呂場兼用と推測されている）が近世農家にとって、肥料源としていかに重要だったかを察することができる［図4］。一方、風呂については、近世では特に部屋をつくらず、土間内の決まった場所（大戸口の脇）で風呂桶を使うことが多かった。後代になると、客用の風呂は座敷の背面または側面に上便所と並べて設けられるとともに、家族の据風呂が別棟になったり、門長屋［図5］内に設けられるようになったと考えられている。

このように、近世初期には小規模であった農家は、生産技術や耕作地の開拓などによって富を集積し、徐々にナヤ・クラなどを建て増ししてゆく。こうして近代を通して屋敷構えが充実し、多様な付属屋のレパートリーが形成されていったのである。

## 2 屋敷構え――「囲い」による分類

屋敷構えは、敷地境界部の「囲い」の状

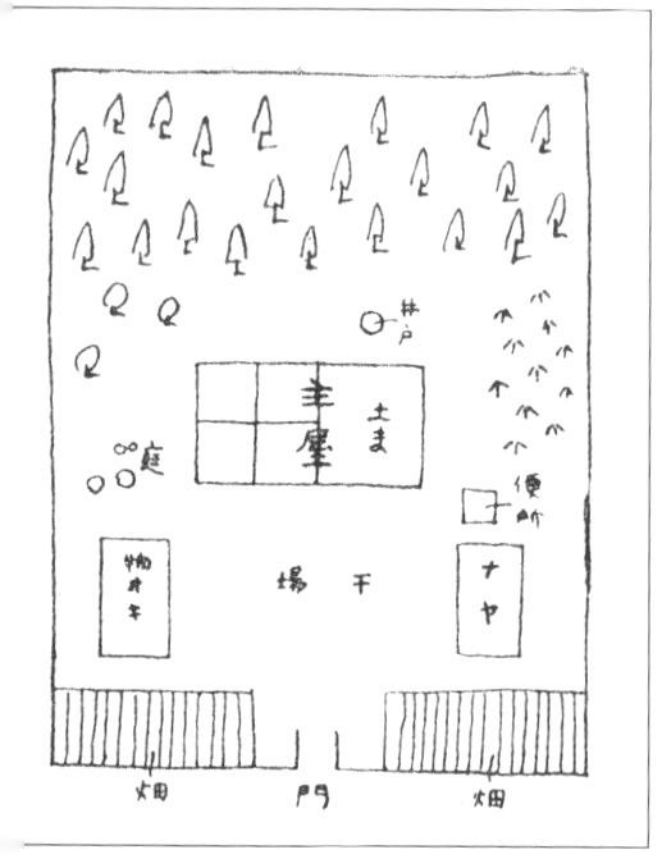

図7 今和次郎のスケッチ（出典：今和次郎『日本の民家』相模書房、1954。初版 1922 年）

図 6 閉鎖型の屋敷囲い

8 開放型の屋敷囲い

態と、敷地内の建屋の「配置・配列」、以上二点から捉えるとわかりやすい。第3節で扱う生垣や樹木も「囲い」を形成する要素のひとつである。

地理学者の杉本尚次は、「囲い」に注目し、屋敷構えを「閉鎖型」「開放型」に大分した。「閉鎖型」[図6]はクラその他の「付属建物」「土塀」で宅地の四周を囲み、「中庭（干場）」をもつものと定義され、奈良盆地・山城・摂河泉平野など畿内をはじめ、岡山・讃岐・松山・徳島の平野部、高知平野東部、東三河と渥美半島の一部にも分布するとある。他の平野部に比して付属屋数が多く、主屋面積は狭めであり、奈良盆地では主屋規模よりも付属屋の総面積の方が大きい点が特徴とされている。

これに対して、「開放型」は「宅地周囲が屋敷林などで囲まれるか、二〜三の付属屋が配されるもの」と定義され、全国的に分布するとある。主屋を中心として、周囲に屋敷林や付属屋が配置されることから「主屋中核形式」の別名がある。

かつて今和次郎はこの閉鎖と開放の対立図式を「大阪方面の人は住居は塀で取りかこんだうちに住おうという気持であるが、東京方面の人のものは家を建ててから屋敷を塀で囲むという気持である」と表現した[図7]。民家研究者の草野和夫は「西日本では付属建物をもつのが一般的であり、東日本では主屋が大型化し、諸機能が主屋に集積する傾向がみられる」としている。基本的に屋敷構えは❶立地、❷自然風土、❸家格・貧富の差、❹生業形態により形式や規

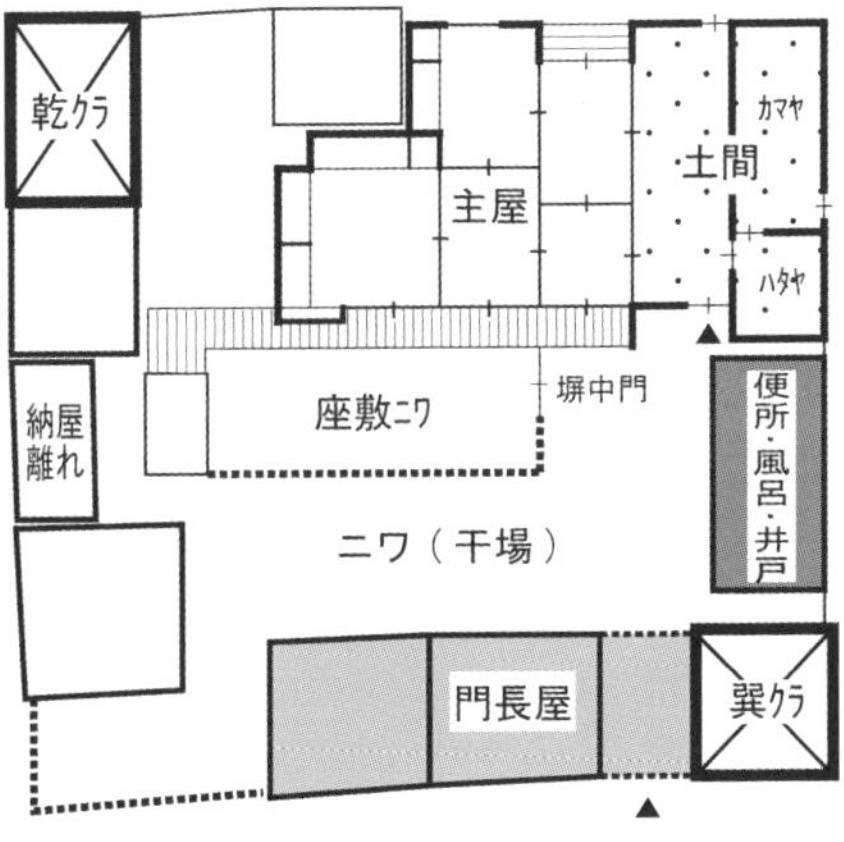


図9　囲造りの付属屋配置の典型例

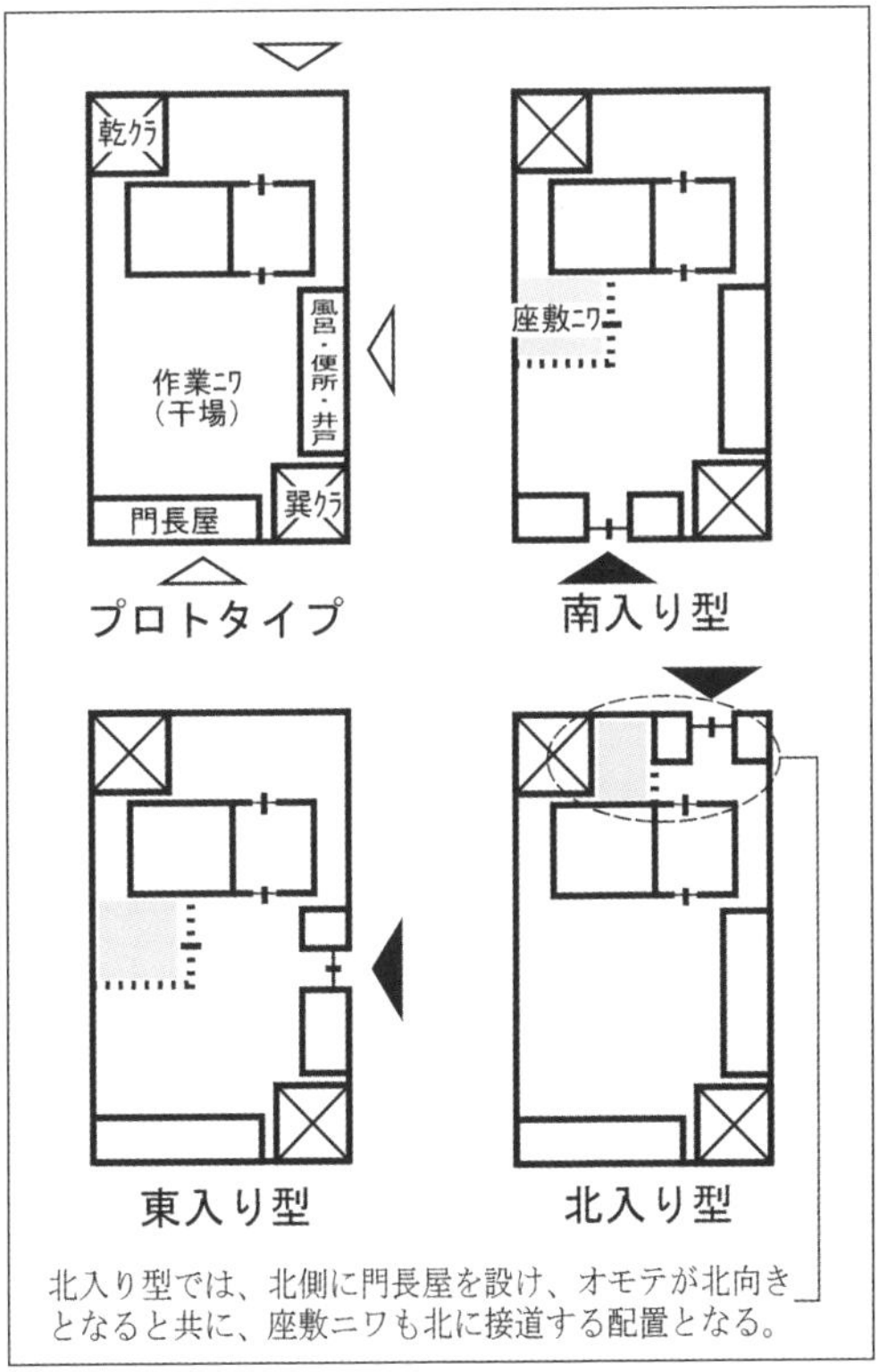


図10　小規模敷地のアプローチによる配置の変化

模が異なってくるが、このように西日本が閉鎖系の付属屋による囲い、東日本が主屋を中心とする開放系［図8］、という対立的な図式は、屋敷地の見立て方としては参考となろう。

## 3　「閉鎖型」の屋敷構えと付属屋の配置

西日本の閉鎖型屋敷構えの代表格は「囲造り」である。一九七〇年代に奈良盆地中心部（大和郡山）を重点調査した東大稲垣研の報告では、条理制に基づいた「閉鎖系」の集落集合組織では、

❶主屋は敷地の北側に配され棟方向は東西
❷乾クラが敷地の北西＋巽クラが南東に配される
❸敷地の北東・南西（家相上の鬼門・裏鬼門）は空地または樹木が植えられることが多い
❹主屋の南側は籾干しなどの作業スペースとしての中庭になる
❺主屋は右勝手＋土間シモにはカマヤとハタヤ（臼・機織のヘヤ）がくる
❻納屋は農作業の道具収納の他に家畜舎も含み敷地の西側に置かれる場合が多い
❼風呂・便所・井戸は水回りのエレメントであり敷地の東側に集められる

以上のポイントを指摘した［図9・10］。ただし絶対原理として守られるのは、❶❷❼の三点のみである。

同じく条理制を起源にもつ奈良県明日香村の建屋配列の派生体系は、塊村《かいそん》・街村の別と、街路との関係が重要で、図11のようにS字型の配置ルールをもっている。こ

12 閉鎖型の明日香村の民家

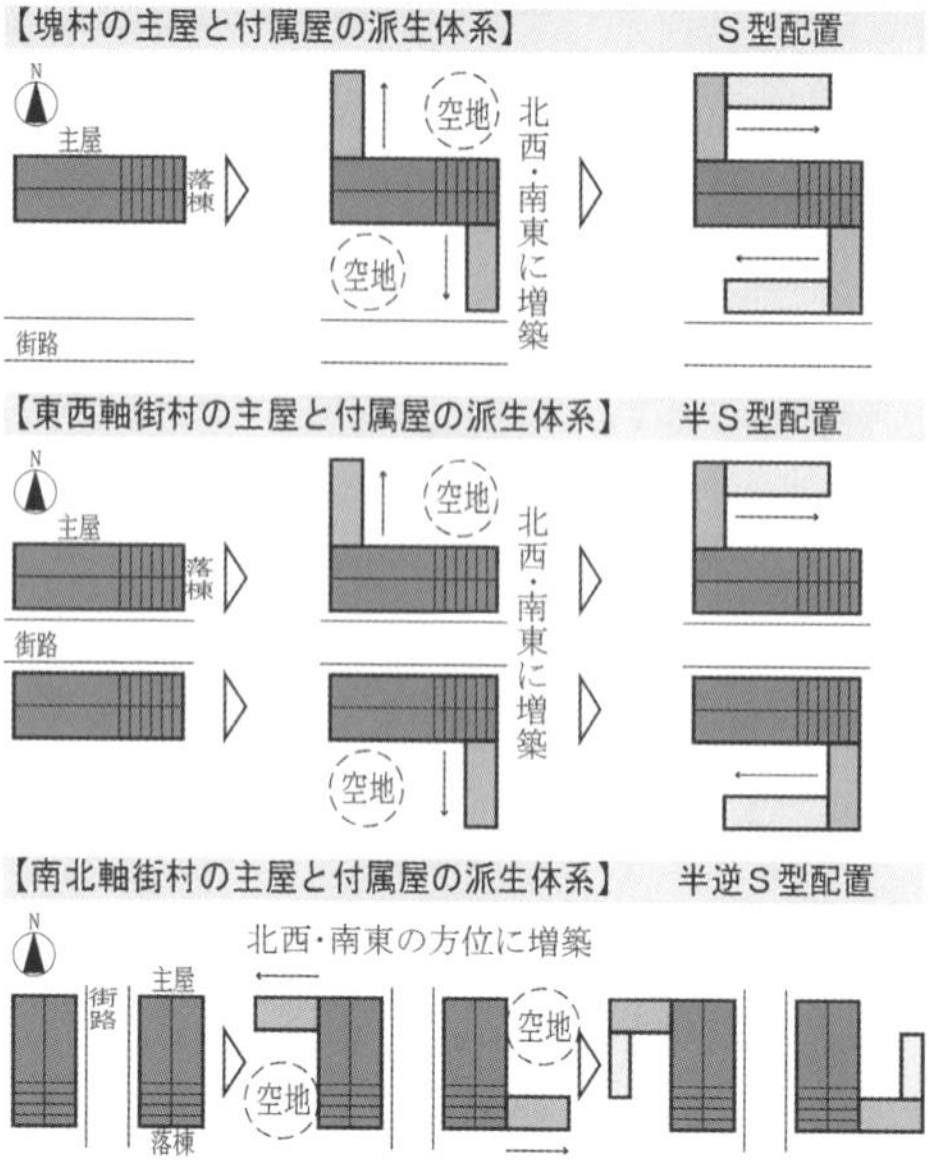

図11 明日香村の付属屋の派生体系

うした屋敷構えの体系は、整然と区画された土地の有効利用と、「鬼門に建屋をつくらない」という家相上の考え方を反映した奈良盆地一般の特徴と考えうる［図12］。

## 4 「開放型＝主屋中核形式」の屋敷構えと付属屋の配置

東日本の開放型の屋敷構えについては、図13・14に群馬県、図15・16に岩手県の代表例を示した。両県ともナヤ、家畜舎、便所・風呂は「シモ手」に、屋敷神は「乾（北西）」に配され、屋敷林は北西配置という点で一致する。一方、クラはオモテまたはウラが優位であるが、西日本のような「乾・巽クラ」といった絶対方位は認められない。前者は巨大な養蚕舎により、後者は屋敷林によって地域性豊かな屋敷景観をつくっている。

紀伊、四国（香川・徳島）、九州山間部の主屋が「併列型」間取りの地域では、急峻な斜面を切り開き、等高線に沿って建物が平行配置される［図17・18］。納屋と隠居屋が主屋を挟む三棟タイプなど、建屋の数は敷地条件により差があるが、土間近くに風呂・

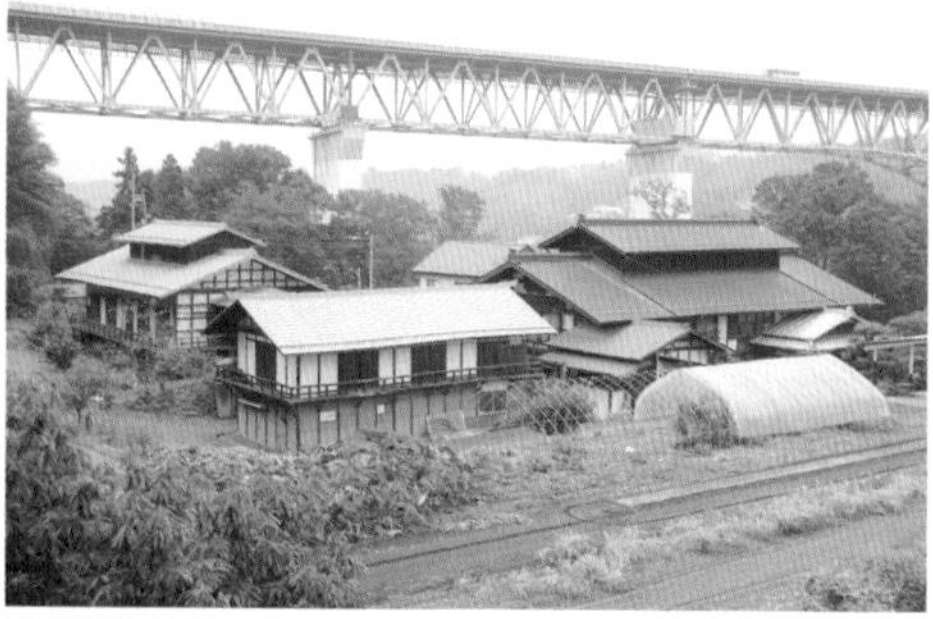

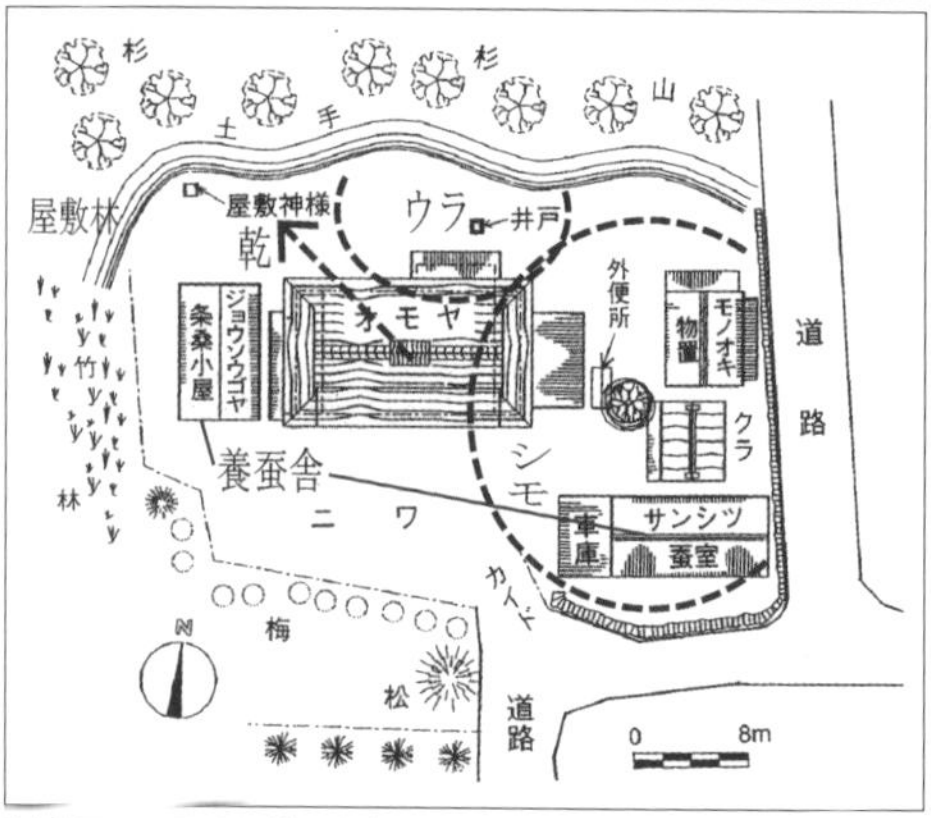

［上］図13 巨大な養蚕舎（群馬県昭和村）
［下］図14 群馬県で典型的な付属屋配置

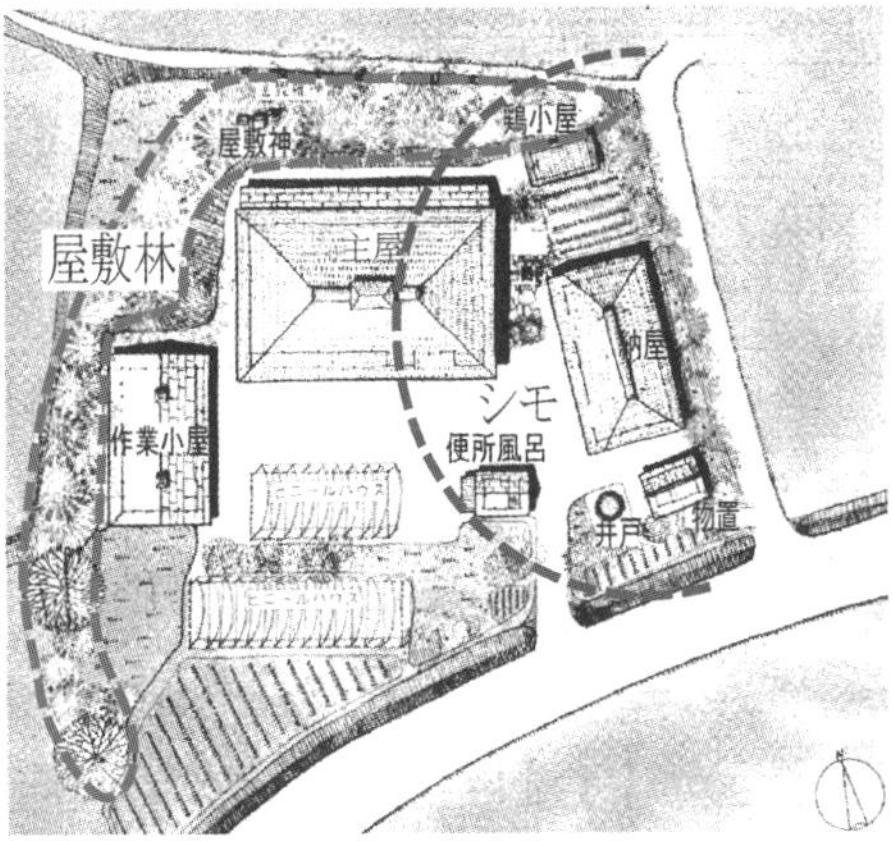


［上］図 15 屋敷林（イグネ／岩手県胆沢町）
［下］図 16 岩手県で典型的な付属屋配置

便所と家畜舎が配される原則は変わらない。便所を石垣一段下がった所に設置する例や、傾斜を利用して上階をコナシ部屋、下階を便所・厩・堆肥舎とするなど、立体的な敷地利用も特徴である。九州・沖縄の「二棟・分棟型」では家畜舎と便所・風呂がシモ配置、井戸がオモテ配置というルールに加え、沖縄では特に「東を一番座とする」慣習ゆえ左勝手が一般化される［図19・20］。これらは、土間周りの利便性に加え、立地と信仰が付属屋の配置に反映された例である。

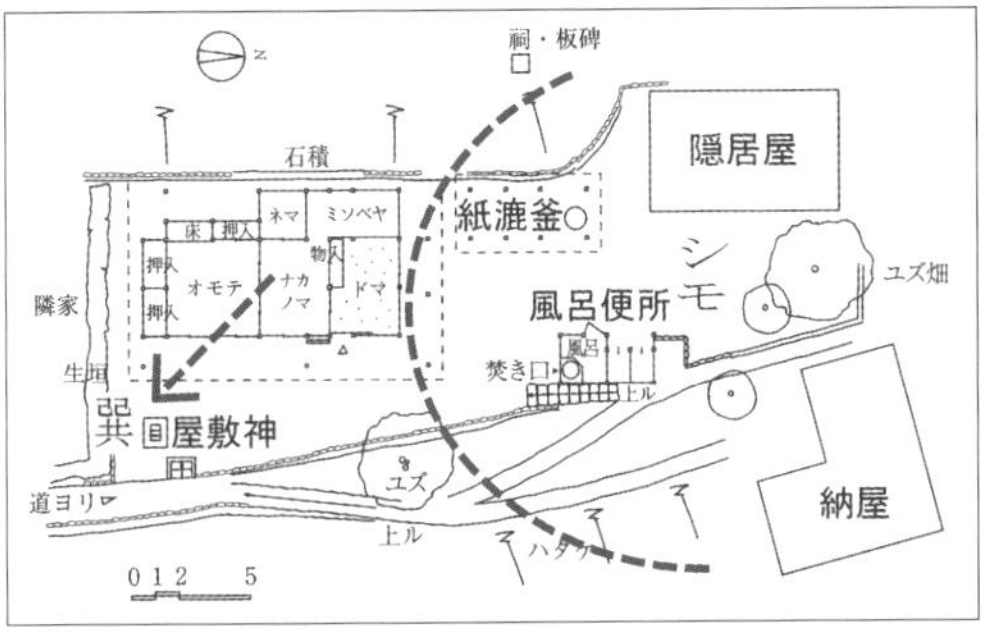

［上］図 17 等高線に沿った建屋配置
［下］図 18 併列型の付属屋配置例（徳島県貞光）

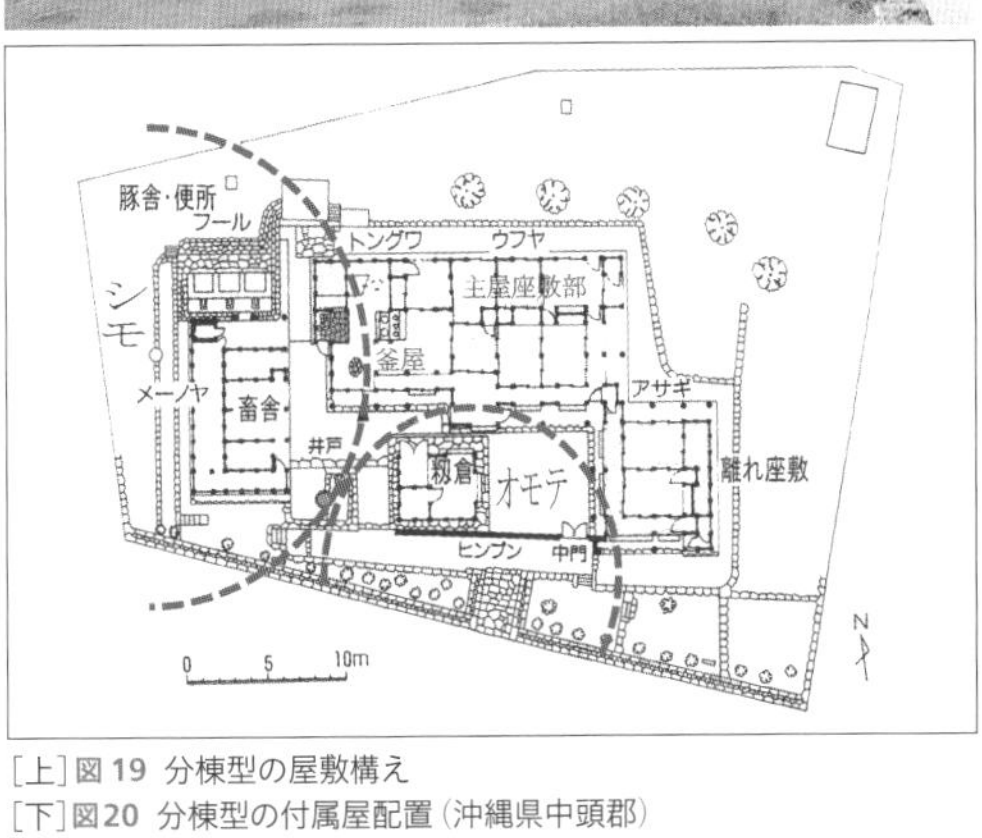


［上］図 19 分棟型の屋敷構え
［下］図20 分棟型の付属屋配置（沖縄県中頭郡）

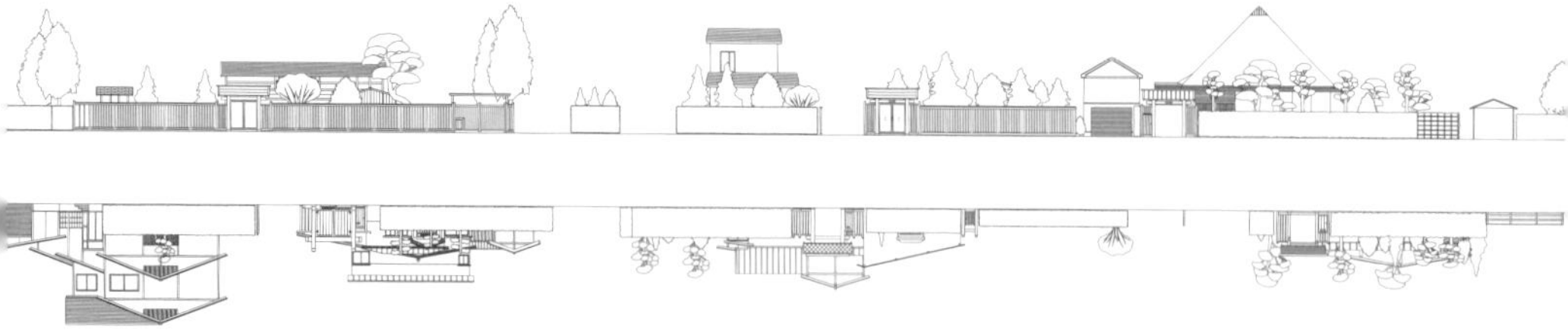

図2 主屋が見え隠れする連続立面図

図1 岩木山の眺望とともに生垣と樹木などの環境物件が織りなす弘前市仲町伝統的建造物群保存地区

3 町並み保存事業の一環で行われた生垣剪定の講習会

第3節

# 弘前の武家屋敷をつくる生垣と庭・樹木



## 1 生垣が連続する仲町伝統的建造物群保存地区

「津軽富士」と称される雄大な岩木山を遠望として、本州最北の城下町である弘前に所在する仲町伝統的建造物群保存地区は、生垣や樹木が織りなす緑豊かな武家町の歴史的町並みを今に伝える［図1］。通常、歴史的町並みの保存地区といえば、格子などでファサードを凝らした町家などの歴史的建造物が軒を連ねていたり、あるいは大規模な農家建築が散在する農村景観をとどめたりする。それに対してこの仲町地区は、主屋といった建造物がほとんど街路景観として現れてこない点こそ、その町並みの大

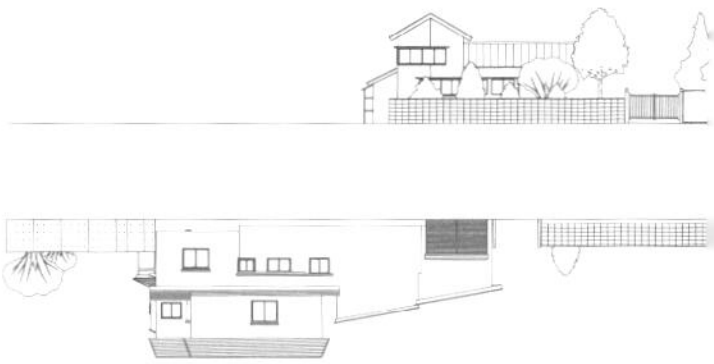

図4 積雪時の生垣の雪払いや雪かき

きな特徴となっている。敷地と通りを画する生垣や主屋の前方に設けられた樹木群が通りを形成し、主屋はそこから僅かに茅葺きやトタン（旧柾葺き）の軒先上部の屋根面がのぞくのみである［図2］。伝統的建造物群保存地区の制度上、「環境物件」と称される生垣が町並みの主役となって、主屋は慎ましくその生垣に隠れる存在である。

　敷地と通りとの境界、あるいは隣地の境界につくられたこの生垣は「サワラ」でつくられる。サワラはヒノキ科の常緑樹で、一般的に山林に自生して生長も早い。また水湿にも強く、建築用材の他、桶やたらいの用材にも利用されてきた。しかし、サワラの自生は岩手県が北限であり、津軽地方では植栽しても生長が遅いため、逆に垣根として利用されてきた。一間ごとに丸太を杭として打ち、その間に竹を交互に格子状に組み、交差部をシュロ縄で結び、サワラの枝もこの竹垣に結び付ける。生垣の高さは一・八メートルから二・一メートルを基準として、毎年の剪定で揃えられる［図3］。この高さであれば、通りからは生垣内の主屋の様子が見えにくい一方で、主屋の座敷からは意外と往来の様子がうかがえる。新緑の季節の剪定作業はもちろん、積雪の際には頂部の雪を払う作業を定期的に行う必要があり［図4］、生垣の町並みを維持する手間暇も大変に大きい。なお、隣地境界の生垣は、その片側ずつを維持管理する習わしであり、両隣ではない。

## 2 武家住宅の屋敷構え

かつて弘前城下町のなかでも、一〇〇石程度の中下級武士が都市計画的に集住したのがこの仲町地区である。よって、敷地も均質化した規模をもつ。一般的に間口六間から八間、奥行き一四間から一六間程度である。通りの景観を占める生垣から目を転じて、その屋敷構え全体の様子を眺めていこう［図5］。

　通りには表門（江戸時代は冠木門ないし棟門が占めた）を開き、主屋に向かって鉤型の生垣が延びる。主屋は通りから四間から五間程度、セットバックして構える。主屋と通りとの間には、「ツボ」と呼ばれる座敷から眺める鑑

図5 青森県重宝・旧岩田家住宅にみられる武家住宅の屋敷構え（上）と門から玄関へ至るアプローチ（下）

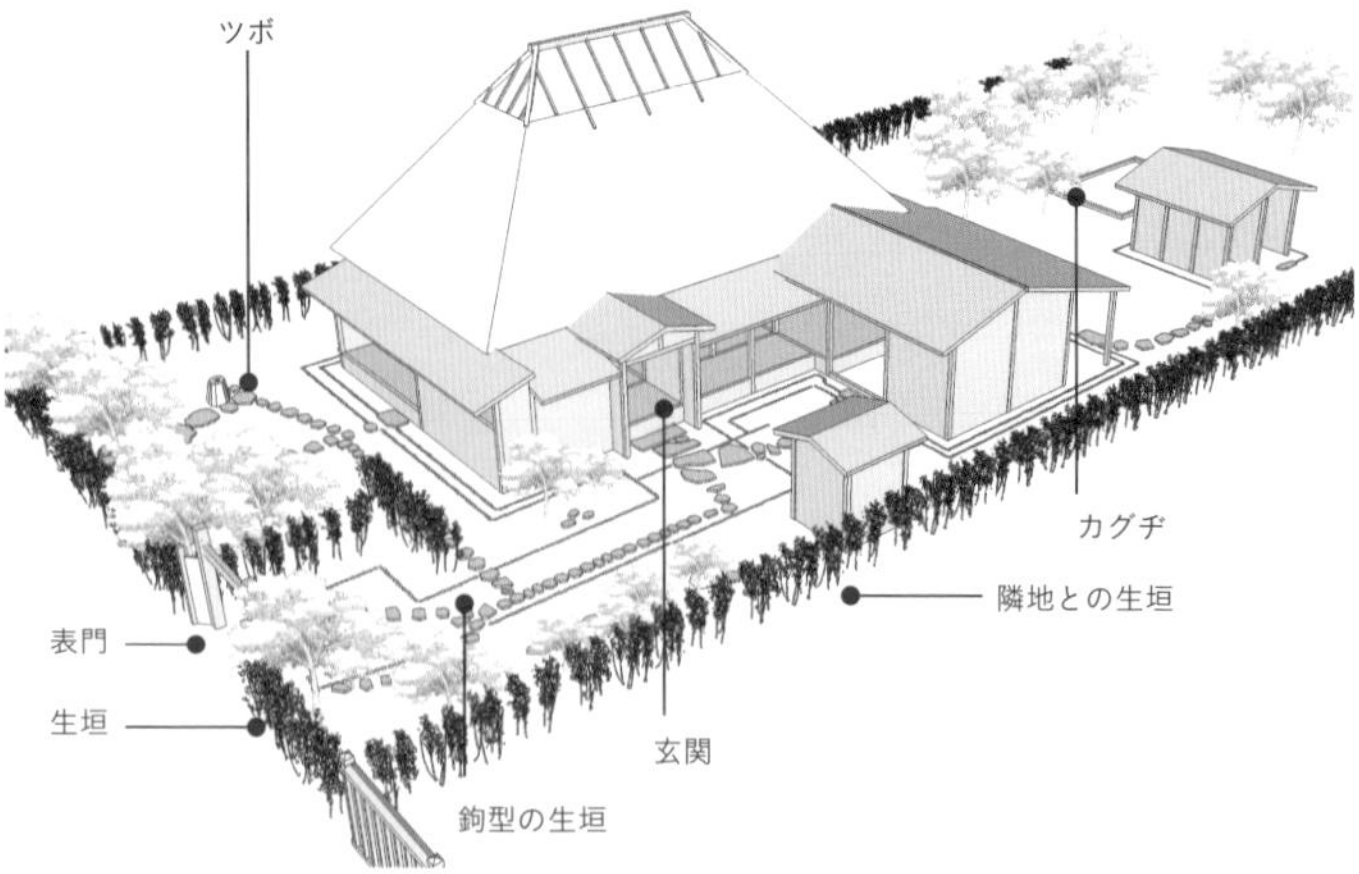

賞庭園が設けられる［図6］。主屋は玄関を東向きに設けることが多く、式台玄関が張り出す。そして、この主屋の敷地後方には、「カグヂ」という裏庭が広がる。表庭であるツボが鑑賞用に整備されているのに対して、裏庭のカグヂはクリやカリン、カキなどの実のなる樹が植えられ、また自家菜園も広がる［図8］。すなわち、江戸時代の簡素な武士の自給自足的な生活のための実用的な庭の名残ともいえる。また広い裏庭の存在は雪国ゆえからでもある。冬季はカグヂが雪寄せ場の役割も担ったからである。ツボは主屋の座敷から眺める座観式の庭園であり、座敷と関係をもつ。一方、カグヂ側

図6 青森県重宝・旧岩田家住宅の座敷からみるツボ。
津軽地方に伝承される作庭技術「大石武学流庭園」の影響がみられる

［上］図8 主屋の裏庭「カグヂ」に広がる自家菜園や果樹
［下］図9 主屋の土間からカグヂへ張り出す「カケタシ」

図7 鑑賞用の樹木を雪囲いするワークショップの様子

の土間にも「カケタシ」と呼ばれる半屋外の庇が設けられる［図9］。このカケタシのおかげで、積雪時にも作業空間が確保されるから、雪国の通りに連続するコミセ・雁木に類似する空間といえよう。

前述のように主屋は東面する傾向が強い。玄関や開口部が設けられる表面（東側）に対して、背面となる西側は、閉鎖的な土壁がまわる。この配置は、岩木山側から吹く西風が関係するとみられている。すなわち西風の影響を抑えるために、主屋を東面させて、西側は閉鎖的構えとする。表門からのアプローチも東側に大きく取る。このように、一見すると通りから主屋などの建造物が見えにくく、単なる生垣の連続とみられがちであるが、その敷地内では町に共有化された配置や庭のつくり方の伝統が、強固に守られているのである。

## 3 ツボとカグヂに分布する樹木

仲町地区の通りの景観として、生垣とともに樹木が群をなす。前項でみたような配

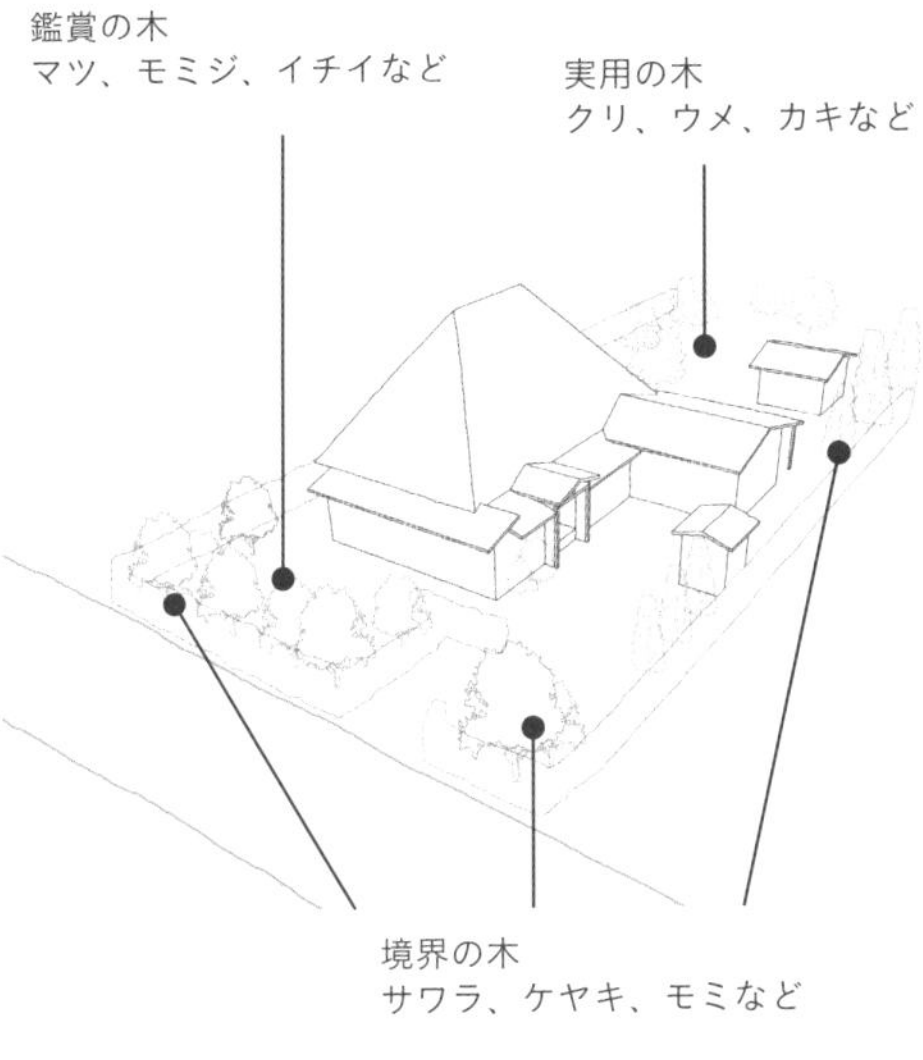


図10 屋敷構えにより類型化された樹種

［上］図11　カグヂに植えられたザクロ
［下］図12　軒先の干し柿

14　外観意匠に変化がみられるものの生垣と門柱、ツボと主屋、カグヂの屋敷構えを継承する昭和初期の住宅

置計画を共有するため、その樹種も類型化している点が特徴である［図10］。

例えばツボや門まわりには鑑賞用の樹木が植えられる。当地区にはクロマツ、アイグロマツ、ゴヨウマツ、サンシュユ、モミ、カエデ、イトヒバ、イチイ、マルメロなどがみられる。鑑賞用の木との区別は曖昧であるものの、敷地境界を画する樹木もある。隣地境界付近にサワラを列状に配列したり、敷地角地にケヤキが植えられたりする。後背地のカグヂは、果樹などが実用的に植樹される。カキやクリ、ウメ、カリン、ザクロなどがみられた［図11］。

このように当地の樹木が織りなす景観は、その立地や樹種が武家住宅に由来する土地利用のあり方を明示する存在となっている。よって、生垣や樹木という環境物件が、単なる緑豊かな景観という価値を越えて、武家住宅の屋敷構えを伝える文化財としての価値も併せもつ。

## 4　明治時代以降の「屋敷構え」の継承

もちろん明治時代以降、武家町の景観は変容を遂げていく。例えば武家住宅たる主屋の外観が近代化をみせる。それまでの茅葺きや柾葺きの屋根が、寄棟造りトタン葺きで、ときに洋風建築に類似する棟飾りを掲げることもあった［図13］。武家の接客ゆえに設けられた式台玄関は、内土間式の玄関に変化する。格式ある冠木門や棟門はわざわざ建てられず、簡素な皮付き丸太の門柱となる場合が増えていく。生垣も次第に、黒板塀につくり替えられる傾向が強まる。

こうした個々の建造物的な変化よりも、

図13 昭和初期に建てられた洋風棟飾をもつ住宅（上）と外観立面図（左）



むしろ着目したのは明治時代においても、武家住宅以来の屋敷構えが強固に継承される点である。明治時代に建て替えられた住宅であっても、生垣に門を開き、前方にザシキとツボ、後方にカグチを備えるという配置は守られているからである［図14］。ツボに鑑賞の木、カグチに実用的な果樹といった樹種の形式も、やはり近代においても変化はみられない。時代による様式変化の影響を受けやすい建造物の意匠的な要素とは異なり、こうした屋敷構えは、風向きや雪国という気候風土、あるいは自給自足やザシキ庭を求める生活様式といった、変化が緩やかな伝統からうみだされているからである。

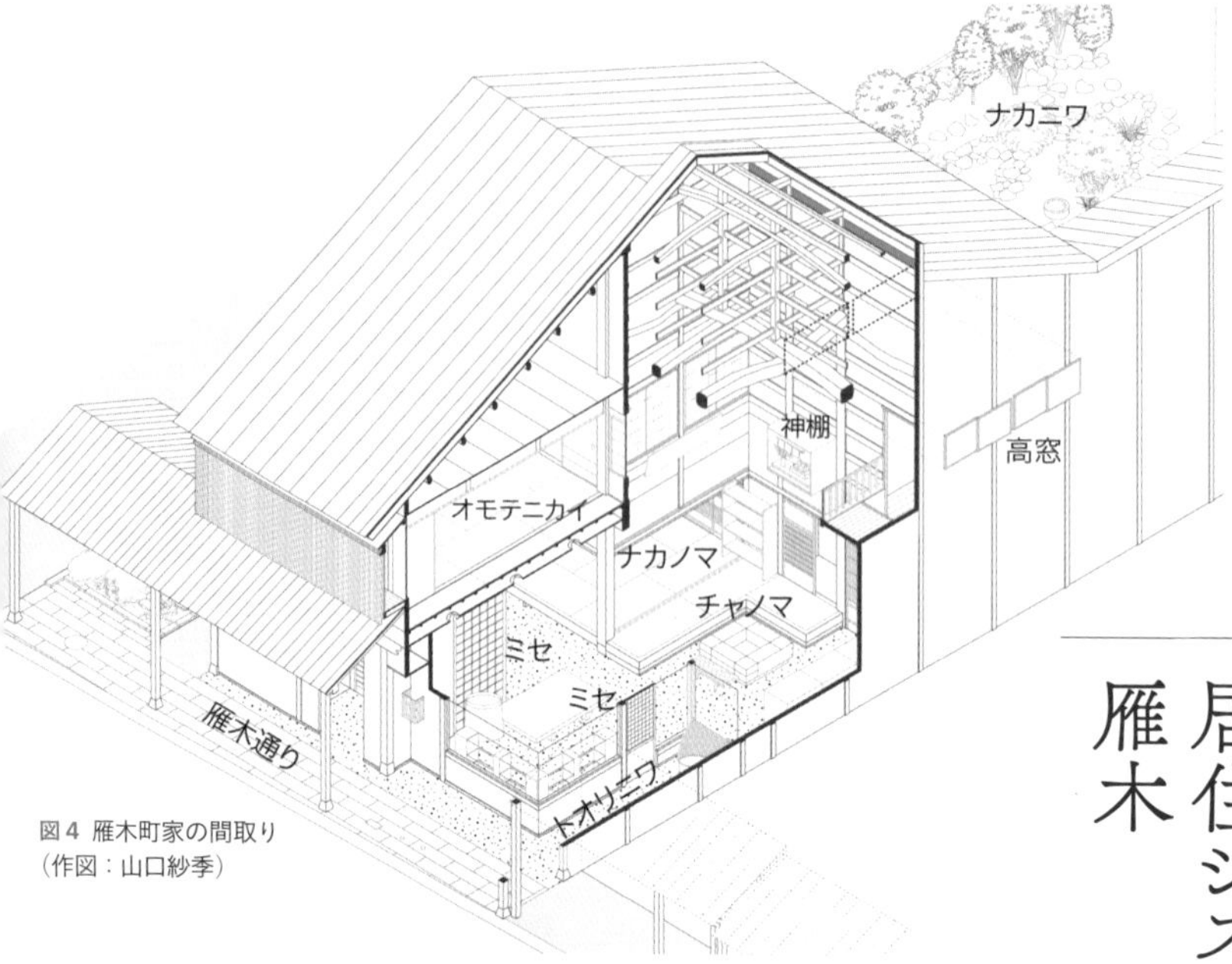


図4 雁木町家の間取り
（作図：山口紗季）

図1 高田の雁木町家
（きものの小川）

第4節

# 上越市高田・雪国の居住システムとしての雁木



## 1 雪と雁木

雁木《がんぎ》とは住宅前面に差し掛けられた屋根を指す［図1］。軒を接するかたちで連続して採用されることにより雁木通りが形成される［図3］。新潟県上越市高田では雁木は私有地に建てられる。軒裏に雪処理用具を収納したり、大根を干したり、柱間に暖簾を架けたり個人住宅の軒先として利用される。一方、屋根の架かった通りとして、その通行は全ての人に開放される。

　雁木は積雪時に効力を発揮する。住人は雁木を夏季と同じ状態のまま積雪時の通路としたのではない。機械除雪の導入前は、住人が雁木を拠点として主屋と通りの雪処理をし、町の居住システムをつくっていた。

## 2 一軒の雪処理の手順

高田の雁木町家の間取りは、土間のトオリニワに沿って、前側からミセ、チャノマ、ザシキが並ぶ［図4］。トオリニワの後方に後ろ中門棟《ちゅうもん》を突き出し、台所とする。主屋を切妻屋根、後ろ中門棟を中庭側へ下る片

図2 高田の雁木町家の分布

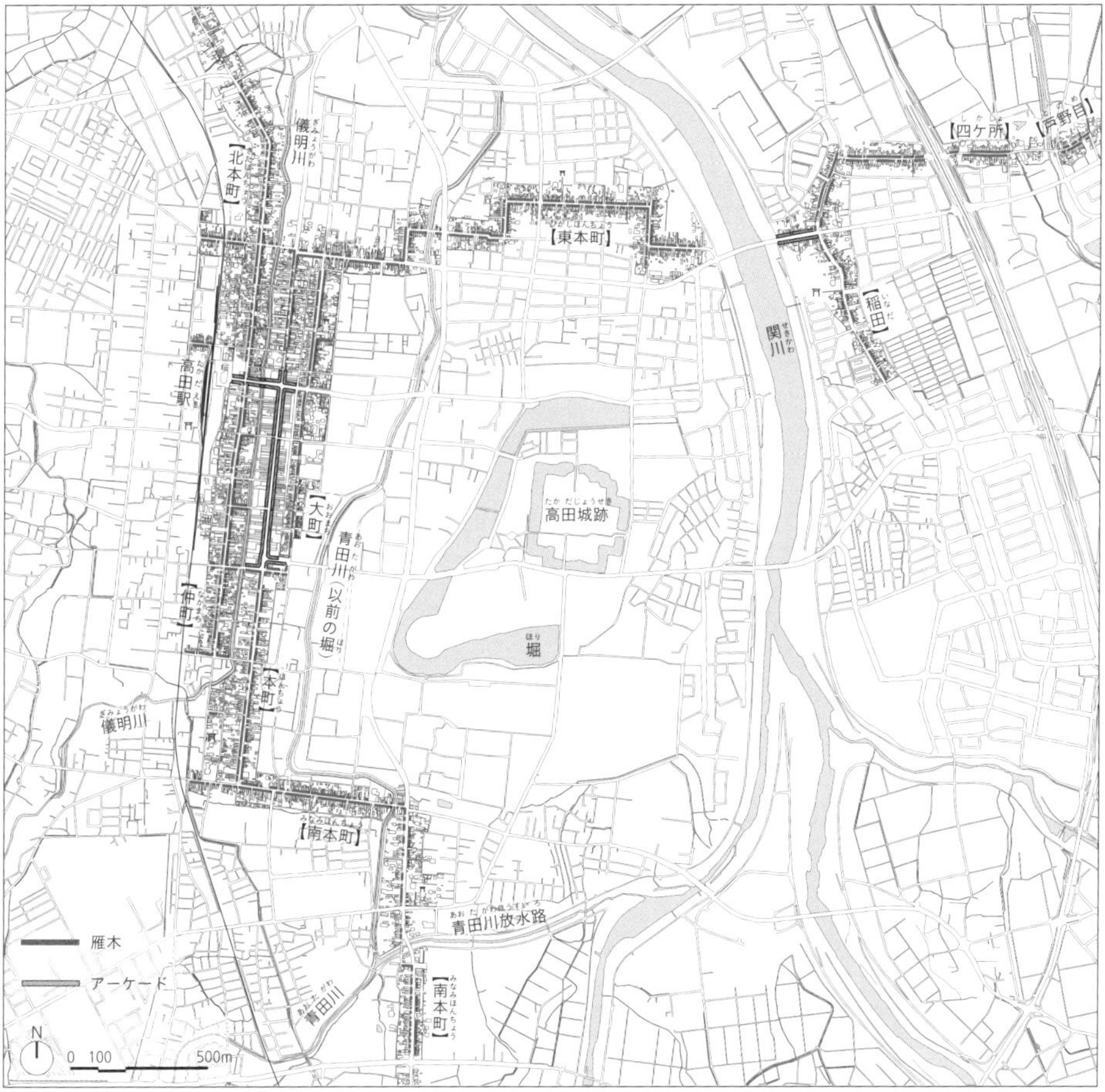

図3 雁木通り（上越市東本町三丁目）

流れとし、中庭の後ろ側は畑とする。

一一月末に住人は中庭に面した主屋ザシキと後ろ中門棟台所の開口部の外側に丸太を立て掛け、柱間に板材を目透かしに並べる［図5］。これにより開口部を堆雪の側圧から守る。高田では雁木の柱間に冬囲いを施さない。かつては、トオリニワの壁沿いに保管されていた丸太（雪崩止め）を取り出し、

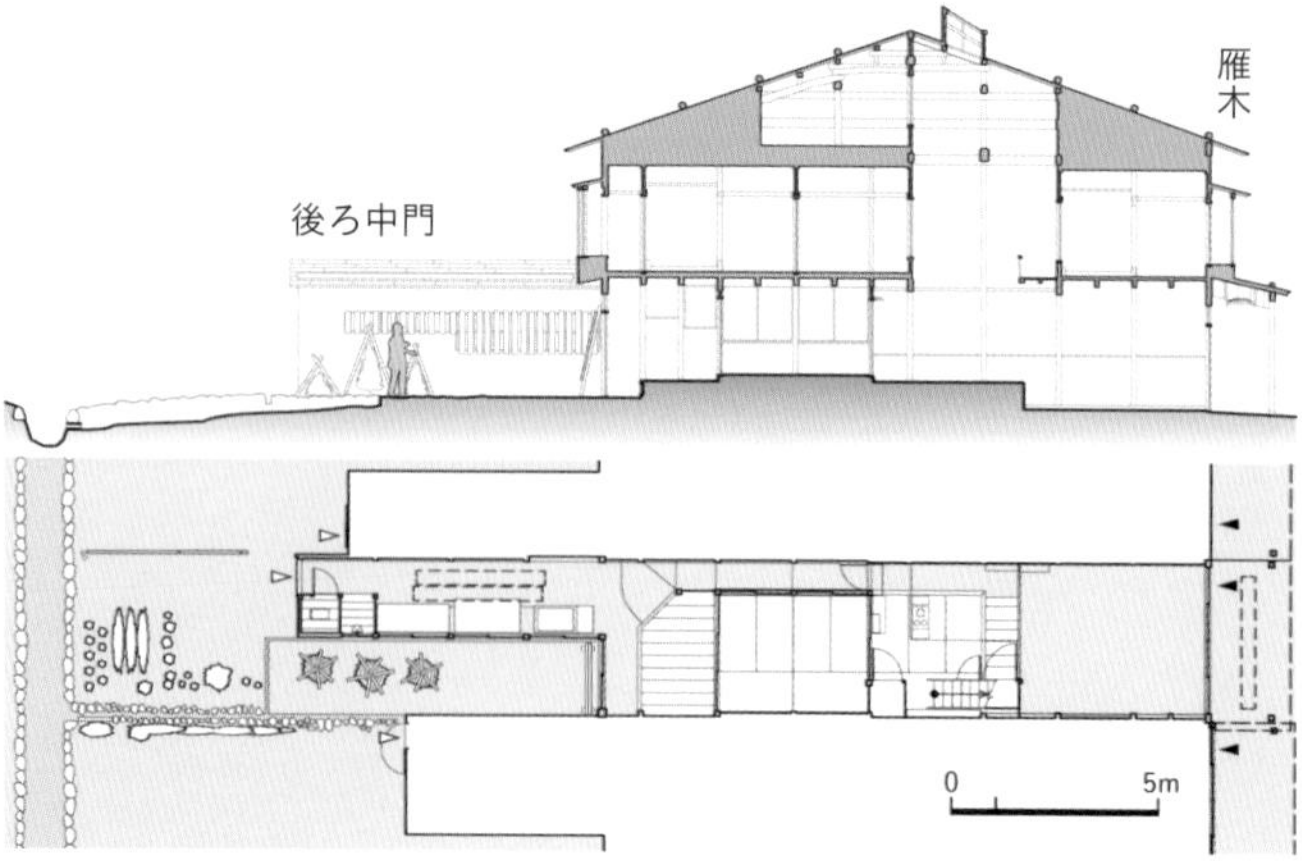

図5 開口部の冬囲い

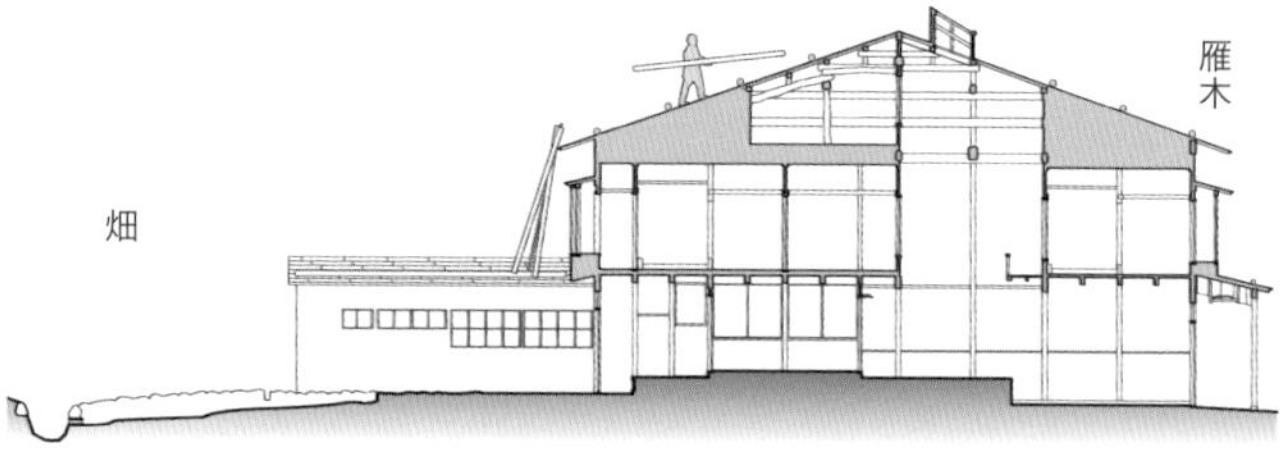

図6 屋根の雪崩止め

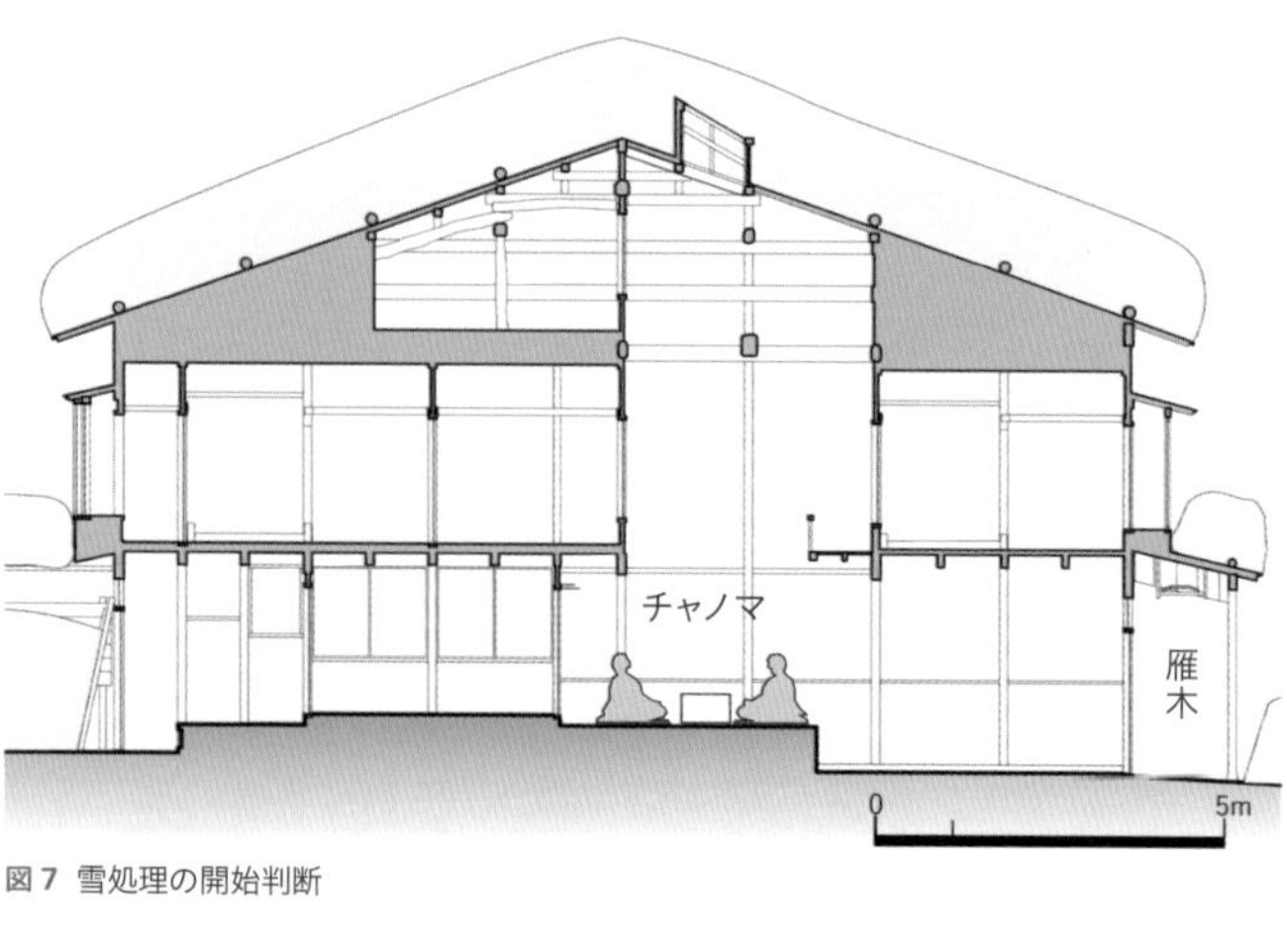

図7 雪処理の開始判断

主屋と雁木の屋根に等間隔で並べ［図6］、屋根雪の落下事故を防いだ。

高田では一二月下旬から三月初旬に降雪がある。各戸はチャノマの高窓が雪で塞がれ暗くなり、帯戸の建て付けが悪くなり、梁の軋み音を聞くといよいよと屋根雪の処理を始める［図7］。家屋の耐久性と家族の都合に合わせて戸別に始めるのである。

各戸は雪処理用具として、梯子と木鋤《こすき》と雪樋を持っている［図8］。これらは木製のため一人で運搬できる。梯子は夏季には庭木の剪定にも使われる。木鋤はブナ材から柄と刃を削り出したものだった。雪樋は幅三六センチ、長さ三・六メートルの杉板を

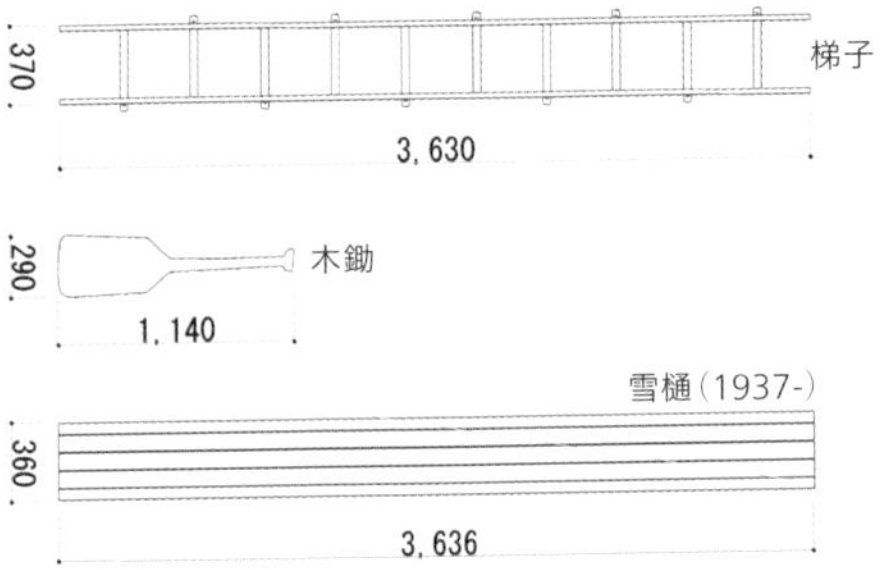


図8 雪処理の用具

樋状に並べたものである。幅を梯子の内法に納め、組み合わせて使う。

住人は木鋤を手に二階開口部から後ろ中門棟の屋根に出て、後ろ中門棟の屋根雪を中庭へ落とす［図9］。台所の開口部に裾広がりに立て掛けられた丸太により、堆雪の下部に野菜や果物を貯蔵している。

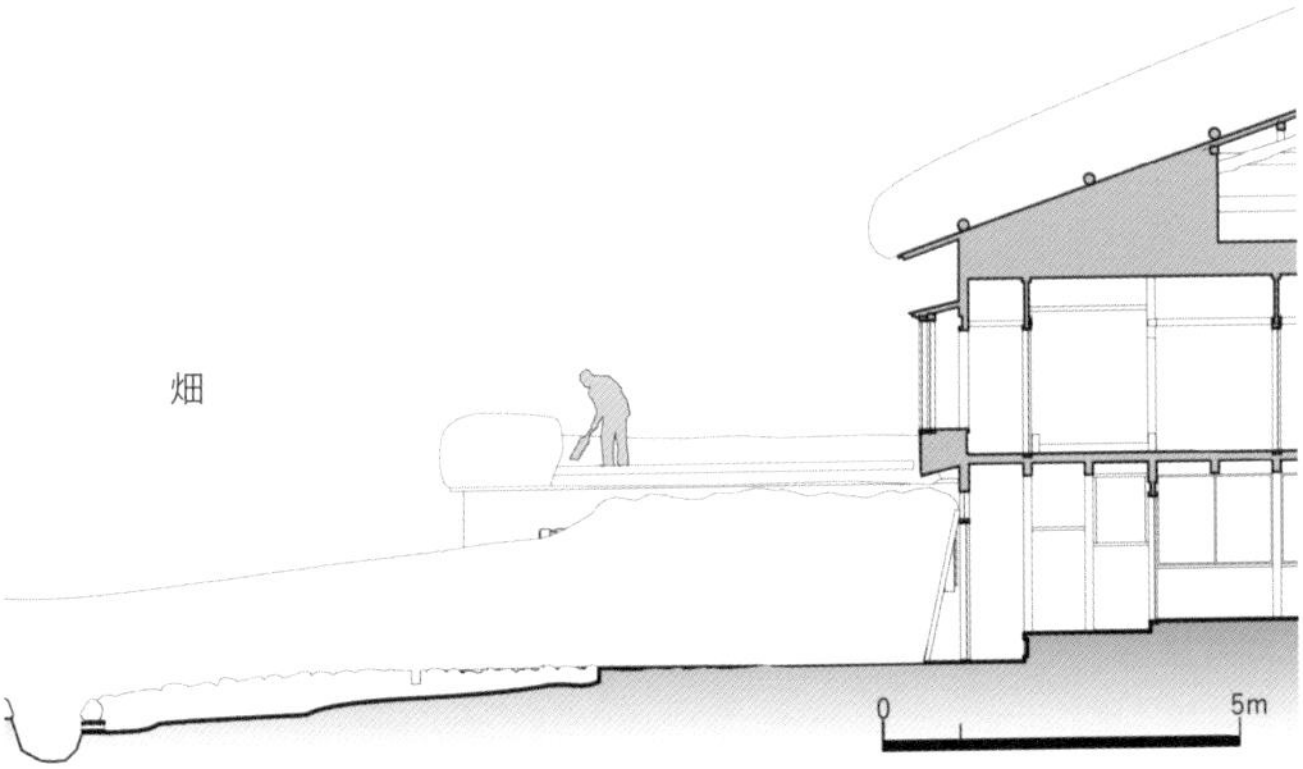


図9 後ろ中門棟の屋根雪処理

次に住人は、後ろ中門棟の梯子を雁木下へ運び、通りから雁木に梯子を立て掛け雪を下ろす［図10］。梯子を雁木屋根に上げ、雪崩止めを支えとして主屋屋根に立て掛け主屋屋根に上り、雪樋を主屋屋根に引き上げ屋根から梯子の上に架け渡し、端を雁木の上方へ差し出す［図11］。屋根雪を木鋤で

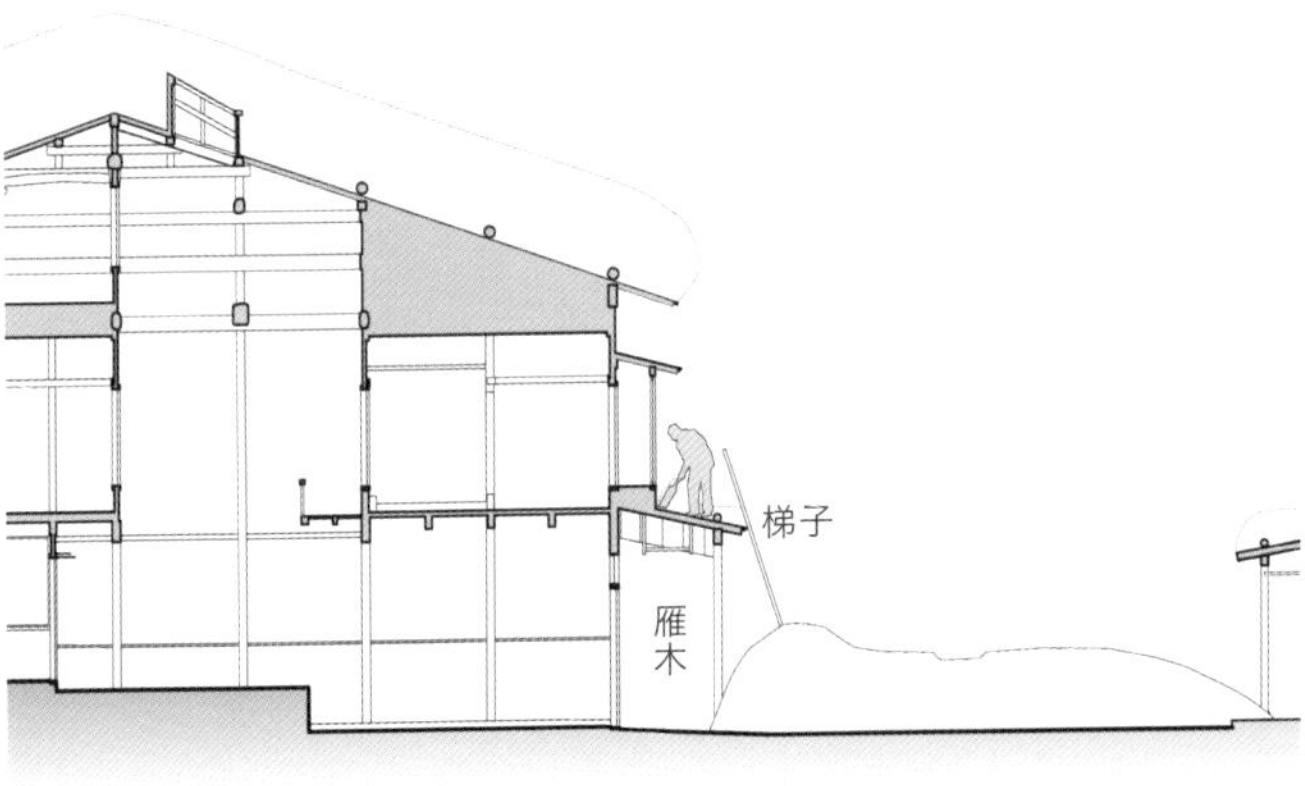


図10 雁木の屋根雪処理

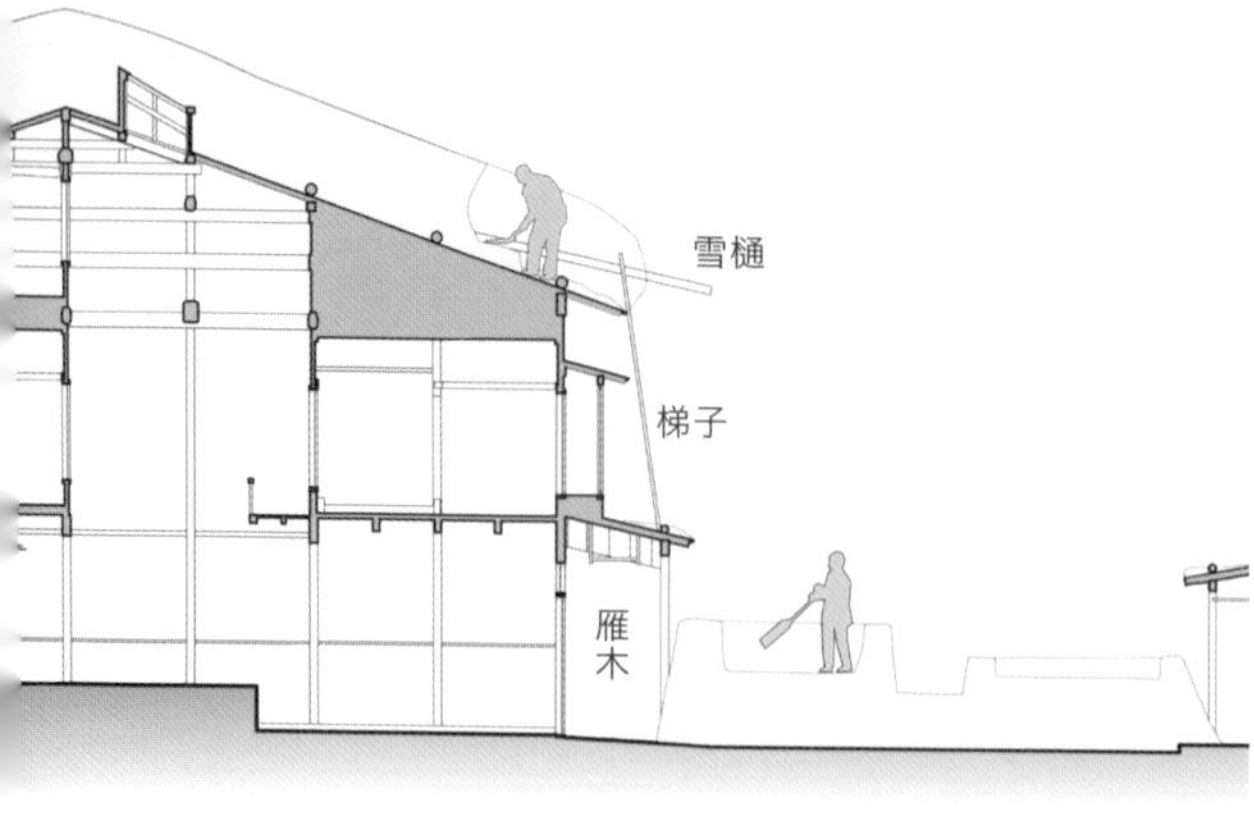

図11　主屋前側の屋根雪処理

図13　通りに並ぶ各戸の雪塊
（1963年1月／上越市文化振興課所蔵）

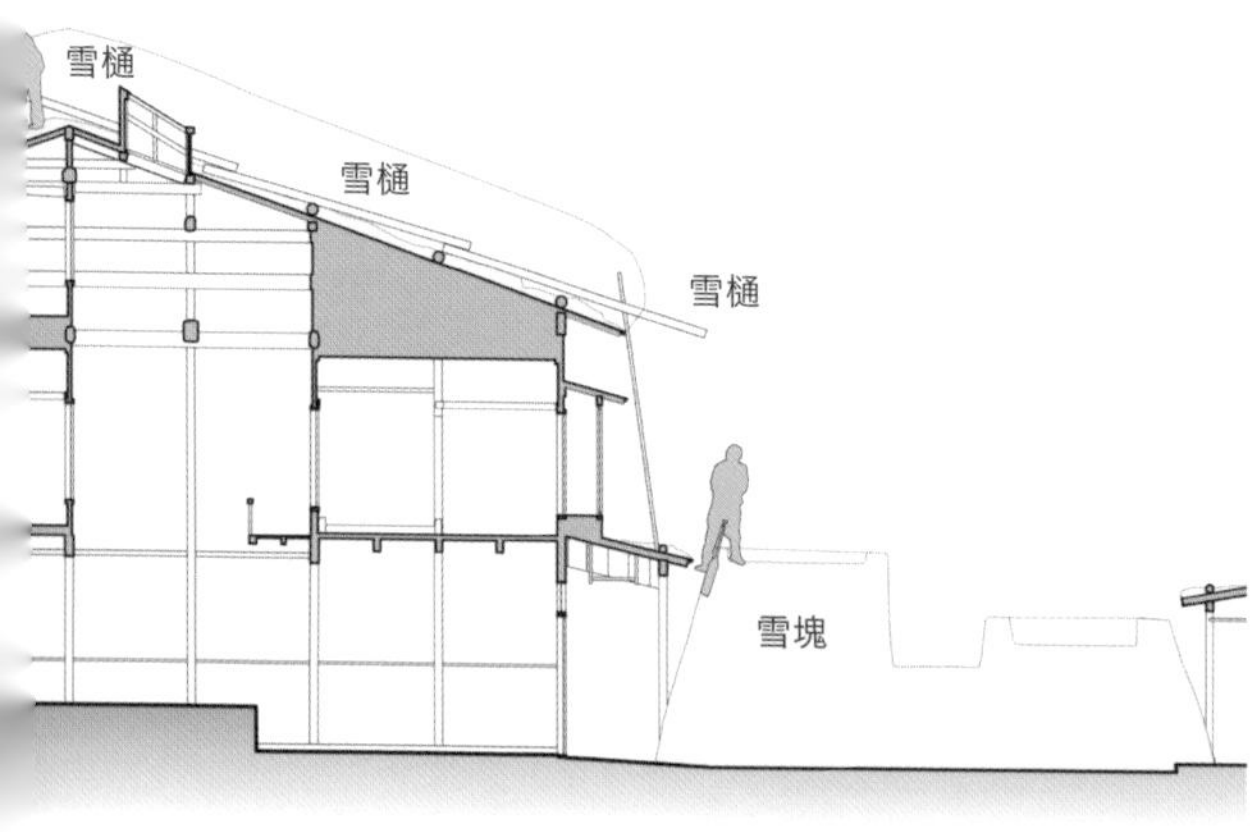

図12　主屋棟付近の雪処理と雪塊の形成

立方体に切り雪樋へ置くと、雪塊は雪樋を滑り落ち、雁木屋根を飛び越えて通りの中央付近へ落下する。住人は主屋軒先に近い屋根雪から下ろし、雪樋を上方へ継ぎ足し、棟近くへ進み、切妻平入りの屋根形状を利用して、主屋前面の屋根雪を全て通りの中央寄りへ滑落させる。店舗では、滑落した雪塊を整える人を雇い、雇い人は木鋤で堆雪の上面を凹型に加工し、屋根雪を雁木軒先から通り中央までの範囲に積む［図12］。

　雇い人は堆雪の上面に立ち、藁靴で踏み固め、堆雪の側面を木鋤で均し、四角錐台の雪塊に整える。その際に、雁木軒下に木鋤を入れ、片足で木鋤を押して側面を均し、軒先との間に三〇センチの空隙を確保する。この「雪透かし」により屋根雪と雪塊を分離し、雪の沈降力による垂木の折損を回避する。雁木の柱間に冬囲いをしない理由である。また、通りに下ろした屋根雪が隣家側にこぼれ落ちないよう、隣家側の雪塊側面も搗き均す。雁木の屋根高さは隣家と異なるため、梯子を立てる範囲は町家の雁木間口の範囲にとどまり、雪塊の間口は雁木間口と揃う。また雪塊の奥行きは通りの中央までに留める。昭和三八（一九六三）年一月の本町通りの写真には、各戸が整えた四角錐台の雪塊を確認できる［図13］。

　前側の屋根雪を下ろし終わると、住人は梯子と雪樋と木鋤を持ち、棟を越えて後ろ側屋根の軒先の方へ進む［図14］。雪崩止め

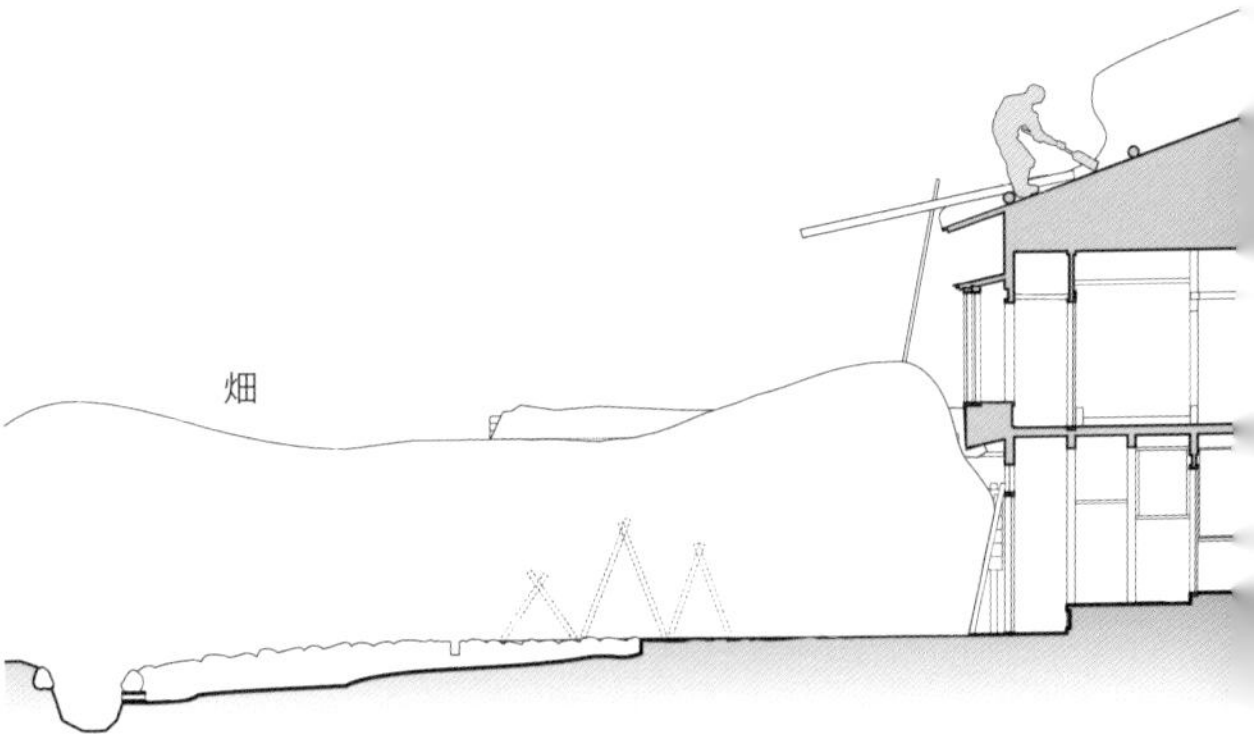


図14 主屋後ろ側の屋根雪処理

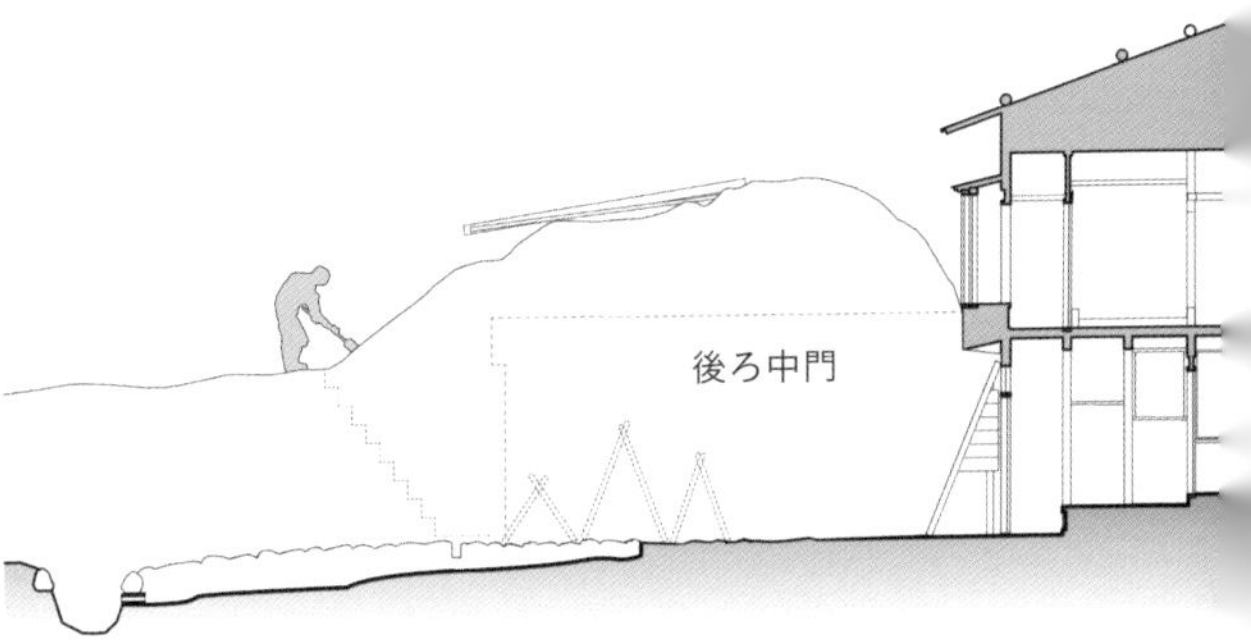


図15 後ろ中門棟への用具の収納

を足で探り当て、それより軒先へ出ず転落事故を防ぐ。中庭の堆雪に梯子を立て、屋根から雪樋を架け渡し、後ろ側の畑へ屋根雪を滑落させる。後ろ側の堆雪は隣家の畑へこぼれてもよい。各戸が堆雪を春まで保持し、畑の防草に利用することによる。

住人は後ろ側の屋根雪を下ろした後、屋根から堆雪伝いに下り、木鋤を持って後ろ中門棟の先へ進む[図15]。堆雪を木鋤で掘り、後ろ中門棟の戸口まで階段をつくり、火災時の後ろ側への避難路とする。この雪の階段から梯子と雪樋をトオリニワへ運び、乾燥させた後で雪樋を雁木軒裏へ戻し、二番雪に備える。

機械除雪前は各戸が町家前面の通りの中央までを間口幅で堆雪に使い、一軒の雪処理を完結させていた。トオリニワの前後の出入り口を活かして、雪処理の手順を一筆書きとし、用具を屋根に上げる作業を一度で済ませ、各戸の雪処理は自立していた。

## 3 町の雪処理の手順

機械除雪前には、各戸の雪処理が町レベルの雪処理につながっていた。雁木の柱間に冬囲いがされないため、雁木通り側の雪塊側面が連続した[図16]。風雪から守られ、雁木軒先から採光された歩行空間となった[図17]。町家は冬季も営業でき、住人は雪靴を履かず近隣と行き来できた。

通り中央には両側住戸の雪塊が向かい合

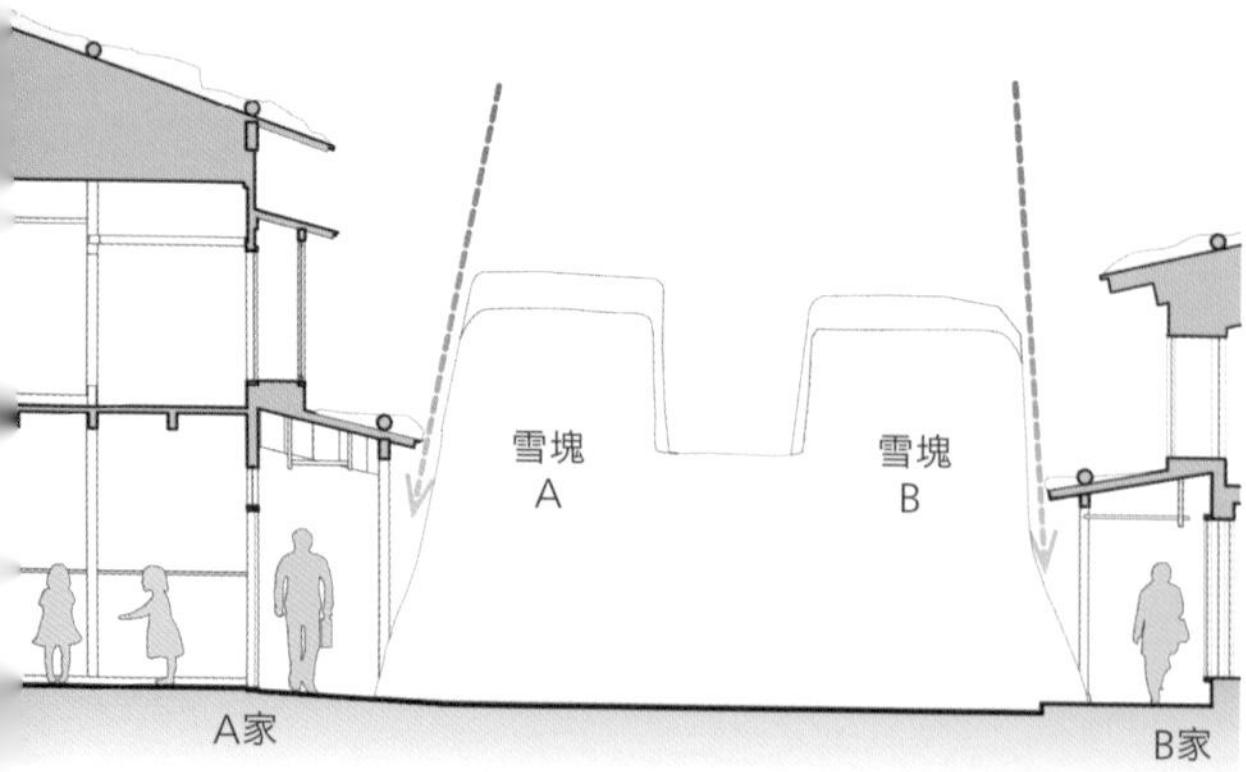

17 雁木通りへの採光

図16 雁木柱間と雪塊側面の連続
(上越市文化振興課所蔵)

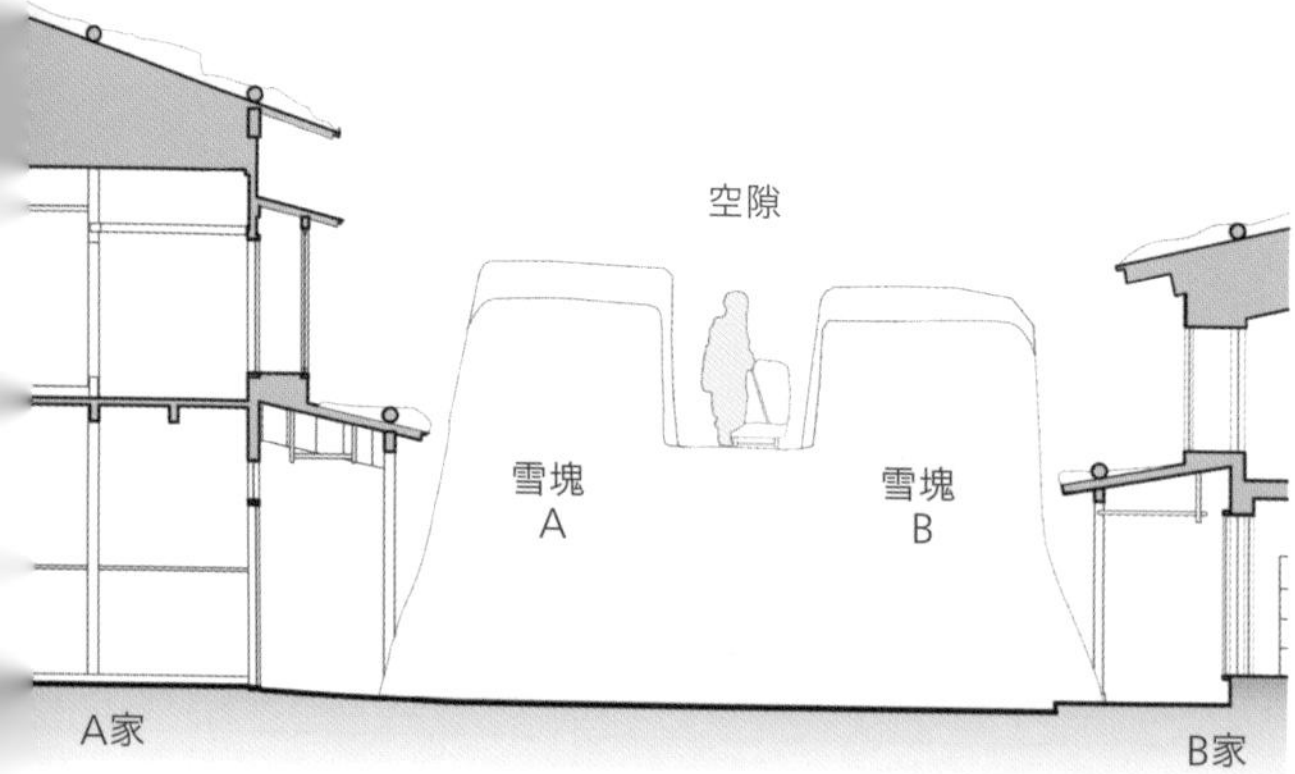

図18 雪塊間隙を利用した運搬路

い、雪塊の空隙は、雁木が軒を連ねるため連続した。この空隙は藁靴で踏み固められており、橇《そり》を使用できた[図18・19]。商品の仕入れにも、雪塊の搬出にも使われた[図20]。軒通りの雪塊は主屋軒高を超えられない。軒高に近づいたとき、次の降雪に備えて住人は鋸で雪塊に直方体の切れ目を入れ、橇の上面を立て掛け、切れ目に楔を入れて橇と共に倒した[図21]。直方体の雪塊を橇に載せ、

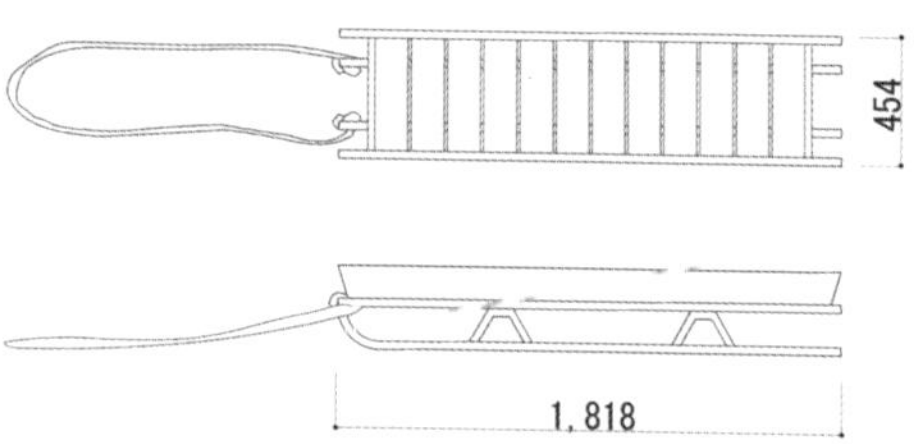

図19 橇の寸法

図20 運搬路の橇（上越市文化振興課所蔵）

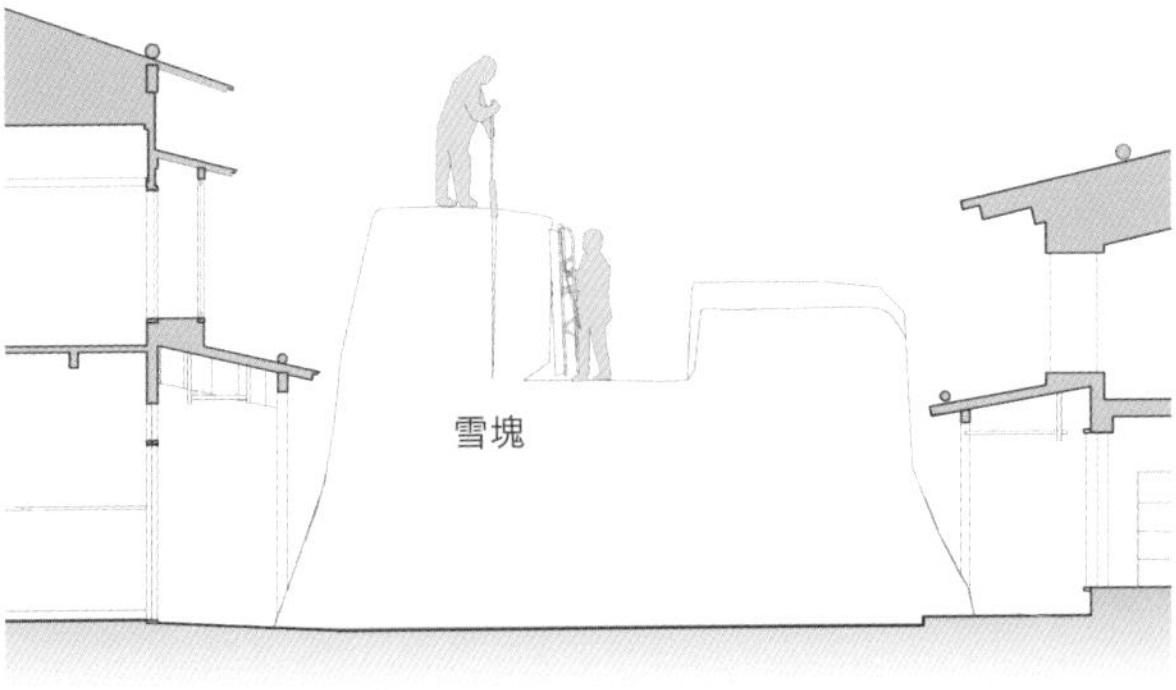


図21 雪塊の切り出し

通り後ろ側を流れる河川へ曳き、橋詰から流した［図22］。

通り中央に連続した雪塊間隙は、消防にも使われた。高田では一九六〇年代まで台車に載せた消火ポンプを火災現場へ曳いていた［図23］。冬季には消火ポンプを橇に載せ替えた。消火栓は町内ごとに数軒の雁木の床下に設けられており［図24］、積雪時に

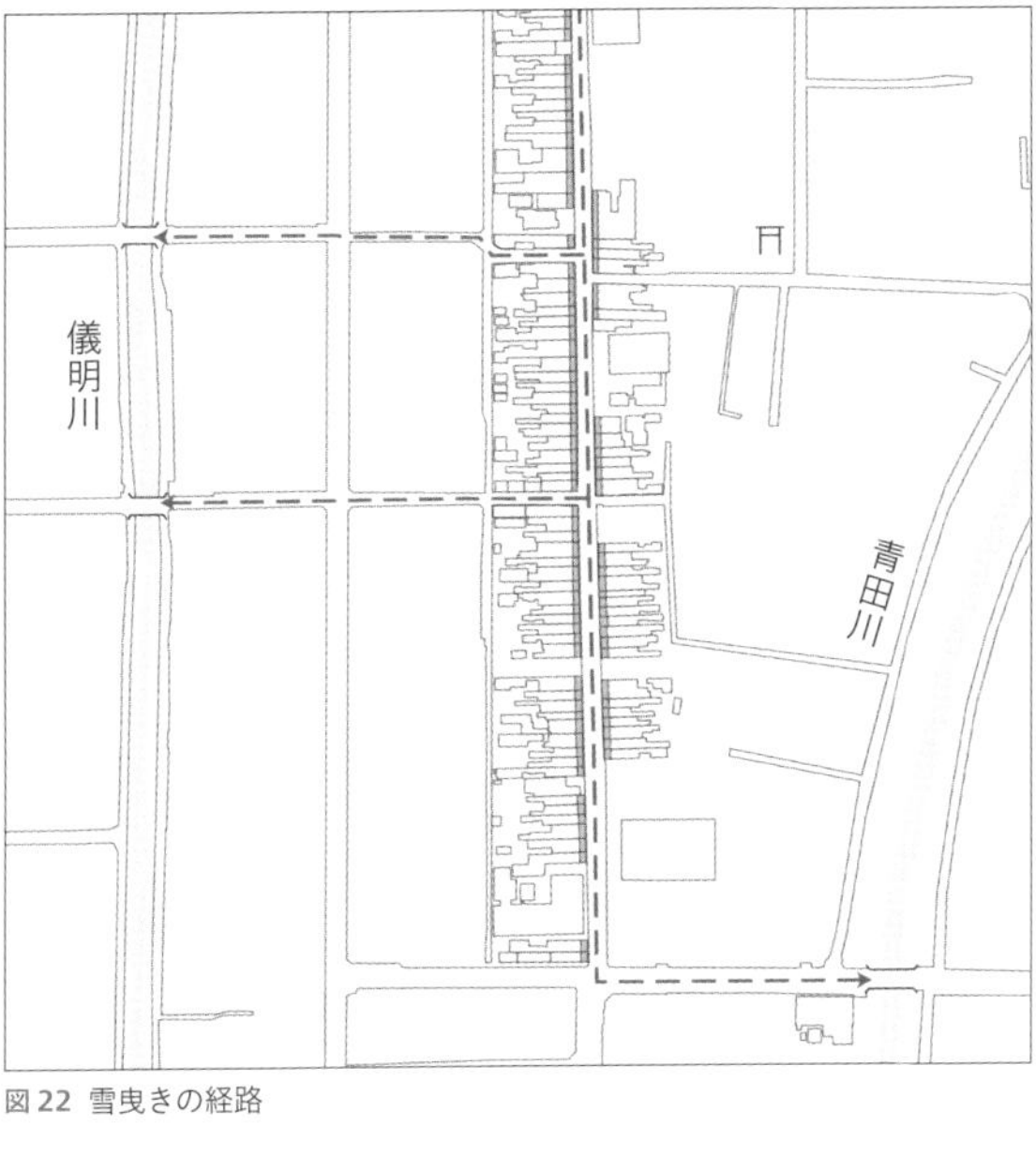


図22 雪曳きの経路

図24 雁木床下の消火栓（2017年）

図23 台車に載る消防ポンプ（夏季／長谷川ポンプ店所蔵）

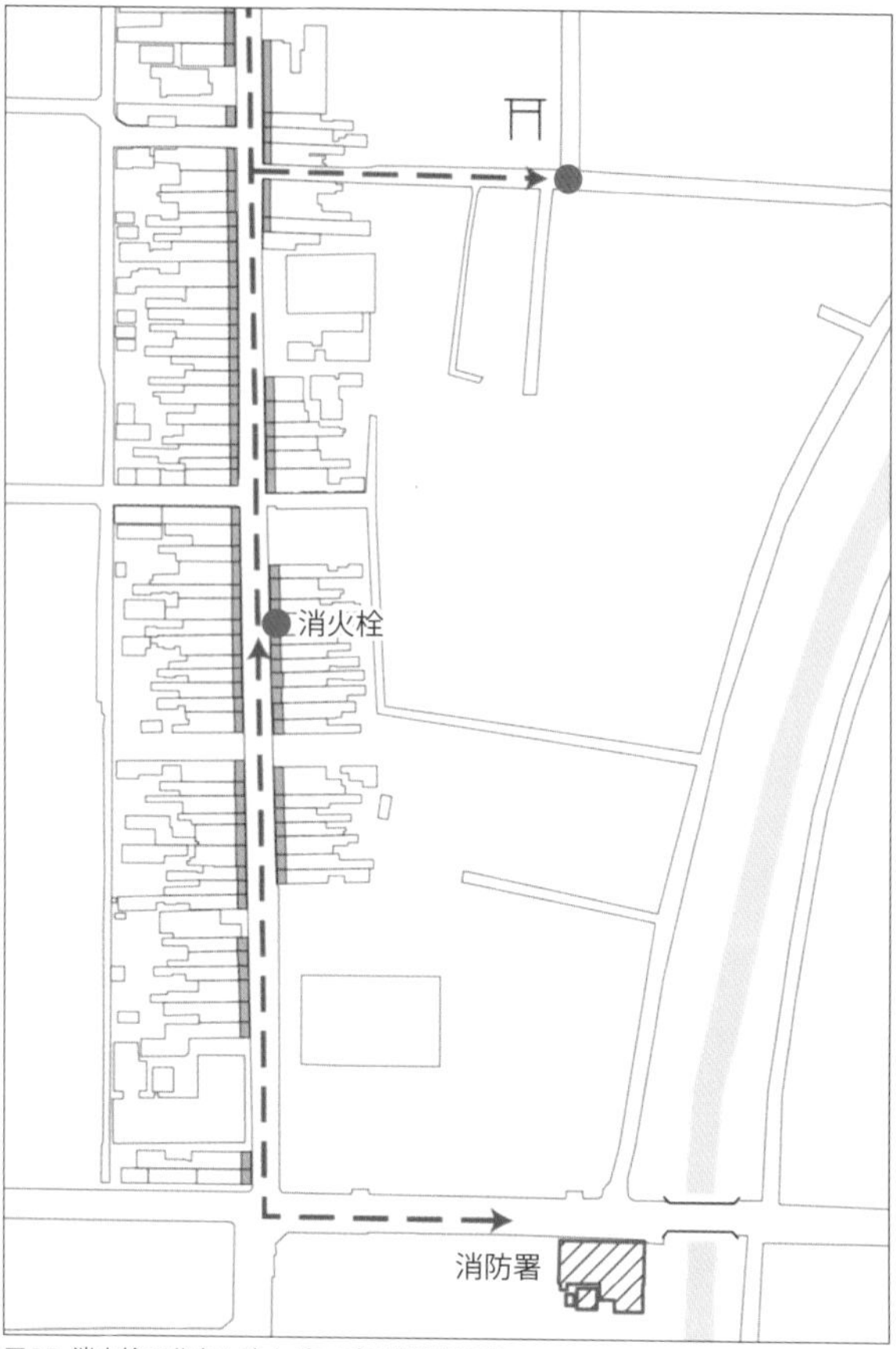

図25 消火栓の分布と消火ポンプの経路（冬季）

図26 雪のトンネル（上越市文化振興課所蔵）

も埋もれない。夏季と同じ経路を通し、ポンプからホースを雁木軒先の空隙を通して床下の消火栓へつなぎ［図25］、放水した。一方、通りの雪塊が一階軒高を超えたとき、向かい側の雁木通りへトンネルを掘ることは了解されていた［図26・27］。

機械除雪の導入前は、一軒の雪処理と町の雪処理がつながっていた。冬季の防災に対応して雁木下へ消火栓を設置したことは、公私の主体間にも互恵関係があったことを示している。

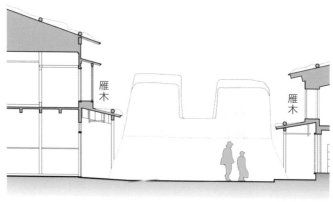

図27 雁木通りをつなぐトンネル

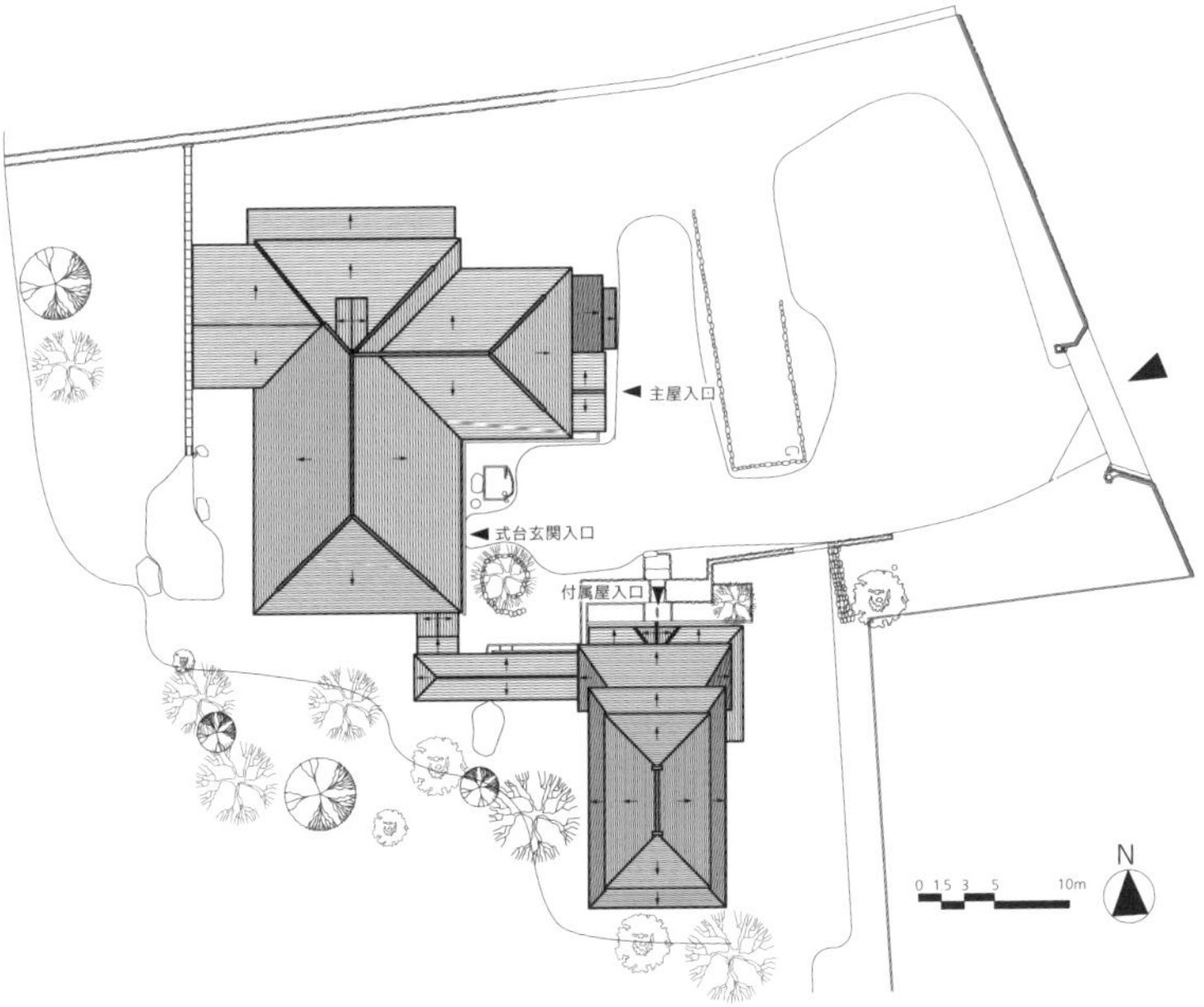


図1 旧長谷山邸配置図

第5節

# 豪雪地帯・秋田の類いまれな「鞘」

## 1 旧長谷山邸の建築

旧長谷山邸は秋田県雄勝郡羽後町に建つ。秋田県は北部・西南・東南の三地域に区分されるが、羽後町は東南地方にあり、横手市、湯沢市、由利本荘市が接している。横手市が「かまくら」で知られるように、羽後町も豪雪地帯に位置している。町内には一七世紀に遡る「中門造り」を代表する国重文の鈴木家住宅があり、横手市には重伝建地区に選定された増田地区の町並みが残り、建築文化が豊かな地域である。

旧長谷山邸は、出羽山地を流れる石沢川流域に位置する邸宅で、主屋と付属屋で構成される。付属屋は「鞘」建築で、内部に蔵座敷を持つ土蔵を収めている。鞘とは豪雪地帯に多い建物で、いわゆる「覆屋」である。覆屋は建物のカバーであり、簡易なつくりのものが多いが、旧長谷山邸の鞘建築は土蔵の覆屋であるとともに、それ自体が上部に座敷を有する極めて特異なものである。

長谷山家は慶長・元和の頃に出羽国に居

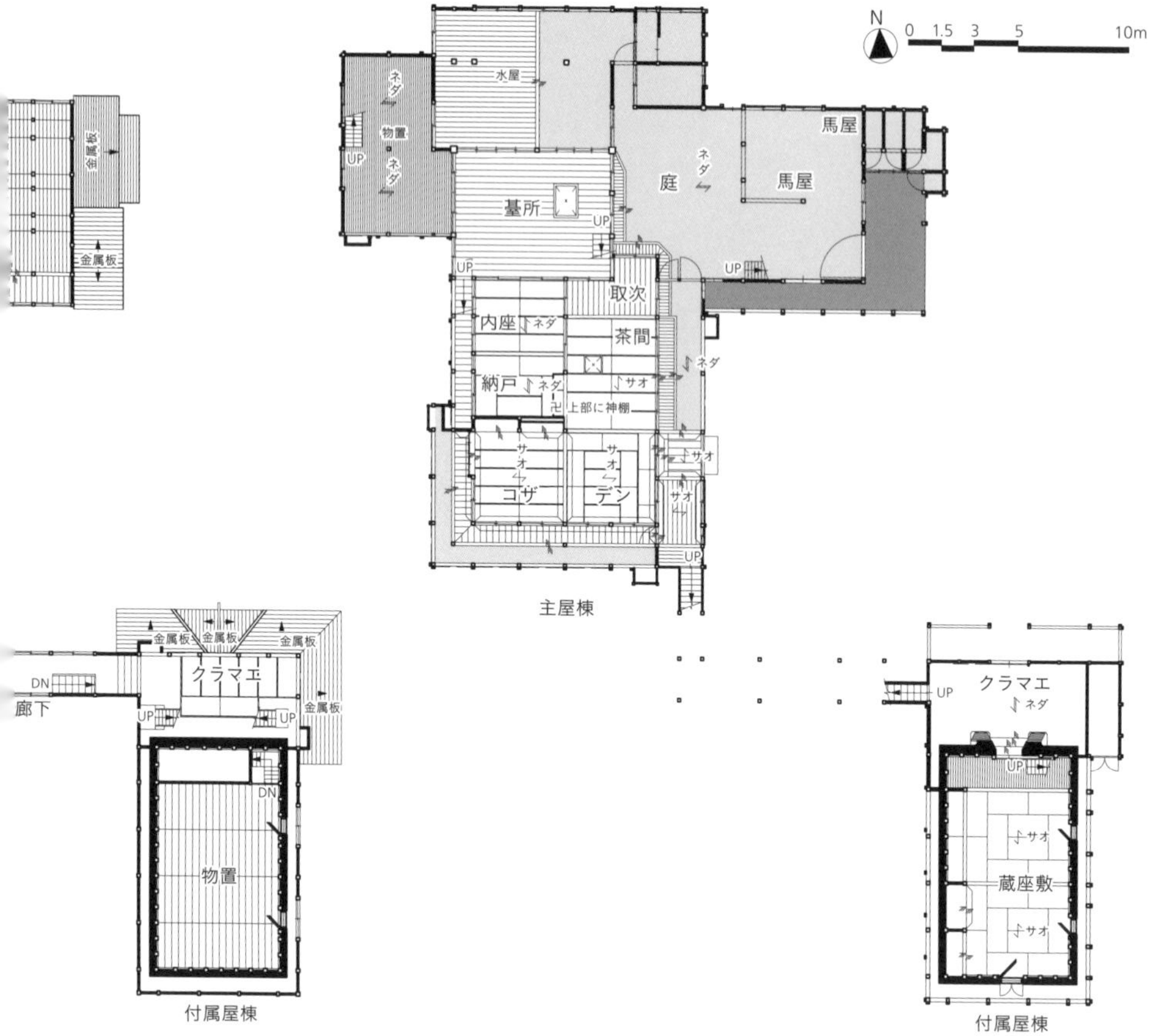






ついたとされ（過去帳より）、三兄弟の三男惣助がこの長谷山家の先祖という。元文五（一七四〇）年からは肝煎を務め（天保五年・一八三四年まで）、以後も長く地域を代表する有力家であった。旧長谷山邸の主屋は当時の戸主荘助により明治一五（一八八二）年に建てられた。さらに同三四（一九〇一）年、昭和天皇の御生誕と同時に長女が生まれたことを喜び、付属屋を建てることを決めたとされ、土蔵と鞘は翌明治三五（一九〇二）年に完成した（棟札が残る）。

旧長谷山邸の敷地は東を道路に接し、南西には山が迫り、北は隣地である［図1］。主屋は敷地の北西に建ち、南に位置する付属屋とは二階の高さの渡り廊下で連結されている［図2］。渡り廊下は防雪のための施設である。

主屋は明治一五年築の木造寄棟造二階建ての中門造りで、桁行一〇間半、梁間五間半と大規模である［図3］。屋根は金属板で覆われているが、当初は「ざく葺」であった。「ざく」とは秋田地方の方言で薄板のことである。

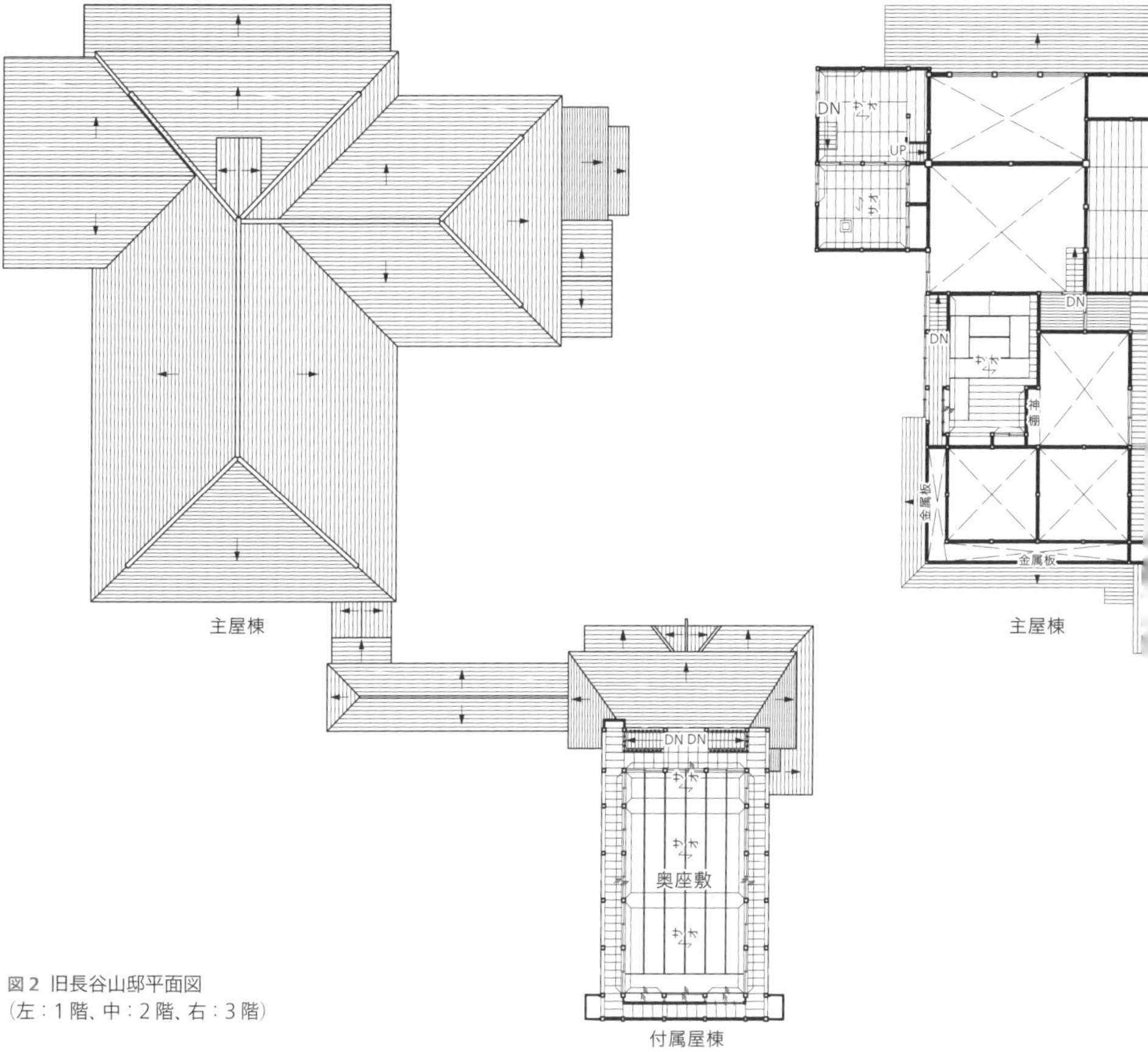


図2 旧長谷山邸平面図
（左：1階、中：2階、右：3階）

図3 旧長谷山邸、中門造りの主屋（右手）と付属屋

付属屋の鞘は三階建てに相当する高さで、屋根は寄棟造で主屋と同じ「ざく葺」である。桁行八間、梁間四間、四周に半間の下屋が付く。北側に二階の屋根となる下屋庇がつき、さらに北側と東側に一階の屋根となる庇が出ている［図4］。また、南側と東

［右上］図5　旧長谷山邸、付属屋の正面
［右下］図4　旧長谷山邸、付属屋の側面
［左下］図7　旧長谷山邸、付属屋内部1階の蔵前

側の各所には土蔵の窓に合わせてガラス戸を嵌めている。

入り口上部に千鳥破風を飾る正面外観は四層に屋根が重なり、楼閣風に見える［図5］。その三層と四層の内部が座敷、すなわち「鞘座敷」である［図6］。この鞘建築は土蔵の覆屋であるが、内部の土蔵は鞘上部に収まる鞘座敷を支える構造体ともなっている。**図6**の断面図は、この付属屋のユニークな建築構成を端的に示している。

鞘は土蔵に跨るようにして立っている。土蔵は切妻造りの二階建てで妻入、桁行四・七五間、梁行二・五間と大型である。外壁は白漆喰で仕上げ、腰は七宝紋様の海鼠壁とし、正面の開口部まわりをはじめ窓まわりや水切りに黒漆喰を塗り廻している［図7］。海鼠壁に瓦は用いず黒漆喰仕様である。瓦を省き防水性に留意しないのは、鞘に収めることを前提にしたためであろう。土蔵内部の蔵座敷は客を泊めるために使用したという。当初一階には囲炉裏があり、蔵前には客用の便所と風呂があったという。

前述のとおり、鞘座敷は主屋と渡り廊下

［上］図8 旧長谷山邸、2階蔵前の内部
［下］図9 旧長谷山邸、主屋と付属屋をつなぐ渡り廊下

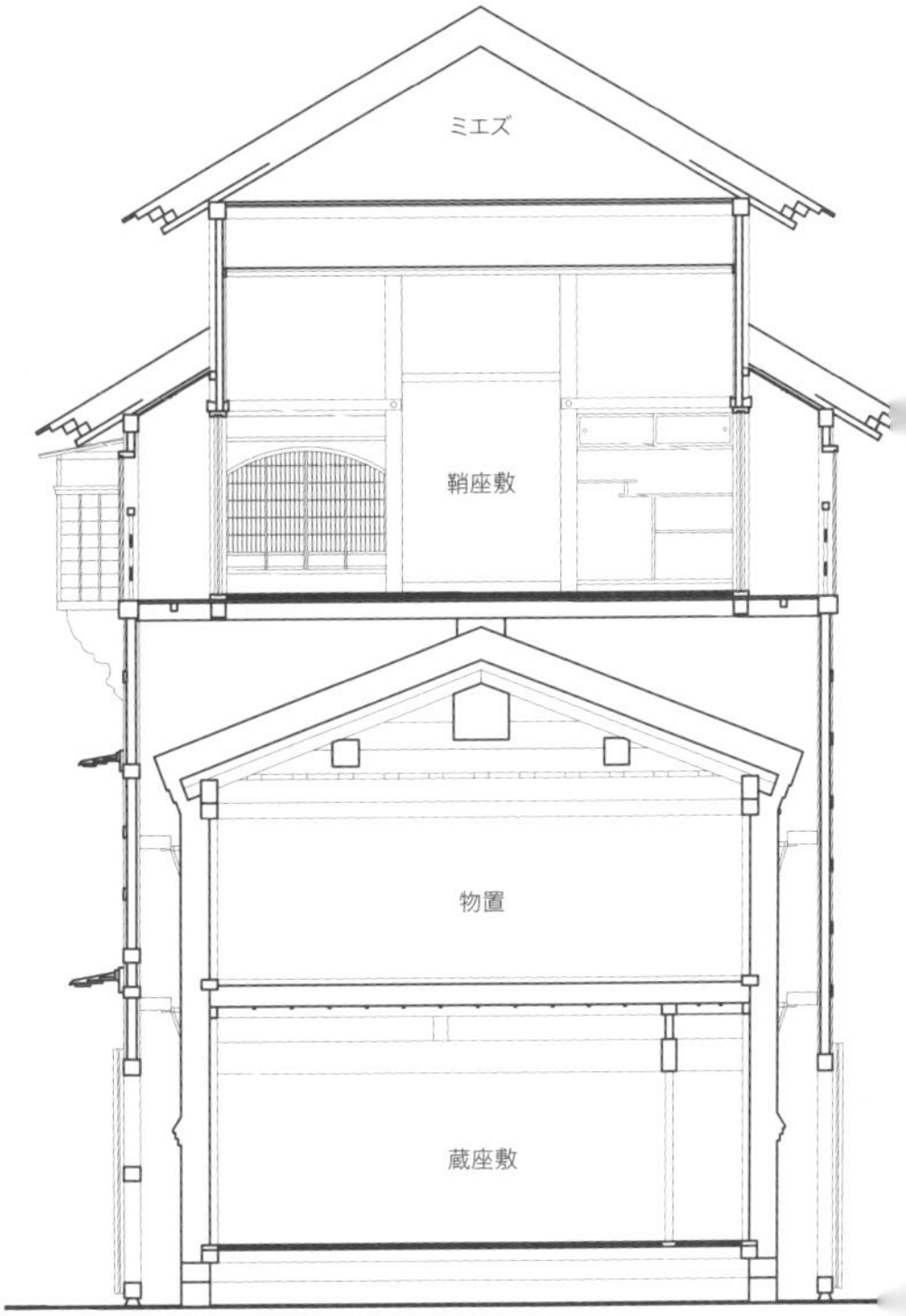


図6 旧長谷山邸、付属屋断面図



でつながっている。主屋の一階から階段ですぐに二階レベルに持ち上げられた渡り廊下は蔵前の二階部と接続する。蔵前の二階から土蔵の屋根に沿って階段を上り鞘座敷に至る。土蔵の屋根が露出する二階の蔵前空間の内観も極めて珍しい［図8］。また、廊下の途中から一階蔵前へ下る階段があり、土蔵へと接続する。羽後町の積雪は近年でも一メートルを超えることも多く、一階はほぼ雪で埋まってしまう。二階レベルを走る渡り廊下は、主屋と蔵座敷、並びに鞘座敷の両方を直接に結び、冬季の動線を確保している［図9］。

　鞘の高楼は「長谷山の三階建て」と言われ、シンボルとして現在も地域の人に親しまれている。

## 2 土蔵と鞘

　土蔵および鞘座敷の室内造作を少し説明しておこう。

　土蔵の入り口は黒漆喰の磨き仕上げとし、白漆喰の縁取りを施した掛子を六段重ねた観音開きの土戸を備え、兜桁には鏝絵で家

［上］図10　旧長谷山邸、蔵座敷の室内
［下］図11　旧長谷山邸、鞘三階座敷、部屋境の欄間と座敷飾り

紋を描いている。

　土蔵の内部は板敷で、階段を据えた前室に続いて八畳二室の続き間とし、奥の八畳間には床の間と床脇に地袋と違棚を設けている［図10］。二室には猿頬の竿縁天井を吊り、柱は拭き漆で仕上げている。二階は一室の板間で梁組が露出している。梁を二重に掛け渡し、六〇センチ近い太さの棟木を支持している。垂木の成も一三センチほどあり、登梁のように屋根の荷重を受けている。

　付属屋の三階は鞘座敷である。二階の蔵前から上り、続き間三室を合わせて三〇畳大の座敷を構成する。四周に縁側がまわり、南側以外は手摺を立てた縁とし、雨戸を引き出す開放的なつくりである。天井は高く猿頬の竿縁天井を吊り、長押をまわしている。奥の間は中央に床の間を設け、左手に書院、右手に床脇を一列に配している［図11］。書院欄間には繊細な組子細工を組み、下に黒漆塗りの弓型垂れ壁を設ける。

　座敷からの眺望はすばらしく、石沢川が形成する平野とその奥の山を一望できる。

## 3　唯一無二の鞘

　鞘とは土蔵などを風雪から守る覆屋で、東北地方から北海道に広く分布している。この地域では、外から土蔵の外形を望むことは難しい。

　本殿を覆屋で囲む神社は多く見かける。

図12 横手市増田の旧石平金物店（現・蔵の駅）、蔵前の鞘内部

大切な建物を外部環境から保護するのが覆屋であり鞘である。しかし、秋田地方の鞘は収容した建物を守ることだけに留まらない。

旧長谷山邸の土蔵には内部化された蔵前空間がある。羽後町の隣市、横手市増田の重伝建地区に建ち並ぶ町家は、裏手に大きな鞘を連結している。鞘の内部には大型の土蔵が収まり、蔵の手前には蔵前の大きな空間が広がっている［図12］。屋内化された裏庭空間は日常使いの生活空間である。防雪装置として発達した秋田地方の鞘は、内包する建物を守るとともに、伝統的で地域色に富む屋内空間を創出している。

一方で旧長谷山邸の鞘は、蔵前ではなく「蔵上」に座敷を積層する類い稀なる建築である。地域のリーダーとしての自負と誇示が、豪雪地帯の建築の知恵である鞘に蔵座敷だけでは足りず、その上部に鞘座敷を追加したことで、極めて独創的な付属屋となった。

しかし「長谷山の三階建て」は、実は建物を多層化し屋根面積を極力少なくする克雪の合理性にもかなっている。

なお、旧長谷山邸は平成一一（一九九九）年より羽後町に寄贈され総合交流促進施設として活用されている。

図2 今庄の雪囲いの町並み
福井県の今庄は、雪囲いを住民自身の手で設置するという伝統を保持している。そうした町家は北国街道沿いに多く残されており、この町の歴史的・文化的な景観の構成要素となっている。素人でもつくれる点でプリミティブなつくりであるが、反面、それゆえに洗練されたディテールがみられる

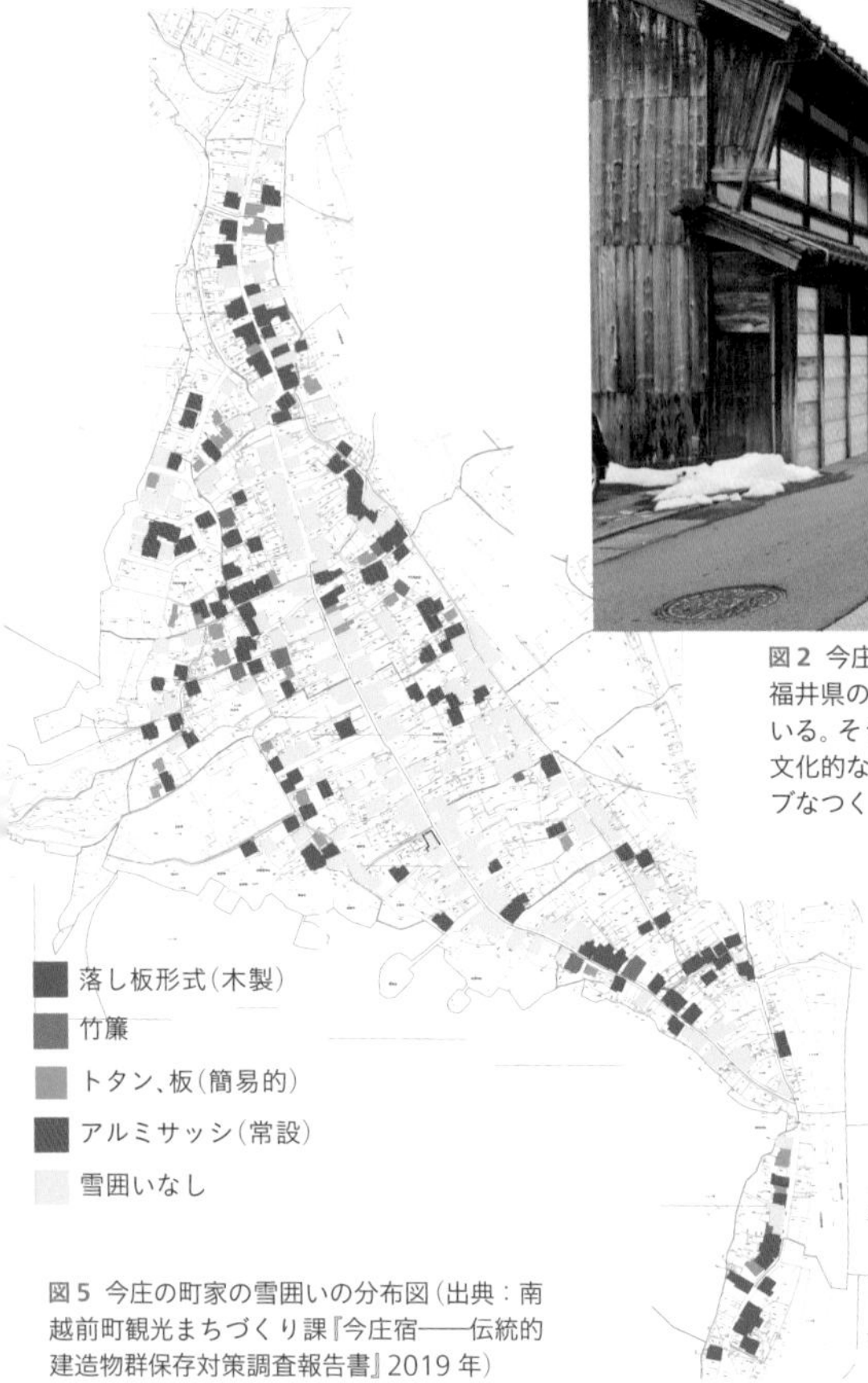


図5 今庄の町家の雪囲いの分布図(出典:南越前町観光まちづくり課『今庄宿——伝統的建造物群保存対策調査報告書』2019年)

図1 豪雪時の今庄(昭和38年、南越前町教育委員会提供)



第6節

# 福井県旧今庄宿の「雪囲い」

## 1 「雪囲い」とはなにか

近世北国街道（北陸道）の宿場町の一つとして繁栄した福井県今庄宿（現・南越前町）には、歴史的町並みがよく残されており、令和三（二〇二一）年、重要伝統的建造物群保存地区に選定された。雪国であるため、今庄は年間平均降雪量（降雪の深さ合計）は四八八センチ、最深積雪は九三センチにもなる［図1］。豪雪で有

図3 竹簾の雪囲い
街道から離れた立地の家屋には竹簾の雪囲いが多く見られる。落し板形式のものよりもプリミティブなつくりである

図4 アルミサッシ製の雪囲い
アルミサッシでつくられた現代的な雪囲いも見られる。もちろんこれは常設でメンテナスフリーである

名な新潟県高田や長岡と比較しても決して見劣りしないほどの豪雪都市であるが、冬期の気温はさほど低くならないから、湿り気を帯びた重い雪が降る。それゆえ町家には、積雪重量に耐える防災的な設えが必要となる。

「雪囲い」とは、積雪の側圧や雪の吹き込みによる家屋の破損を防ぐため、家屋の周囲に設けられる仮設的な構築物(障壁)のことである。夏は採光・通風の点で開放的な構えとする必要があるから、伝統的にその設置は冬期に限られる。したがって、毎年設置と撤去が繰り返されるためプレファブ化され、住民自らが組み立てと解体をできるような部材の接合形式になっている。家屋の周りに囲いを設置することにより、建物の内・外の間に緩衝空間が生まれ、そこは玄関前の風除室にもなるし、室内の断熱にも有効な環境制御装置ともなりえるから、それは風土に適合した環境合理的な設えであるとも言える。

今庄の雪囲いは、町家の一階庇の軒先と側面に仮設の柱をたてて落し板を嵌めるというもので、同町の冬期の歴史的町並みを形成する重要な構成要素の一つである[図2]。その設置作業は、基本的に住民自身の手によって行われ、この地方に雪が降り始める前の一一月中旬〜一二月初旬に、雪囲いが一斉に各家屋に設置される。

街道から離れたところにある家屋をみると「竹簀《たけす》」を立て掛けるものもあり[図3]、また現代的な塩化ビニル製波形板などの工業製品に変わっているものや(これは半透過性の素材なので採光が可能である)、アルミサッシと透明ガラスにより常設化されたものも散見される[図4]。何でもメンテナンスフリーの現代生活のなかで、毎年の設置と撤去の作業は住民にとってやはり大きな負担なのだろう。むろん高齢化の問題もある。

平成三〇(二〇一八)年の調査によれば、町内の家屋三五二件のうち、落し板形式の雪囲いを設置しているものは九〇件あり、街道沿いの町家はそのうちの三五件である[図5]。街道沿いでは現在でも全体の四分の一以上が伝統的な落し板形式を維持している。竹簀のものは一〇件(街道沿いのものはその

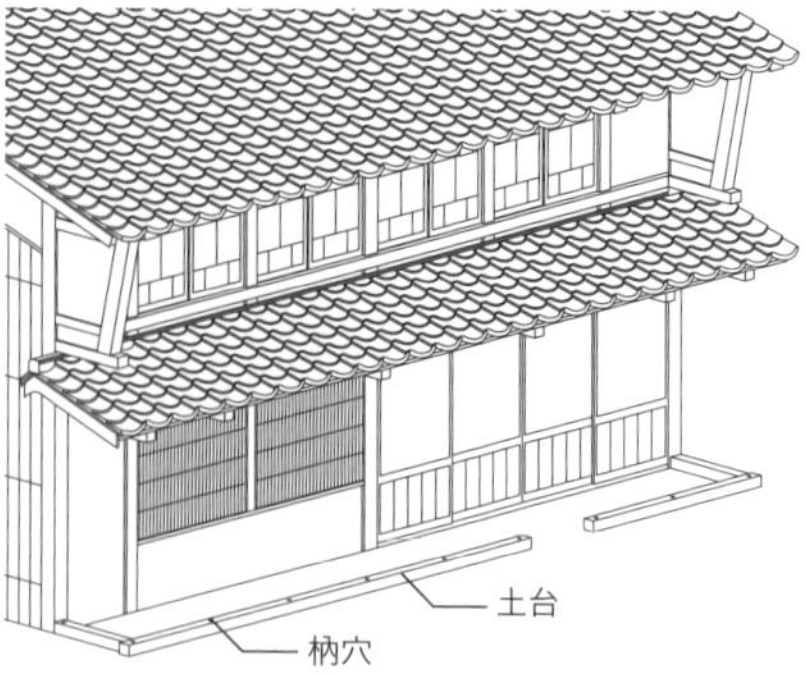


❶１階庇下にコの字型の土台を設置する

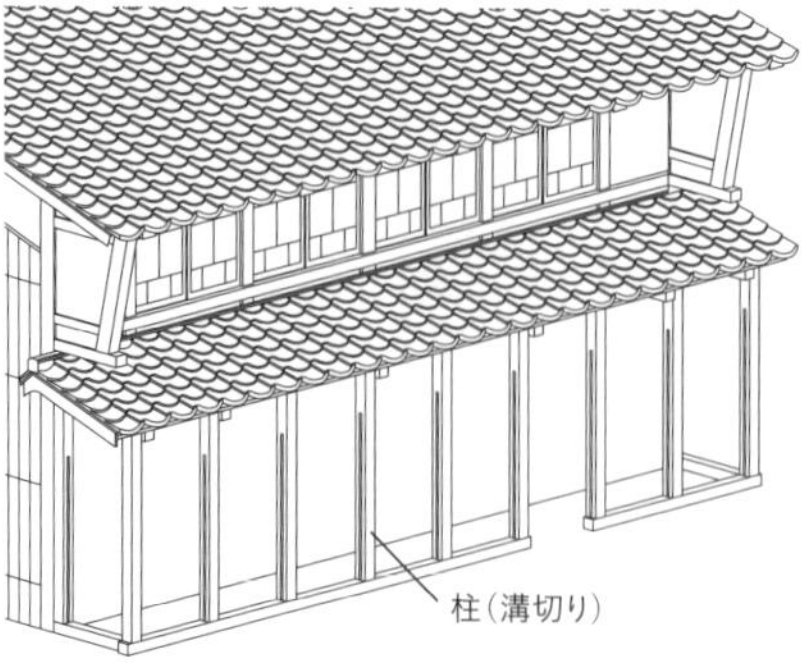


❷土台上に半間ごとに溝切り柱をたてる

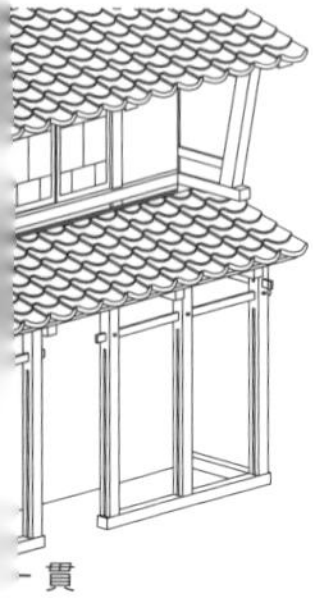


うち二件のみ）、簡易的なトタンあるいは板製のものは三三件、常設のアルミサッシ製のものは四一件である。なお、冬期でも雪囲いを設けていない家屋は一七八件で、全体のほぼ半数である。

## 2　今庄の雪囲いのユニークさ

全国的にみれば、「雪囲い」の仕組みは、農村部と都市部で異なると考えられている。すなわち、農村部では冬期に茅、簀、板などの素材を外壁に立て掛ける仮設的なものが多く見られ、都市部では「雁木《がんぎ》」や「コミセ」と呼ばれる常設的な防雪施設となるとされる。

今庄の雪囲いは、家屋ごとに独立して一階庇の軒下および側面をコの字型に覆うように設けられる。囲いをつくる柱は足元に土台を廻した仮設的なものであり、柱間に「落し板」を嵌める。前記の定式に従えば、今庄は宿場町なので「都市部」のタイプと言えるが、毎年住民が組み立てる仮設的な構築物である点では「農村的」でもある。こうした両義性をもつ雪囲いはこれまでに報告されておらず、全国的に見ても、きわめてユニークなものである。

### 今庄の「雪囲い」のつくり方

以下に今庄の雪囲いの設置手順を記す［図6❶～❺］。

❶町家正面の一階庇下にコの字型の土台を設置する（戸口前の土台は一部省略する）。雪囲い用の仮設柱は、庇を支える腕木下に固定され、積雪で重くなった一階庇を補強するという構造的役割も担っている。一階庇の腕木間の仮設柱上面には、庇垂木の欠き込みをいれる。

❷土台の上、一階庇の軒桁外側におよそ半間ごとに溝切りの柱（一〇五角程度）をたて、主屋の側隅柱の外側にも外壁出隅に接して柱をたてる。柱下面には枘《ほぞ》がつくり出され、土台に枘差しにされる。

❸腕木の下の高さに貫を通し、込栓《こみせん》で柱と固定する。近年柱を常設のものに変更した家屋などでは、構造的に必要ないため、この貫を入れないものも散見される。

図6 今庄の雪囲いのつくり方

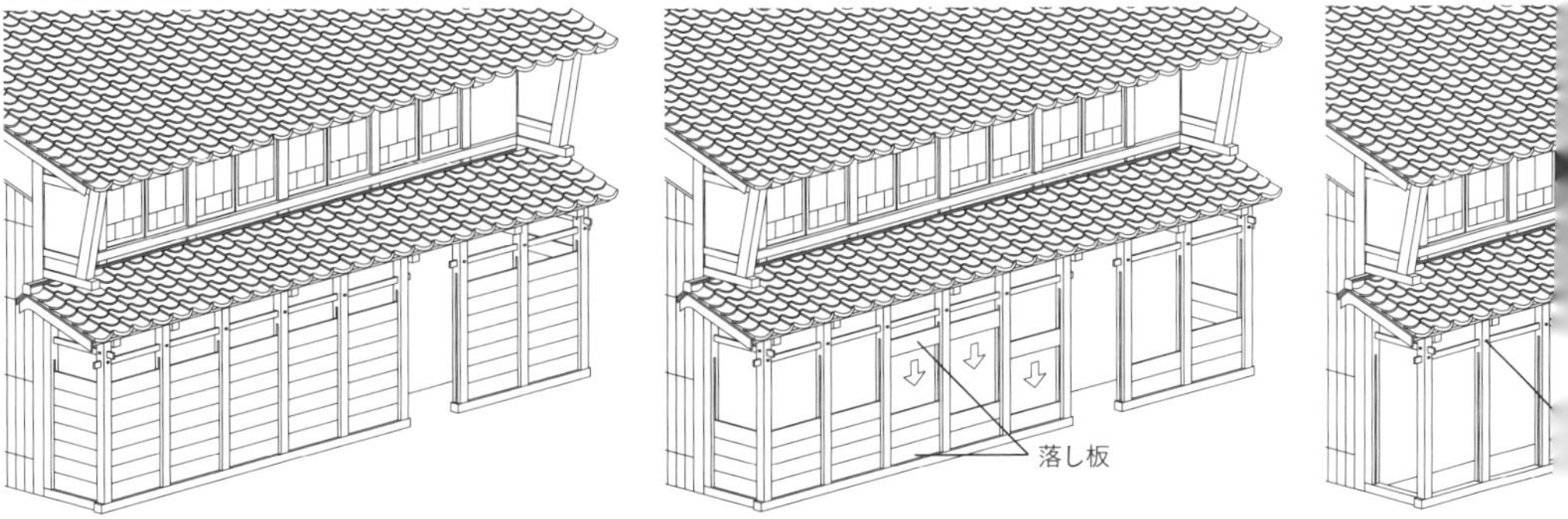


❺完成

❹落し板をやり返しながら嵌める

❸腕木下に貫を通し、込栓で柱と固定する

❹仮設柱の側面の溝（幅二二ミリ程度）は高さ一・五〜二・〇メートル程度のところが深くなっており、その位置で、板（高二五〇×幅八七〇×厚二〇）を遣《や》り返して、一枚ずつ落としていく。梁行方向も同じ作業を行う。

落し板の形式は、積雪の状況に合わせて障壁の高さを調節し、自然光を内部に採り入れることを可能とする。

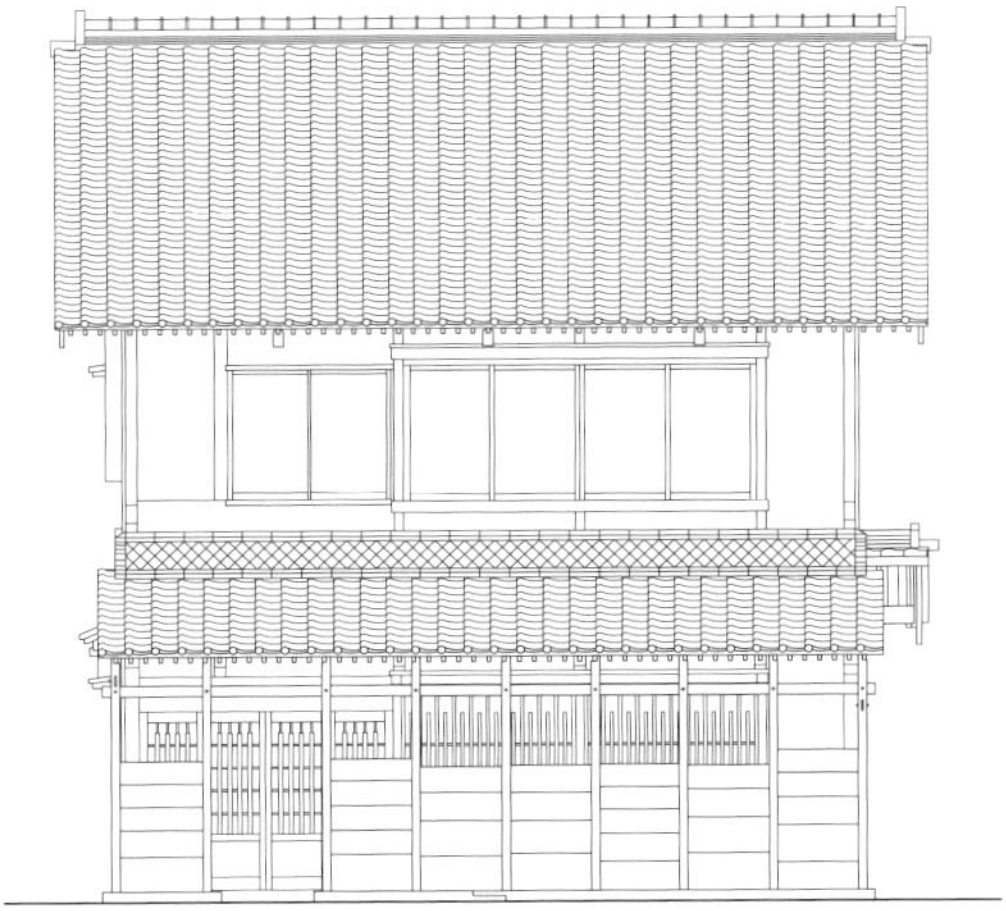

図7 櫻谷家立面図（雪囲い設置時）

図8 川端家立面図（雪囲い設置時）

図9 高野由平商店 外観

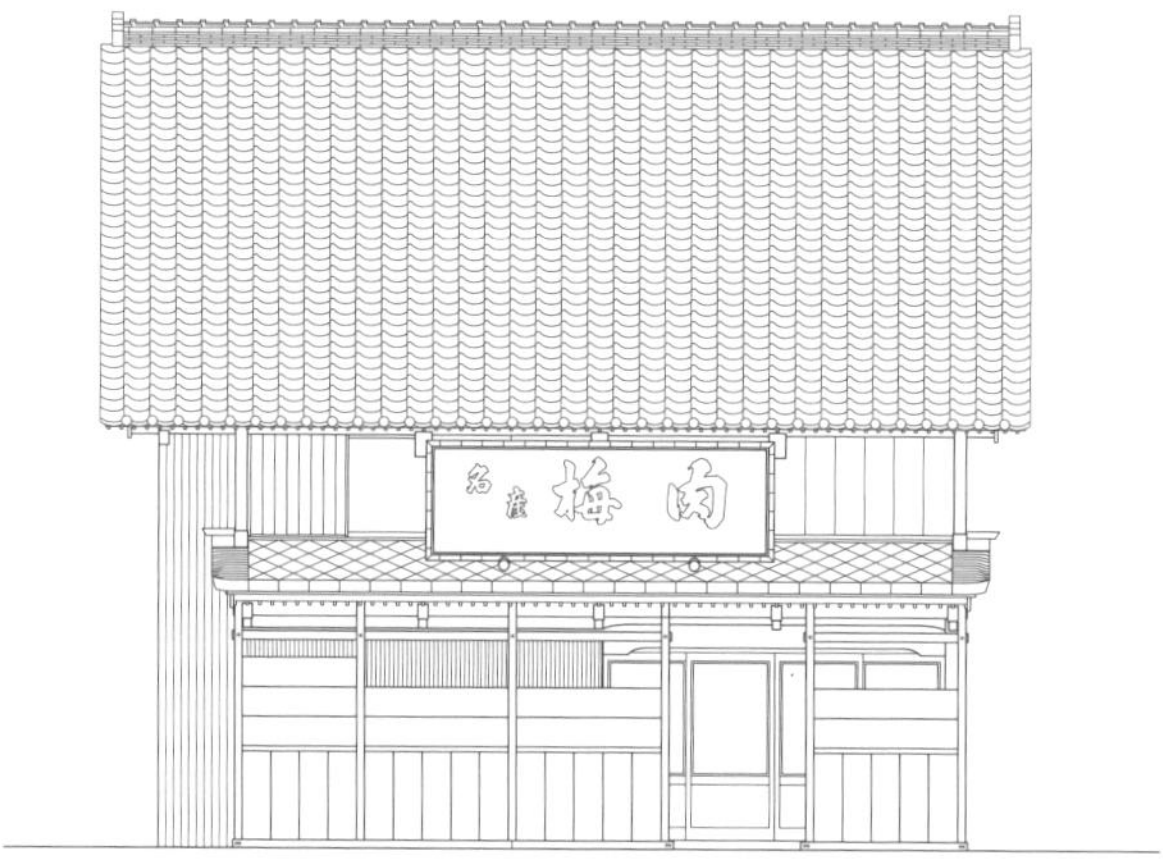

図10 高野由平商店 立面図（雪囲い設置時）



高野由平商店は高さ一メートル程度まで縦板嵌めの腰壁をつくる独自の形式である［図9・10］。積雪量が多くない限り、障壁を腰高までに止めて店の空間の開放性を確保するという商店ならではの工夫であろう。

むろん全国的にみれば「落し板」形式の雪囲い自体は決して珍しくない。例えば、新潟県小千谷市の中門造りの農家でも確認されている。だが、その柱は常設なので今庄とは異なる。また、新潟県川西町の町家の雪囲いも「落し板」形式であるが、方立が柱に釘打ちされているので、ここでも柱は仮設ではない。今庄の町家の雪囲いのように、仮設柱で「落し板」形式のものは、今のところ類例が報告されていないのである。

## 3 「雁木」の落し板

今庄の雪囲いに類する都市部の防雪設備として「雁木」あるいは「雁木通り」——主屋から道側に庇をつくり、それを道沿いに連続させて歩行者用通路とする防雪通路——が一般によく知られている。それは上越・東北地方を中心に分布し、通常は仮設柱ではなく常設柱であるが、庇先の建具を「落し板」にするものがよく見られる。現存する雁木を見ると、柱間を開放しているものがほとんどであるが、かつては「落し板」が嵌められていたとわかるものも少なくない。豪雪地域であれば、積雪が歩道に入り込むのを防ぐための障壁が必要になるはずであり、おそらく都市の近代化の過程

図 11　近世長岡の雁木。近世絵図をみると
岡（新潟県）の雁木には落し板が嵌められ
いたことがわかる。庇先の柱間の一部に落
板を確認できる。『越後長岡年中行事懐旧
記』（江戸時代末期、出典：『日本都市生活史
集成 五、城下町篇Ⅲ』学習研究社、1976 年

図 12　明治 35 年ごろの長岡。明治後期の長岡の古写真を見ても、雁木の軒先柱の側面に落し板の溝が残っている（出典：『写真集明治大正昭和長岡――ふるさとの想い出 123』国書刊行会、1980 年）

で、道路の除雪能力が向上した結果、「落し板」が必要なくなったのだろう。

今庄の雪囲いは、一階庇の軒先に柱をたてる点で、この雁木とよく似ている。今庄では、町家同士の隣棟間隔がある程度あるので、家屋ごとに独立した囲いを構築しているが、住棟間が密になって一階庇が連続していたとすれば、「雁木」とよく似る都市的防雪施設になるはずである。そして今庄の雪囲いの張り出しは半間程度の幅しかないが、仮にそれが発達して人が通行できるようになれば、いずれ「雁木通り」のようにもなり得よう。その着想は仮説の域を全く出ないものだが、今庄の雪囲いは、「雁木」の祖型のようなものが、何らかの偶然的要因によって今日まで残存しているのかもしれない。

前記のように、豪雪地域の雁木の通性として「落し板」が嵌められていたとすれば、柱が常設か仮設かの違いはあるものの、雁木も今庄の雪囲いも都市部における防雪施設で、かつ「落し板」によって積雪に対する障壁をつくるという点で共通性が濃厚に

［左頁］図15　土庇（土縁）の分布（雪囲い）
北海道・東北・北陸地方を中心とする豪雪地域の『近代和風建築総合調査報告書』および『緊急民家調査報告書』を用いると、土庇（土縁）があると確認できるものは一五二件あり、そのうち戸袋付きの引戸のものは一一三件となる（実線の府県は上記文献の調査対象）

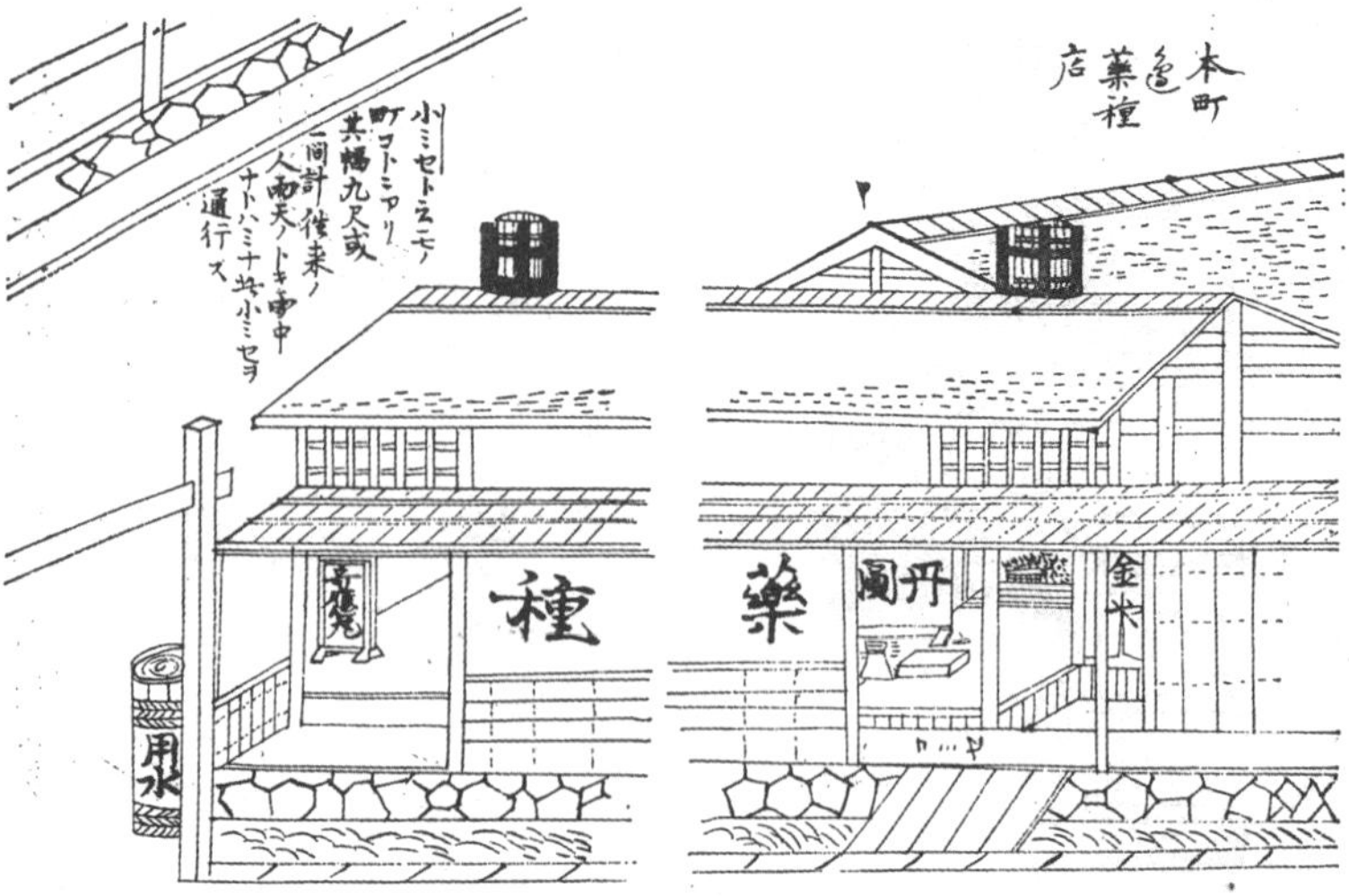

［上］図13　近世津軽のコミセ。江戸時代後期（天明8年～寛政元年）に津軽を描いた比良野貞彦『奥民図彙』には、落し板形式の「コミセ」が描かれている。（出典：『日本庶民生活史料集成 第十巻 農山漁民生活』三一書房、1970年）
［左］図14　黒石のコミセ　青森県黒石の「コミセ」と呼ばれる雁木通りには、一部の家屋を除き、落し板は見られないが、かつては普遍的に存在した（撮影：大場修）



なってくる。

例えば、長岡の雁木には一般に落し板が嵌められていたと考えられている［図11・12］。当地方の雁木の柱間上部に嵌め込み障子、下部に落し板、あるいは冬期には落し板が全面に嵌められていたものが多いことが菅原邦生によって指摘されている。また、東北地方の雁木先の建具は一般に板戸――通常上・下に分割される――が嵌め込まれ［図13・14］、新潟およびその周辺地域では、落し板が嵌められるという見解も示されている。

## 4　土庇（土縁）について

今庄の町家は、正面のみならず、庭に面する背面においても正面と同様の雪囲いを設置する。これに類する防雪設備として「土庇《どびさし》（土縁《どえん》）」が知られている。

「土庇」は、濡れ縁の外側の軒下にたてた柱に建具を嵌めるもので、濡れ縁と土間が囲いによって建物内部に取り込まれる。それは島根県から北海道にかけて、広い範囲に分布している［図15］。土庇は、数寄屋の

図 16 野村家住宅の土縁（金沢、撮影：大場修）

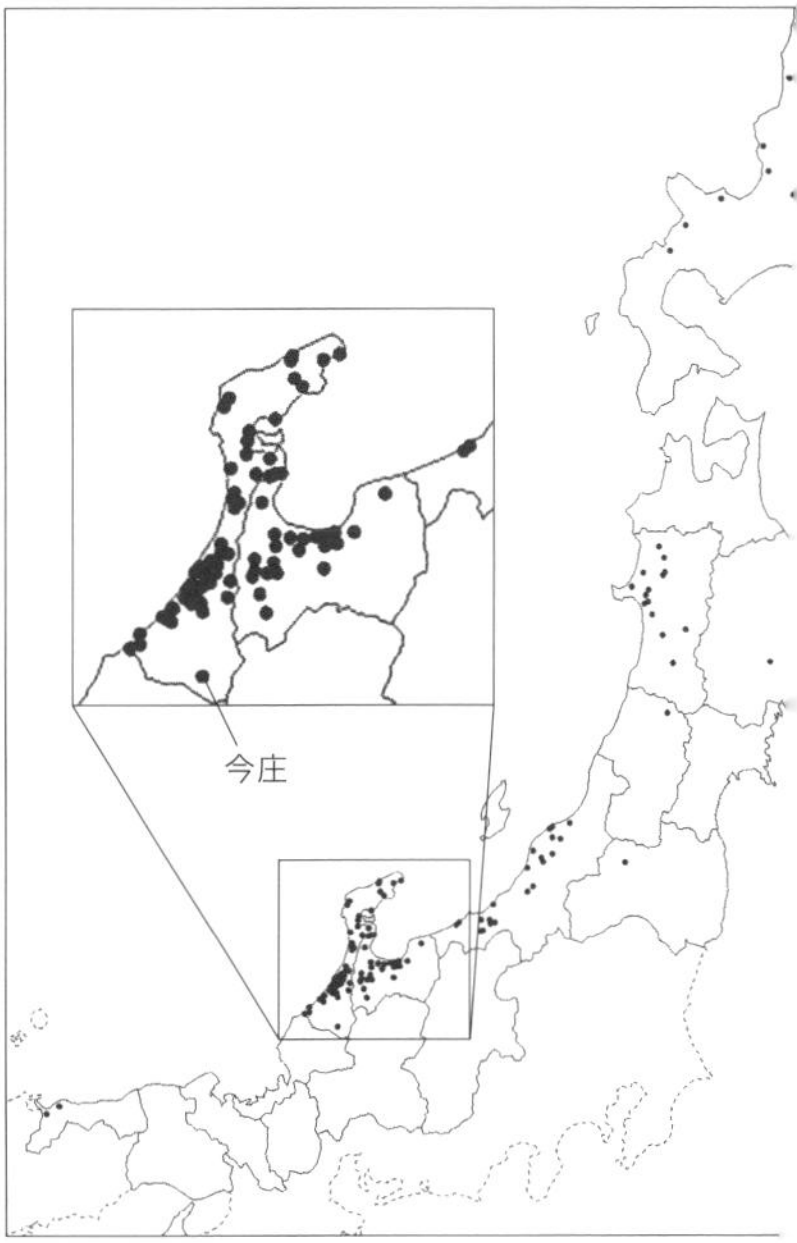


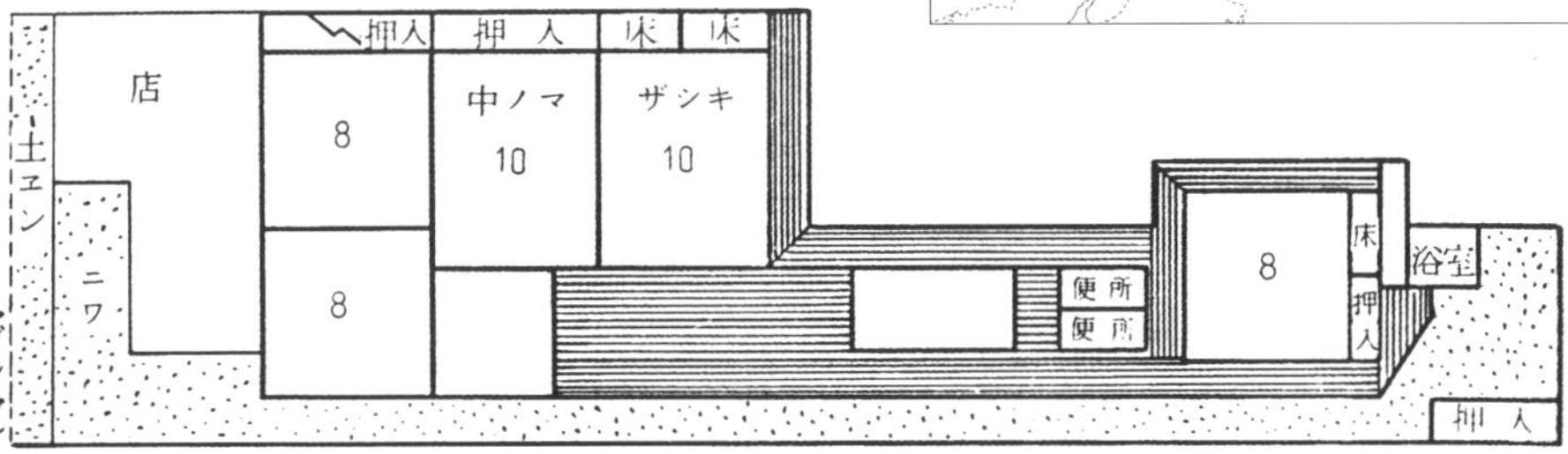


図 17 武生の「ガンゲ」。かつて武生の町家の前面庇には「土エン（ガンゲ）」が取り付けられていた。現在の武生の町家にはこうした防雪設備は確認されない（出典：『武生市史民俗編』1974 年）



露地空間であったり〔図16〕、民家や町家の座敷の外廻りであったりするが、建物単体に取り付けて、軒下空間を囲うという点では、今庄の町家背面の、座敷の外側の庭に面して設えられる雪囲いと類似している。

ただし、これまで報告されている全国の土庇の事例を見ると、ほとんどが引き戸で、戸袋が付けられている。だから仮設ではなく常設であり、管見の限りでは、仮設柱で落し板形式の土縁の例は確認できない。今庄式の雪囲いは、背面においてもユニークなのである。

土庇の分布を見ると〔図15〕、日本海側の豪雪地域、とりわけ石川県を中心に北陸地方に集中的に事例が確認されるので、地理的にも近い今庄の雪囲いとも何らかの関連性があるものと思われる。

## 5 今庄の雪囲いの源流

あまり知られていないが、福井県の武生と森田にも雁木があったとされる（氏家武『雁木通りの地理学的研究』古今書院、一九九八年）。古老の聞き取りによって江戸末期の武生に「雁木通り」があったとされる。『武生市史　民俗編』（一九七四年）には、町家の平面図［図17］とともに次のように記されている。

> 下屋の出は、越後辺に見られるような雁木と言うほどの場所ではないが、ガンゲと呼ばれる店の前の雨の当たらない場所があり、雪が降り屋根雪を下ろすようになると、この下屋ヒサシに竹や丸太を立て、板や戸を結い付けて、雪が店の中へ入るのを防いだ。（九一頁）

この記述からは、柱間装置が落し板であったかどうかは判然としない。だが、少なくとも仮設の柱を立て、そこに仮設の障壁をつくっていたことはわかる。家屋ごとに独立して一階庇下に設置し、なおかつ仮設のものである点で、今庄の雪囲いとよく似ているのである。

雁木は、城下町の町家を中心として周辺地域に伝播したという菅原邦生の学説がある。これを考え合わせれば、今庄に最も近い城下町である武生の「ガンゲ」は、今庄の雪囲いと何らかの関連性があっても不思議ではない。武生の北隣りの宿場町である鯖江にも、落し板形式の雁木に見える雪囲いがあったことが古写真［図18］によって知られるが、このことはその学説を補強するもののようである。

図18 鯖江の雪囲い（「凱旋アーチ」）。城下町武生の北隣りの宿場町鯖江にも雁木があったことがわかる。この写真では独立基礎が確認できるので、おそらく柱は常設であっただろう（出典：『写真集明治大正昭和鯖江──ふるさとの想い出 91』山口信嗣ほか編、国書刊行会、1979年）

# 第4章

# 命を守る
## ——生存のための小屋

# 第1節 水防の知恵と住まい

## 1 「暴れ川」が生み出した水防技術

利根川、筑後川、吉野川は日本三大暴れ川と称されており、順に「板東太郎」「筑紫次郎」「四国三郎」と三大河《さんたいが》の名数で江戸期頃から呼ばれてきたが、全国には「暴れ川」と呼ばれる河川は他にも多数ある。ちなみに、「坂東」とは箱根以東の関東平野を指す旧来の呼び名で、「太郎」は長男の意を含む名前であり、利根川は坂東（関東）にある日本一の川（流域面積一万六八四〇キロ平方メートル、全長三二二キロメートル）という意味合いから「坂東太郎」の異名がついた。筑後川も九州地方では一番長い河川（流域面積は九州で最大の二八六〇キロ平方メートル、全長一四三キロメートル）で、「筑紫」の呼び名は明治初期頃まで「九州」と同義語として使われていた。吉野川も四国において一番長い河川（流域面積三七五〇キロ平方メートル、全長一九四キロメートル）である。

「暴れ川」と称される河川は、ひとたび氾濫すると流域一帯を濁流にのみ込み周辺の風景を一変させる。ただし、押し寄せる濁流は流域一帯に「災い」をもたらすだけではなく、同時に上流から肥沃な土砂や材木など「恵み」も運び込んでくれるため、「暴れ川」の流域には昔からコメどころや藍の生産地など豊かな農業生産地を形成してきた地域が多い。そうした背景には、時に襲い来る水の脅威を、住民はその地に住むことで繰り返し経験することにより、洪水は起きるものとして生活の中に根付かせ習慣化することで、水害の脅威から逃れるのではなく、むしろ「住むための知恵」により水を治める工法や技術を生み出すことに力を注いだ。同時に地域社会や住民生活の中に規範意識や相互扶助など自助・共助の習慣を根づかせることで「災害文化」を定着させ、平常時の水の豊かさを積極的に地域の生業に生かすことを選択し、流域に豊穣の地を築き上げてきた。

被る水害に対しては力で抑え込む強固な方策ではなく、「水に任せる」「水をかわす」「水を避ける」など、水の流れを遮らず、逆らわずに治める減勢治水や減災的な対策を築き上げてきた。

「暴れ川」がもたらす水害には、流路から水が溢れる「氾濫」や「洪水」「溢水」「越水」などがあり、溢れた水を被ることでの「冠水被害」や浸かることでの「浸水被害」などがある。

日本の平均降雨量は年間一七〇〇ミリ程度であるが、水害常襲地帯とされる河川流域では一九〇〇ミリ以上の降雨量がある他、来襲する台風の影響を被りやすい地理的条件をもつ河川が多く、大雨や集中豪雨などが発生すると、山間部を流れる河川は急勾配（八〇分の一～六〇〇分の一）なため、流量が増し洪水、溢水、越水など外水氾濫を起こしやすい。一方、下流側の盆地や平野部を流れる河川は緩勾配（一〇〇〇分の一～五五〇〇分の一）なため、低地部は内水氾濫による氾濫原となりやすく長期間の湛水被害を起こしやすい。このため、上流部では増水した河川の水勢を緩める対策として、水衝部に聖牛あるいは牛類、牛枠、棚牛などと呼ばれる木製の水制工を設置したりした。平地部では水量を逃し減水するために堤体に開口部を設けて、上流側と下流側が漏斗状に重なり合うようになった霞堤あるいは信玄堤と呼ばれる堤を設置した。平地部の集落では地区全体の浸水を防ぐ囲堤や築捨堤、輪中堤など堤や土手を設置し、その中にさらに水防対策を施した建物を設けるなど、水害がもたらす被害を最小化するための多重な創意工夫がなされてきた。

## 2　段階的な減災対応

河川氾濫は上流域から時間を費やして下流域に被害を拡大させる。水害常襲の河川流域に立地する集落や屋敷、各家々を見ると、この時間的変化に沿った浸水状況を加味して集落づくり・家づくりがなされている。

水害常襲河川流域に見る集落は、おおむね沖積平野の低地部の氾濫原に位置している。河川が運んだ土砂の堆積により形成されてきた自然堤防上に列状の集村を形成することで洪水や浸水による被害を回避してきたが、さらに集落全体を囲む輪中堤や囲堤が築造可能な場所では築堤を行い、多重な洪水対策を施してきた。一方、大井川や

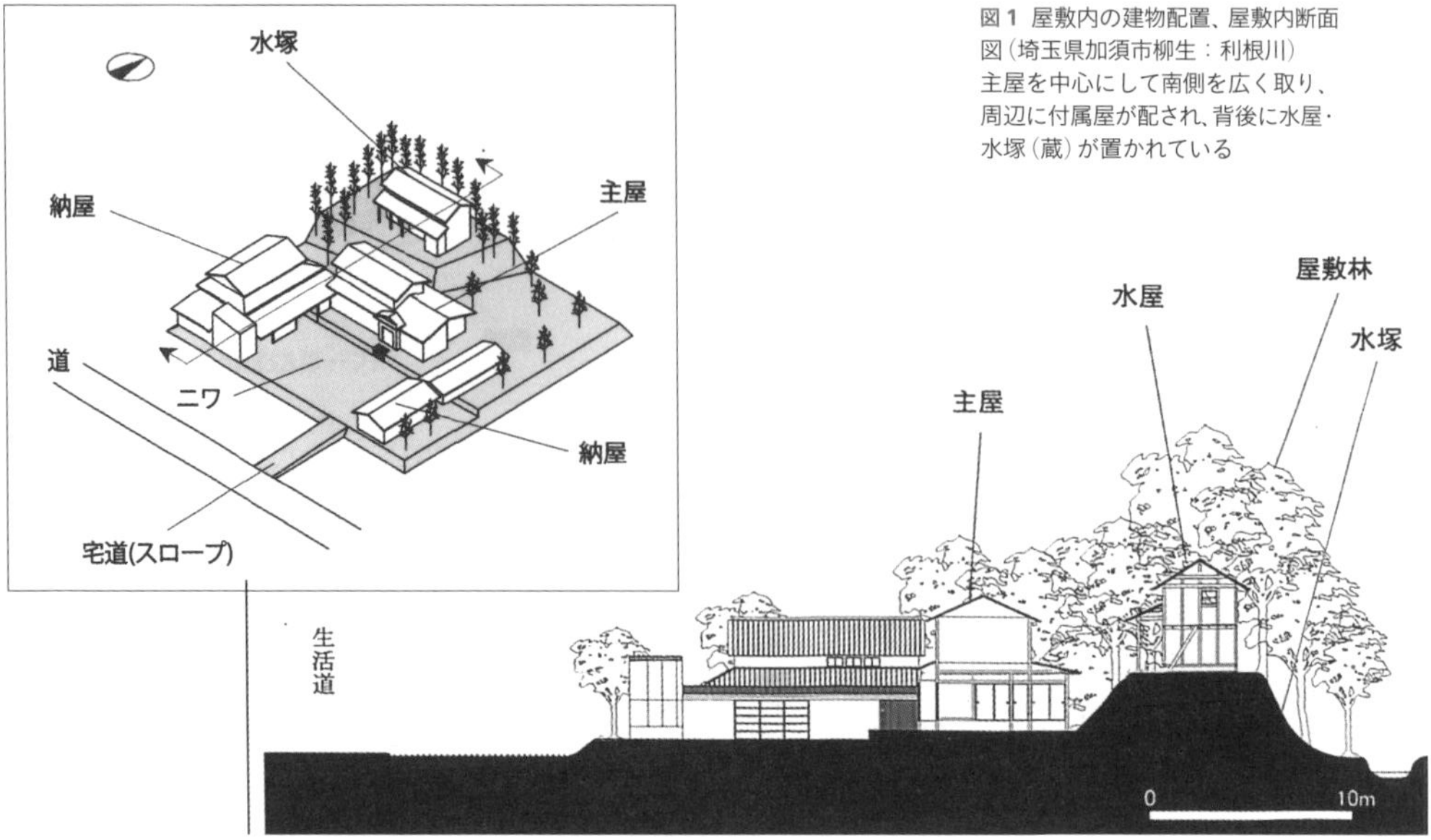


図1　屋敷内の建物配置、屋敷内断面図（埼玉県加須市柳生：利根川）
主屋を中心にして南側を広く取り、周辺に付属屋が配され、背後に水屋・水塚（蔵）が置かれている

図2　水屋・水塚（埼玉県加須市北川辺町：利根川）
水屋・水塚は蔵の通俗的な呼称であるが、これらが水害常襲河川流域の屋敷においては「備え」となる。そのため、据えられる位置に特徴があり、屋敷の北西側に配置したものが多い

富士川、黒部川（富山県）では扇状地のため氾濫時には多数の流路が形成され、その乱流跡に残された微高地に屋敷がつくられ散居状の集落形態を見せる。扇状地に形成された集落の場合は、水はけのよい土壌特性（砂礫層）のため、上流から流入してくる氾濫水はほとんどが地中に浸透される。そのため、この地理的特性を生かしながら、濁流を屋敷内に流入させずに回避する方策が取られ、水勢を緩和するために水の流れ込む方向に限って築堤がなされてきた。扇状地に形成された散居状集落では地の利を巧みに生かすことで集落全体を囲う築堤はない。

沖積平野で氾濫原になる低地部に形成されてきた各屋敷を見ると、おおむね主屋、付属屋、蔵から構成されており、通常の農村集落に見る屋敷と何ら変わりはなく、水害常襲河川流域に立地することでの特徴的な設えは見られない。ただし、蔵は水害常襲河川流域の屋敷においては洪水時の共通的な「備え」であるため、据えられる位置に特徴が現れる。水害常襲河川流域に立地する集落の屋敷においては北西側に蔵を配

図3 上（揚）げ舟（埼玉県加須市北川辺町：利根川）
平時は家屋の軒下に船底を上に向けて吊るされており、洪水や浸水が想定されると下ろして利用の準備がされる。主に人や物資の輸送で使われる

置したものが多く、おおむね主屋の背後に置かれる。また、通俗的あるいは総称として「水屋・水塚」を蔵と呼ぶことが多い〔図1・2〕。

各屋敷は、道路を基準面とすると盛土により道路面よりも嵩上げされている。屋敷の周辺部には水田や田畑が広がり、ここが最も低い場所になり洪水時には氾濫原となり遊水地（池）の役割を担わせてきた。

また、各家々の軒下には「上（揚）げ舟」と呼ばれる小舟が吊るされ、洪水時にはこの舟で人やモノを運ぶことも想定した準備がなされている〔図3〕。

洪水や浸水に対しては、それぞれの水防技術の限界を考慮することで、地域・地区・家屋と段階ごとに異なる対策技術を取り入れるとともに、単なるモノに依存した水防対応ではなく、コト（生活習慣）による対応も併せて行うことにより減災化がなされてきた。

## 3 水防工法のあれこれ

国土交通省では、水防建築を含めて「河川伝統技術」と題するデータベースを作成し七五五河川を収録し公開している。ただ、必ずしも詳細な内容把握には至っていない。そのため、データベース上に示された水防施策を改めて調査することで、全国三一流域で水防に係る地域的・建築的な工夫を見いだすことができ、北海道、沖縄を除く全国の北から南までの広い範囲で水害常襲河川と呼ばれてきた流域において水防建築が存在していたことを確認した。その水防建築には輪中や水屋・水塚のように全国的に普及した水防工法や呼称及び形態的な類似性を見いだすことができた他、地域固有の形態的特徴をもつものや建て方など特異性のあるものも数多く見いだすことができた。

洪水や浸水からの被害を免れる方策は、平面的には囲繞空間を確保し、断面的には高さを確保し、流入する水に浸からないことが重要となる。そのため、集落全体を囲うものとしては「囲堤」（黒部川）、「輪中堤」（荒川（埼玉県）、利根川（茨木県）、信濃川（新潟県）など一〇河川）や、これら堤体を多重に築堤したものが見られた。

5　サブタ（大分県大分市高田地区：大野川）
落内の道路に面する屋敷がお互いに石垣に溝を設けて止水板を据
水流を遮断し浸水を防ぐ。道路改修や隣地屋敷の改修などで姿を
してきている。語源は「差蓋（さしぶた）」『桟蓋（さんぶた）』『三分
さんぶいた）」が訛ったものなど諸説ある

図4　助磊（広島県三次市三和町：江の川）
江の川では盛土による基壇を地区内に点在させることで人や家畜の避難場所を確保した。類似のものとして水除け場（愛媛県：肱川）などがある

図6　畳堤（兵庫県たつの市揖保川町：揖保川）
家屋内で使う畳を応急的に欄干状の堤防の隙間にはめ込むことで浸水を防ぐことが意図された。他には宮崎県と岐阜県で見ることができるが、各家々の畳の大きさが揃わなくなり、畳だけを地区のセンターなどに備蓄するようになってきた

高さの確保は低地部で平坦な土地で見ることができ、地域内住民や家畜の避難場所として土盛りや石垣が積まれた「水除け場（肱川《ひじかわ》（愛媛県））」、「助磊《たすけごうろ》（江《ごう》の川《かわ》（広島県））」と呼ばれる基壇を点在させたものも見られた［図4］。また、集落内の道路に面する屋敷がお互いに石垣に溝を設けて止水板を据え水流を遮断する「サブタ（大野川（大分県））」［図5］や、家屋内で使う畳を応急的に欄干状の堤防の隙間にはめ込むことで浸水を防ぐ「畳堤

図8 舟形屋敷図（静岡県焼津市大井川町：大井川）

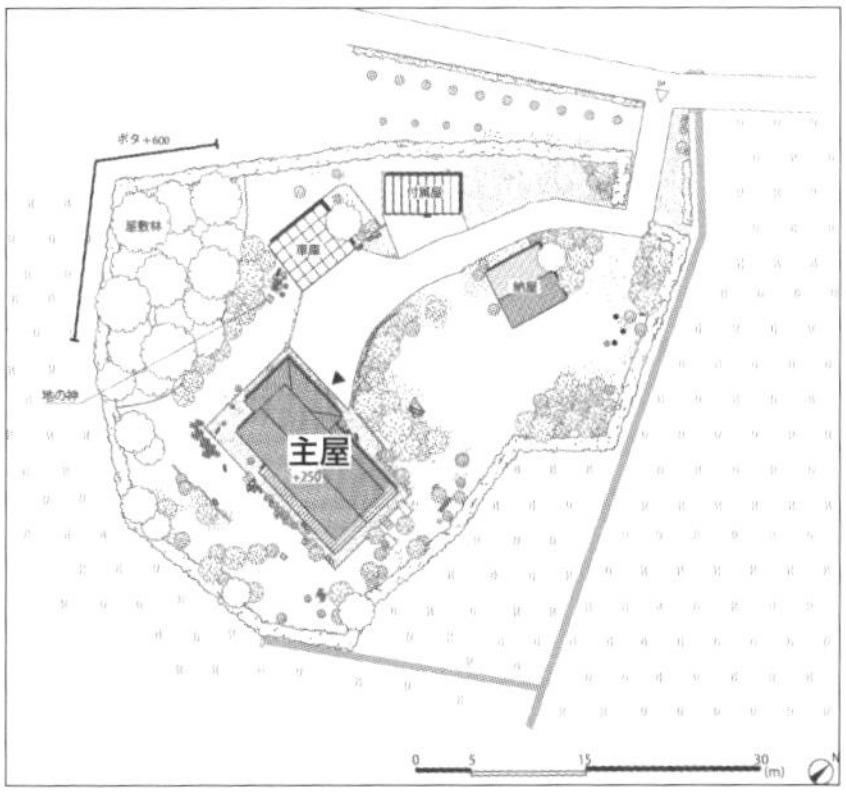

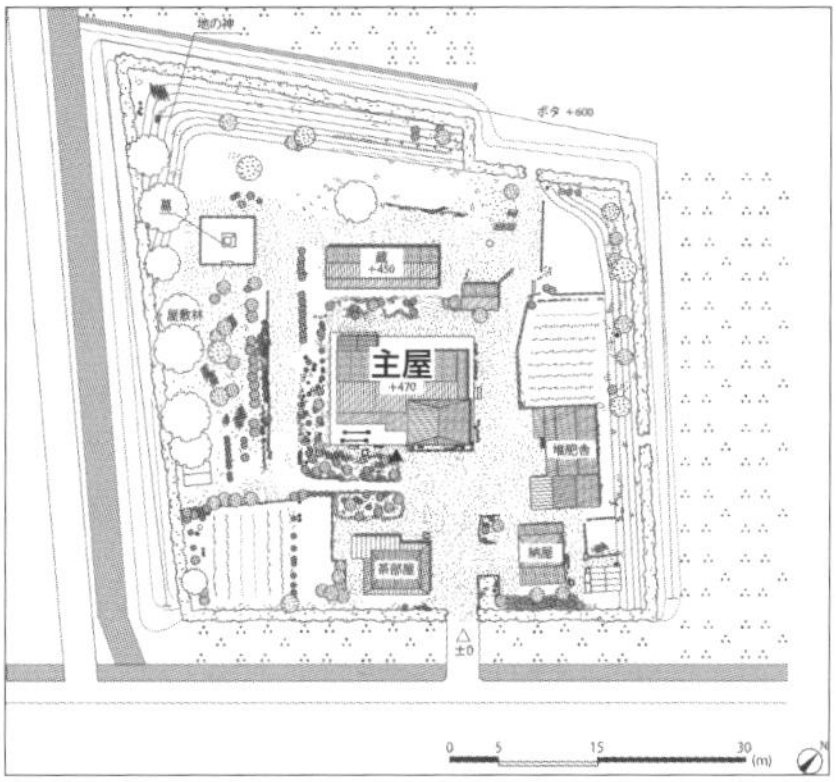

図7 石囲いのある家（徳島県美馬市脇町別所：吉野川）
集落空間を輪中堤で囲む他に屋敷の周囲だけを各家が石垣で囲うものとして家囲い堤（黒部川）や石積み自衛堤（吉野川）がある

図9 川原家（和歌山県新宮市河原町：熊野川）
熊野川において発展した川原家は他に類を見ない組立解体できる家屋で、普段は河原に建ち並んでいるが、洪水時には瞬時に家屋を解体し堤内地に避難する。用途は飲食、宿、鍛冶、雑貨などさまざまに利用されている

（揖保川《いぼがわ》（兵庫県）、五ヶ瀬川《ごかせがわ》（宮崎県））」［図6］など、地域を守る創意工夫も見られた。

洪水や浸水などへの対応は、集落空間全体を囲う囲堤の他に、屋敷の周囲だけを石垣で囲う「家囲い堤（黒部川）」や「石囲いのある家（吉野川（徳島県））」［図7］、敷地を囲む石垣などの先端を浸水方向に尖鋭化させたり、水はけのよい土壌特性を生かすこと

図12　段蔵（大阪府高槻市唐崎：淀川）
蔵（水屋・水塚）を盛土とともに階段状に設け、米や麦など食糧を保管しつつ、大事な家財を最も高い位置に保管する

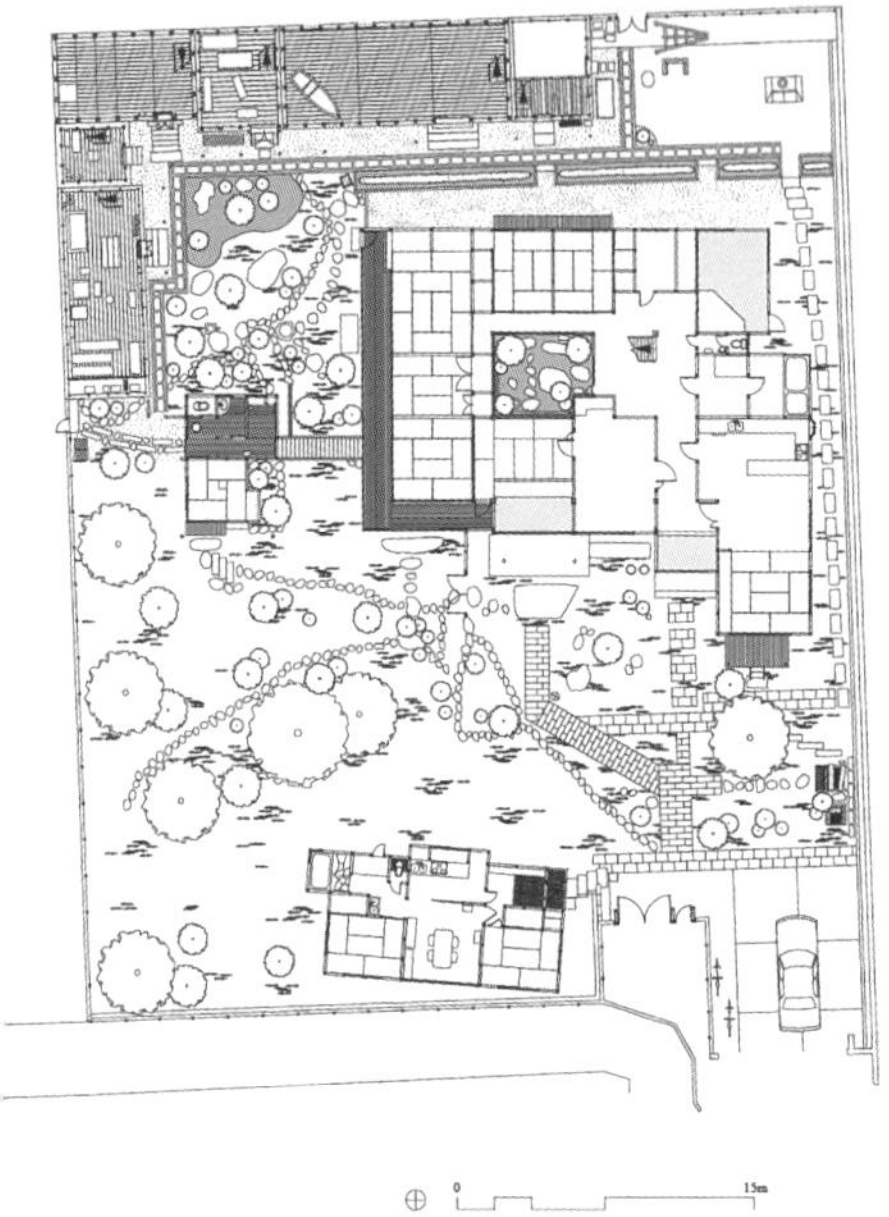

［上］図10　上（揚）り屋（和歌山県新宮市：熊野川）
［下］図11　川座敷（京都府福知山市：由良川）



で氾濫水はほぼ地中に浸透させながら濁流を屋敷内に流入させないように水流方向に限り築堤が設けられた「舟形屋敷（黒部川（富山県）、大井川（静岡県））」「三角屋敷（大井川）」［図8］などが見られた。

他に類を見ない工夫としては、普段は河原に家屋を建ち並べているが、洪水時にはその家屋を緊急解体し、堤内地に避難する「川原家（熊野川（和歌山県））」［図9］やこれを主屋の裏手か別の場所に建て避難場所とする「上（揚）り屋（熊野川）」［図10］などがある。また、平常時に使用する離れに連ねて水防のための蔵を連立させた「川座敷（由良川（京都府））」［図11］、蔵を盛土とともに階段状に設け浸水に対応する「段蔵（淀川（大阪府））」［図12］なども見られた。

図1 荒川流域に見る水屋・水塚(埼玉県志木市中宗岡地区:荒川)

第2節

# 荒川・利根川流域の水屋・水塚



## 1 「備え」としての水屋・水塚

水屋・水塚は迫り来る洪水や浸水から身を守るための避難場所として直接的な役割とともに、水害の長期化などに備えた間接的な役割を担う「備え」として存在する。

水屋・水塚は、地域により一体化してその呼称を「ミズヤ」「ミズツカ」「ミズカ」と呼ぶ他、別個に分けて水屋を蔵、穀蔵や板倉、倉屋と表記し呼称したり、水塚を「タカヤマ」「ドテ」と呼んだり、水山、上り屋などの表記や呼称もある。これらは全て自助としての備えの役割を担い、水害避難の際の食料保存庫や避難所として利用された。「水屋」と「水塚」については、「水屋=建物」と「水塚=基壇(盛土)」をそれぞれ別々のモノとして扱う地域と、一体として扱う地域があり、一体化しての呼び名は

図2 水屋・水塚（埼玉県志木市中宗岡地区：荒川）（右）と、その屋敷の配置図（下）

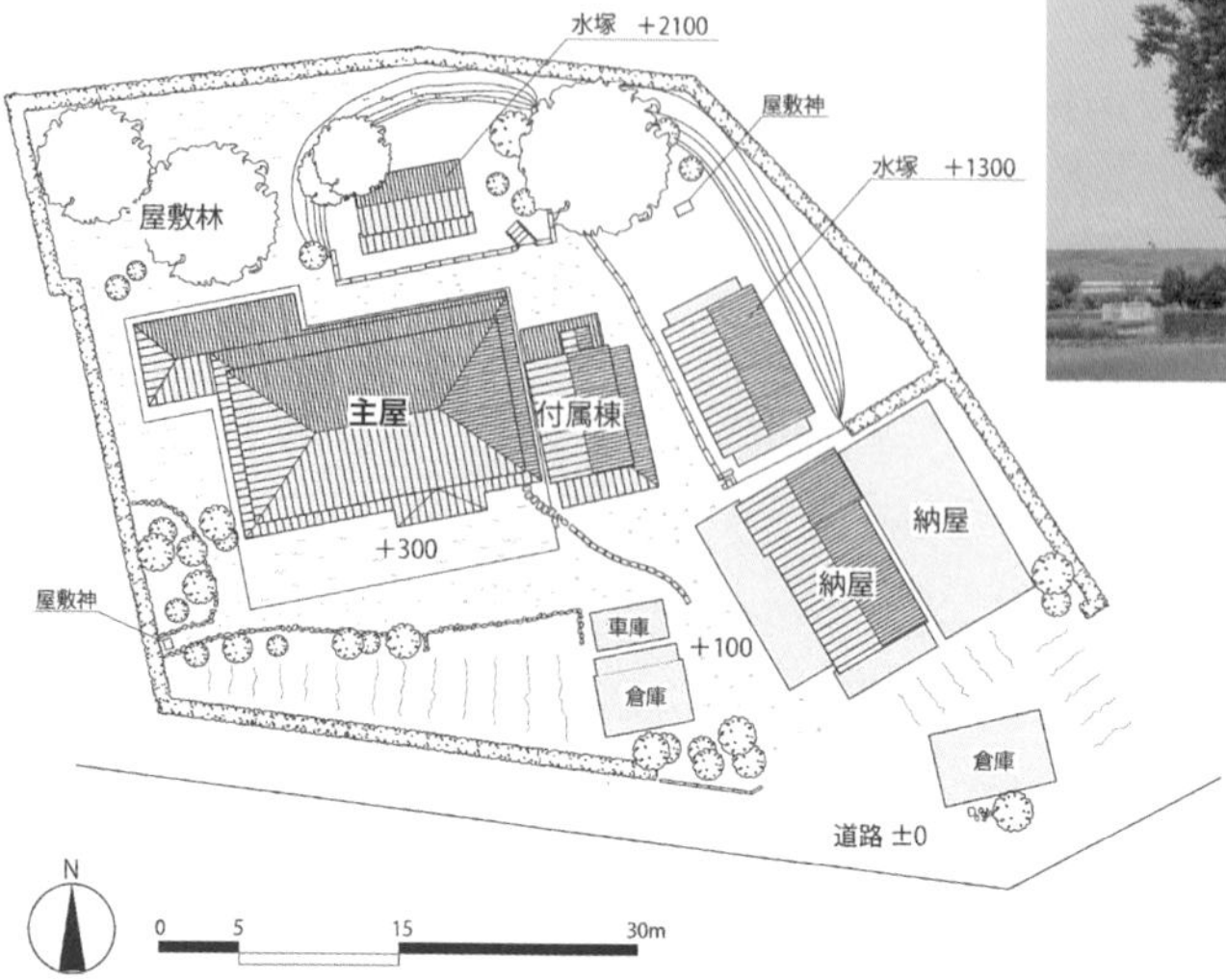

［上］図3 屋敷林（埼玉県志木市中宗岡地区：荒川）
屋敷の北西側で水屋・水塚を取り巻くように植えられている。洪水時に漂流物を食い止めたり、季節風を遮るために植えられてきた
［下］図4 構堀（埼玉県志木市中宗岡地区：荒川）
水塚を盛土するための土砂採取後にできた掘削溝でもあるが、洪水時には水勢を抑える効果もあるという。地域によってはここに冬季のタンパク源となる鮒や鯉を放流するという

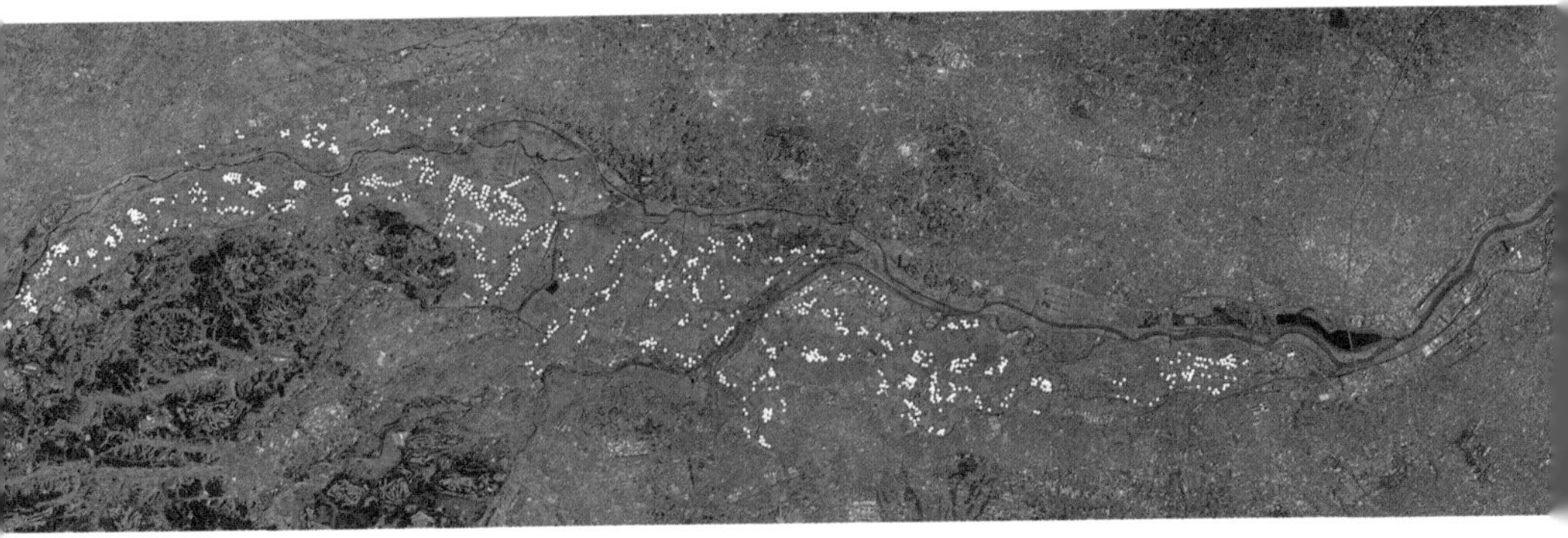

**図6** 水屋・水塚の分布（荒川流域）
東京都北区（右側）から埼玉県熊谷市（左側）までの延長 173 kmの荒川流域に分布する水屋・水塚。
724 棟の水屋・水塚は荒川の右岸側（東京都側）の低地部に集積していることがわかる

おおむね「水塚」と呼ばれた。

水屋・水塚を備えた屋敷が建ち並ぶ集落は自然堤防の微高地上に形成されている場合が多いが、屋敷内ではさらに高く盛土を築き上げて「水塚」を設け、その頂部に「水屋」が置かれた［図1・2］。

水屋・水塚は多くは屋敷の裏手に置かれ、水屋の背後には屋敷林が植えられ、洪水時に漂流物を遮り、冬季の風を遮る役割が課せられた。屋敷林の周囲には構堀《かまえぼり》と呼ばれる溝が掘られ、洪水の勢いを抑える役割を果たした［図4・5］。

水屋の主な基本機能は、味噌、醤油などの日常的な食料保管場所をなすとともに、非常用の米、麦、大豆など穀物の保管場所としても使われた。ちなみに、ここに蓄えられる米や麦、大豆の俵には積み方がある。大麦は二週間程度の浸水では陰干しすれば食せるが、米は水を被ると臭いがつき食すことができず、大豆は発芽してしまう。そのため、万一水屋が浸水した時に備え、穀物の積み方は大麦を最下にして大豆、米の順に積まれた。

水屋は、洪水時の避難生活のための場として利用されるとともに、避難時に主屋の建具や家財道具などを運び込む保管場所としても利用された。

水屋の規模形態は、妻側に入り口を備え、間口二間、奥行き二間程度のものが多いが、平入で入り口を備えているものも見られる。水屋は、多くが土蔵造りであるが、木造や石造なども見られ、屋根裏部屋をもつものもあり、地域や所有者により多様な材料や使われ方が見られる。また、水屋・水塚は、板倉（北上川（岩手県））、上り屋（熊野川（和歌山県））と呼称されものは木造で、水倉（信濃川（新潟県））、倉屋（多摩川（東京都））、川座敷（由良川（京都府））、土蔵式水屋（長良川（岐阜県））、段蔵（淀川（大阪府））と呼称されるものは土蔵造りが多く、地域により呼称や設置場所、つくり方に特徴が見られる。

## 2 荒川流域に見る水屋・水塚とその特徴

荒川水系の流域では室町時代後期から今日に至るまで水害が頻発しているが、この

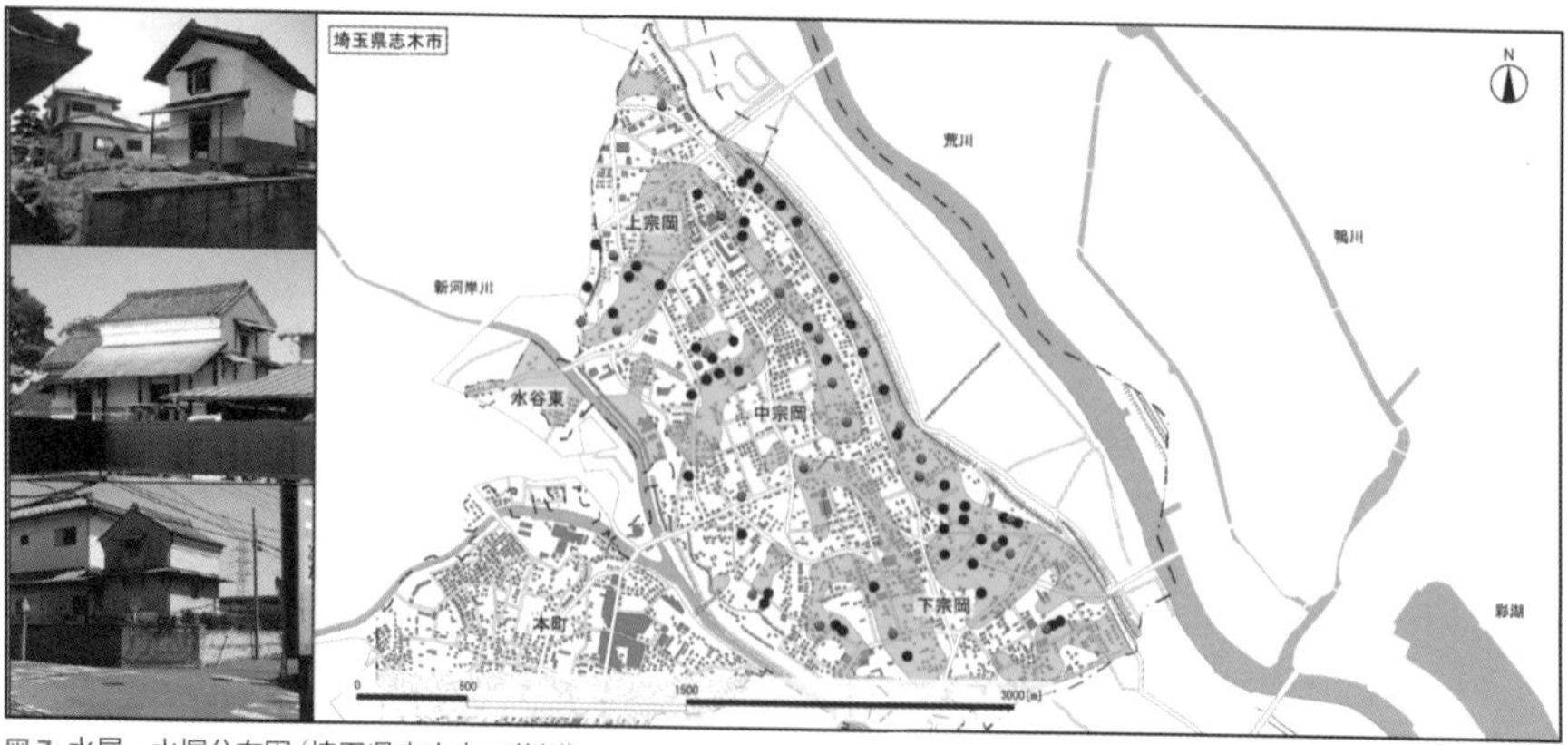

図7　水屋・水塚分布図（埼玉県志木市：荒川）

被害をなくすための大規模な治水事業が寛延六（一六二九）年に、徳川家康の命により伊奈忠治が「利根川の東遷、荒川の西遷」と呼ばれる荒川の瀬替えを行った。この事業により埼玉県東部の新田開発や舟運輸送が活発になり江戸は発展したが、一方で上・中流域にあたる和田吉野川・市野川（現・吉見町・川島町付近）周辺部では河川流量が増加し、水害が頻発するようになり囲堤の増強や築造が行われた。この時、左岸には熊谷堤（現・熊谷市からさいたま市）と指扇領水除大囲堤（さいたま市）が築堤され、右岸には吉見領大囲堤（現・吉見町）と川島領大囲堤（現・川島町）、惣囲堤（現・志木市）が築堤された。ただ、連続堤は築堤されずに漏斗状の霞堤（第4章第1節一二一頁参照）とすることで周辺地域を氾濫原とした。その後、下流域においても両岸に日本堤（江東区隅田川）と隅田堤（墨田区隅田川）を漏斗状に築堤し氾濫原とした。そのため、付近に立地していた集落では地区全体を大囲堤で囲み、各民家では各々敷地を嵩上げして水屋・水塚を備えることで浸水被害に対応した。

こうしてつくられてきた荒川の水屋・水塚に関する調査は、昭和六一（一九八六）年の「荒川総合調査」などが行われてきたが、全数把握はなされてこなかった。そのため、平成二四（二〇一二）年に荒川流域全域（一級河川指定の流路延長一七三キロメートル、流域面積二九四〇キロ平方メートル）を対象として東京都北区から埼玉県熊谷市に至る範囲を改めて悉皆踏査した。その結果、上流域から下流域に至る一三市区町村で計七二四棟の水屋・水塚の所在と分布を確認することができた［図6］。

この水屋・水塚の分布を荒川流域の水害地形分類図に重ね合わせることで、流域内低地部に残された旧河川の自然堤防を列状に確認することができ、そこに多くの水屋・水塚を備えた屋敷が立地していることを捉えた［図7・8］。

水屋・水塚のある屋敷内の構成は、他の農村地域の屋敷と同様で、主屋、付属屋、蔵から構成されており、屋敷の嵩上げはおおむね一・〇メートル程盛土されていた。蔵は水屋の設えであり、水塚の盛土は屋敷の敷地面よりもさらに一・三メートル程盛

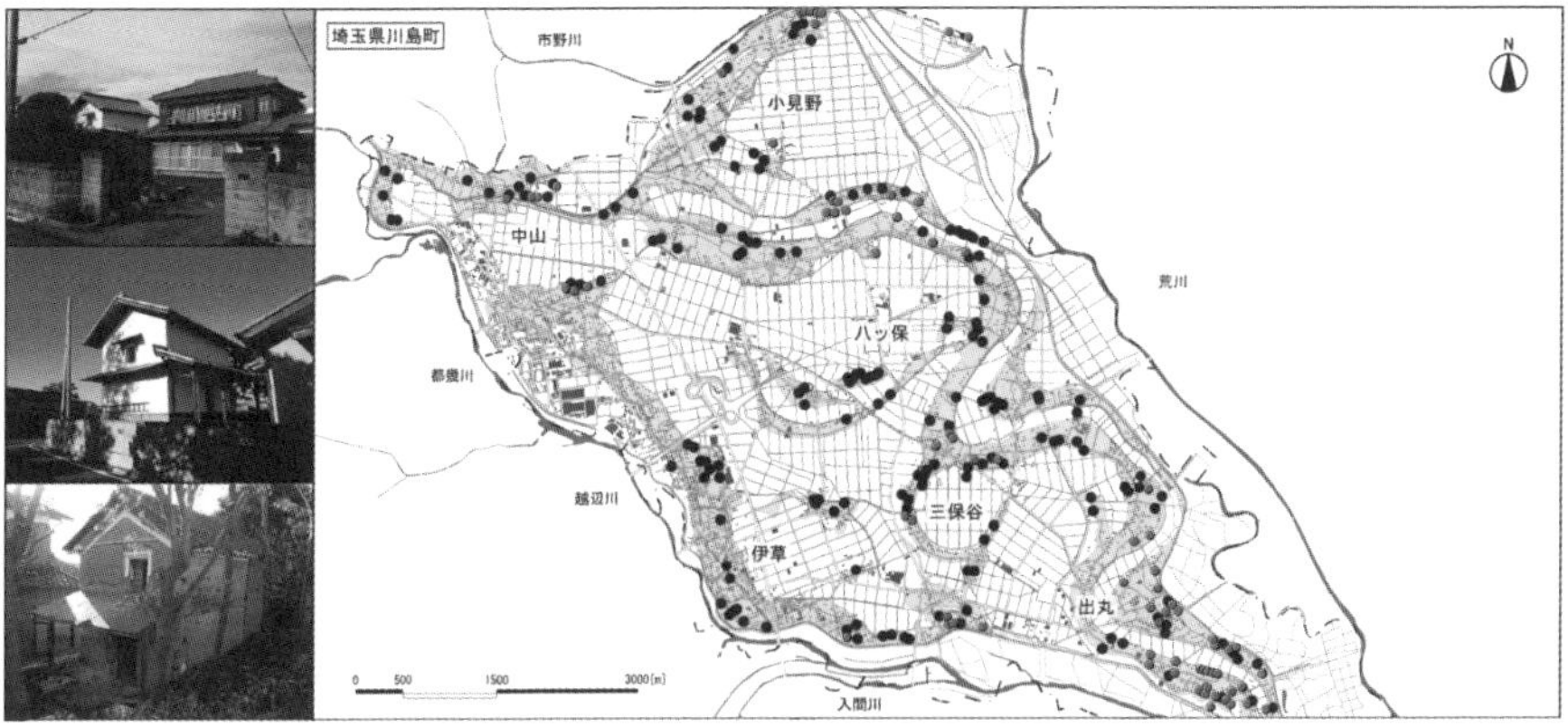


図8 水屋・水塚分布図(埼玉県川島町:荒川)

土されていた。埼玉県川島町と志木市の一部の屋敷では屋敷神や構掘が見られた。二つの地域内に見る屋敷の配置構成は、主屋を南向きに構え、南西に庭や畑、南東に納屋など付属屋が配され、農家のコの字型やL字型の配置構成を見せ、鬼門の方角にあたる北東または南西に屋敷神が祀られていた。屋敷林は北西に配されその内側に水屋・水塚が置かれ、関東特有の季節風「からっ風」を防ぎつつ、破堤を伴う外水氾濫時の水勢緩和に対しても機能するように配されていた。

川島町と志木市には現在も囲堤が残され集落を囲うように配されている。しかし、囲堤は絶対的な治水能力を保持した堤ではなく、河川が冠水する度に氾濫による破堤を繰り返していたため、住民は堤防に依存することなく自助的備えとして水屋・水塚を築造したが、湛水被害も被るため、屋敷の嵩上げや水塚の盛土の増し積みなども行われてきた。

## 3 「水害は生活の一部」とする生活習慣

水害常襲地帯には、流域に住むことにより生じる負担から芽生えた「災害文化」が古くからかたちづくられてきており、住民が過去の経験に基づき、さまざまな創意工夫を施すことで水害に対処してきた。そこに見る暮らし方は、「水害は起きるもの」として捉える習慣が根づいており「生活の一部」として認識することで、それが河川の伝統的技術としての輪中堤、水屋・水塚などにつながっていった。そして今日、河川伝統技術は、その効果が再認識されることで一部の地域では輪中堤の復活もなされてきたが、水屋・水塚などの水防建築については基本的に個人所有のものであるため、次第にその姿を消し地域の景観消失も引き起こしてきている。

図1 南家（古座川町高瀬）の盛り土がされた宅地。写真中央が南家の納屋

]図3 南家の水揚げ小屋（右手奥）。手前
長い斜路は、この写真を撮影した後、次の
害に備えてコンクリートで改修された



# 第3節 和歌山県古座川の水揚げ小屋と石積み集落

## 1 紀伊半島大水害

平成二三（二〇一一）年九月三日午後一〇時。道路はすでに冠水していたが、道が浸かることは例年のことである。古座川町高瀬（和歌山県）に住む南家の一家は、職場の水防対応に負われる父親を除く六人が自宅で水位の変化を見守っていた。子供四人と母親と祖母である。テレビやタンスの引き出しなどは、早々に自宅（主屋）横の納屋二階へと荷揚げをすませている。祖母の千惠さん（当時七九歳）は炊き出しを終えていた。台風到来前の炊き出しは祖母の習慣である。

南家の宅地は、ご近所もそうであるように盛り土がされている。道路面から測ると高さ一・九メートルにもなる［図1］。しかし、

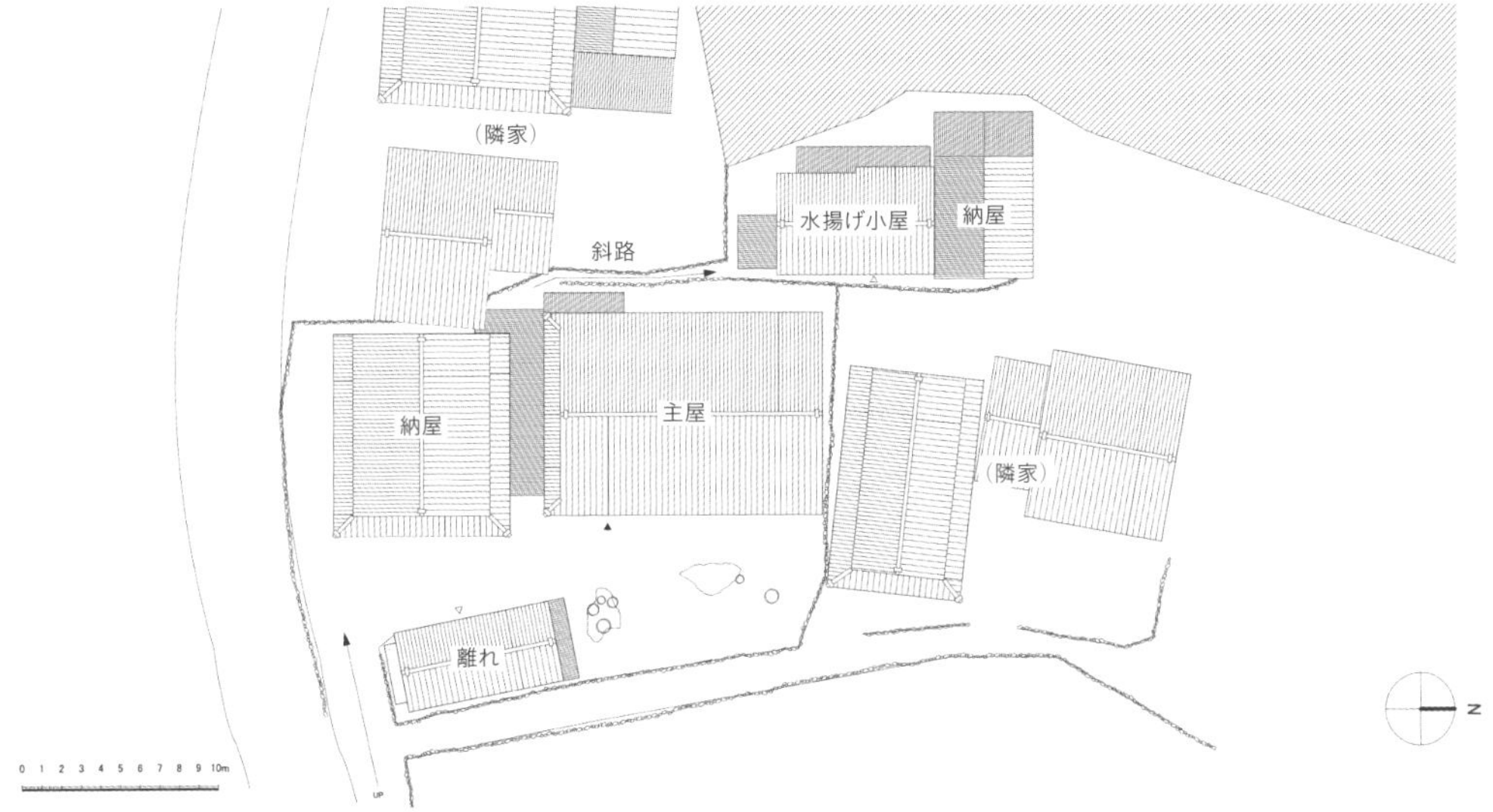


図2 南家（古座川町高瀬）家屋配置図。2棟の水揚げ小屋が主屋背後の石垣の上に立ち、長い斜路で上る（図内の矢印）。斜路は西隣の擁壁沿いに延びている（図版作図：織田苑子［図5とも］）

バケツをひっくり返したような雨は止む気配がない。やがて南家の敷地へ上る坂の半ばまで水が来たことで、六人は主屋から納屋の二階へと移る。

水嵩はその後も増え続け、納屋の一階が水没する。水が階段の二段を残す所まで上がって来た時、「水揚げ小屋」への避難を決意する。水害が頻発する古座川流域の家々が伝統的に備える避難小屋である。

南家の水揚げ小屋は二棟。主屋背後の山際に、敷地からさらに三・三メートルも高く組んだ石垣の上に建ち、長い斜路で上る。しかし、水位は大人の背も立たないぐらいであったから、地上に降りることはできない。

豪雨の中、六人は二階の窓を跨いで納屋の庇の上に出る。納屋から主屋の庇に渡された雨避けの波板を伝い、平屋である主屋の大屋根に乗り移る。ここから先が問題である。どうやって水揚げ小屋まで行くか。小屋に続く斜路は主屋西側の軒下にあるが［図2］、半分は水没している。

斜路は西隣の擁壁沿いに延びている［図3］。

擁壁上の隣の庭先まで、六人が乗る屋根庇からは一・七メートル程の距離である。隣の敷地は地区で最も高く盛られていたために、大屋根の軒先よりも少し低く、板か梯子を架ければ渡れる。しかし、隣家は長らく空き家で梯子を頼むことができない。

母親の篤子さんはこの家で生まれ育った。千恵さんの娘である。子供の頃、屋根からよく飛び移って遊んだ記憶を頼りに、豪雨と暗闇と冠水状態の中、隣地へ飛び、水揚げ小屋に駆け登り、備えの梯子を外して大屋根に掛ける。祖母をはじめ屋根に残る五人は這うように梯子を渡り、水揚げ小屋へと無事辿り着く。

納屋の軒下には、今もマーカーで水位が印されている。宅地の地盤面から一・七メートルに達していた。道からすれば三・六メートルの高さである。高瀬地区には、「平成二十三年九月四日　台風十二号洪水時最高水位」を示す標識が立ち、先端に三・九三メートルの公式記録を刻んでいる。古座川流域における同台風の最高水位は八・八六メートル（月野瀬地区）（『二〇一一年紀伊半島大水害―国土交通省近畿地方整備局災害対応の記録』二〇一二年）。古座川における歴史上最大級の水害となった。

## 2　水揚げ小屋

南家の水揚げ小屋に電気が灯る。午前〇時を過ぎていたかどうか、定かでない。程なくして小屋に三人の来客があった。一軒隣の家族である。一家は、背後に迫る急傾斜地整備の影響で水揚げ小屋を失っていた。老婦を含む三人は山へと逃れる。豪雨の中ビニールシートを被り夜明けを待っていたところ、南家の小屋の灯りに気付き、避難場所を求めて来たのである。高瀬地区は山裾に家が並ぶが、裏の山際では相互に繋がっている。

南家の水揚げ小屋にはすでに六人。そこへ三人が加わることで、座る場所にも窮する程の満員状態となるが、幸い水は予想以上に早く退き始め、明け方には小屋を出ることができた。そこから一家あげての大変な復旧作業が始まるが、本書では割愛せざるを得ない。

図4 古座川町一雨地区の藤田佐太司家の石垣。大正時代に築かれ、地区で最も高い

南家の水揚げ小屋の二棟は、手前が避難小屋、奥が納屋である。納屋は一部が米蔵であり、またかつては夏の間、主屋の畳や襖の保管場所となっていた。避難小屋の斜路寄りに差し掛けた下屋は牛の避難小屋である（現在は漬物部屋）。

家族と家畜と食料、家財道具を水害から守る複合的な避難施設である水揚げ小屋は、減災の要として重要な役割を担ってきた。平成の紀伊半島大水害においても、その機能が本来のかたちで稼働したのである。

## 3 石積み集落と水揚げ小屋

古座川に沿う狭い平地に点在する集落は、水害に備える石積みの景観を共有している。石材は「宇津木石」と呼ばれる地元で産出されるもので、一四〇〇万年前に活動したという熊野カルデラの縁にあたる火成岩脈で生成された火砕岩の一種である。この地域一帯の自然景観は「南紀熊野ジオパーク」の一画をなし、古座川沿いにも「宇津木石採石場跡」を始め、火砕岩（流紋岩質火砕岩）が形成するジオサイトが点在する。

図5 古座川町一雨地区の家屋配置図。三軒の家には、それぞれ山側に水揚げ小屋を持つ

図6 一雨地区の集落景観(藤田瑳一家の石垣)。宇津木石の宅地正面を飾る切石積みは積み増しされているように見える

7 藤田瑳一家の水揚げ小屋。野面積みの石積みは古く、水揚げ屋の成立が近世にまで遡る可能性を感じさせる

古座川町一雨《いちぶり》地区は、宇津木石の石垣を多く残す地区である。藤田佐太司家の石垣は、とりわけ高く立派である［図4］。藤田家の宅地は、嵩上げされた道からさらに石垣を二段に積み上げて造成されている。昭和初期にはすでにできていたといい、大正期に遡るものであろう。石垣は、宅地の地盤面で終わらずに、石塀としてさらに九〇センチメートルほど積み増しされていて、石積みの屋敷構えをいっそう豪壮にみせている。

一雨地区で山際に四軒が一群をなし、それぞれが石垣を積み敷地を嵩上げている一画がある［図5］。いくつかの積み方が混用されているが、とりわけ宅地正面を飾る切石積みは継ぎ目に隙間がなく、石積み職人の高度な技量が遺憾なく発揮されている［図6］。

地区の藤田瑳一家の主屋は昭和四(一九二九)年築で、地区の中では最も古い。藤田家の宅地も川側を宇津木石の石積みで囲み、古座川から約六・四メートルの高さにまで嵩

図8 小谷家に保管されている「水揚げ台(床台)」。かつては、間、畳などを載せて水害に備えていた
図9 小谷家の「水揚げ棒」。鴨居の間に渡し、襖やタンスの引しなどを載せる

［上］図10　藤田和代家の石垣で築かれた屋敷構え。主屋（左）の脇に納屋を並置する。古座川沿いの伝統的民家の典型的な家屋配置を示している
［下］図11　藤田家の二階建ての水揚げ小屋。一雨地区で最も高い地区に建つ

上げしている（図6参照）。それでも紀伊半島大水害では床上七〇センチメートルほど浸かり、室内にはその痕跡が今も残る。

主屋の右脇（東側）には納屋が棟筋を違えて立つ。主屋と納屋の間の通路を山側に抜けると、さらに三・三メートルも積み上げた石垣の上に建つ水揚げ小屋がある［図7］。

藤田氏の話では、小屋を載せる野面積みの石積みは、藤田家が当地に来た宝暦四（一七五四）年まで遡るとのこと。真偽の程はわからないものの、確かにかなり古い石組である。水揚げ小屋を備えた屋敷構えが近世にまで遡る可能性を十分に感じさせる。

東隣の小谷家の宅地はこの四軒の中では低く、その地盤面は古座川から約五メートルである。平成二三（二〇一一）年の水害では室内に残る痕跡から床上一二〇センチメートルに達していたことがわかる。

小谷家の納屋には、「水揚げ台（床台）」と「水揚げ棒」が保管されている［図8・9］。実際に、先般の大水害の折もこれらは活躍した。そもそも毎年六月中頃になると部屋の畳は全てあげてしまい、板床に床台を二台並べて板や半割の竹を渡しその上に載せておく。水揚げ棒は鴨居の間に渡すもので、長さが調整されていて、端部は鴨居に載せやすいように欠き込みがある。一本渡して、襖や障子、タンスの引き出しなど比較的軽いものを載せておく。板床に茣蓙《ござ》を敷き、建具を外した室内には仕切りがない。洪水

図12　一雨地区背後の山側から集落を望む。三軒の水揚げ小屋が望める。小屋はそれぞれ高さが異なるが、相互に行き来ができる

を念頭においた夏の暮らしは近年の治水事業の進展により過去のものになりつつあるが、水害に備える心がまえは今も生き続けている。

なお小谷家の裏にも水揚げ小屋（水小屋）があり、避難小屋と納屋の二棟である。紀伊半島大水害では一晩水揚げ小屋で過ごしたという。納屋は、当主の手製によるもので、水に浸かっては困る農機具、棚の上段には米が収納されている。

小谷家の東に立つ藤田和代家［図10］は、川から約一〇メートルの位置に二階建ての水揚げ小屋を建てている［図11］。建てたのは、棟札から昭和二二（一九四七）年だとわかる。階下は納屋、その上に積み上げた部屋は、外から石段で上る。二階は六畳間と広く、床の間を備え二方向に縁がまわる。小屋とは言い難く、立派な離れ座敷としてつくられている。

この三軒の水揚げ小屋は三者三様で高さも違うが、いずれも納屋と避難所を兼ねている。しかも、山際では自由に行き来ができ、水揚げ小屋への避難は敷地内に限らず、相互利用が想定されている［図12］。

宅地の嵩上げと水揚げ小屋の保持は自助努力であるが、水揚げ小屋のネットワークには地域ぐるみで助け合う共助の思想が読み取れる。紀伊半島大水害の夜、南家の小屋を隣人が訪ね、それを受け入れたエピソードはその証左である。

# 第4節 富士山の山小屋——板屋と石室

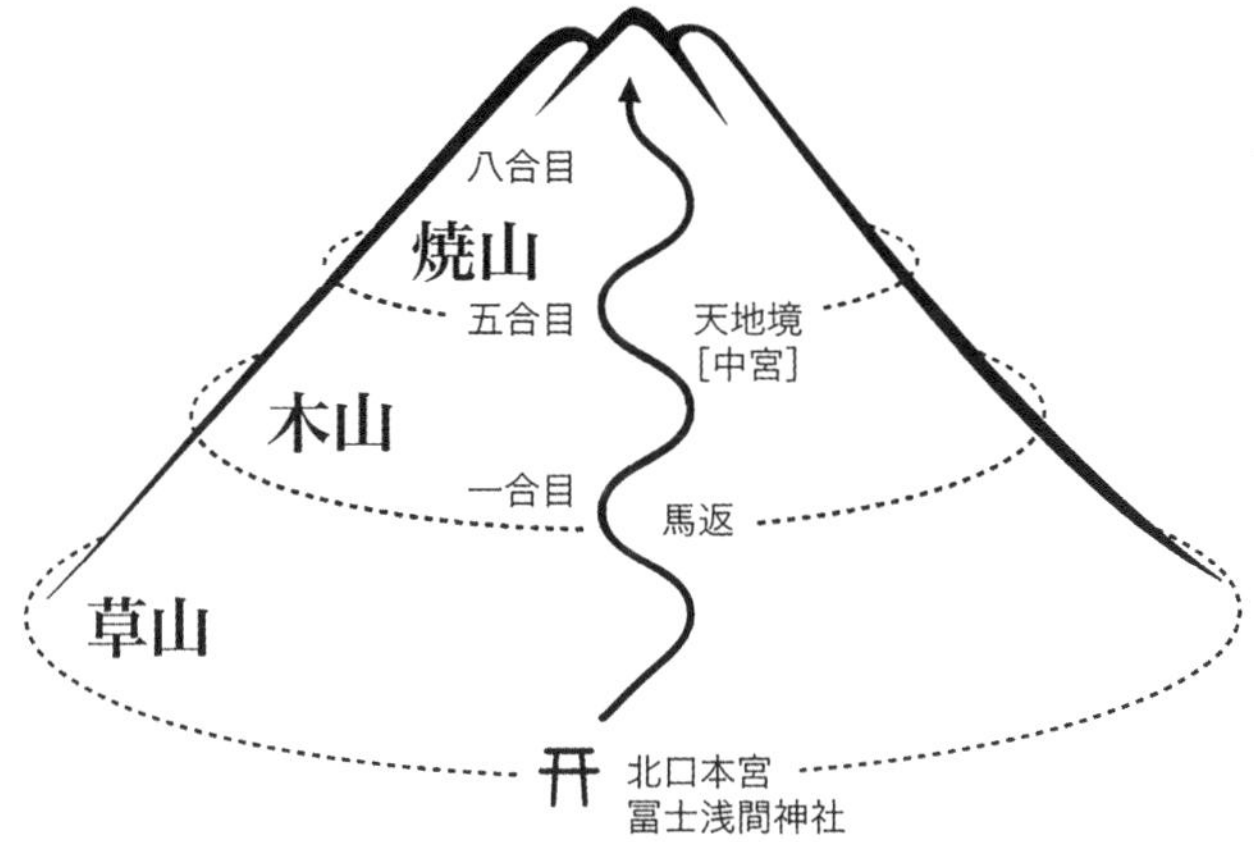


図1　富士吉田市歴史民俗博物館編『富士を登る』富士吉田市教育委員会、二〇〇六年、「富士山概念図」を筆者が改変（図版所蔵元：ふじさんミュージアム）

## 1　旅の途上のお助け小屋

近世になると社会が安定し、道が整備されて庶民は旅に出るようになる。とはいえ、盛んとなった参詣の旅もせいぜい生涯に数度。なかでも、高山への登拝はリスクが高く、無事に村へ戻った後、途上の見聞が幾度反芻されたことか、想像に難くない。こうした大衆登拝を支えたのが現在で言うところの山小屋で、「お助け小屋」とも呼ばれた。悪天候や疲労から登拝者の生命を守るため登山道上に設けられ、国境をまたぐ移動や女人の管理も担った。現在も山小屋の本質的な役割は「お助け小屋」にある。登山道を整備し、負傷者を救護し、暖かい食事や寝床を提供してくれる人々と小屋があって、初めて高所登山が可能になるのだ。

山小屋は登拝の起点となる村落によって営まれた。稲作に不向きな山麓・山峡の村民にとって生きるために欠かせない、生業のための小屋でもあった。

## 2　富士山の山小屋

日本で最も高い山は言わずと知れた富士山（標高三七七六メートル）である。第二位の北岳（標高三一九三メートル）と比べると頭一つ抜けていることがわかる。麓の浅間神社から延びる四本の登山道は部分的に付け替えられたものの中世にまで遡ることができ、大宮・村山口、須山口、須走口（駿河）、吉田口（甲斐）と呼ばれた。殊に吉田口は近世、江戸から甲州道中を通じて数多の講社が麓の村落に集い、頂上をめざした。

富士山には、麓から頂上に向かって「草

山・木山・焼山」と呼ばれる領域の概念がある［図1］。標高による植生や景観に基づくものだが信仰上の結界でもあり、森林限界となる木山と焼山の境界は「天地境」と呼ばれ、頂上は最も神聖とされた。

　山小屋は、遅くとも中世末には派生しており、登山口や時期によってやや異なるが、近世にはいずれの登山道でもおおむね、天地境より下には「板屋」が、上には「石室」が設けられた。吉田口では、板屋は休息所（茶屋）、石室は泊り屋と大別され、山内の領域と小屋の建て方・機能とが対応して認識された。また、人工の建築物とは別に、自然の窟が仮眠に利用された［図2］。修験者が行場とした窟とともに、山小屋の原初形態はここにあると言えるだろう。

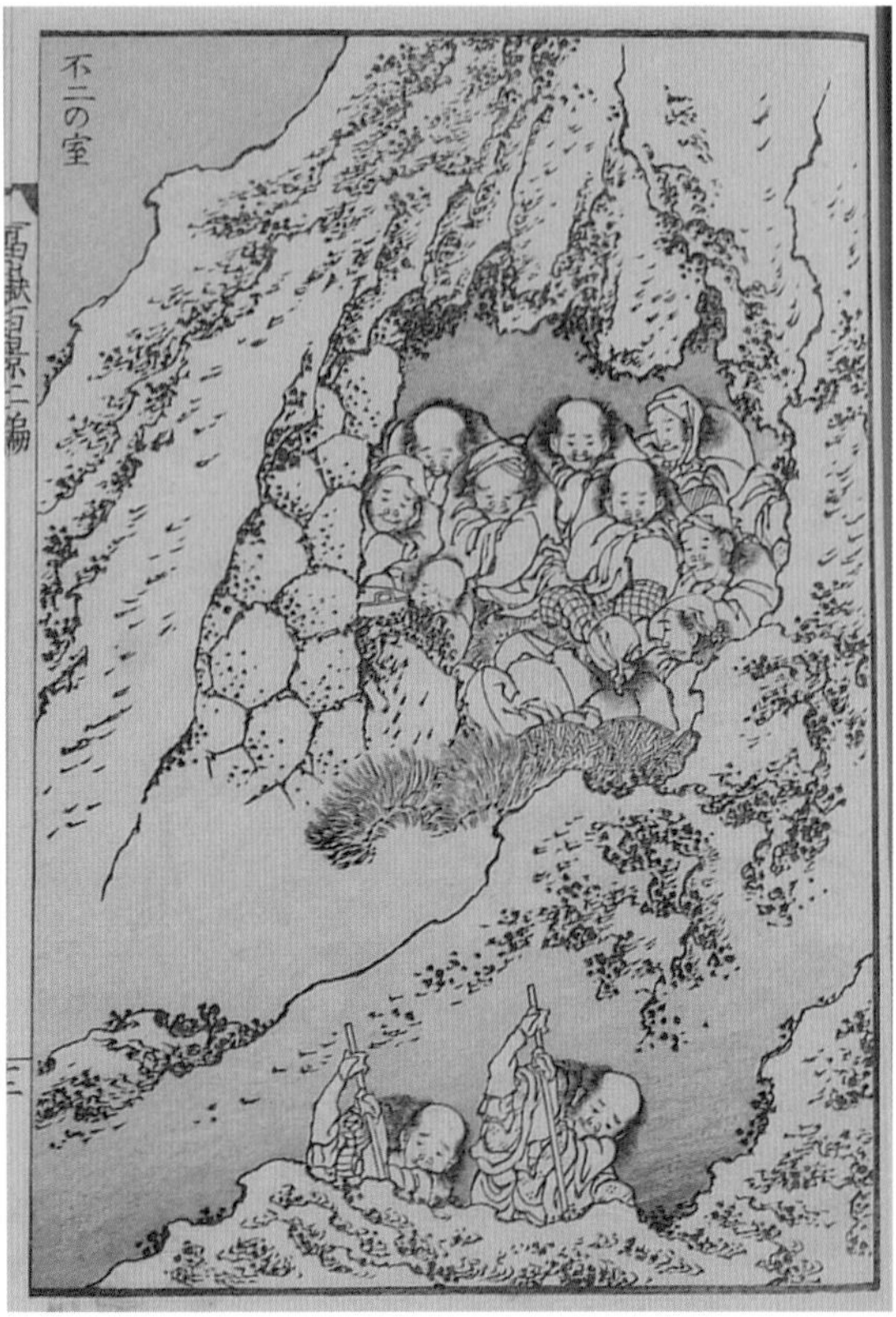

図2 葛飾北斎『富嶽百景』「不二の室」天保5～6（1834～35）年
（所蔵：山梨県立博物館）

## 3 草山・木山の板屋と焼山の石室

江戸を中心に人々を惹きつけた富士登拝は多くの日記や絵図に記録された。吉田口を例に、その様子をみてみよう。

　麓の御師が営む宿坊で一泊した翌朝、浅間神社をお参りしてその奥から登山道に入り、徐々に標高を上げてゆく。草山・木山の途上に点在する祠堂や磐座などの信仰対象に板屋が付属している。道に沿って山側に配され、道に面する平側を開け放し、マネキ（講社名を記した旗）を吊り下げる。谷側には腰掛けを並べ、いかにも茶屋の風情で登拝者を誘う［図3］。

図3 上吉田村の御師による絵図は、当時の様子を忠実に描いていると思われる。小澤隼人源寛信『富士山明細図』「四合目開運大黒天」天保末〜弘化（1840〜45）（所蔵：本庄雅直家）

図4 吉田口6合目から見上げた風景。富士山は玄武岩質で、鉄やマグネシウム分を多く含むため赤黒い山体となる

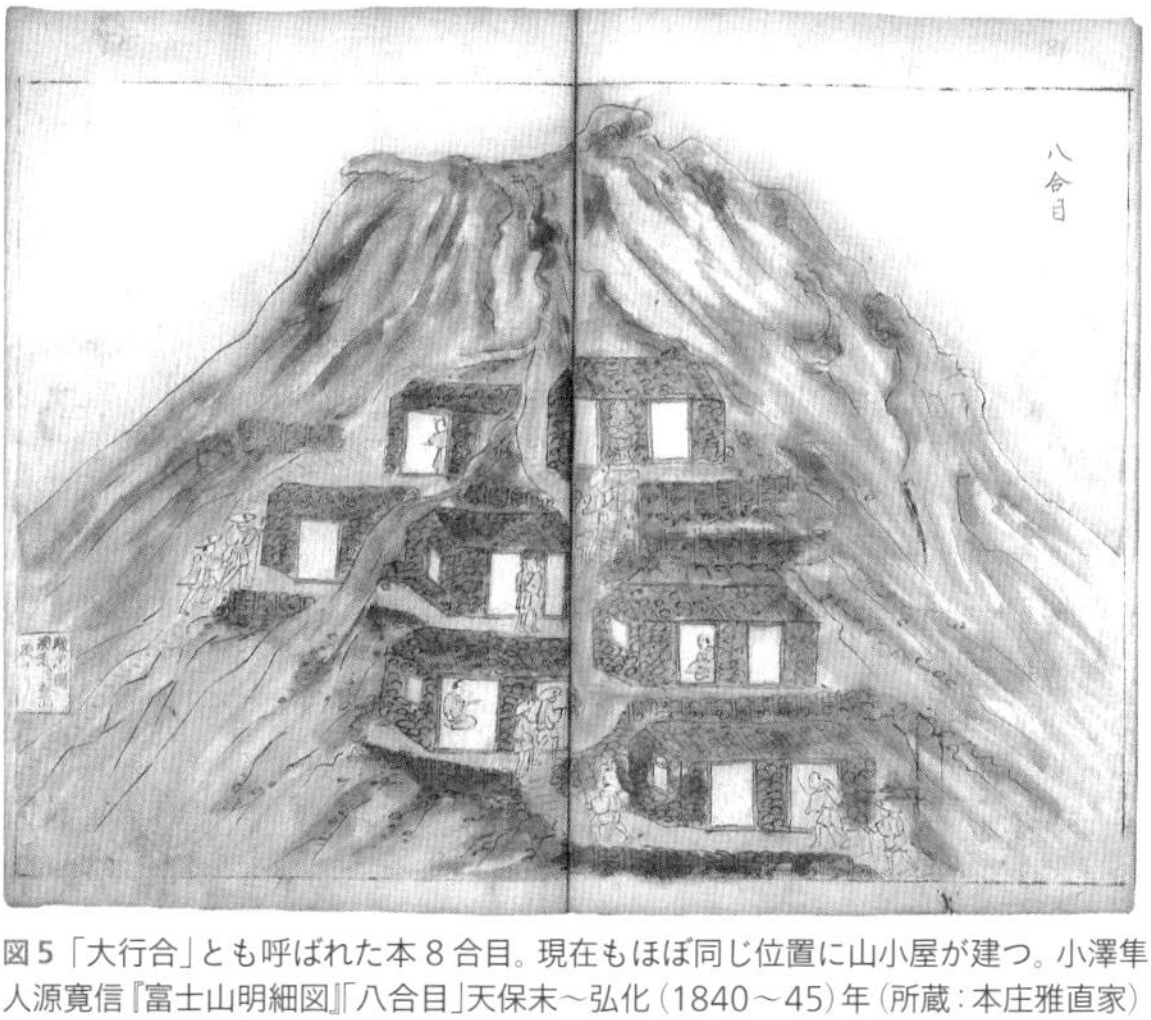


図5「大行合」とも呼ばれた本8合目。現在もほぼ同じ位置に山小屋が建つ。小澤隼人源寛信『富士山明細図』「八合目」天保末〜弘化（1840〜45）年（所蔵：本庄雅直家）

小屋は梁行（奥行）二〜三間、桁行（間口）四間ほど、礎石の上に土台を並べ、その上に柱を立てる土台建ての木造軸組構造で、和小屋組の切妻屋根を載せる。柱に貫を通して板を張り、屋根も板葺にして石を置く「板屋」である。道に面した通り土間の奥に、神仏を祀る板間（御神前）と水場・釜場の土間が横に並ぶ。近世末、草山・木山には一二軒の茶屋があり、登拝者は祠堂や御神前をお参りしつつ、一服して息を整えた。

天地境に至って、風景は一変する。これまでは樹林帯を歩いてきたが、徐々に視界が開けて砂風が吹き付ける。ここから上は、赤褐色の溶岩や溶結した火砕物で覆われた裸地となる［図4］。まさに焼山である。ここにも祠堂や磐座《いわくら》などに付属するいわば堂守りの小屋があったが、近世末には一七軒にも及んでおり、漸増する登拝者を受け入

図6・7　須山口から登山し須走口へ下山した様子を描く。茶屋は茅葺きの入母屋造である。作者不詳『五山駅程見聞雑記』天保9（1838）年（所蔵：国立国会図書館）

れるために僅かな平地を見つけて増設されたとみられる。小屋は山側に張り付くように配され、谷側は登山道から先が切れ落ちている。三方の壁と屋根にはぎっしりと石を積み、出入り口を一、二か所のみ設ける閉鎖的な様相である［図5］。草山・木山に見られた板屋を基盤としつつ、風雨を避けることのできない厳しい山岳環境に対して、手近な噴石や溶岩を用いて防御を固めたもので「石室」と呼ばれた。近世末までに登山道に沿って間口を拡大し、大きいものは八間にもなった。登拝者の多くは七、八合目で一泊し、付近で御来光を拝んでから頂上へ向かった。難所となる八合目以上の夜間登山を避けて、無事に頂上へ至ったのである。頂上には、甲斐側の薬師ヶ岳と駿河側の大日岳に堂が置かれる。近世末、薬師堂の脇には一〇軒前後、大日堂の脇には三軒の石室があった。しかし、頂上は最も神聖な領域であったし、夜の寒さは耐え難いため、休憩のみを営んだようである。また、頂上は吹きさらしとなるため、その環境に適応して石室はスクラムを組むように軒を

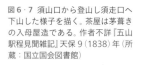

図8　明治四〇年、吉田口本八合目の石室を郵便局に転用。図5・7と大異ない（所蔵：ふじさんミュージアム）

連ねた妻入であった。石室では名物の甘酒で一服し、「お鉢巡り」の後に下山道を駆け下りて夕刻に麓の宿坊へ戻った。

図9　吉田口八合目、昭和三二年（当時は吉田口七合五勺目とされていた）。改修して腰窓を設置（所蔵：静岡県富士山世界遺産センター）

## 4　富士山の神聖性と石室

ところで、登山道沿いの山内施設を治めたのは、吉田口では苗字帯刀を許された御師ら、大宮・村山口では村山三坊、また、須山口と須走口では百姓兼帯の御師であった。彼らの麓の村落に目を向けると、前者が営む宿坊は板葺の切妻屋根をもち、後者は茅葺きの入母屋屋根で農村的村落を形成した。こうした屋根形式は里山とも言える草山・木山の茶屋にも連続してみられ、茶屋は人家にも似ると形容された［図6］。しかし、焼山の石室は四登山道で一様であった［図5・7］。厳しい環境となる焼山においては、麓の家屋に倣うのではなく、石室という特殊な建築形式が共通して採られたのだ。

森林限界を超えると、荒涼とした焼山の風景に埋もれるようにして石室が次々と現れる。焼山の非日常性は、石室群の存在によってより強調されたに違いない。これは苛烈な山岳環境に対する防御であるとともに、最も神聖な領域における人工物の隠蔽

図10　吉田口７合目、昭和16年、新築して板壁へ変更（個人蔵）

吉田口7合目日の出館（昭和27年建て替え）

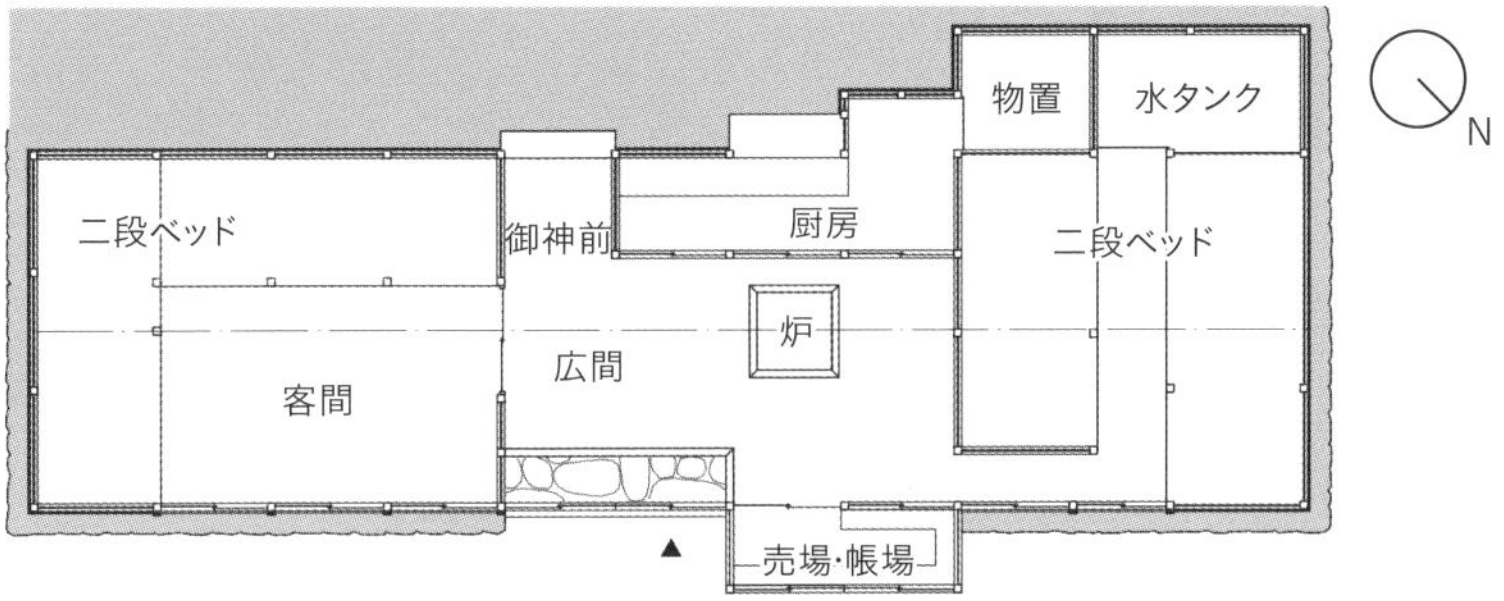


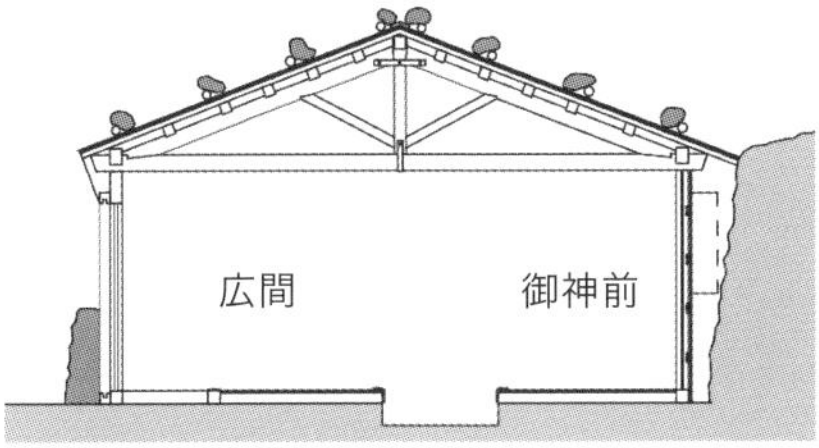


図12 日の出館の平面図・断面図
中央（広間）と左（客間）を昭和27年に建て替え、右（二段ベッド）を同33年に増築、客間の左端の間口1間分は昭和55年に増築

でもあったのではないか。「富士室」とも呼ばれた石室は、板屋に比べ登拝記でも格段に多く記述された。石室は、記憶に残る富士登拝のシンボルでもあったのだ［図8］。

また、かつて五～六合目にあった山小屋は仮設式だったという。山開きとともに組み立て、山仕舞いにばらして材をその場に保管した。二か月の開山期以外は神聖な山体に人の手の痕跡を残さないことが求められたのではなかったか。簡素なつくりの小屋には富士山の神聖性が表徴されたのである。

## 5 石室の名残を伝える山小屋

参詣の遊楽化によって大衆登拝が隆盛し、山小屋は発展した。明治以降も麓への鉄道開通、国立公園の創設、戦勝祈願などによって登山と山小屋の拡大は続く。さらに、山内へのモータリゼーション導入はこれを激変させる。富士山では、昭和三九（一九六四）年の富士スバルライン（山梨）開通を機に四登山道の五合目まで自動車でアクセスできるようになり、麓から歩く者はいなくなる。茶屋は廃業し、石室は建て替えや増改築を推し進めた。これ以前より、石室は腰窓を付加して採光・通風に努めていたが［図9］、以降には旧来の軒高を六尺より高くし、洋小屋を導入した。石室は総じて開放的となり、石積みを崩して木やトタンの板壁を現しにした［図10］。富士登拝の代名詞でもあった石室は、自らのアイデンティティを捨て新たな大衆登山の時代を迎えたのだ。

現在、富士山には四〇軒の山小屋が営業

**13** 頂上東京屋（現・扇屋）売店棟（昭和40年代初頭建て替え）

する。筆者の初めての富士登山ではあまりの山小屋の多さに閉口したのだが、これは近世以来の姿をそのまま伝えているに過ぎない。さらに石室は、建て替えや改修を重ねて旧来の姿を脱し、現代的な山小屋へと変化しつつある。往時の姿を伝えるものは僅かとなったが［図11〜13］、現在も腰壁にのみ石積みを残すものは多い。富士山では昭和四〇年代よりクローラーが資材運搬に用いられるようになったが、かつては山内で容易に入手できる丸太を背負い上げ、周辺の噴石を集めてつくられてきた。自然の脅威が常襲する環境にあり、生命を守る「お助け小屋」だからこそ、自らの手で容易に復旧できることもまた求められてきたのだ。

# 第5章

# 石を積む営み
## ——石と木のハイブリッドな世界

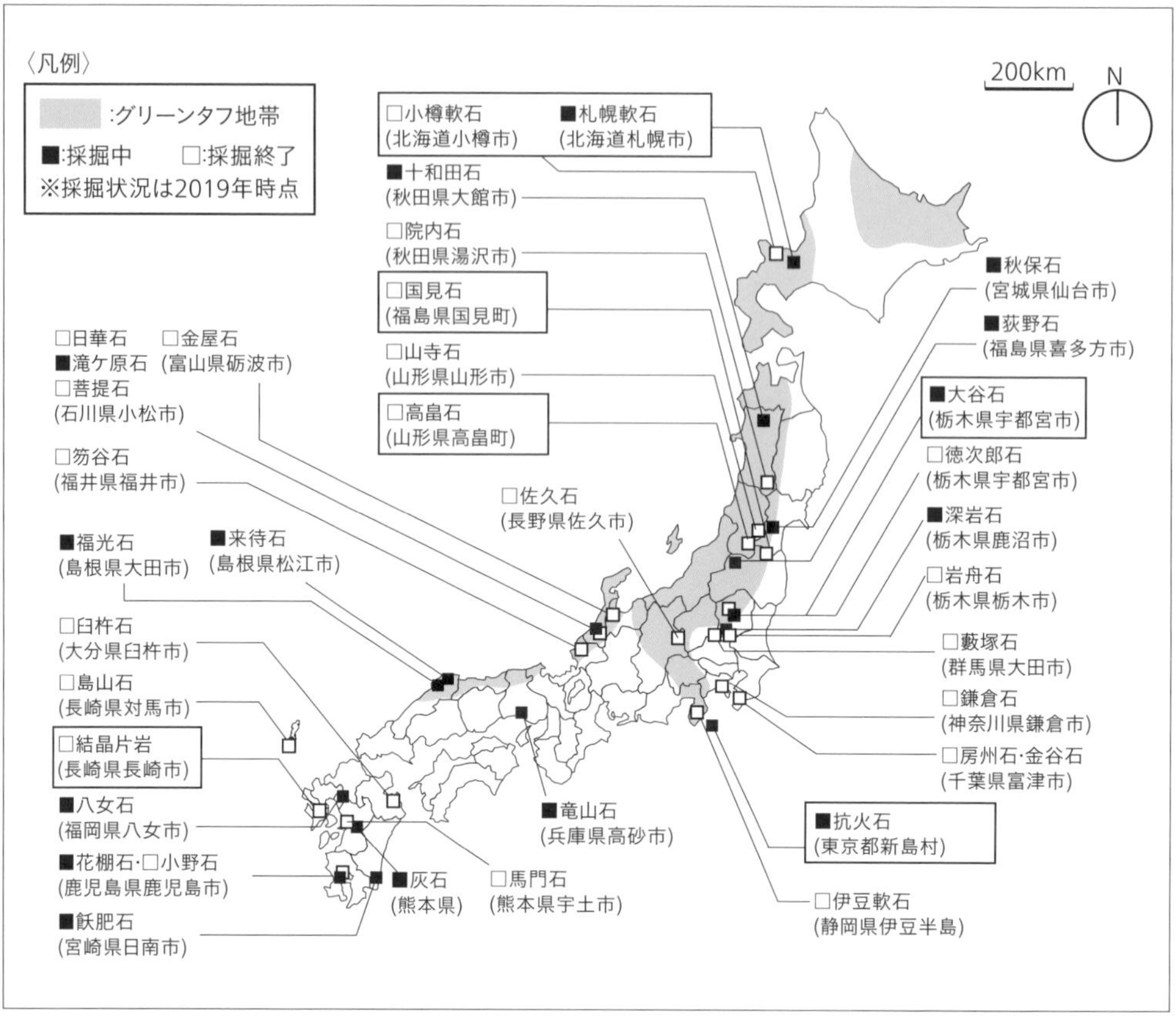


**図 1** 石のまち(代表的な軟石の産地)。四角で囲った石は本章に掲載



## 第1節 石積み建物からみえるもの

### 1 木の文化と石の文化

日本の建築は、木造を主体とする木の文化と思われがちであるが、各地で産出する石も建築に多く用いられている。本書のテーマである「もう一つの民家の系譜」を考える時、主屋では、大工による洗練された木造軸組の格式がみられるのに対して、小屋と付属屋は、簡素で、生業や産業などの暮らしの傍らにあるがゆえに、住い手や使い手が自ら容易にできる建設行為として、そこにある石を積むことで形成されたもうひとつの系譜をみることができる。

図2 各地の石の建築の壁面
[上段左から]大谷石（栃木県）石蔵／国見石（福島県） 旧小坂村産業組合石蔵／高畠石（山形県） 旧高畠鉄道高畠駅本屋
[下段左から]小樽軟石（北海道） 小樽倉庫／結晶片岩（長崎県） 大野教会堂／抗火石（東京都新島村） 主屋



## 2 日本各地の石のまち——軟らかい石

日本ではどのような石が産出し、建築に使われてきただろうか。素材の成り立ちを地層から捉えると、石は大きく三種類に分類される。まず、液体状のマグマが地中あるいは噴火で地上に出て冷え固まった「火成岩」、次に、地盤の変動やプレートの移動の圧力によってできた「変成岩」、さらに、火山が噴火した際の火山灰などの噴火物が積もってできた「堆積岩」である。

日本は火山国であるため、堆積岩の一種である火山灰が凝固した「凝灰岩」は全国でみられ、緑がかった緑色凝灰岩（グリーンタフ地帯）が日本列島に分布している［図1］。この石は、軽石の一種であり、比重が軽く軟らかい「軟石」で、加工が容易である。そのため、石蔵などの付属屋や小屋をつくるのに用いられてきた［図2］。栃木県宇都宮市の「大谷石《おおやいし》」（本章第2節参照）は、現在も採掘が続く代表的な凝灰岩であり、関東一円で、石蔵を中心に宅地造成の土木用途から、近代建築まで使われてきた。また、東北では、福島県の「国見石」と山形県の「高畠石」（本章第3節参照）が、県境を挟んで五〇キロメートル程度の圏域で、石蔵や石塀に用いられてきた。さらに、北海道では「札幌軟石」や「小樽軟石」（本章第4節参照）が採掘され、石造倉庫群に用いられた。これらはいずれも軟らかい凝灰岩であり、それぞれの個性がありながら、各地の小屋や付属屋に使われてきた。

　また、地下で応力を受けてできた変成岩は、方向性をもち割れやすい性質がある。こうした石は、硬質ではあるが手頃な大きさになることから、長崎では「結晶片岩」（第5節参照）による石積みの景観が形成され、主屋や付属屋に使われた。さらに、火成岩は、通常、地中深くで硬質な石（花崗岩など）になるが、火山から流れ出た溶岩が地上で固まると軽石になる。伊豆諸島の新島は平安時代の噴火でできたが、この地の「抗火石」（第6節参照）は、非常に軽く軟らかく、島内に多くの石造の建物がつくられた。

　このように、小屋と付属屋においては、石材の違いはあれど、いずれも軽く、軟らかい、または割れやすいといった人間の手によって加工しやすい素材の特性をもった石が使われたと言える。その一方で、今でも建材としてよく用いられる花崗岩（火成岩）や大理石（変成岩）は、重く硬い性質をもつ。こうした「硬石」は、例えば、国会議事堂（昭和一一／一九三六年）などの様式建築で用いられ、小屋や付属屋がつくられたのと同時期である明治期から昭和初期に、石の性質の違いによって、いわば国家的なものと民衆的なものという異なる建築の世界が展開されていたと言える。このように、石が産出し、その石を用いた建物がみられる「石のまち」が日本各地に存在し、軟らかく加工しやすい石の地産地消を基本として、石の物性に応じた技術と営みが蓄積され、生活に近い小屋や付属屋などの建物がつくられてきたのである。

## 3　石と木のハイブリッド

　建築における石の扱いは、単純化すれば、石を積むか、石を張るかのどちらかである。

石造と言っても、石材だけで成立することは少なく、多くの場合、木材も加わることで、ハイブリッドな構法となっている。各地の石造建物の特徴は続く節で詳述されるが、ここでは導入として、石と木の組み合わせのグラデーションとして、その構法を概観しておく［図3］。

まず、木造に薄い石を張る「張石造」がある。大谷石の石蔵では、江戸後期からみられる古い形式である。新島の抗火石の石蔵も、初期のものに張石造をみることができる。これらは、蔵の防火性を向上させるために、元々の簡素な板蔵に近隣の石を張ったものであり、各地の石の付属屋と小屋がつくられた要因のひとつである。その手順から、当初から石蔵として建てたというよりは、板蔵の仕上げに石材を用いることで石蔵が派生したと考えられる。

次に、木造の軸組を主体として、その外側に石を積む「木骨積石」がある。小樽の石造倉庫群は、最も大規模に発展したものである。大正時代の市街地建築物法に定められた構法であり、大規模な倉庫や店舗にも適用された。福島の国見石でも穀物貯蔵のために大規模な石蔵がつくられた。小規模な木骨積石は、さまざまな地域にあり、新島の抗火石でも多くの建物がつくられ、大谷石の蔵にも少数存在する。この方式は、いわば、木造の軸組と石造の組積が併存するかたちと捉えられる。この考え方の延長として、長崎の練塀民家では、石積みの壁面とともに、正面の壁面や建物内部を木軸とする事例が報告されている。両者の間にあえて余白を設けるなど、大工仕事としての木軸と、住民でも施工可能な石積みの併存と言える。

さらに、石積みのみで壁面を構成する「組積造《そせきぞう》」がある。石を塊で大量に使うには、運搬手段の発達が欠かせず、一定の交通手段が整う近代的なあり方と考えられる。大谷石では、農村部と市街地の双方の石蔵などでみられる一般的な構法であり、高度成長期の昭和四〇年代に大谷石の生産量がピークを迎える時期と符合している。大谷から職人や技術が伝播した福島の国見石においても、多くの石蔵がつくられ、山形の

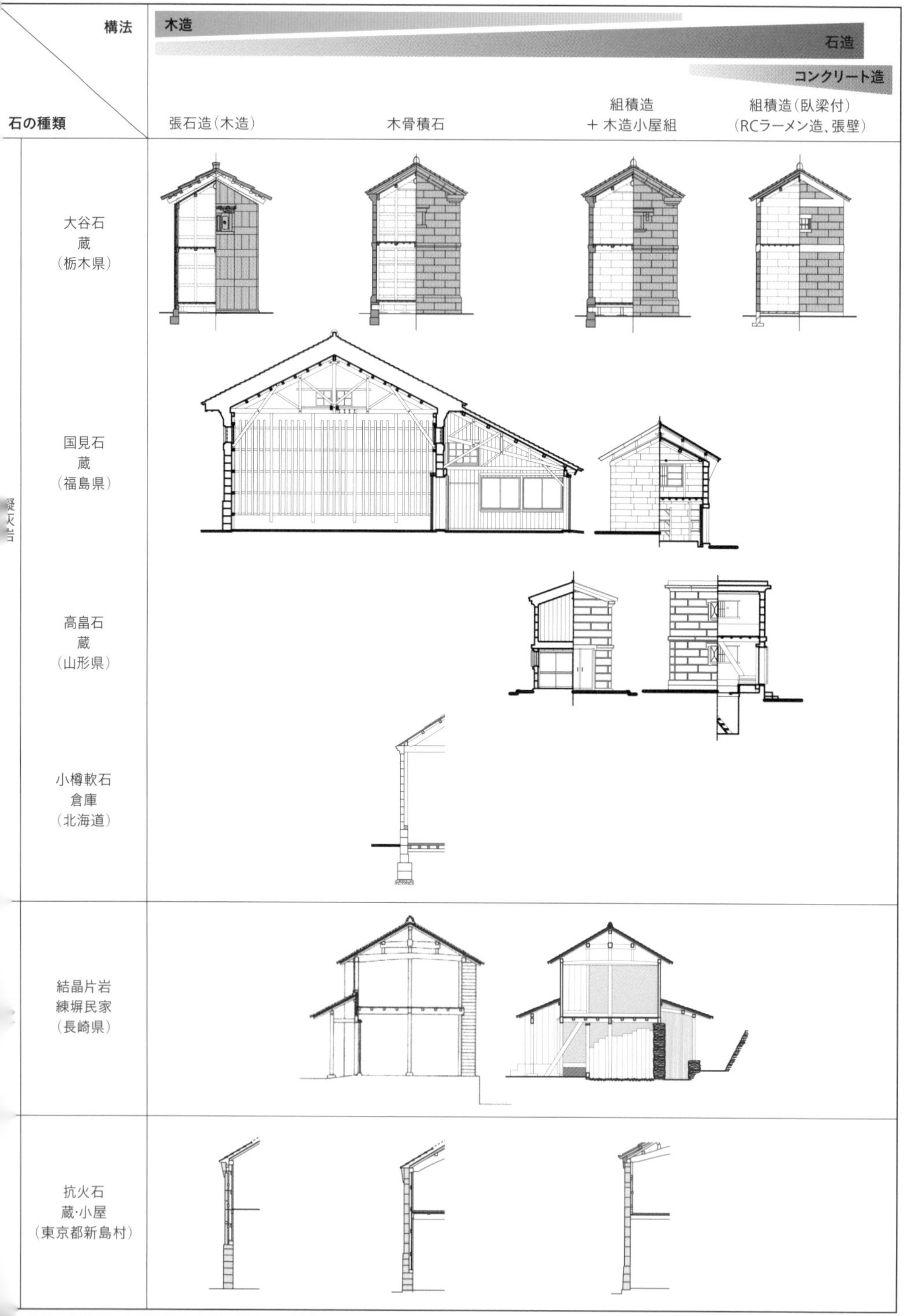


各地の石を用いた付属屋と小屋の構法の比較（石と木のハイブリッド）

高畠石にも少数みられる。こうした組積造の建物であっても、多くの場合、屋根は木造の小屋組である。大谷石の石蔵では、棟木の墨書に、大工棟梁と石工が併記され、石と木の職人の協働が示されている。

さらに時代が下ると、組積造にコンクリートの臥梁《がりょう》を回すことで、水平方向の変位を抑えたり、現行の建築基準法における鉄筋コンクリート・ラーメン構造において、その間に張壁として石を積んだりするものもみられる。これらも、石蔵を利用し続けてきた大谷石や国見石などで近年までみられる構法である。

また、屋根を石で葺く石屋根も存在する。大谷石では、古い張石造の蔵にみられるもので、抗火石では民家の主屋にも確認されている。こうした石瓦には、それぞれの石の中でも緻密な石が用いられている。加工や施工に手間がかかっても、地場の素材を用いることが合理的であった時代の地産地消である。特に、新島の抗火石では、切妻屋根の登梁を石材でつくる家畜小屋もある。島内での素材の入手と、木工用のノコギリでも切れる加工のし易さから、全てが石材でつくられ、木架構の思考において部材を地場の石材で置き換えたものと考えられる。主屋における石は、大谷でも基礎石に用いる程度のものが多いが、新島では、主屋も含めた多様な石の民家がみられることも興味深い。このように、石と木のハイブリッドには多様なグラデーションがみられるのである。

## 4 石積みの事物連関

以上のように、住人自らもセルフビルドできる、いわば素人仕事としての石積みと、切石として規格化され石工の仕事が専門化した組積造、それらに組み合わされる大工の職人仕事としての木造という、石と木のハイブリッドが捉えられる。これらは、単に架構形式であるだけでなく、それらがつくられる生業を含んだ、素材と人と建築にまつわる事物の連関といえる。また、ここで取り上げた蔵や小屋などの建築の他に、外構を中心に用いられてきた高畠石の石塀や土留、抗火石の空積みの石塀、第6章にみる棚田や斜面の土留めの石積みなどは、より原初的、あるいは土木的な石積みであり、簡素な小屋や納屋にはこうした土木の石積みに屋根を差し架けただけのものもある。このような、いわば石が置かれたものには、石材のストックという側面もあり、石材の循環という観点から、今後の循環社会におけるマテリアル・フローとして捉え直す意義もある。こうした、石／木、素人／職人、建築／土木などの境界を横断して、小屋と付属屋が成立しており、その背景に、暮らしや生業の必然から生まれた建築行為を見いだすことができる。それらは、近代の大量生産や合理性を経た二一世紀の持続可能な素材と建築のあり方に、示唆を投げかけている。

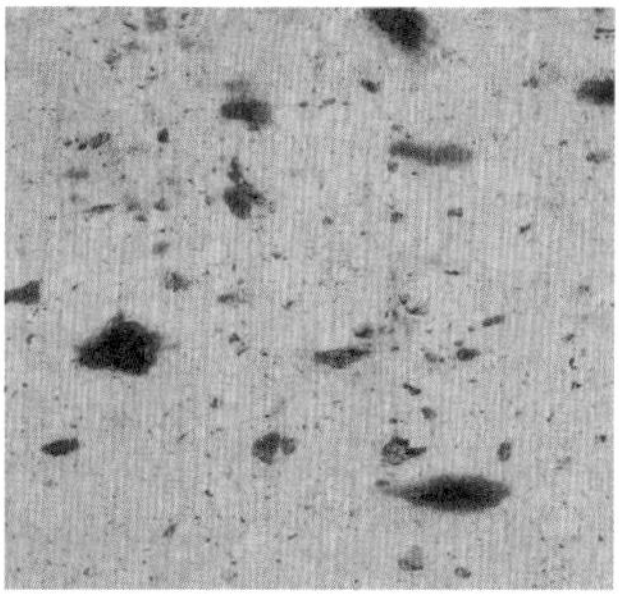

図1 大谷石

図2 大谷寺

第2節

# 宇都宮の大谷石建物

栃木県宇都宮市は大谷石の産地である。大谷石［図1］は、凝灰岩の一種で、柔らかく多孔質で、「ミソ」と呼ばれる茶褐色の斑点があるのが特徴である。宇都宮市やその周辺には、大谷石でつくられた石蔵や建築が数多く存在する。

## 1 大谷の歴史

大谷石と人々の関わりは縄文時代に遡り、古代人の住居であった大谷寺洞穴遺跡から、土器や石器が発見されている。この遺跡の隣に、岩壁に彫られた日本最古の一〇体の磨崖仏（国特別史跡、重要文化財）があり、平安時代（八一〇年）にこの地を訪れた弘法大師が、千手観音菩薩立像を制作したという言い伝えがある。これを本尊とする大谷寺［図2］は、鎌倉時代以降、坂東三十三観音の一九番目の札所となり、巡礼の地となった。また大谷の一帯には、自然の風化でできた奇岩群があり、なかでも越路岩や御止山（名勝天然記念物）は「陸の松島」とも呼ばれた景勝地であった。

このように大谷では、古くから自然の地形と人間の営みが重なり、また各地から巡礼者や観光客が訪れていた。そのため、「大谷石」という名前も、石切場周辺の旧地名である城山村荒針《あらはり》から取るのではなく、元々信仰や景勝の地として認知されていた大谷から名付けられたとされる。

## 2 採掘業と石切場

大谷石は、古くから生活用途に使うために採掘されてきたと考えられるが、江戸時代に入ると、農業の副業として現金収入を

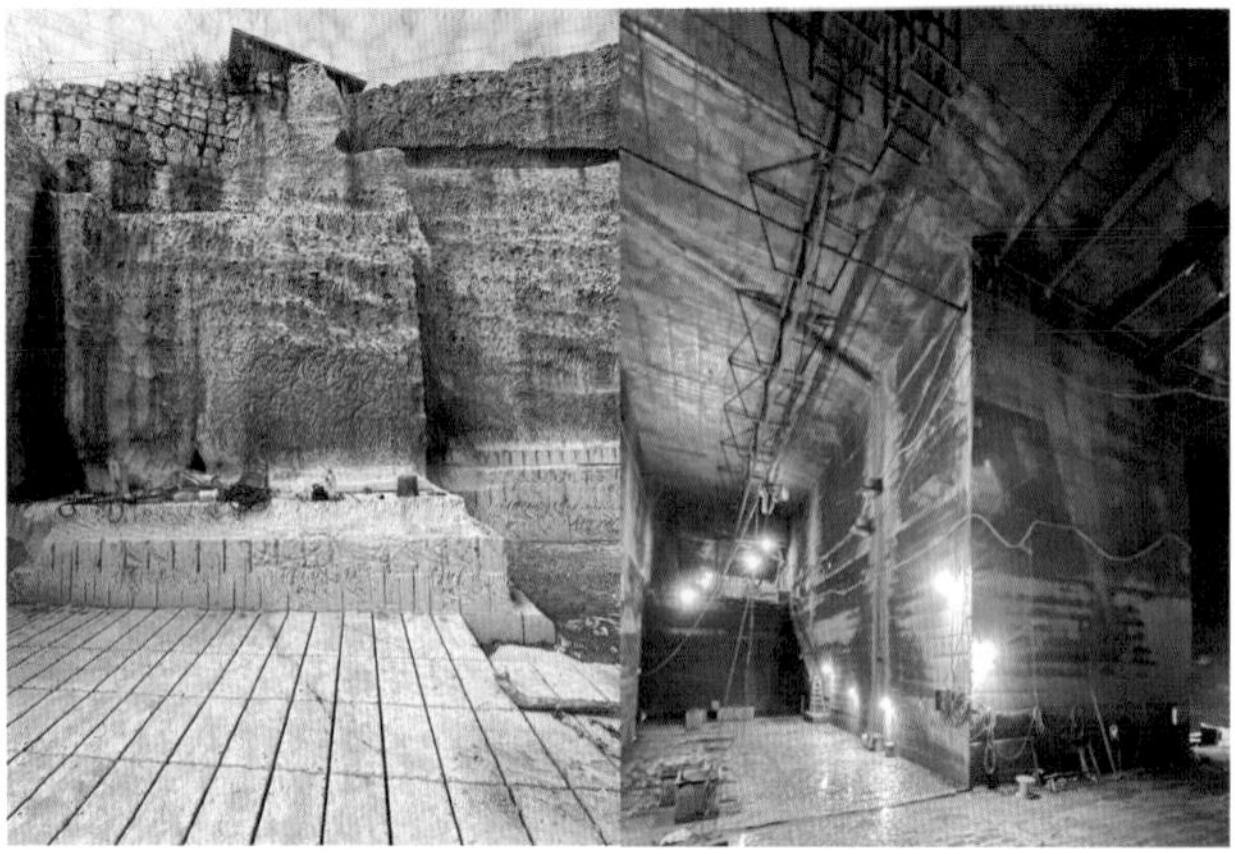

図3 露天掘り（左）と坑内掘り（右）

得るために「農間渡世」として石切をする者が現れる。江戸中期には、「石切職人仲間」が結成され、それを統括する専門職としての「石切棟梁」が現れた。石切場は、地上に露出した石を掘る「露天掘り」が古い形態である［図3左］。掘り方は、地面を一段ずつ掘り下げていく「平場掘り」であったが、質のよい地層をめがけて横に掘る「垣根掘り」の技術が、明治末期から大正初期に伊豆（伊豆石）から伝わり、石切職人が入ることができる背丈の分を掘り、そこから平場で掘り下げるのが一般的になった。これにより、石切場は地下の「坑内掘り」となってゆく［図3右］。昭和半ばになると、人件費向上による価格上昇を抑え、生産性を向上させるために、大谷石材共同組合により採掘の機械化が研究された。昭和三二（一九五七）年に採掘機の実用化に成功し、昭和三五（一九六〇）年頃には全採掘場で平場掘りが機械化され、その後、垣根掘りも機械化された。これにより、大谷石の生産は飛躍的に増大し、採掘業者は昭和四五（一九七〇）年に一一九業者、採掘量は昭和四八（一九七三）年に約八九万トンに達する［図4］。また、地下の石切場では、落盤を避けるために、柱を残し、天盤の厚みを定めるなどの業界自主基準が制定された。現在、約二五〇か所の石切場が残り、四か所が操業している（露

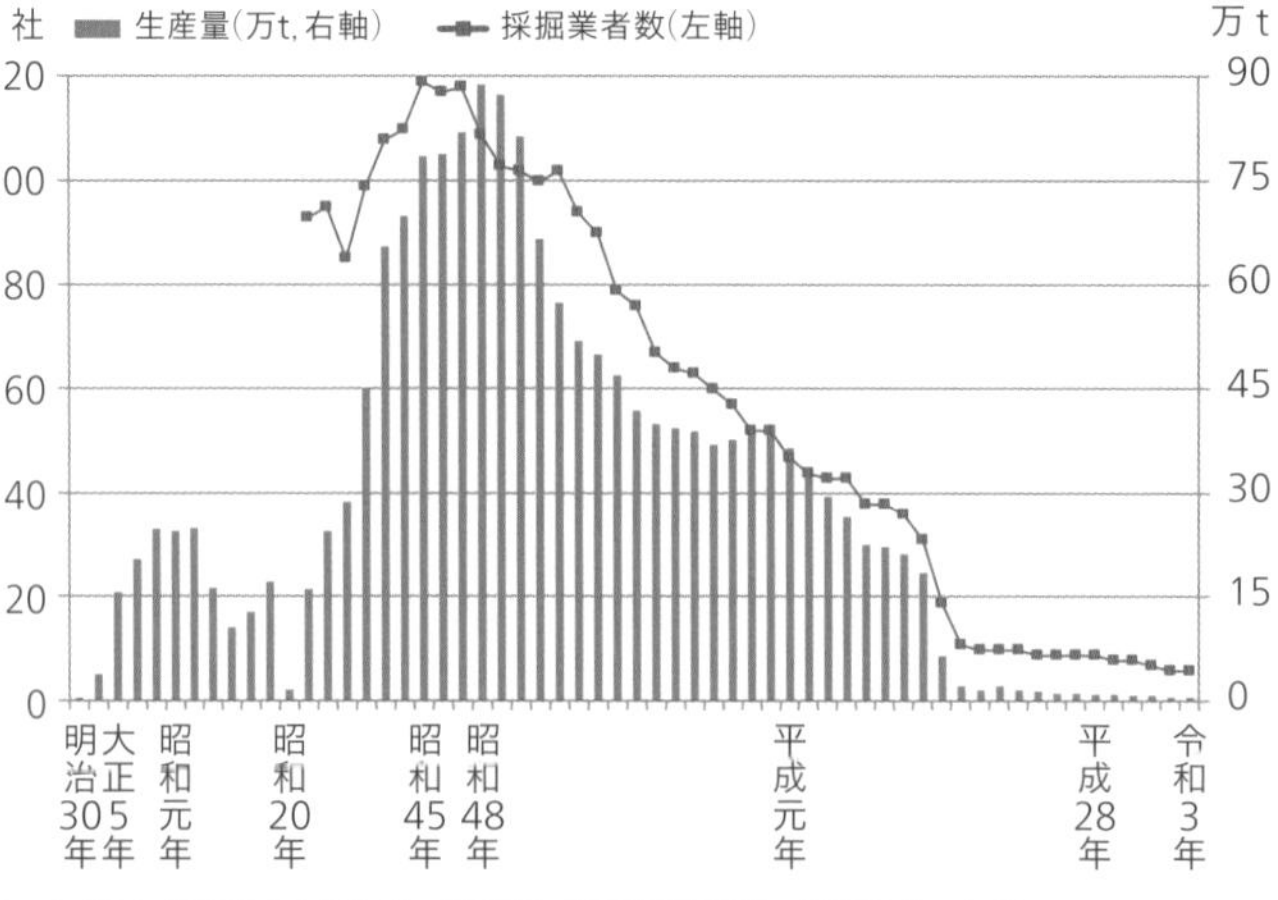


図4 大谷石の採掘業者と採掘量の推移（大谷石材共同組合の資料を基に作成）

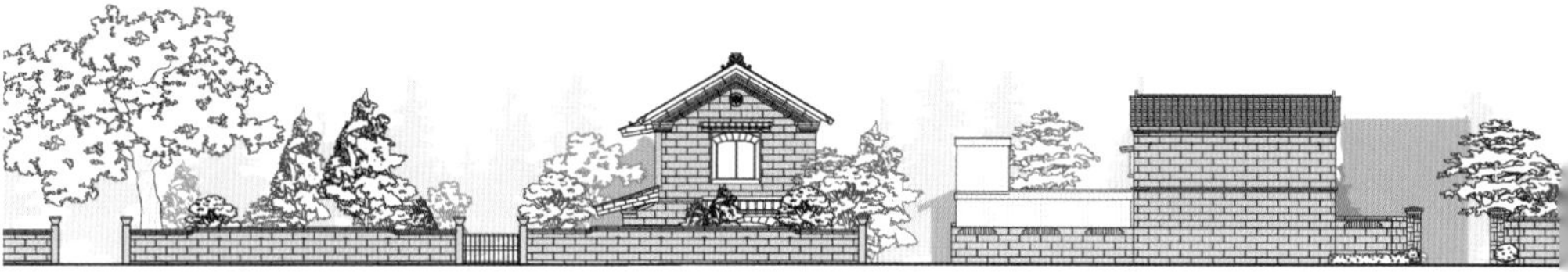

図7 徳次郎町西根地区の連続立面図

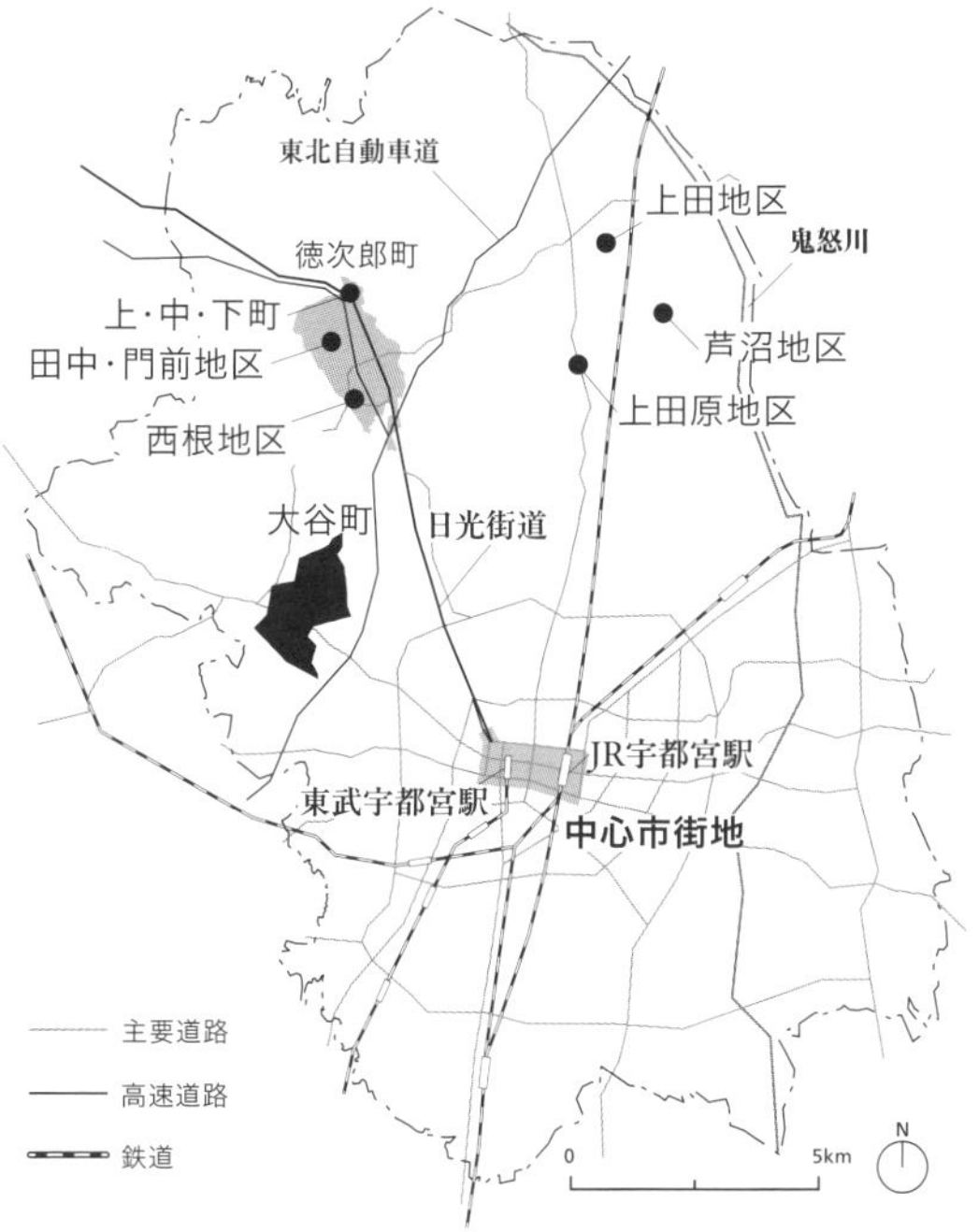


図5 宇都宮市内の大谷石建物が集中する地区

図6 徳次郎町西根地区の町並み



天掘り一か所、坑内掘り三か所)。

## 3 農村集落の町並み

宇都宮市北部の農村集落では、農業用途で蔵や納屋が日常的に使われたことで、石の建物と石塀が連続する町並みが形成された[図5]。

徳次郎町西根地区[図6]は、旧日光街道の徳次郎宿をなす六ヶ郷のひとつであり、かつて大谷石と同じ凝灰岩の一種である「徳次郎石《とくじらいし》」が産出した。宇都宮市近辺の凝灰岩を総称して「大谷石」と言うこともあるが、大谷以外では地区ごとに呼び名があり、材質もそれぞれ特徴がある。徳次郎石は、大谷石に特有の斑点状の「ミソ」がなく、青みがかり、均質で細工に適しているため、彫刻や石瓦などに重宝された。かつては、多くの住民が農閑期に石工や採石業を営み、また、火災が多く発生したため、防火性の高い石造の建物が普及し、石の町並みが形成された[図7]。

また、宇都宮市と合併した旧上河内村では、江戸時代から続く農村集落が昭和期に

図8 大谷石蔵の構法（断面図・立面図）

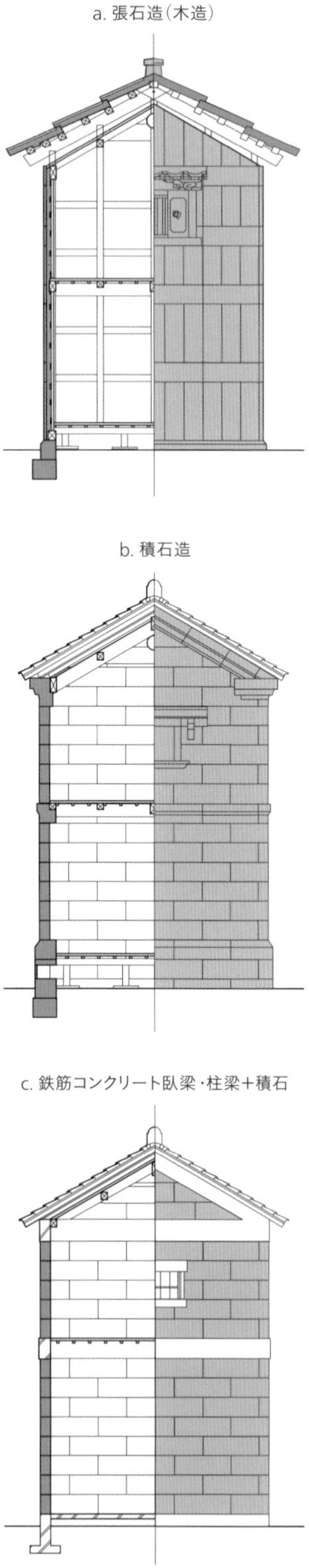

a. 張石造（木造）
b. 積石造
c. 鉄筋コンクリート臥梁・柱梁＋積石

農地が拡大したことで豊かになり、昭和三〇年代以降に競うように石塀や石蔵が建てられた。上田《うわだ》地区では、街道の両側に水路が流れ、石蔵、石塀、水路が連続する町並みが形成され、芦沼地区では、鬼怒川の侵食作用による河岸段丘に沿って高密な町並みが形成された。これらは、西根地区とともに、農村集落の町並みとして、文化庁日本遺産の大谷石文化の構成要素となっている。

## 4 張石と積石

こうした町並みを構成する大谷石の建物の構法は、大きく「張石《はりいし》」と「積石《つみいし》」に分けられる［図8-a・b］。「石造の建物」と聞くと、現在では、石を積む組積造を思い浮かべるが、江戸後期から大正初期までの古い石蔵は、木造の軸組に石を張った『張石』である。我が国には、昔から簡素な木造の板蔵があったが、江戸後期になると、防火性を高めるために、土や漆喰を外壁に塗った土蔵が出現する。宇都宮近辺では、防火性に優れた大谷石を張ったのが、石蔵の起源である。通常二寸〜三寸程度の薄板が鉄釘で留められている。こうした古い石蔵には、屋根が石瓦で葺かれているものもあり、

図9 張石造の石蔵と石瓦
（右：妻側、左：平側石瓦）

凹凸のある断面が交互に組み合わされている［図9］。

これに対して「積石」は、明治の近代化以降、西洋の煉瓦造や石造の建物が輸入され、輸送手段が発達してからのもので、主に大正期以降にみられる。高さ一尺、長さ三尺が定尺で、厚さは使用か所に応じて五寸（五十石《ごとういし》）から一尺（尺角《しゃっかく》）までを用い、この寸法で石切場で整形掘りされるのが、軟らかい大谷石の特徴である。

## 5 農村集落の大谷石建物の類型 ——蔵と納屋

建物の用途は、石造の堅牢性や防火性から、収納用途に用いられることが多い。「蔵」は、財産を収めるために鉄製や石製の扉が付き普段は閉じられているもので、「納屋」は、農機具置き場や農作業のために扉のない大きな開口部があり半外部として使われるものである。また、数は少ないが、大谷石でつくられた「住宅」や「離れ」などの居住用途もみられる。建物の階数は、平屋と二階建てに分けられる。

以上の構法や、規模、用途などの特徴が共通するものとして、大谷石の建物の類型がみえてくる［図10］。

まず、「二階建て張石蔵」は、明治後期から大正初期の古いものが多く、屋根が石瓦で葺かれたものが農村集落の各地区に数棟ずつ現存する。こうした古い蔵は、敷地の奥にあり、奥行きのある町並みを形成する。西根地区では、石の産地ならではの特徴として、大谷石を張った「二階建て張石住宅」がみられる。

稀少な張石の建物に対して、積石は数多く存在する。なかでも「平屋積石納屋」は、宇都宮近辺で「雨屋《あまや》」と呼ばれるものもあり、間口が広く、大きな庇を張り出し、農作業などで半外部的に用いられてきた。

また、「二階建て積石蔵」は、最も一般的な石蔵である。石を積む構法が石塀と同じであるため、しばしば塀と建物が一体的につくられ、石造の連続的な町並みが形成された。石の仕上げは、手掘りのツルハシの目の残るツル目や丁寧に仕上げられたビシャンなど多様である。蔵は一種のステー

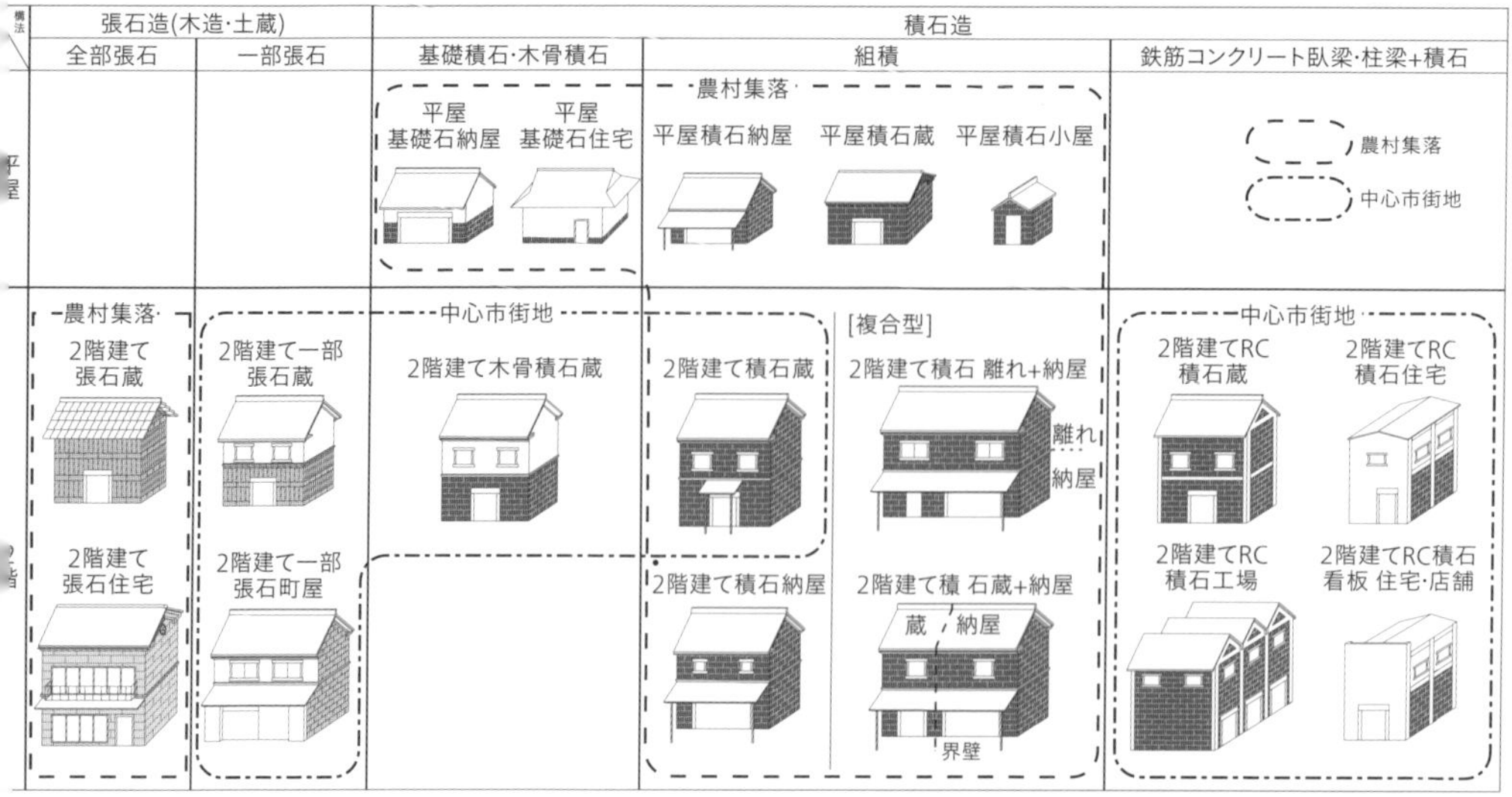


10 大谷石建物の類型

図11 窓まわり





タスであるため、窓まわりに吉祥図などの凝った装飾を施すものもある［図11］。

昭和半ばに農地が拡大した上田地区や芦沼地区などでは、用途に応じて大小さまざまな積石の建物が建てられた。稲藁の灰などを入れる小規模な「平屋積石小屋」から、農業機械を収納するための大規模化した納屋、また蔵と納屋が界壁で一体化したり、納屋の二階が離れとなっている「複合型」もみられる。

## 6 中心市街地の町並み

農村集落では、石蔵と石塀が連続する町並みがみられるのに対して、中心市街地では、敷地の奥にある石蔵や旧街道に残る町屋の外壁に、断片的な大谷石建物の町並みをみることができる。

宇都宮市中心市街地は、古くから日光街道と奥州街道が通る交通の要所であり、宇都宮二荒山神社の門前を中心に、江戸時代には宇都宮城の城下町として栄えた。第二次世界大戦で空襲に遭い、多くの建物が焼失したが、大谷石の建物は戦火を免れ、現

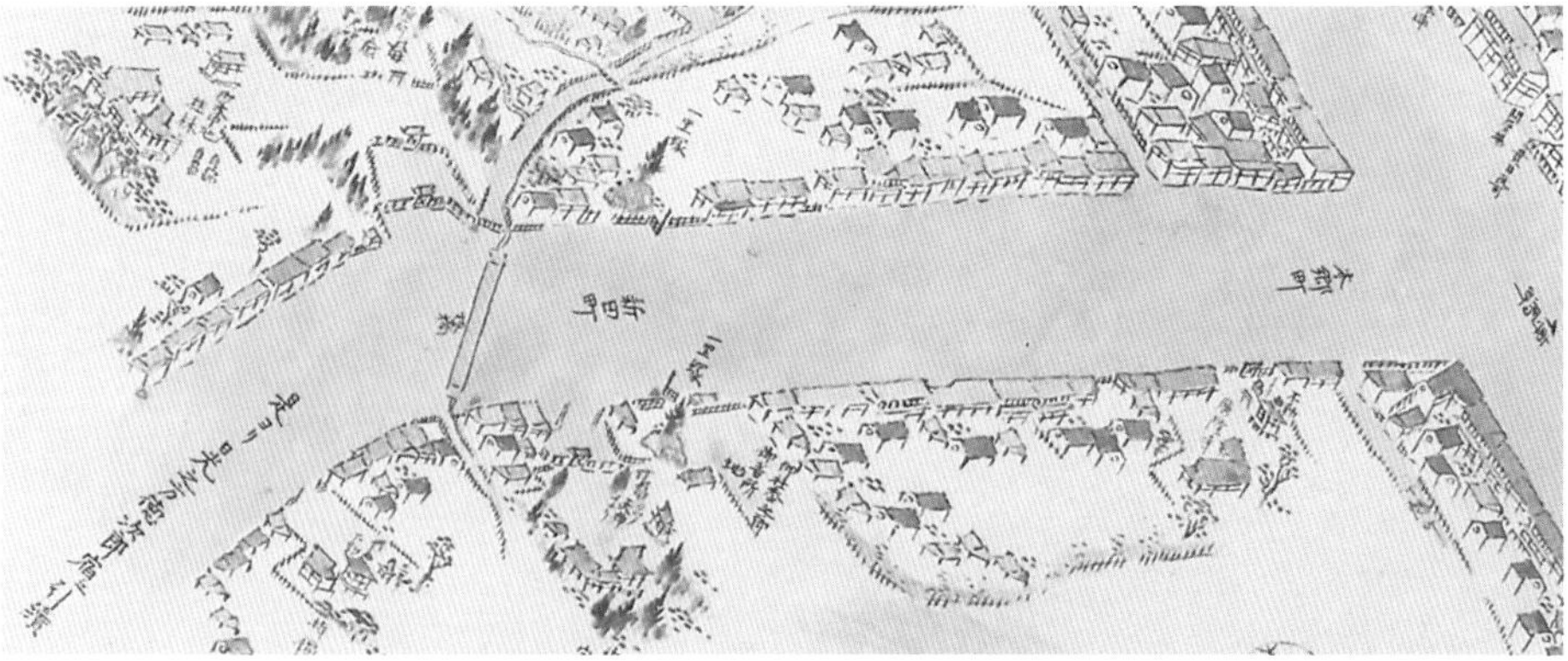

図12　日光道中分間延絵図『五海道其外分間見取延絵図』(1800〜1806年)

存しているものもある。日光街道の本郷町・清住町通りは、江戸時代の絵図〔図12〕をみると、街道沿いに町屋が建ち並び、敷地の奥に濃い色の屋根が点在しており、これらが石蔵であると考えられる。貴重な家財を収納する市街地の石蔵は、このように敷地の奥にあることが多い。さらに、中心市街地を斜めに流れる釜川沿いでは、酒蔵や味噌工場など、川沿いの産業の建物に大谷石が使われてきた。

近年、所有者の世代交代や建て替えによりそれらは減少しているが、市街地の空洞化により駐車場が増えたことで、敷地奥の石蔵が新たに見えるようになったものもある。

## 7　中心市街地の大谷石建物の類型——蔵・町屋と工場

このように市街地では、石蔵とともに、街道沿いの「町屋」や川沿いの「工場」といった、江戸時代からの商業や、現在も続く産業に大谷石の建物が用いられ、まちなかの生業に応じた用途となっている。



構法は、「張石」では、町屋の側壁に隣家からの延焼を防ぐために石を張ったものがみられる。「積石」では、石を積む組積造の蔵は戦前までにつくられたもので、戦後に建築基準法が成立すると、鉄筋コンクリート(RC)の臥梁や柱をもつ構造となり、その間に石を積んだ建物がつくられるようになる〔図8-c参照〕。建物の階数は、農村では平屋も多いが、市街地ではほとんどが二階建てであり、狭小な敷地の市街地の状況が反映されている。

こうした市街地の町並みや生業を構成する建物に、共通する特徴をもつ類型が見られる〔図10参照〕。

比較的古い構法の張石造の建物では、「二階建て一部張石蔵」は、木造の蔵の一階に縦型目地で石を張り、二階は漆喰塗りとなっているもので、他の都市でもみられる漆喰蔵と宇都宮の張石蔵の中間的なものと言える。「二階建て一部張石町屋」は、街道沿いの町屋で隣家側が石の防火壁となっており、古くからのまちなかの営みの特徴を残している。これらの構法の石蔵のある

図13　旧篠原家住宅
図14　あさり川小径の材木倉庫

旧篠原家住宅［図13］は、旧奥州街道に面して醤油醸造を営んでいた商家である。街道に面する下屋のある見世蔵とその横に建つ袖蔵という形式に、関東の蔵の特徴が表れている。街道と河川の近くで栄えた商業の営みが感じられ、宇都宮市内で唯一の国指定重要文化財建物となっている。

積石造の建物は、長年にわたり建てられてきた。「二階建て積石蔵」は、農村集落と共通して多くみられる、最も一般的な石蔵の類型である。近年、内部を改装して飲食店や店舗として活用するものもある。「二階建て木骨積石蔵」は、一階部分が積石で二階が木造のハイブリッドな構法である。

鉄筋コンクリートの臥梁や柱の間に大谷石を積んだものは、市街地に比較的多く、「二階建てＲＣ積石」の蔵や、複数棟を連結した大規模な工場がみられる。旧奥州街道の日野町通りでは、ＲＣ積石の材木倉庫［図14］があり、釜川支流のあさり川（暗渠）の小径に石壁の町並みを形成している。建物の一部分に大谷石を積んだ住宅や、看板付き店舗なども、中心市街地に特有の類型である。

このような地域や時期に応じた建物の類型は、大谷石の軟らかい素材の特徴をもとに、地域の暮らしや生業を背景として、時間をかけて形づくられてきたものである。こうした建物を読む類型学《タイポロジー》は、私たちが現在みている建物の特徴から、それができた背景や仕組みを読み解き、人々によって生きられた空間と時間をもう一度立ち上げ、現在につなぐ作業といえる。

図2　森山石西国見丁場　垣根掘りで採掘した横穴が残る

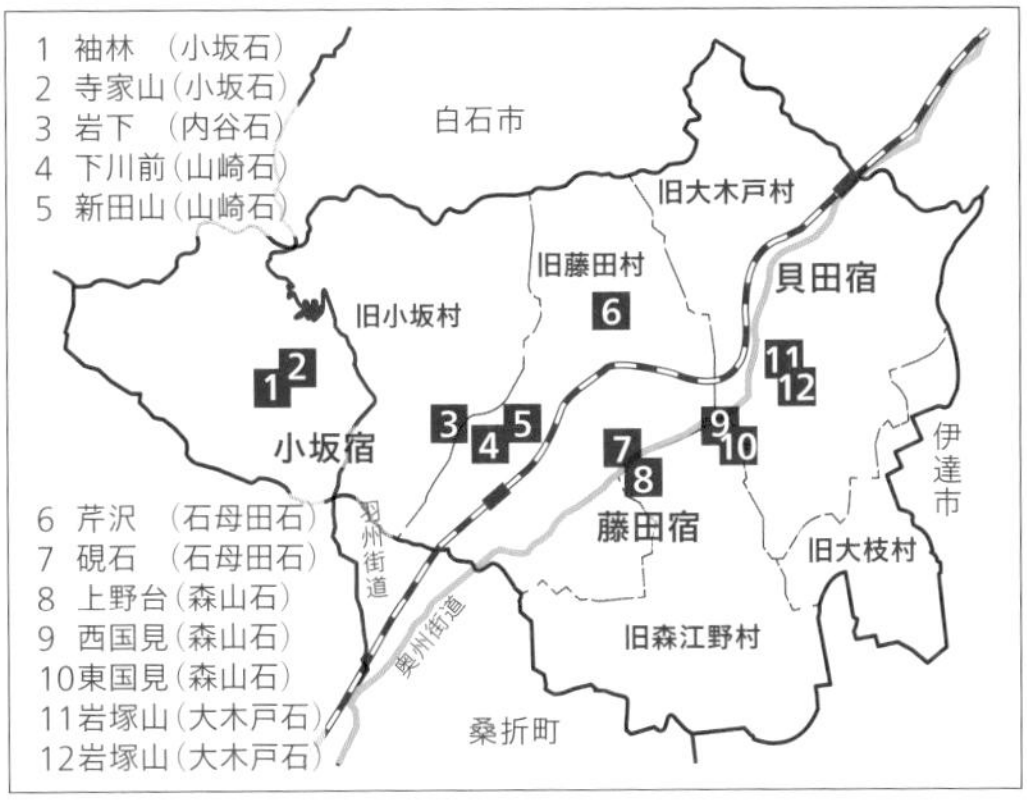


図1　国見石の丁場の位置　町内に一二か所の丁場

第3節

# 国見の石蔵と高畠の外構

## 1　大谷とのつながりで普及した国見石と石蔵

福島県伊達郡国見町は、中通り地方の北部、宮城県との境に位置し、そこで産出する凝灰岩を国見石と呼ぶ。地元では丁場ごとに地区名を冠して呼び分けられ［図1］、遅くとも江戸末期には職人よる採掘が開始され、これまで一二か所の丁場が確認されている。石材の採掘は、当初は職人の手掘りによる盤を形成する露天掘りで切り出され、流通範囲は町内が中心であった。国見石の生産における最大の特徴は、大谷石の職人の指導や助言を受けて発展したことである。大正期には、大谷で既に一般的であった横穴を掘る垣根掘りの技術を移入し［図2］、良質な石材を採ることに成功した。また、助言を受けて石山線を新設し、東京に販路を拡大したことで、国見石の生産は最盛期を迎えた。昭和三〇年代後半には、大谷石と同じ機械を購入して導入し、生産性が向上したものの、大量生産により良質な石材が枯渇、採掘の機械化と交通網の発達によ

石材表面

外観

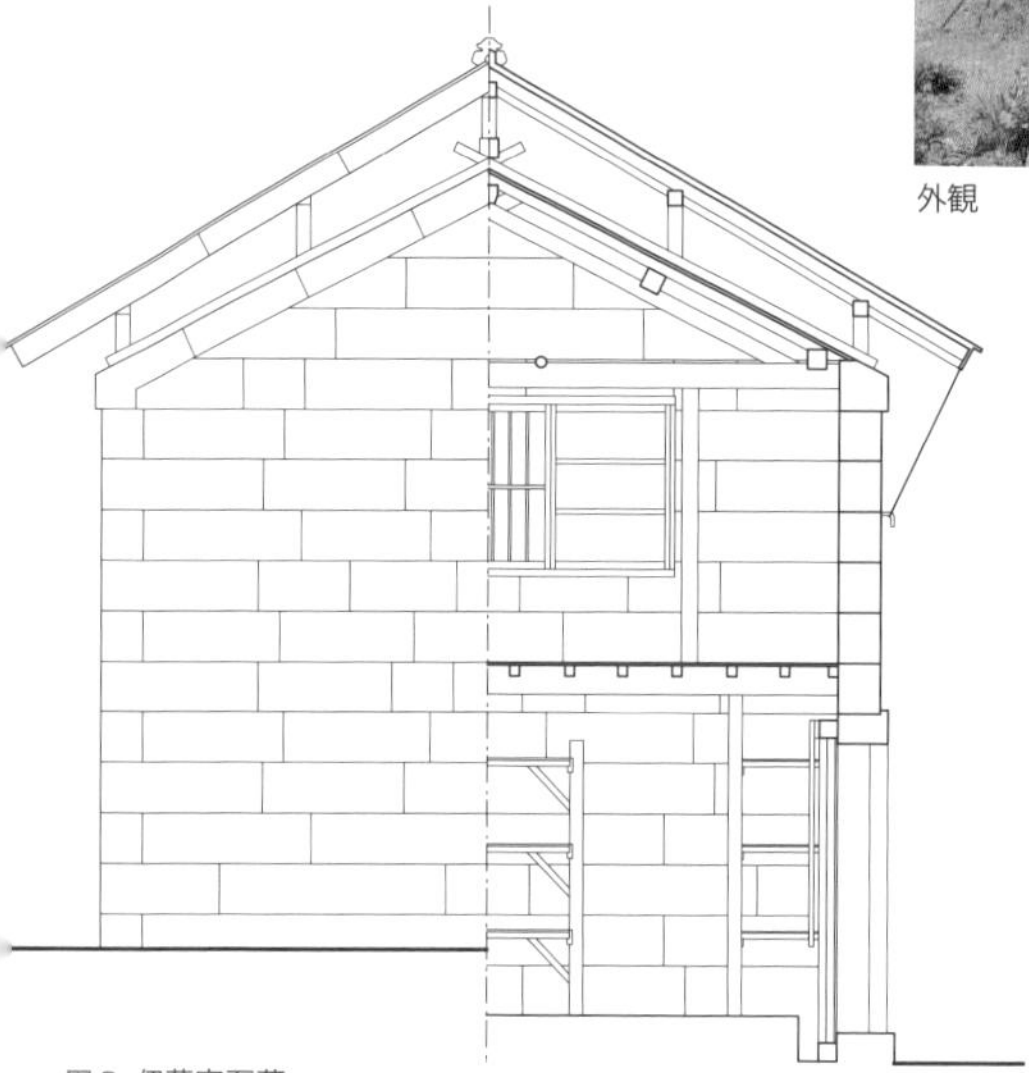
立面・断面図

図3　伊藤家石蔵
（大正6年、国見石、伊藤柳太郎）

り他の安価な石材が流通したことで規模が縮小、そして地域内での石材需要の減少も重なり、国見石の採掘は昭和五〇年代後半に終了した。

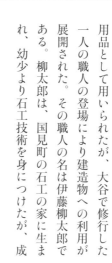

国見石は、当初は囲炉裏の枠石など生活用品として用いられたが、大谷で修行した一人の職人の登場により建造物への利用が展開された。その職人の名は伊藤柳太郎である。柳太郎は、国見町の石工の家に生まれ、幼少より石工技術を身につけたが、成人後に大工棟梁であった伊藤家の養子となり、そこで大工技術を体得した。その後、柳太郎は栃木県大谷で修行を積み、石造建築技術を修得して、大正六（一九一七）年に自宅に国見石による穀蔵を建築した［図3］。これが国見町における最初の石蔵である。穀蔵は、切妻造・金属板葺、四間×二間半の二階建ての本石造で、空目地の石積みに直接梁を掻き込む原初的な形式であった。伊藤柳太郎とその弟子たちは、昭和初期の東北大凶作や昭和二二（一九四七）年の農地改革による郷蔵建築の際、国見町では石造が推進されたことから各地区で施工に当たり、これを契機に石蔵の施工技術が町内に普及した［図4］。その結果、国見町は平成二五（二〇一三）年時には五〇〇棟を超える石蔵が現存する「石の町国見」となった。

町内の石蔵は、外観形式で建築年代が判断できる。戦前期頃までは平屋建てで石材表面をツル目仕上げとする本石造［図5］、昭和三〇年代以降は臥梁を持つ二階建てで波目仕上げ［図6］、昭和五〇年代以降は法改正に伴い壁体のみ石造のＲＣラーメン

図4 塚目地区の郷倉（昭和10年）
（出典：赤坂正勝「国見石について」国見町郷土資料研究会編『郷土の研究』第38号、2008年）

図5 昭和20年代以前の平屋建て本石造の石蔵とツル目仕上げ

構造で平仕上げへと移行した［図7］。また、年代で石蔵の位置づけも異なり、当初は防火対策として富裕層のみが建築し、胴・軒蛇腹を付加した比較的費用が嵩む石蔵が多く、一種のステータスとしての意味を持ったが、昭和四〇年代頃になると流通の拡大などにより、シンプルな意匠で安価に短期間に建築可能な付属屋の一つとなったことで町内に一気に普及した。注目されるのは、国見町では国見石の採掘終了後も石蔵が継続して建築されたことである。大正期以降の比較的新しい文化である石蔵の建築が広く認識され、地域内で定着したことを裏づける現象といえるだろう。なお、鳴瀬石（現地では野蒜石、現東松島市）が代表的な代替石材で、国見石より安価に手に入ることから、昭和四〇年代以降数多くの石蔵に利用され、国見石の採掘終了を早めた要因の一つでもあった。

最後に国見石のシンボリックな建物を紹介したい。旧小坂村産業組合石蔵である［図8］。昭和一六（一九四一）年に建築された町内最大規模の石蔵で、米や麦などを貯蔵する穀蔵として建てられた。石蔵建築に当たっては、『米穀倉庫の建築設計』（農林省米穀局編、日本米穀協会、一九三八年）の規定を参考に

図6 昭和30年代以降の2階建て臥梁付石蔵と波目仕上げ

**図7** 昭和50年代に建てられた鳴瀬石の
2階建てRCラーメンの石蔵（右）と平仕上げ（上）

設計され、大規模な石造建築を可能とする木骨石造やバットレス、トラス組という建築技法を導入し、壁厚などの細かな基準も順守して建築された。平成二八（二〇一六）年に国登録有形文化財となり地域のイベントなどに利用されたが、令和三・四（二〇二一・

図8 旧小坂村産業組合石蔵（昭和16～令和4年、国見石、農林省模範設計参考）
［上］外観 ［下］石材表面

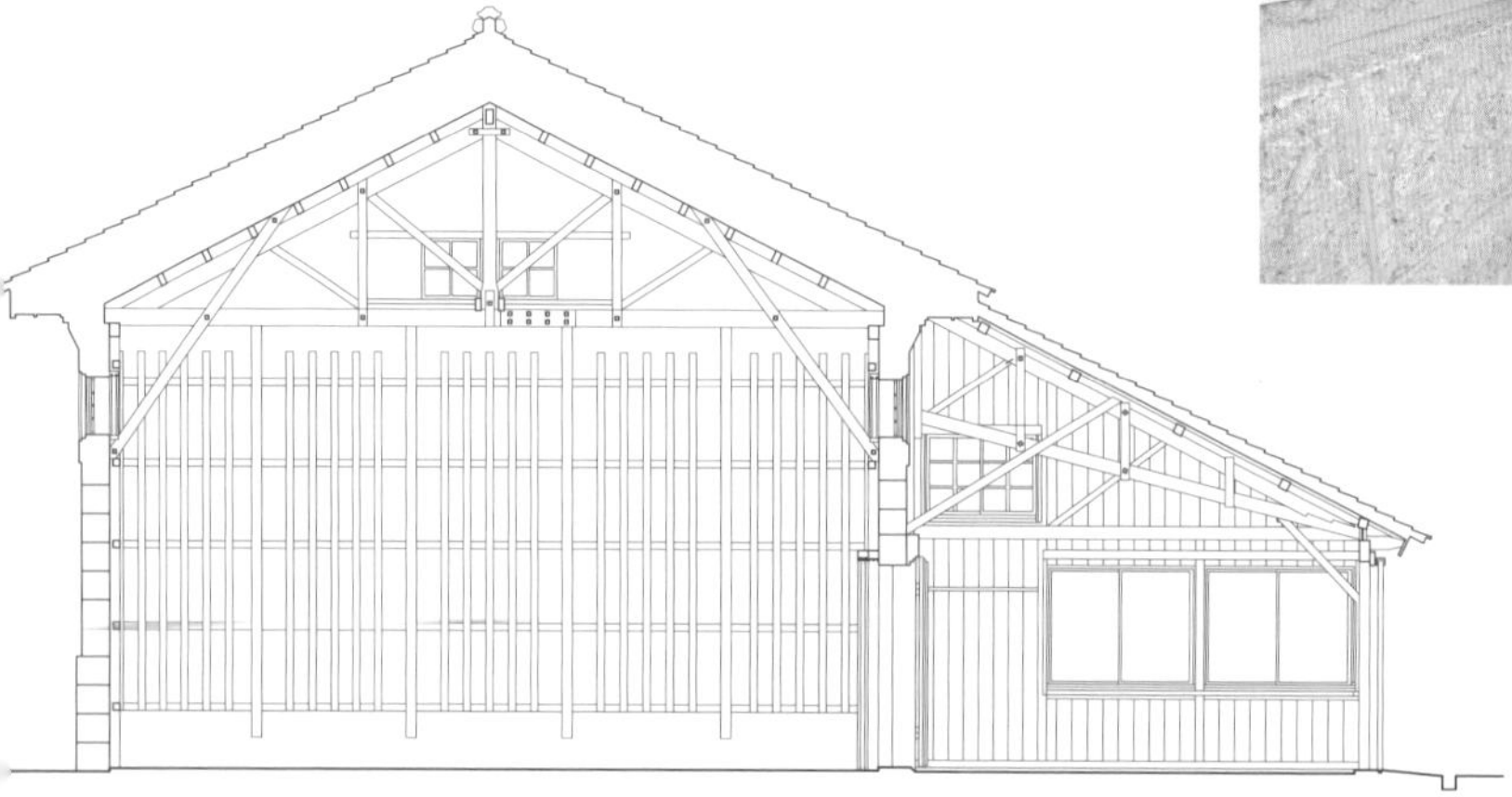

断面図

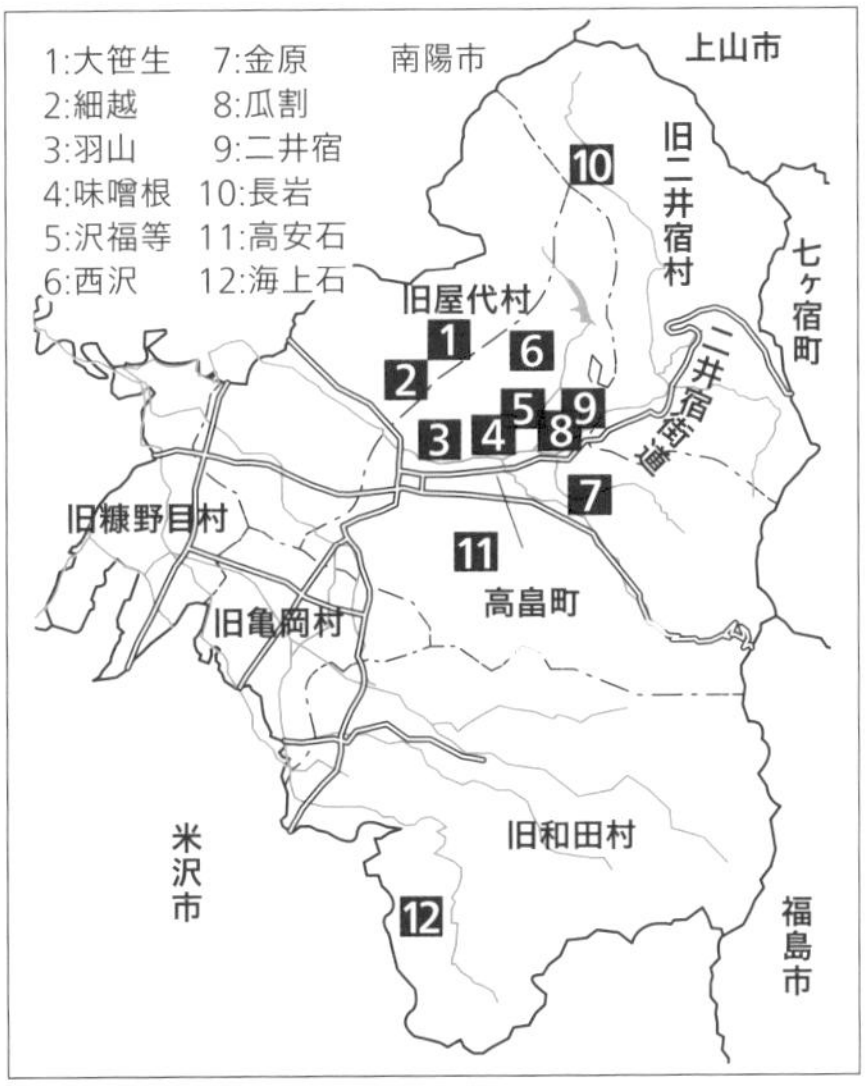

図9　高畠石の丁場の位置　町内に12か所の丁場

図10　大笹生地区の石番小屋（嘉永5年の銘あり）

図11　瓜割丁場（大正12年〜平成22年）

二〇二二）年に立て続けに起きた福島県沖地震で壁が崩落したため取り壊された。東日本大震災時は比較的被害がなかったが、その際に行った鉄板と石材を緊結する補強が影響して崩落した。地震による石造建造物の被害は課題であるが、農林省の規定を基に建築した状態では大規模地震においても被害が軽度であった。補強を目的とした改修により地震被害が拡大したことは残念であるが、当時の技術や規定の信頼性の高さに驚くとともに、歴史的な石造建造物の地震対策の指針の必要性を強く感じる出来事であった。

## 2 手掘りを踏襲して外構利用に特化した高畠石

山形県高畠町は、県南部の置賜地方に位置する。そこで産出する凝灰岩は高畠石と呼ばれ、地元では一二か所の丁場ごとに地区名で呼び分けられた［図9］。最も大きい大笹生丁場でも規模は四丁歩で、年間採掘量も六〇〇〇才ほどと小さく、さらに民家の敷地内や畑に個人所有の石切場が存在するなど、小規模の丁場が無数に点在した。

その採掘の歴史については明確な史料を欠くが、古記録や建物への利用などから大《オオ》笹生《ザソウ》丁場での採掘が最も早く、遅くとも江戸後期には職人よる採掘が行われている［図10］。その後、主要な丁場は大笹生から沢福《サンプク》等《ラ》、瓜割《ウリワリ》［図11］へと移り、平成二二（二〇一〇）年に採掘が終了した。

高畠石は、一貫して職人の手掘りという人力で採掘された。採掘には「ワッカケドリ」と呼ぶ露出した岩塊から切り取る方法

図12 ホッキリによる採掘

13 高畠石の定尺規格「一二八」（1尺2寸×8寸×6尺、約300kg）

と、「ホッキリ」「ダテボリ」と呼ばれるツルを使った露天掘り［図12］があり、主に前者は石垣などに用いられる間知石、後者は「一二八」（一尺二寸×八寸×六尺）［図13］と呼ばれる角石の採掘に用いられた。職人は、一日一本「一二八」を切り出すことができれば一人前とされ、岩盤への墨付けから切り出し、整形、鍛冶仕事を一日のサイクルとし、全て一人で行った。昭和後期に県外の企業により採掘機械が導入され、機械掘りを試みた丁場があったが、岩盤内の硬石で機械の歯が傷んで補修費が嵩み採算が採れないことから、すぐに終了したという。一見古典的な方法であるホッキリによる採掘は、最新の機械技術以上に高度な職人のスキルによるものといえ、岩盤の状況を感じながら臨機応変に対応しなければならない高畠石の特性に合った技法であったからこそ、現代まで手掘りが継続されたのだろう。手掘りによる採掘は、石材規格の大きさに影響している。「一二八」は、他地域の石材規格に比べてとても大きく、運搬もままならない一本約三〇〇キログラムの角石である。その上、角石の長さが六尺と規定されたのはホッキリ導入後の近代以降で、それ以前は長さが一〇尺以上のものが多かった。なぜこれ程までに大きな規格であったのか。それは、運搬の容易さよりも切り出す手間をかけないとする採掘の作業性が重視され

4 旧高畠鉄道高畠駅舎（昭和9年、瓜割石、長島星山設計）

図15　UD家石蔵（昭和24年、沢福等石・二井宿石、山田石屋）
［左］外観　［上］石材表面

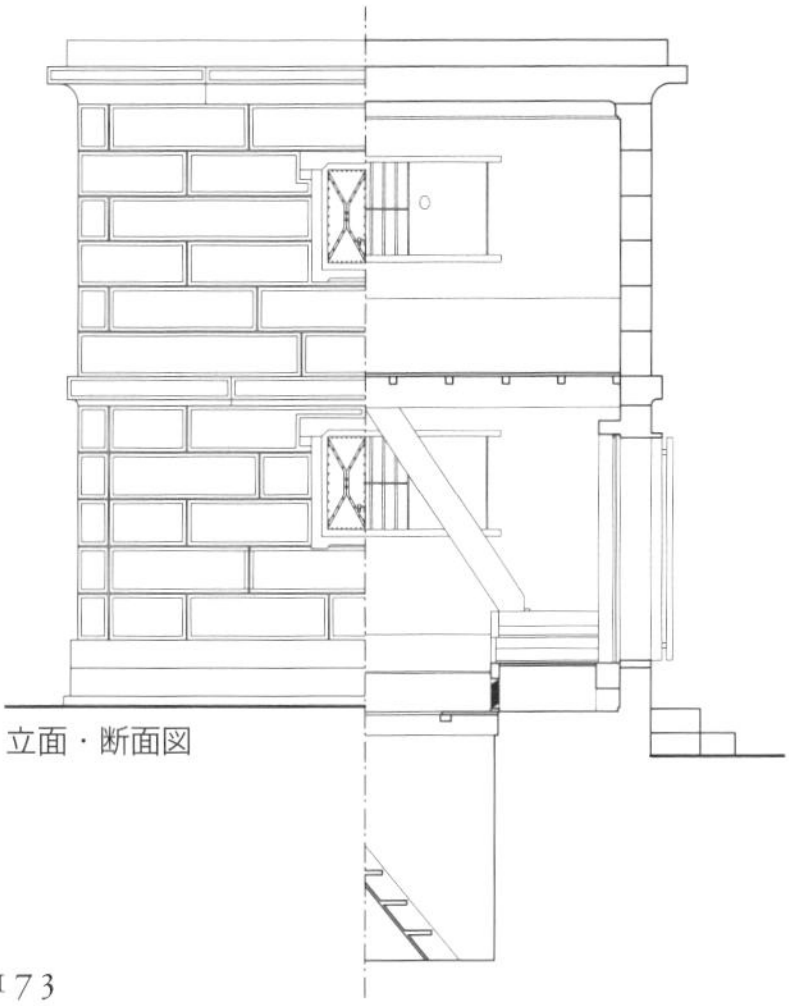

立面・断面図

たためである。運搬に適さないことから、流通範囲も主に高畠町内を中心に隣接地域の置賜地方に限られた。

高畠石の象徴的な建物として、旧高畠鉄道高畠駅舎がある［図14］。奥羽線と高畠町を結ぶ私鉄の駅舎は、昭和九（一九三四）年に石造一部ＲＣ造二階建てで建築された。特徴的な高畠石の色彩と町内では類をみないルネサンス風の外観は、地域のランドマークとして親しまれ、今後利活用に向けて動き出している。

しかし、高畠町の古い街道を歩くと、石を用いた建造物がほとんどないことに気づく。高畠町では個人用の石蔵がわずか八棟のみと極めて少ないのである。石蔵の歴史は浅く、福島市茂庭から遅くとも大正期頃に転入した石工山田武七により初めて町内に石蔵が建築され、町内の石工が山田に弟子入りして技術が広まった［図15・16］。現在石蔵を持つ家は、石工の旦那場や親戚など強い関わりがある家ばかりである。石工は食米を得るために取引先を持ち、昭和四〇（一九六五）年頃までは「一二八」一〇本を米一俵に交換したという。石工の取引先には、米との交換により大量に石材が蓄積したことから、それらを利用するために石蔵が建てられた。高畠町における石蔵は、職人とその生活を支える人との強い絆の証ともいえる存在であり、他の石材産地の石蔵とは全く異なる意味を持った。

では、高畠石の主な利用方法は何だろうか。最も多いのが外構利用である。敷地を囲むように石材を配置し、積み上げて塀にしたり、敷地境界に置いたり、地面を掘って土留め石や敷石にしたりする［図17］。これらは全て角石で、基本的に「一二八」をそのまま用い、野積みと呼ぶ接合材なしで

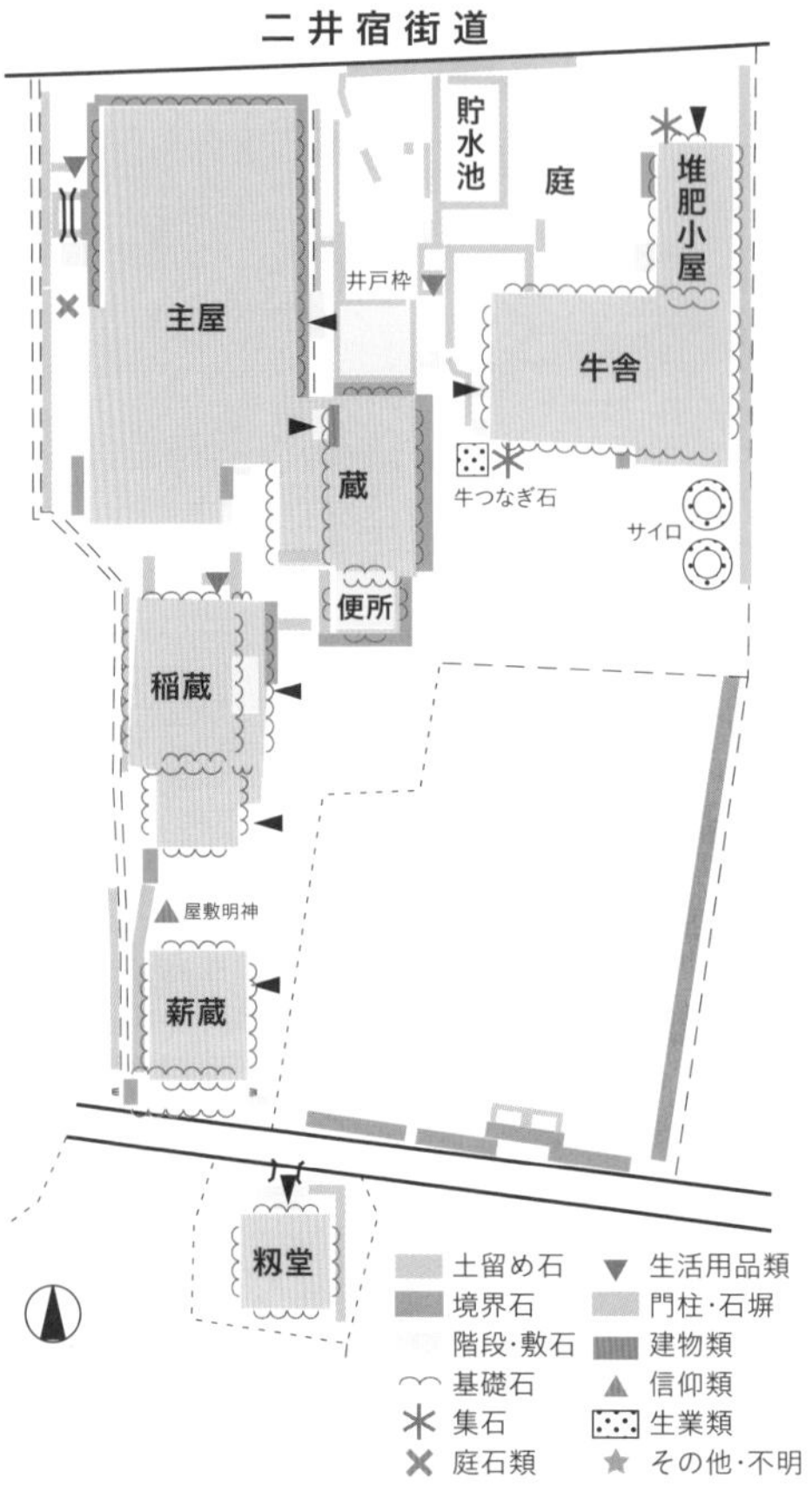


図17 住宅敷地内の石材配置図。外構に多用される高畠石

図16 AB家石蔵（昭和45年、瓜割石、山田石屋）
［上］外観 ［下］石材表面

立面・断面図

石を積み重ねる方法で設置される。石塀のみ石材表面に額縁加工を施して一手間加え、明治期以前は丁場地主や大地主など地域の有力家のみが設置できたが［図18］、昭和四〇年代以降一般層に広がった。この他、サイロや石風呂、庭石のナツカワなど、地域生活を彩る多様な石材利用がみられる［図19］。注目されるのは、敷地内の至る所で石材を寄せて積んでいる光景に出合うことである［図20］。これは、巨大な角石のため容易に片づけられないという側面もあるが、米との交換にみるように石材は地域独自の

図18 地主の額縁入り石塀

図19 さまざまな用途で石材を利用
［上から］石造サイロ／石風呂／ナツカワ

金銭的価値を持つものとして認識されたため、大事に貯めておく家が多かった。この集石は、石を再利用する例が多いこととも深く関係する。主屋を建て直した際の古い基礎石を境界石や土留め石に再利用したり、薄く切って新しい家の玄関の敷石に用いたりするなど［図21］、石の転用事例が数多く確認できる。石を備蓄して再利用する慣習が現代まで続いていることは興味深い。

　高畠町では、採掘が終了して以降、石屋などの専門業者が古い高畠石を引き取る仕組みが根づいている。回収した石材は、加工されてきれいになり、新たな役割を得て地域で利用されている。行政もまた、その動きに追随するように高畠石の回収を呼びかけ、地元産の資材として公共建築に積極的に利用しようとする計画が進められている［図22］。高畠石の生産の歴史は途絶えたものの、地域特有のサステイナブルな資材を、地域内で循環利用する仕組みが既に

図20 敷地内に積み重ねられた角石（集石）

図 21　旧主屋の基礎石を玄関の敷石に再利用

22　高畠町立図書館（2019 年）の敷地内に積み重ねられた高畠石（上）と
ンチとして再利用されている様子（下）

地域社会の中でできていることは全国的にも類をみない素晴らしいことであり、持続可能な社会の構築に大きく寄与している。今後もゆるやかに消費されていくことを期待したい。

## 3　人の動きで進化し地域内で独自の価値を持った石材

国見町と高畠町は、奥羽山脈を挟んで羽州街道と二井宿街道でつながる比較的近接する地域にあり、近世から凝灰岩を採掘して主に地域内で利用する点、職人の修業や転入という人の移動によるイノベーションの一つとして石蔵を建築する点は共通する。しかし、石材の利用法や地域での役割が全く異なり、国見石は時代ごとに他地域の技術を取り入れ進化しながら採掘され、安価にすぐ手に入る防火力の高い建材という新たな利用法を得たことで、土蔵に代わる付属屋としての石蔵の普及を後押しし、地域景観と生活を一変させた。一方、高畠石は近世からの伝統技法による生産と外構への角石利用を現代まで一貫して踏襲し、地域独自の金銭的な価値を持ったことで、再利用しながら使い続けられた。変化を受け入れる国見と文化を継承する高畠。地域の風土が石材の利用に投影されている。ともに石材の生産が終了してしまったが、町並みの中に石が溶け込む特徴的な景観を今後も遺していってほしい。

## 第4節 小樽の木骨石造倉庫

木骨石造建築物は、市街地建築物法施行令（大正九年）の第五条三項に「厚十センチメートル以上ノ石、人造石又ハ「コンクリート」ヲ以テ木骨ヲ被覆又ハ充塡シテ外壁ヲ構成スルモノ」と定義されている。この被覆型の木骨石造は、明治期の小樽において特に盛んに用いられ、市中の大小の倉庫や、店舗、銀行、事務所など商業建築にも広く適用され、小樽特有の歴史的都市景観を形成していった。

小樽の組積造に関する調査は、昭和二五（一九五〇）年七月の北海道建築部建築指導課による『北海道に於ける耐火建築物の現況について』（昭和三三年合併の塩谷、忍路など含まず）が挙げられる。それによると、石造は、明治期一六七、大正期一四一、昭和期五八、小計三六六、不明一七四、合計五四〇棟とある。昭和五三年の調査『小樽運河と石造倉庫群』（観光資源保護財団編、一九七九年）では、石造四五〇棟の遺存が確認され、平成四（一九九二）年度調査（日本建築学会北海道支部編『小樽市の歴史的建造物――歴史的建造物の実態調査（1992年）から』小樽市教育委員会、平成六年）では、石造建築三八四棟（うち木骨石造三四五棟）が確認されている。さらに令和二（二〇二〇）年一二月（小樽市総合博物館特別研究員・竹内勝治氏調査）では、石造遺構三一二棟中、木骨石造は二九七棟（九五パーセント）が確認されているという。

### 1 小樽の明治初期の石造建築

手宮洞窟の「古代文字」（国史跡）は、慶応二（一八六六）年相州（相模国）小田原の出稼石工長兵衛が石材切出の際に発見した。小樽の石材採取の早い記録で、「小樽住宅明細図明治十年頃」（小樽市立博物館蔵）に「石工長兵衛」の名が見られる。

明治初期の石造建築として、『小樽文化史』（渡辺悌之助、昭和四九年）には明治六（一八七三）年、藤野弥三兵衛が越前から石材を運び、勝納町に外部を土で塗った石蔵を建てたとの記述があり、『小樽年表』（小樽郷土史研究会編、昭和二八年）には、「明治一一年四月小樽分署北川属は石蔵米倉の建築を上申して承認を得これを港町に建設」との記載がある。また『明治十九年二月　廃県置庁引継書　小樽郡役所ノ一』の「供有地所建物引継目録」

図1　角江薬舗（出典：『小樽港実地明細図』明治二六年）

には、「同国同郡（後志国小樽郡）開運町一、石蔵三坪」とある。

　奥沢村での石材採掘の開始は、北海道立文書館所蔵簿書『地租係　小樽郡役所部内軟石掘採場地券録』に、「小樽郡奥沢村軟石掘採場壱町九反八畝歩但明治十六年中耕地ニ払下同十七年五月地目変換許可……」とあるので、遅くとも明治一七（一八八四）年頃と考えられ、明治一〇年代後半から石造建築が一般的に建てられるようになったと思われる。小樽軟石は砂質凝灰岩で、奥沢村や桃内村で産出された（小山一郎『日本産石材精義』龍吟社、一九三一年）。

## 2　小樽の石造建築普及に寄与した清水勝正

　明治期の小樽では大火が頻繁に発生した。明治一四（一八八一）年五八五戸、二〇年四二〇戸、二七年七〇〇戸、二九年七八六戸、三五年七五〇戸、三七年二、四八一戸、四四年一、二五一戸などが挙げられる。『小樽立志百選』（田尻稲堂編、明治三六年）「土木建築請負業清水勝正」の項に、「小樽港の火災類々として住民の困難甚たしきを見て憂慮措《お》く能はず……大に石造家屋の工事を勧誘し入船町角江薬舗の石造家屋を建設せしハ我小樽港に於ける石造家屋の嚆矢にして……」とあり、清水は小樽における石造建築の普及展開に大きく寄与した。

　清水勝正は、安政四（一八五七）年岡山県宮の浦生まれ。祖父の代から請負業であった。明治五（一八七二）年一五歳で明石の名匠大工須藤善兵衛の下で石工の技を学び、一四（一八八一）年に神戸アメリカ居留地一番館倉庫を請け負い、同地で石工業を続けた。その後東京、横浜を経て、豊平館の職人募集に応じて札幌へ移転、後に独立して手宮停車場を施工、これを機に小樽に永住した。小樽最初の石造建築といわれる入船町角江薬舗（明治二〇年頃）［図1・2］の建設以降、二年間で五〇戸の石造家屋を手がけた（『風雪の百年――北海道建設業界史』北海道建設新聞社、一九七〇年）。

　旧角江薬舗は、明治三三（一九〇〇）年に秋野家が購入し、全面的に改造されているが、側面の札幌軟石積み壁体や屋根、小屋

［右頁］図2 旧角江薬舗現況
正面は増築改修されているが
側面に当初の石造外壁が見られる（入船町1丁目）

図3 角江薬舗（秋野薬店時代。同店所蔵。出典：越野武『北海道における初期洋風建築の研究』（北海道大学図書刊行会、1993年）
明治33年に秋野家が購入し、昭和47年山形薬業に吸収合併。正面両脇に袖壁をつけた平入り型式の町屋建築で、2階に3個の櫛形アーチ窓を開け、土蔵風の両開き塗扉を建てこむ

組構造が遺存する。旧写真〔図3〕によれば、当初は正面二階に三個の櫛形アーチ窓を開け、土蔵風の両開き塗扉を建て込み、両側に防火壁（うだつ）を備えている。一階は全面店開口としているから木骨であったことは容易に推測できるが、正面からは土蔵造り風であった。

## 3 木骨石造の基本構造

木骨石造は、四～五寸角程度の柱を三尺おきに立て、厚さ五寸（約一五センチメートル）程の軟石を手違いのかすがいで木骨の軸組に留める。柱頭を桁でつなぎ、臥梁がわりの鉢巻石（軒蛇腹部分の石）をかすがいで桁に緊結し、その上に小屋組を架ける〔図4・5〕。

木骨石造は、一般に「洋風小屋組」と考えられていたが、平成四年度調査（前出）によれば、遺構の半数近くに和小屋（大半が垂木小屋組）もみられ、規模に合わせて和小屋と洋小屋を使い分けていたと思われる。

木骨石造商家は、明治二〇年代に普及したが、明治一八（一八八五）年以来毎年のように発生する大火とも無縁ではなく、特に三七（一九〇四）年大火後、急激に市中に増加したといわれる。『小樽史料』（河野常吉、道立図書館蔵）の明治二五（一八九二）年一二月八

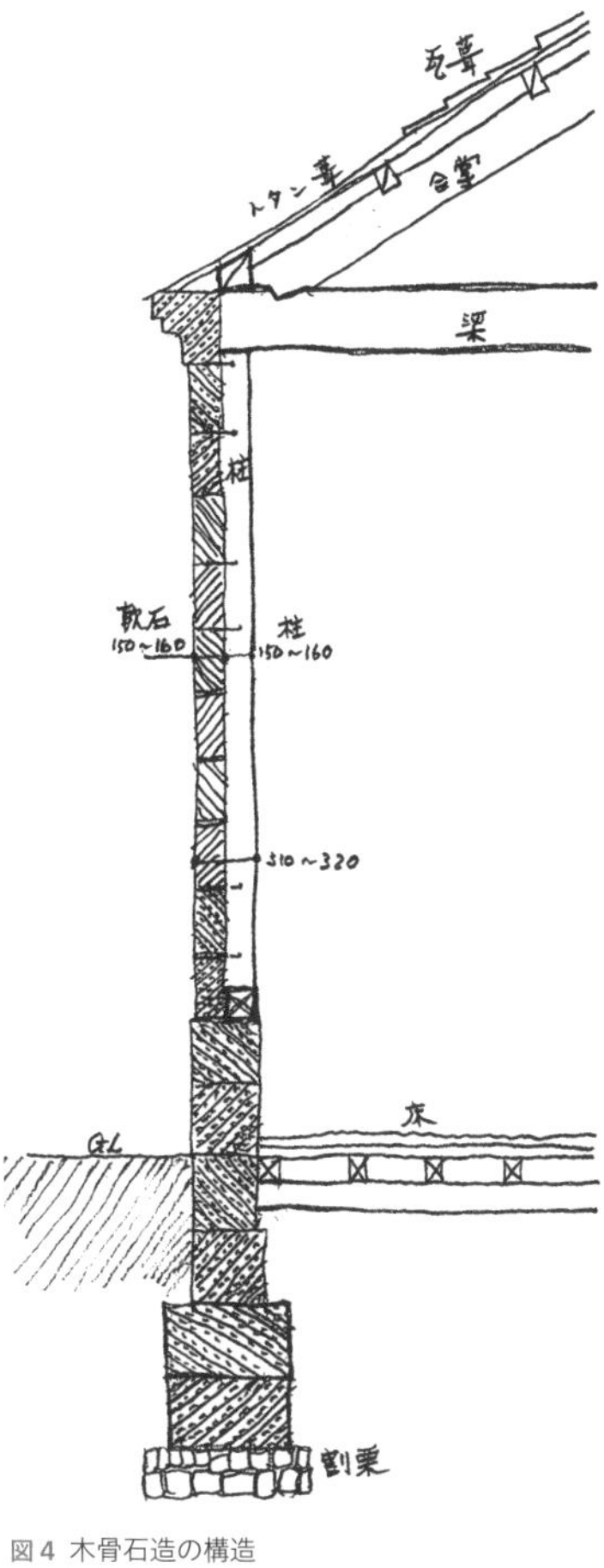


図4 木骨石造の構造

図5 木軸とかすがい
木軸と石材はかすがいで固定される

図6 名取高三郎商店。銅鉄金物の老舗で、裏手に住宅・倉庫を連ねる。明治37年大火後の39年建設。角地に面した二面の下屋店先を大きく開放するのは、木骨石造ならではの特徴

日記事には「家屋倉庫ノ石造二四八棟」と、石造建築ラッシュを伝える。焼け跡に残る木骨石造倉庫を見た商人たちが、復興建築の構造として不燃化を意識して積極的に採用したと推測される。色内通りの旧早川支店（明治三七年、市指定歴史的建造物）や旧名取高三郎商店（同三九年）［図6］はその代表格で、いずれも在来の土蔵造町屋の形式を踏襲している。

## 4 木骨石造倉庫から

明治二〇年代後半から三〇年代にかけて形成された小樽運河沿いの営業倉庫の多くは木骨石造であり、小樽の景観要素の一つとして重要である。

運河沿い倉庫の代表例の一つは、小樽市指定歴史的建造物第一三号の旧小樽倉庫（色内二丁目二）［図7］である。色内地先の埋め立て直後に建てられた営業用倉庫で、正面右手（北側）倉庫（現小樽市総合博物館運河館）が最初の建設で、明治二三～二七（一八九〇～一八九四）年にかけて増築を重ねて二つの中庭［図8］を囲む大倉庫となった。寄棟の瓦屋根に鯱《しゃちほこ》［図9］を載せた和洋折衷デザインで、木骨煉瓦造二階建て事務所を挟んで、左右対称に木骨石造平家を並べる。南側倉庫は、運河プラザとして、小樽観光物産プラザ及び多目的ギャラリー（三番倉庫）に活用されている。

図7 小樽倉庫外観。写真左側の建物。
木骨煉瓦造事務所を挟んで、左右に木骨石造倉庫を並べる

図9 小樽倉庫の鯱

図8 小樽倉庫の中庭（1991年撮影）

小樽倉庫の北側のバシリカ形式のような外観の旧大家《おおいえ》倉庫（色内二丁目三）は、正面妻壁にヤマシチの印を掲げた木骨石造倉庫［図10］で、小樽市歴史的建造物第一号。石川県出身の海産商大家七平によって明治二四（一八九一）年に建設された。

外壁は札幌軟石を使用し、越屋根と入り口部分の二重アーチが特徴で、雄大さと独特の姿は運河地区の石造倉庫の代表格のひとつといえる。平成四（一九九二）年におもちゃ博物館［図11］として再利用されたが、平成一三〜一四（二〇〇一〜二〇〇二）年、外壁や屋根瓦部分などを修復し、現在も倉庫として利用する。

［上］図10 旧大家倉庫
［下］図11 おもちゃ博物館時代の旧大家倉庫（1992年撮影）

図13　小樽新聞社社屋立面図
（所蔵：北海道大学デザイン学研究室）

図12　北海道開拓の村に移築された小樽新聞社
（1981年撮影）

図14　小樽新聞社の木骨軸組
（所蔵：北海道大学デザイン学研究室）



小樽の木骨石造は、前述の町屋風商店や大小の倉庫だけでなく、中規模の銀行や事務所などにも採用された。

旧小樽新聞社社屋（北海道開拓の村に移築）［図12］も代表例の一つである。小樽新聞社は、明治二七（一八九四）年創刊、同三七（一九〇四）年三月工場焼失後、四二（一九〇九）年九月新社屋が落成した。社屋は、木骨石造三階建て、間口一二・四六メートル、奥行一〇・〇一メートル（木骨軸組心々）の矩形平面である。解体時の調査によると、側周りの地業は、径六寸（一八・二センチメートル）ほどの松丸太杭を二列、二尺（六〇・六センチメートル）間で打ち込み、杭上に無筋コンクリート打ち、小樽産黄色砂質凝灰岩と中硬石の地覆石を各一段敷き、その上に札幌軟石の腰壁三段を積む。腰壁三段は札幌軟石、「江戸切り鑿突き」の粗面仕上げである。腰壁三段のうち最下段は構造積石で、ここまでが布基礎。腰壁二段目から上は非耐力張壁で、上部は同じ札幌軟石を平滑に仕上げている［図13］。軟石張壁の内側、布基礎上に木骨軸組を組み、土台、一般管柱、窓台、楣は、一三〇ミリ

図15 旧塚本商店
大正9年建築。木骨鉄網コンクリート造2階建て。近江商人出身の塚本家は明治25年に北海道で営業を開始する。その後塚本商店は大正9年東京日本橋に創立し、京都と小樽に支店を開設。昭和44年に小樽支店を閉鎖、46年総合食品卸問屋後藤商店に売却した。正面の「後藤商店」の看板は昭和50年の設置だが、平成2年に閉店した

メートル角、隅柱は一七〇ミリメートル角、胴差は一三〇×二二五ミリメートルほど、壁面全面に組まれた筋違は七〇〜八〇×一二〇〜一三〇ミリメートル。積石厚さは、一六〇〜一七〇ミリメートルで、内部木骨軸組に手違いカスガイで固定していた［図14］。

同社屋は、昭和五〇（一九七五）年七月に解体、北海道開拓の村に移築後、同五五（一九八〇）年に復原されたが、木骨軸組は撤去されＲＣ造に変更されている。

## 5 木骨石造の類似構法

小樽では、木骨石造と類似の構造、つまり外壁石積帳壁の代わりに煉瓦や鉄網コンクリート（モルタル）を用いた建築も数は少ないが建てられた。

木骨煉瓦造は明治期に散見され、木骨モルタル造は、大正以降試行された鉄網モルタル造の応用で、小樽では木骨石造の衰退期頃から展開し、旧塚本商店（色内一丁目六）［図15］、のように表面を黒漆喰仕上げを施すなど在来塗屋の姿に見せる例が多かった。

小樽の木骨石造建築は当初は小樽運河沿いに展開した営業倉庫のように、温度環境を一定に保つことができ、かつ防火性能が木造に比べて高いという理由から、保管商品への安全性を考慮しての採用であったが、その後の木骨石造や類似の構造が町屋に採用されていく過程を見ていくと、北国では施工の難しい在来の土蔵造りや塗屋の代替構造として展開したと考えられる。

［上］図1　結晶片岩の石積みが集落景観を特徴づける（長崎市新牧野町）
［下］図2　橋口家住宅倉庫の外観（明治36年築、長崎市西出津町地内、国登録有形文化財）

# 第5節　長崎の練塀民家と「ド・ロ壁」



## 1　練塀の主屋と付属屋

長崎市外海《そとめ》地方の新牧野町や西出津《しつ》町では、地元で産出する緑味を帯びた「結晶片岩」の石積みを見ることができる。石積みは段畑を縁取り、時には擁壁としてそびえ立ち〔図1〕、地域の景観を印象づけている。「長崎市外海の石積集落景観」として重要文化的景観（重文景）に選定されたが、その事前調査で筆者らは多数の石積み民家を発見した。

橋口家住宅（西出津町）は、主屋と倉庫〔図2〕が石積み民家の典型例として、重文景選定以前から国登録有形文化財に登録されている。主屋は、明治四一（一九〇八）年に建てられた背の低い二階建ての瓦葺き民家である。外から見るのは難しいが、石積み壁が主屋の背面と側面にL字型に廻っている。

倉庫は明治三六（一九〇三）年に建てられた二階建ての建物で、桁行八・四メートル、梁行四・三メートルと大型である。寄棟造りの瓦葺き屋根を載せ、石積み壁が正面中

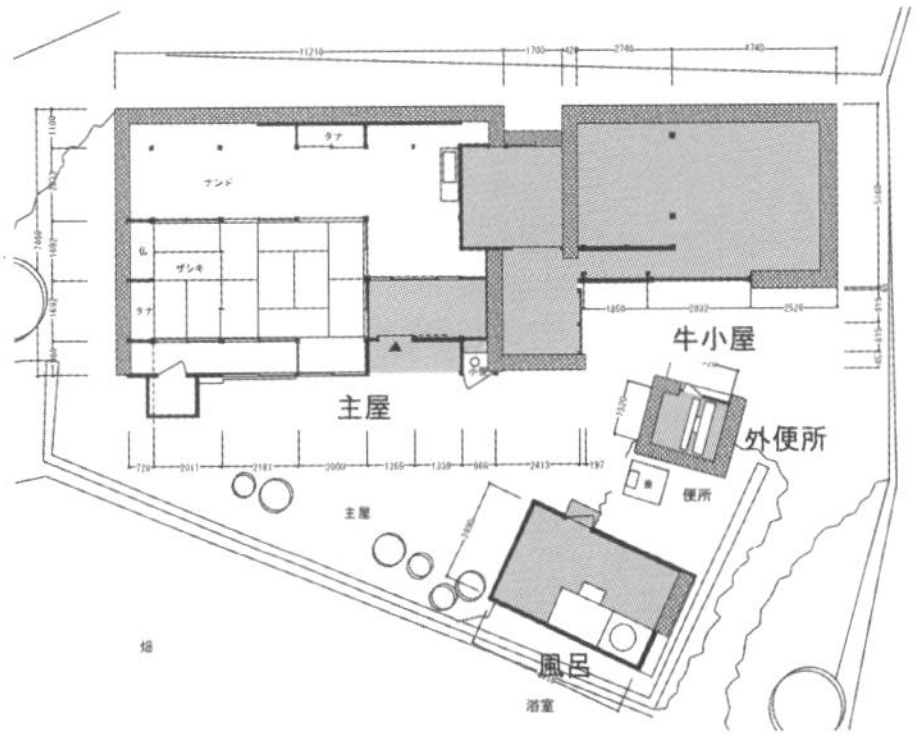


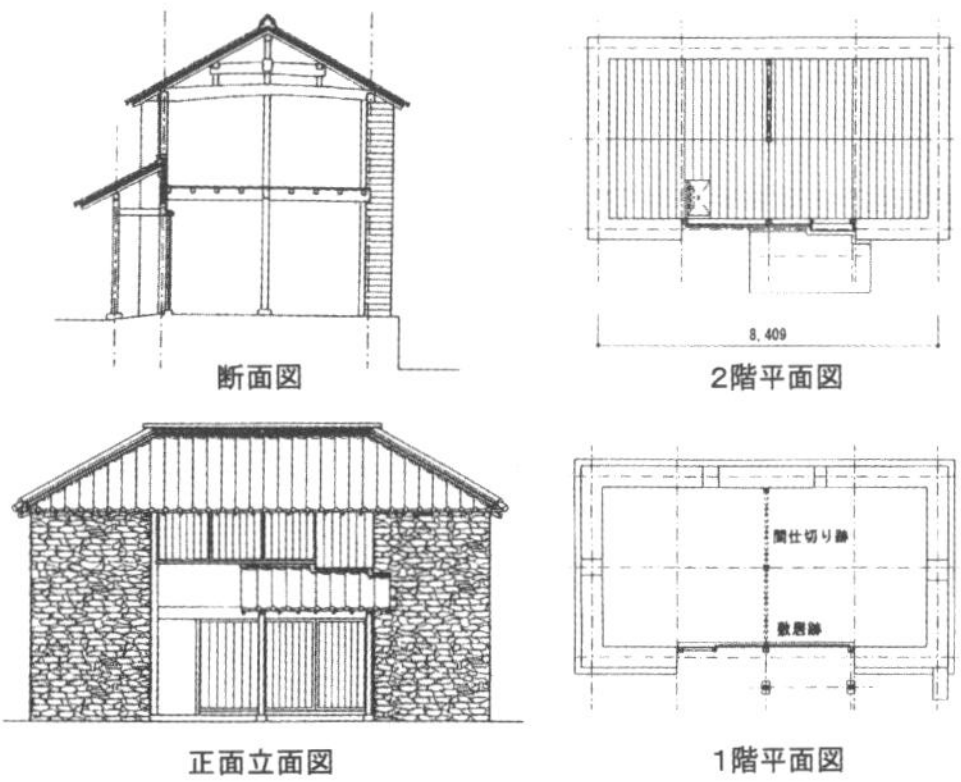


［右］図3　橋口家住宅倉庫　平面図・立面図・断面図
（出典：長崎市『平成 20 年度外海地区文化的景観保存計画策定調査報告書』2009 年）
［左］図4　K家住宅　平面図

央部を残してロの字型に取り巻いている［図3］。主屋、倉庫ともに、石積み壁の内側には木柱が立ち、梁を渡し小屋を組んで屋根を架けている。石積み壁が木造軸組の構造を内包する混構造である。

しかし、主屋に対して倉庫の方は、柱は間仕切り用に立つだけで軸組はいたって簡素である。石造と呼んでもよい。実際、結晶片岩を積み上げた倉庫の壁は五〇センチメートルほどの厚みがあり、しかも、一見すると空積みのようにも見える石壁は、強度を出すために内側は土で固められている。

［上］図5　K家住宅の牛小屋の側面と背面（明治末～大正初期、長崎市新牧野町上里）
［下］図6　K家住宅の外便所の外観

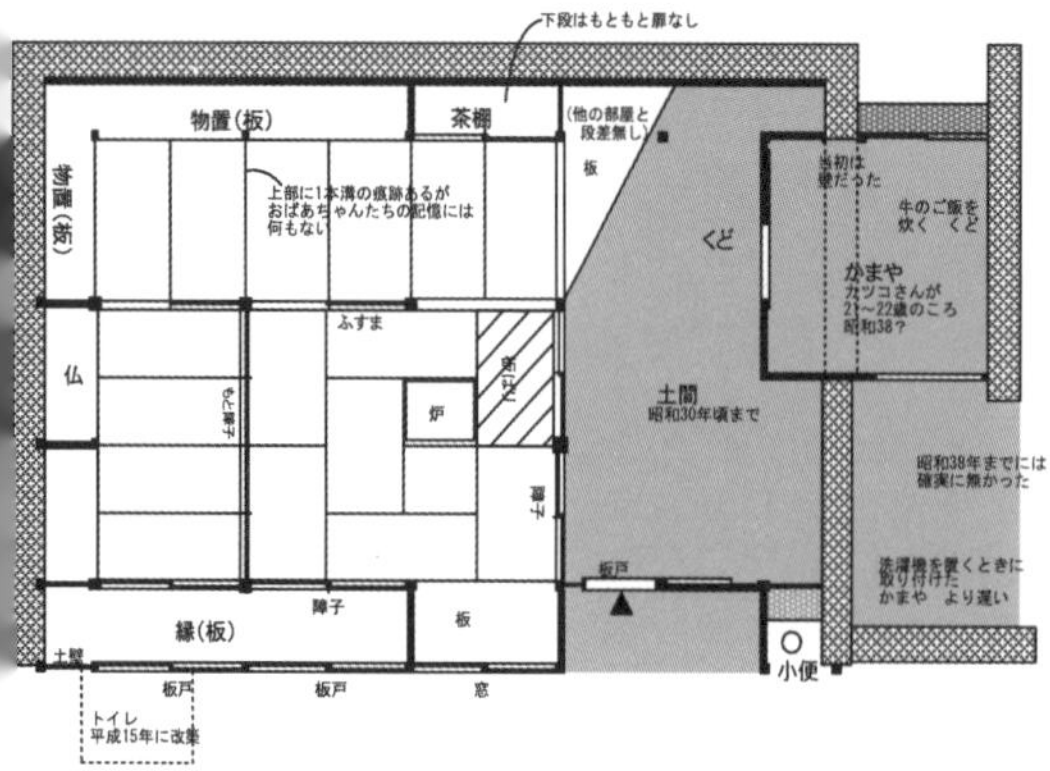


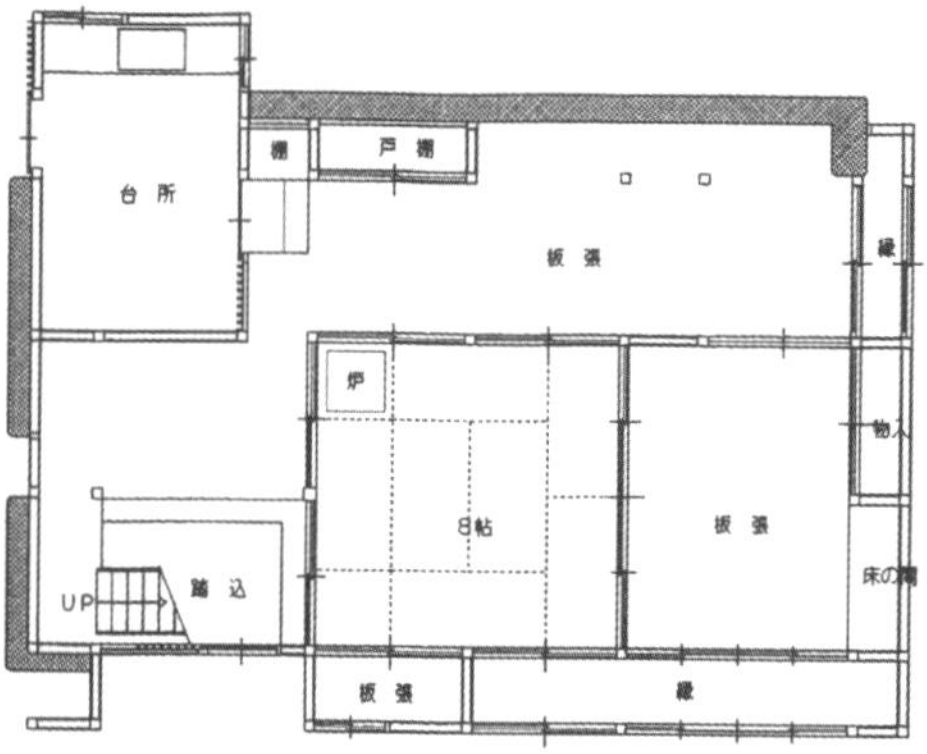


いわゆる練積工法による練塀である。この点は、他の石積み壁も同じである。

橋口家住宅の練塀壁は、石積み職人であった橋口初五郎によって築かれたという。

K家住宅（新牧野町上里地区）［図4］は、主屋はもとよりその脇の牛小屋［図5］、牛小屋手前に立つ外便所［図6］、その背後の風呂棟がみな石積み壁を持ち、石積み民家の代表例であろう。

主屋は間口約五間、奥行四間（梁間二間）の立ちが低い瓦葺きの二階建て民家で、先の橋口家住宅とほぼ同じ大きさである［図7］。間取りを復原すると右手が土間で、土間に接して囲炉裏のある広い八畳間を設けて中心的な部屋とし、その上手に四畳の仏間、背後（裏手）は細長いナンド（寝部屋）である。最大の特徴は、表側を除く三方を厚い石積み壁が主屋を取り巻いているという点である。

また内部の柱であるが、一間おきに省略されずに立ち並んでいる形式は古式である。この家は大正元（一九一二）年前後の建物だという家人の話は、橋口家主屋（明治四一／一九〇八年築）と比較して、柱の配置を含め平面構成がよく似ていることから首肯される。しかし、石積み壁がL字型にまわる橋口家主屋に対して、三方を囲むK家主屋の石積み壁は閉鎖性がより強く、さらに古い形式を示しているようにも見える。部材の調子から見てもK家主屋は明治後期まで遡らせても問題ないように思われ、報告書では明治後期の民家と位置づけた。いずれにせよ、石積み民家の構成を平面および外観によく示す民家遺構としてK家の発見は大変重要なのである。

主屋に隣接する牛小屋を始め外便所、風呂棟にも石積み壁が残ることは先に書いた（ただし、風呂棟は石積み壁が一面のみで、他はブロック壁などに改修）。特に外便所は、調査の時点で床に二枚の踏板を渡しただけの古式な様子が残されていた。牛小屋を始め三棟の屋根はトタン葺きであるが、元は板葺きや茅葺きの簡易な屋根であったと想定される。

橋口家の倉庫（明治三六／一九〇三年築）は、四方に石積み壁がまわる二階建てであるが、屋根が寄棟造りなので石積み壁はみな同高

[右頁]図7 K家住宅 主屋復原平面図（左）と橋口家住宅主屋平面図（右）（明治末〜大正初期、長崎市新牧野町上里）

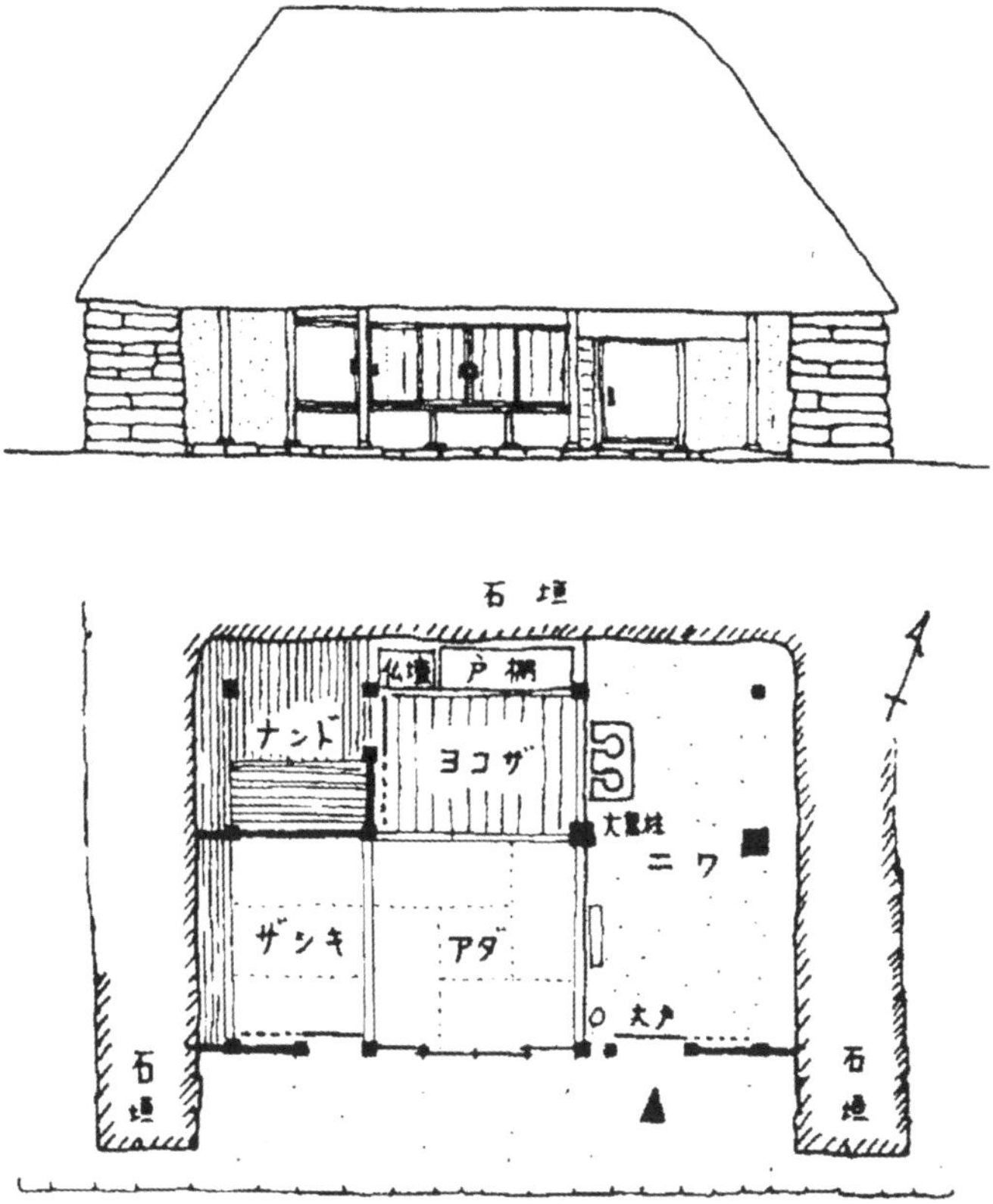


図8 平戸市生月島N氏宅推定復原平面図・正面図
（出典：山本輝雄「日本の住まいにおける信仰空間の存在について」『福岡国際大学紀要』2001年）

である。一方、K家の付属屋では、牛小屋と風呂棟の石積み壁の四方は同高で切妻屋根を架けているのに対して、外便所は両妻側の石積み壁を山形に築いた切妻屋根としている。この点は、壁と屋根が一体となった小規模な石造建物の特徴をよく示しているようで興味深い。

K家の付属屋群は、内部に木製の柱をほとんど立てず、石積み壁を主構造とする練塀建築である。同じ石積み建築でも、内部に柱が立ち並ぶ主屋との違いはこの点にある。付属屋は小規模なので、石積み建物本来の形式が残された。とりわけ便所は梁や母屋桁も持たない。この地域における石積み建物の原型のように見えるし、海外の同種の建物とも共通性がある。石積み建築の普遍的な姿を示しているように思えるのである。

## 2 練塀建物の系譜

この地域は近世に遡る民家は残らず、明治四一年の橋口家住宅が最古級の民家で、K家の主屋がこれに準じるようである。

K家に見るように、明治末から大正期の民家がなお閉鎖的な練塀を構造主体とする状況から、それ以前の民家を憶測すれば、練塀に茅葺き屋根を載せた形が想起される。このような実例はいくつか報告されている。

今和次郎は、戦後の早い時期に平戸市生

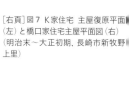

図9　明治三〇年代の鰯網工場（現ド・ロ記念館、明治一八年築）周辺の練塀民家
（出典：出津カトリック教会『出津教会誌』一九八三年）

月島で調査し、「生月島の民家の著しい特徴は、三方石積み壁で囲み、サス組のわら屋根をこんもりと乗せていることである。（中略）これは石積式構法と架構式構法との原始的な折衷方法とも考えられる」と紹介している（今和次郎、富田乃生、渡辺明「近世に於ける隠れ切支丹の住宅とその変遷」『日本建築学会論文報告集』五七号、一九五七年七月、五〇二頁）。山本輝雄が描いた生月島N氏宅（推定、江戸後期）の推定復原図は、今が指摘する石積み壁の民家の姿とよく一致する［図8］。

このような茅葺き屋根の練塀民家は、明治三〇年代に撮られたとされる古写真にも見ることができる［図9］。中央の白い建物は、フランス人宣教師マルコ・マリー・ド・ロ神父（後述）が同一八（一八八五）年に建てた元鰯網工場である（現ド・ロ神父記念館、西出津町）。

橋口家住宅の練塀は、石積み職人であった橋口初五郎の自家製であるが、練塀には特別な技術を持たない家人の手積みも多いと地元では聞いた。K家の付属屋では、練塀の頂部に小屋を組み屋根を葺けば完成する。確かに大工手間をかけず自前でできる。小規模家屋ほど練塀が用いられているのは、セルフビルドでできるからであろう。



主屋は小規模な付属屋とは異なる。今が「石積式構法と架構式構法との原始的な折衷方法」と指摘するとおり、練塀と軸組造との合わせ技術でできている。しかし、三方を囲む練塀と側柱の列との間には取り合いの空間があり、大工による架構と家人の手になる練塀とが併存できるような構成的工夫がされている。

茅葺き民家において、小屋組と屋根葺きは本来大工の仕事ではない、と宮澤智士は指摘する。宮澤は、堂宮大工が関わらない中世までの「こや」普請のあり方が、近世以後も残されたのが「小屋組」であると考える（宮澤智士「農家の中世から近世へ」『民家Ⅱ　農家（日本名建築写真選集一七巻）』新潮社、一九九七年）。練塀は、セルフビルドの範囲を外壁にまで拡張させ、大工仕事を室内架構に限定させる。

主屋が茅葺きから瓦葺きとなり、大工技術に負う軸組構造が十分に発達する明治後期から大正期に至っても、練塀は主屋に存続する。セルフビルドの伝統は、茅葺き屋

図10　大野教会堂（ド・ロ神父設計、明治二六年、長崎市下大野町）

根が廃れてもなお練塀に継承された。その後、主屋は練塀を排除する方向に変化するが、付属屋において練塀は戦後まで長く温存される。中世の「こや」から続くセルフビルドの伝統が、練塀というかたちで継承された。

## 3　「ド・ロ壁」とは何か

練塀は「ド・ロ壁」との関係でも注目される。

明治一二（一八七九）年フランス人宣教師マルコ・マリー・ド・ロが主任司祭として外海地区に赴任。多彩な慈善事業の一環として明治一六（一八八三）年、授産施設の中核として出津救助院を自らの設計と指導により建設した。

神父が関わった授産施設でも練塀壁が多用されている。結晶片岩を、石灰と砂を混ぜて水で捏ねたものでつないだ壁である［図10］。ド・ロ神父独自の工法で築かれた壁なので、地元ではド・ロ壁の名で親しまれている。確かに、フランスにはこの種の石積み民家は一般的なので、ド・ロ神父が出身地から持ち込んだという見方もできる。

しかし、この地の民家普請や石垣造成に広範に用いられていた練塀とその技術が、ド・ロ壁のバックボーンとなったことは間違いがないであろう。実際に働いたのは地元民だからである。自宅の練塀を築いた石積み職人橋口初五郎も、ド・ロ神父の仕事に参加したという。

村民の労働奉仕を前提とするこの種の施設に、練塀工法は最適である。神父は授産施設建設の主要工法として、在来の練塀工法にアマカワの材料を工夫し改良を施すなどしたという。地域民の奉仕事業はド・ロ壁の構築というかたちで行われ、大工の作業量を減らし、ローコストによる施設建設が果たされたのであろう。

ド・ロ神父の遺産であるド・ロ壁は、この地域の練塀民家の伝統の下に結集された地域民のセルフビルドの所産なのである。

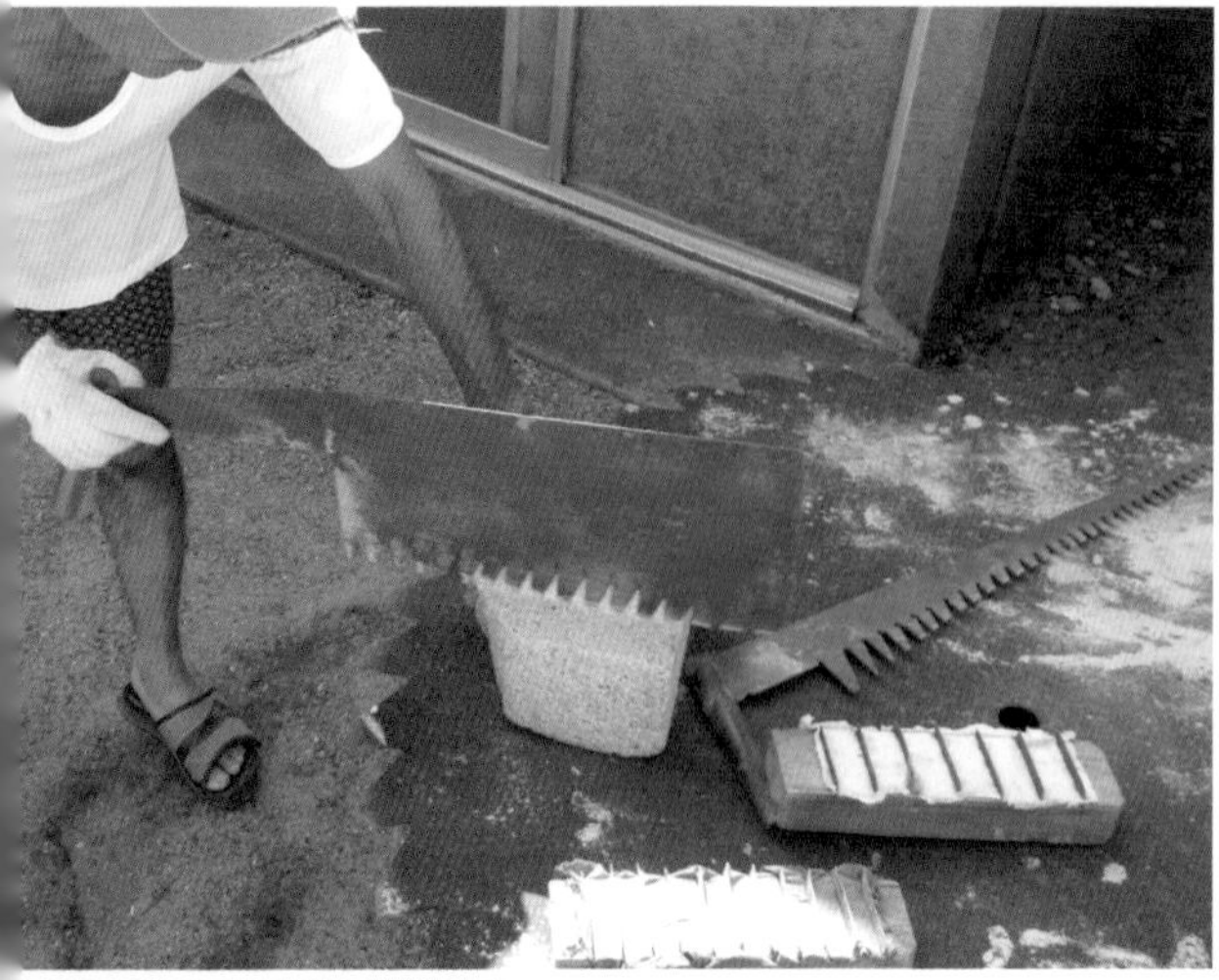

］図2 手鋸で切断できる抗火石
］図3 抗火石の屋根、壁、庇、持ち送り、額縁、戸

# 第6節 新島の抗火石建物

図1 抗火石

## 1 浮かぶ石

東京都心から南に約一六〇キロメートル、伊豆諸島の一つである新島では、「抗火石」、俗に「浮石《かぶいし》」とも呼ばれる、水に浮かぶ軽石が産する［図1］。軽量（比重〇・八〜一・三）で多孔質な軟質の地層の黒雲母流紋岩である抗火石は、手鋸でもザクザクと切れるほど加工性に富み［図2］、しかもモルタルだけで石同士が一昼夜で強固に接着できるという、建材として他に類例のない優れた特性を持つ。板状に切った抗火石にモルタルを付けて石壁に貼るだけで、庇、窓枠、戸袋、樋になるという具合である［図3］。この夢のような石材は、家人による採石や施工、自由な造形を可能にし、近代に本格的な採石が始まると集落中の建物に石の利用が広がった。ただ、その石造民家の町並みは、明治後期以降、度重なる大火に見舞われた島で民家の不燃化を達成するため、住民たちが苦労してつくり上げたものなのである。

新島には一一月から三月にかけて西風・北風のテッパツ（強風）が吹く。特に西風は

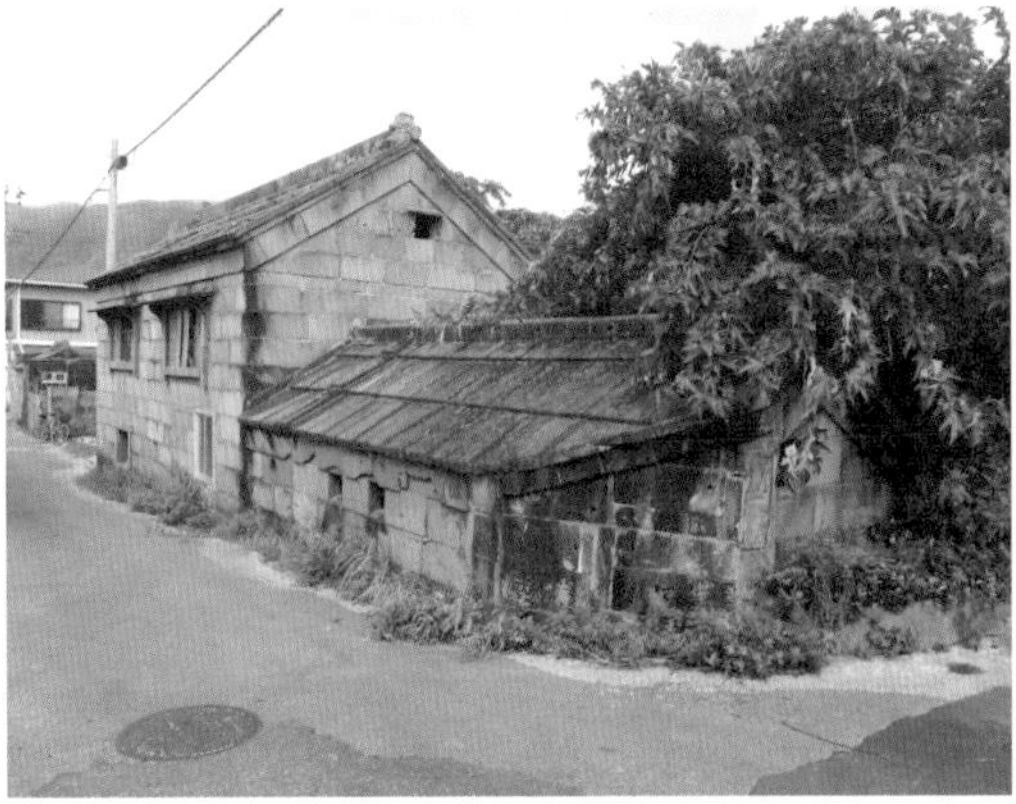

図5 掘り下げられた敷地

図4 オッタテ垣根

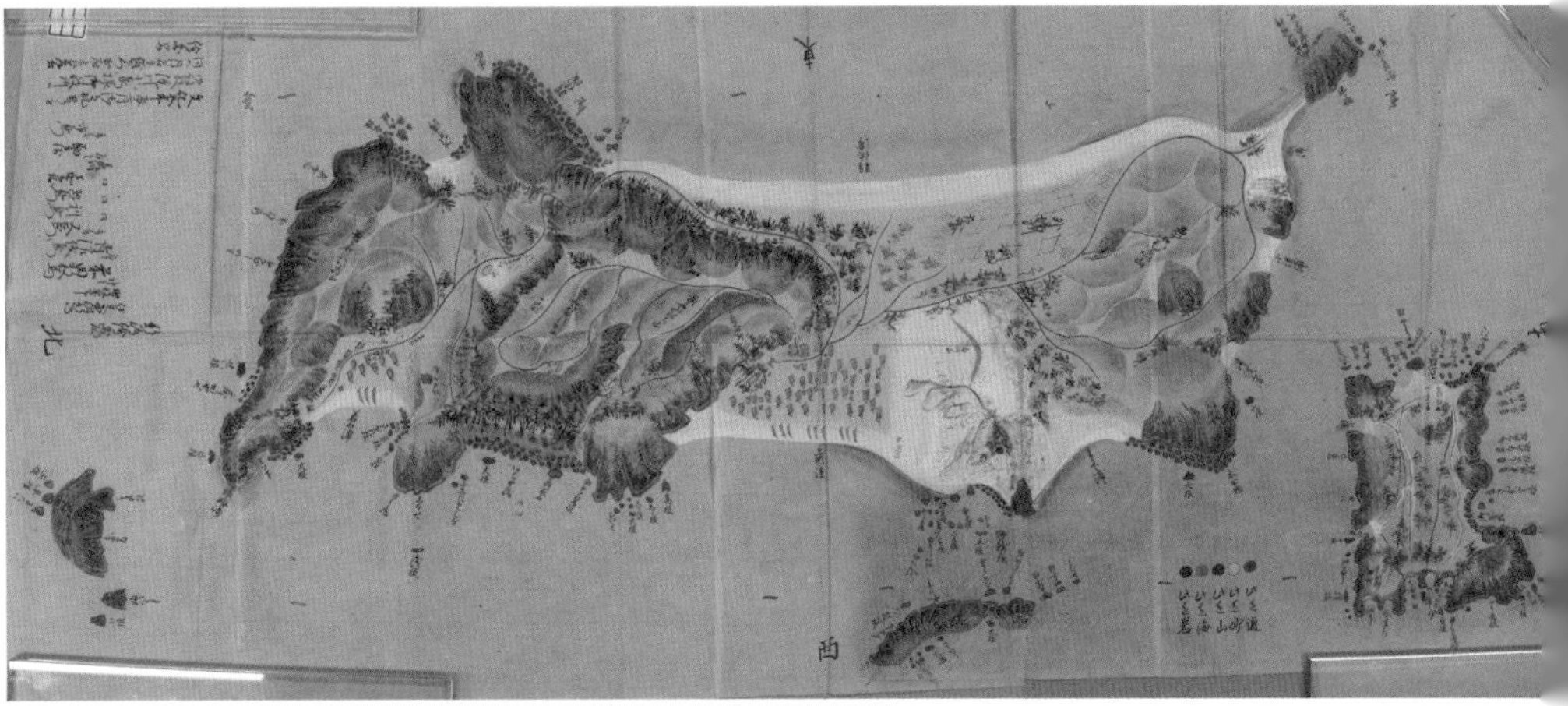

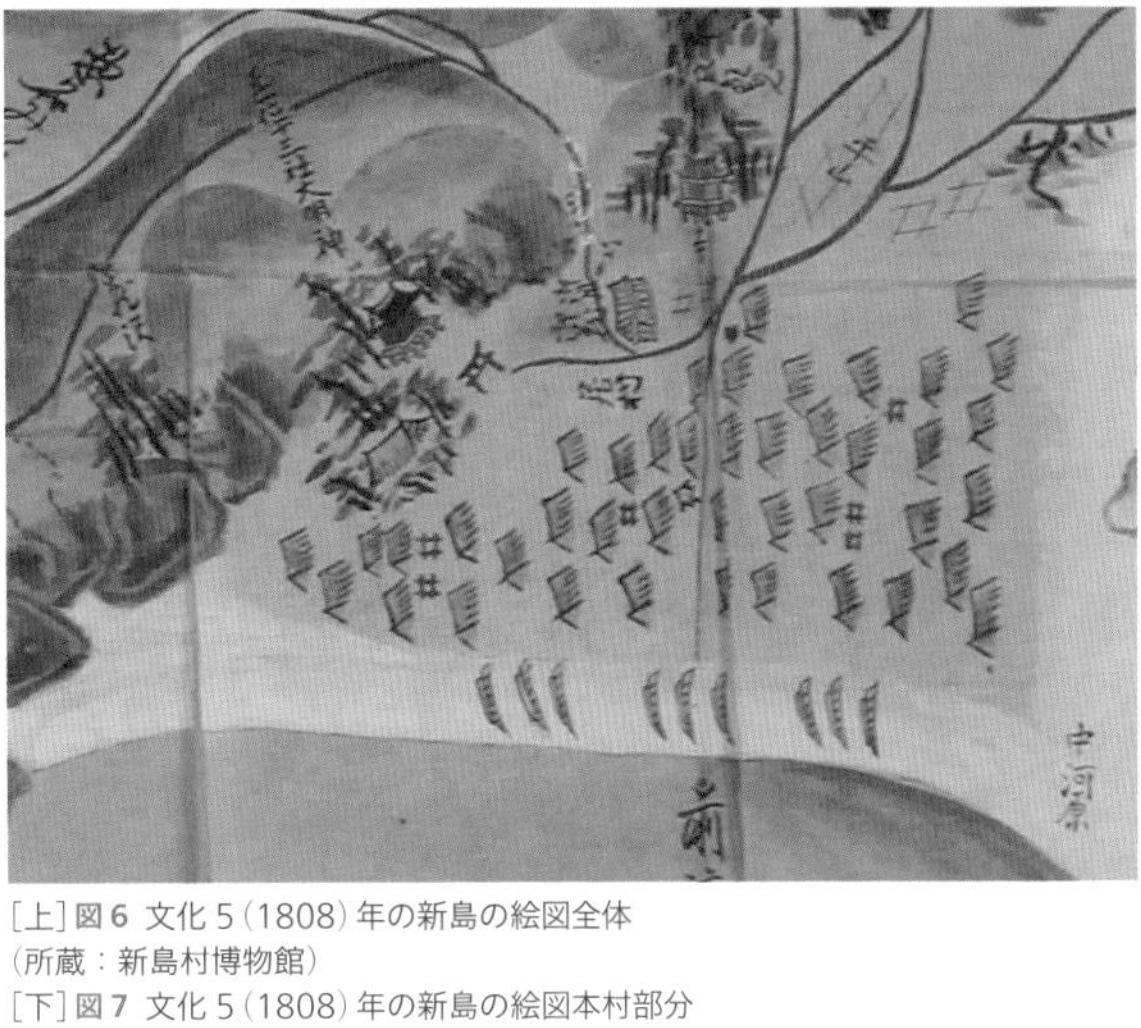

［上］図6 文化5（1808）年の新島の絵図全体
（所蔵：新島村博物館）
［下］図7 文化5（1808）年の新島の絵図本村部分
（所蔵：新島村博物館）

島で「ニシンカゼ」と呼ばれ、塩気を含んだ強風が農業にもたびたび打撃を与えていた。島の中心集落である本村は、集落西側が前浜という浜になっており、西風をまともに受ける地形である。そのために、集落の伝統的な屋敷構えでは、屋敷や畑の周囲にシノダケを立て並べたオッタテ垣根という網代壁［図4］をつくり、屋敷は道路から一〜一・五メートル掘り下げるなど、風や

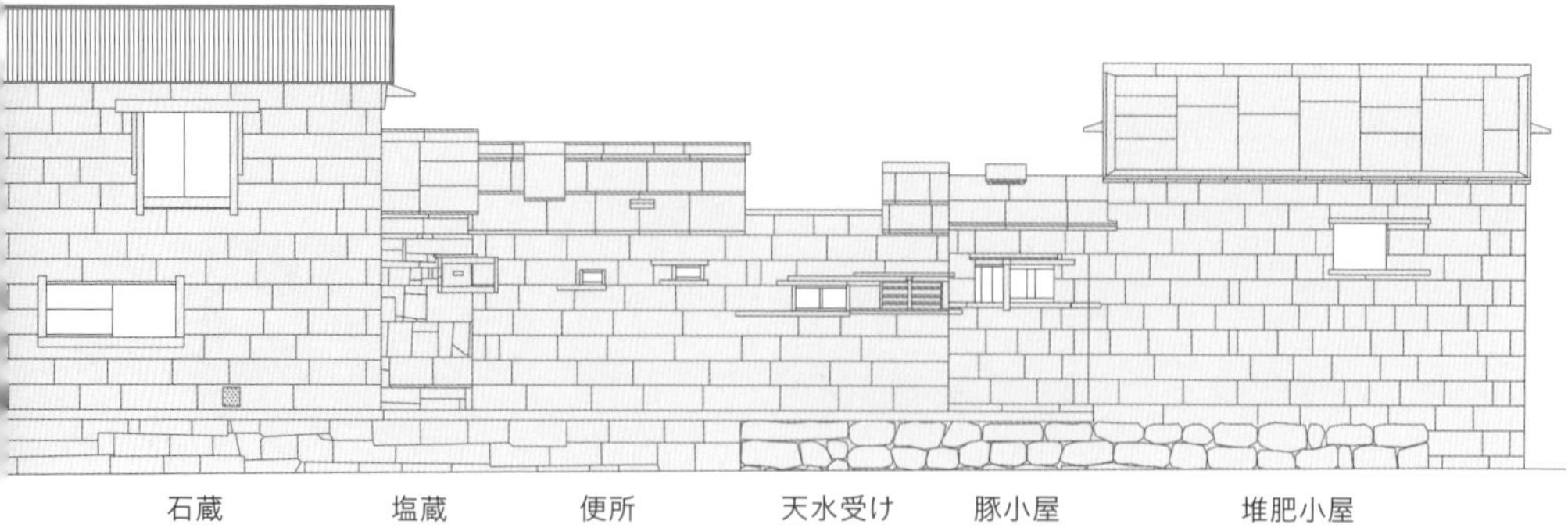


図8　隙間なく石造の付属屋が並ぶ西側立面図。着色した箇所は全て抗火石。石蔵の屋根も当初は石屋根だった

砂を避けるための苦心がみられる［図5］。強風地域は、ひとたび火災になると類焼の危険にさらされる。本村は江戸期までは茅葺きの集落で、その様子が文化五（一八〇八）年の絵図［図6・7］に描かれている。それが明治三（一八七〇）年、一〇五軒が類焼したという大火が起きる。これが本村で抗火石を用いた防火建築が建てられるきっかけになったとされ、江戸時代からすでに少量は採石されていた島の抗火石を用いて、一部の富裕層が石蔵を建てる試みを始めたのである。この石蔵の建築の動きは一般化するには至らなかったようだが、明治四四（一八七〇）年に「自家用石材採掘許可制度」ができたことで一気に普及へと進む。これは、村を挙げて建物の不燃化に乗り出したもので、自家用であれば抗火石を自由に採石できる「自家用山」を保証するものだった。さらには、村営でも採掘を始めて島民に低価格で販売し、利用を後押ししたのである。これにより島民にとって抗火石は瓦よりも安価な建材となったと言われ、集落を挙げて一気に石造化の道を突き進むことになった。

　本村の集落で石造化されたのは「あらゆる民家」である。石蔵だけでなく、主屋や、便所、豚小屋、堆肥小屋、物置、薪小屋などの付属屋、塀など、今の本村で抗火石を使っていない建造物を見つける方が困難なほどである。「流木を集めて主屋をつくった」

図9　手前がオッタテ垣根、奥が敷地西側に連続して並ぶ石造の付属屋と石塀

図10　露天掘りの採掘場。現在も新島物産が採石を続けている

図11　鉄締で叩き割る

とも伝わるほど森林資源に乏しかった新島に、優れた性質と利用しやすさを兼ね備えた建材がもたらされたことで、石による建築ラッシュが起こったのだろう。今の本村の各戸では、屋敷全体にわたって不燃化が完了した様子がみられる。例えば、石蔵や石造の付属屋が、西風が吹きつける屋敷西側に隙間なく並べられており、それが敷地の主屋や畑を守る風避けや防火帯になっているのである［図8］。屋敷の囲いもシノダケから石塀へと置き換わり、あらゆる塀が石積みになっている［図9］。

## 2　「もやい」で行う採石と施工

集落全体で石造化を達成できた要因には、島特有の緊密な相互扶助も挙げられるだろう。「もやい」は、新島の相互扶助の総称である。もともと漁や普請でみられた相互扶助と同様に、新たに始まった抗火石の採石や施工にもその「もやい」が発揮されたのである。「石採り」と言われたその「自家用山」での採石は、強風で漁に出られず農閑期でもある一二月〜三月上旬に主に行われていた。採掘場所は、向山という本村の南側にある山で［図10］、六区からなる本村の区ごとに場所が割り当てられ、朝集まった区の仲間で一緒に作業し、採れた石はその日の参加者で平等に分配したという。採掘場所によって採れる石が変わることから、各区の採掘場所は毎年くじで交代するほど、公平さが徹底されていた。

採掘は露天掘りで、手作業であった。まずツルハシとコヂリ棒で岩石を切り崩し、カナテコではがして屑を助鏈《じょれん》や箱箕で除く。次に両刃ヅルや角歯ヅルで塊石に矢道をつくり、二〇〜二五センチメートル間隔で鉄《や》板《いた》を差しこみ、金鉄《かねや》を入れて鉄締《やじめ》で叩き割った［図11］。そうして荒採りしたあと、規格の大きさに手鋸で加工するのである。軽石と言っても一度に一人で持てるのは一個なので、採れた石を担いで細い山道を降りるのは重労働であったという。

施工は、石屋、石工と呼ばれる技術力のある職人も現れたが、それでも一般の民家であれば壁を積むのは住民が行い、屋根だけは石屋に頼むというように、技術的な難

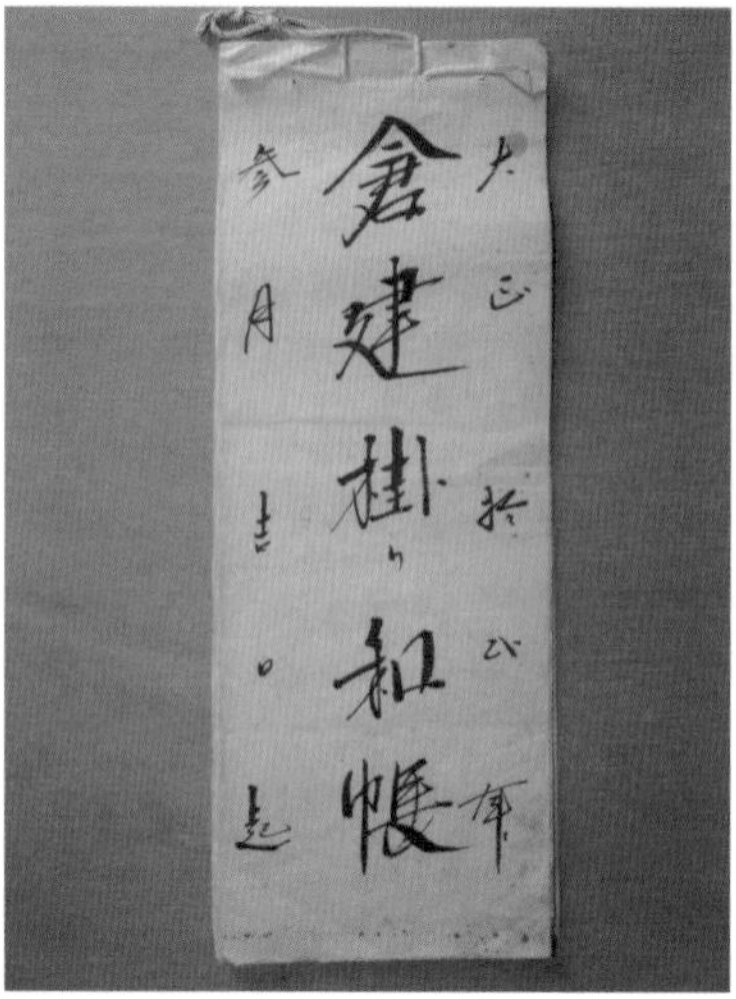

図12　大正一二年「倉建掛リ和帳」（個人所有）

14　屋敷囲いを兼ねた空積みの石のストック

所だけを請け負うことも多かったようである。特に石塀などであれば住民だけで施工していたという。例えば大正一二（一九二三）年の石蔵の普請では、大工二名の他に相互扶助で五〇人工が手伝い、食事でお礼をしたことが記されている［図12］。石の加工道具は各家から持ち寄るもので、どの家も手製の道具を持っていた。オシギリで刃をつくって目立てをした手製の鋸や、木材に鉄の薄板を差し込んだガリと呼ばれる表面を平滑にする道具など、さまざまな形状のものを自作していた［図13］。

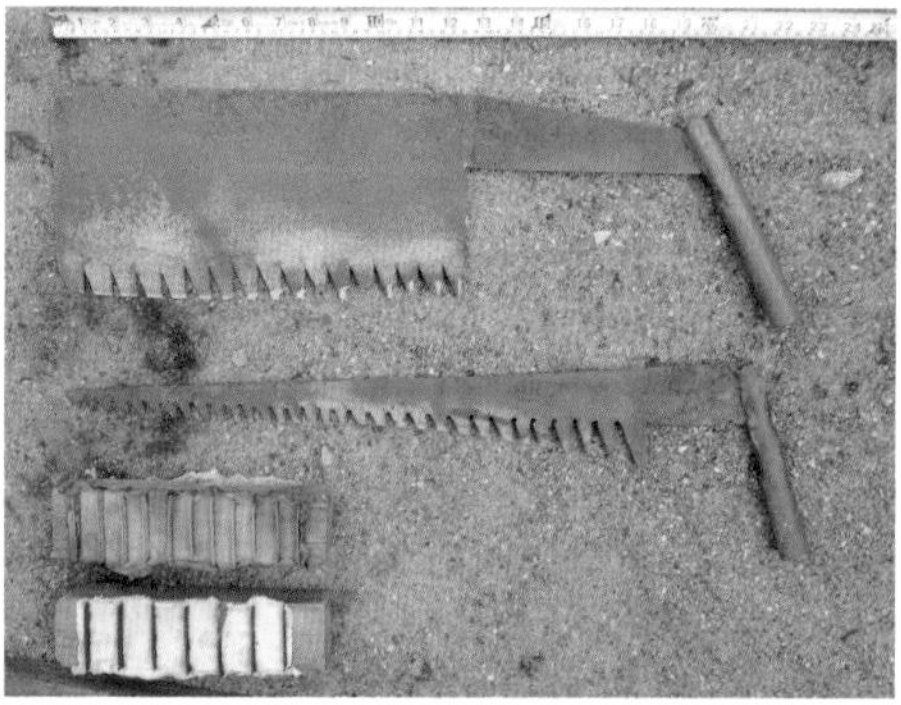

図13　手製の鋸とガリ



採石には規格があり、よく使われたのが石積み用の幅三寸、厚さ六寸という断面寸法である。こうした規格化は、住民同士で先に建てたい家に材料を融通し合うことも可能にしていた。本村で時折みられる空積みの石塀は、屋敷囲いを兼ねた石のストックであり［図14］、中にはこうして敷地の中で徐々に石を貯めて、石が確保できたら建てるという優れたシステムまであったようである。

## 3　分棟型の石造民家

現在の本村には石造化以前の茅葺きの建物はないが、新島村博物館に本村から一棟茅葺きの主屋が移築されており、急速に石造化が進む以前の民家の姿を伝えている。新島の民家の石造化の過程で興味深いのは、最初に抗火石で石蔵を建て、次に火元になる「釜屋形《かまやかた》」という竈や風呂の空間を石造化した点である［図15］。石を本格的に建築に用いた最初の例が防火に特化した石蔵である点は他の石の産地と共通するが、新島では、内部火災を防ぐため茅葺きの主

［右］図15　釜屋形の内部
［左］図16　茅葺きの主屋の横（写真手前）に分棟化された石造の釜屋形（昭和34年、新島村役場前）（所蔵：新島村博物館）

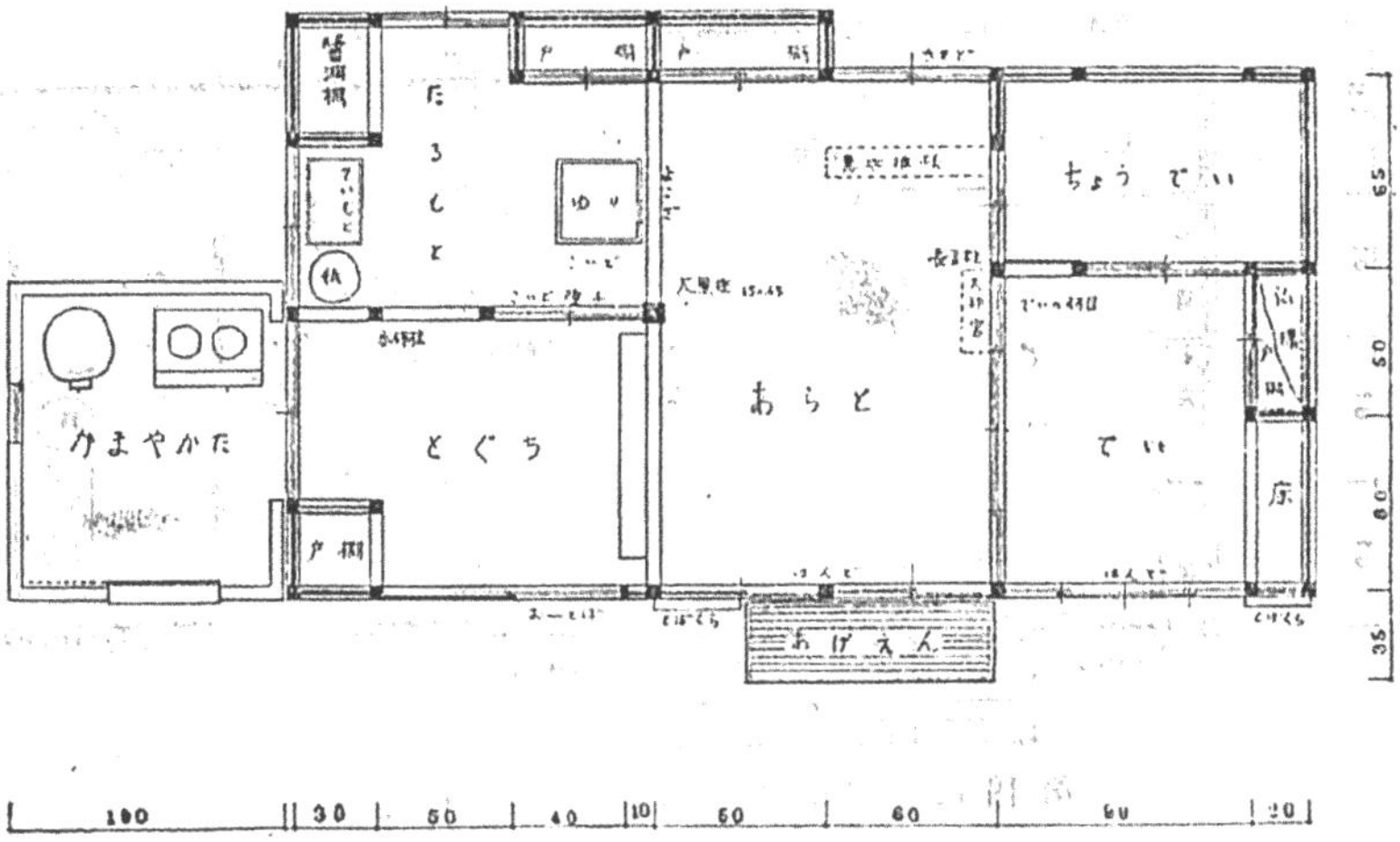


図17　木造の主屋の下手に石造の釜屋形が接続した図面（出典：『東京都文化財調査報告7：伊豆諸島文化財総合調査報告第二分冊』一九五九年）

図18　石造の釜屋形と主屋が並び建つ

屋の下手に石造の釜屋形を分棟で建てるという独自の展開がみられるのである［図16］。昭和三四（一九五九）年の『伊豆諸島文化財総合調査報告』では、当時の茅葺きの木造の主屋の下手に石造の釜屋形が接続した図

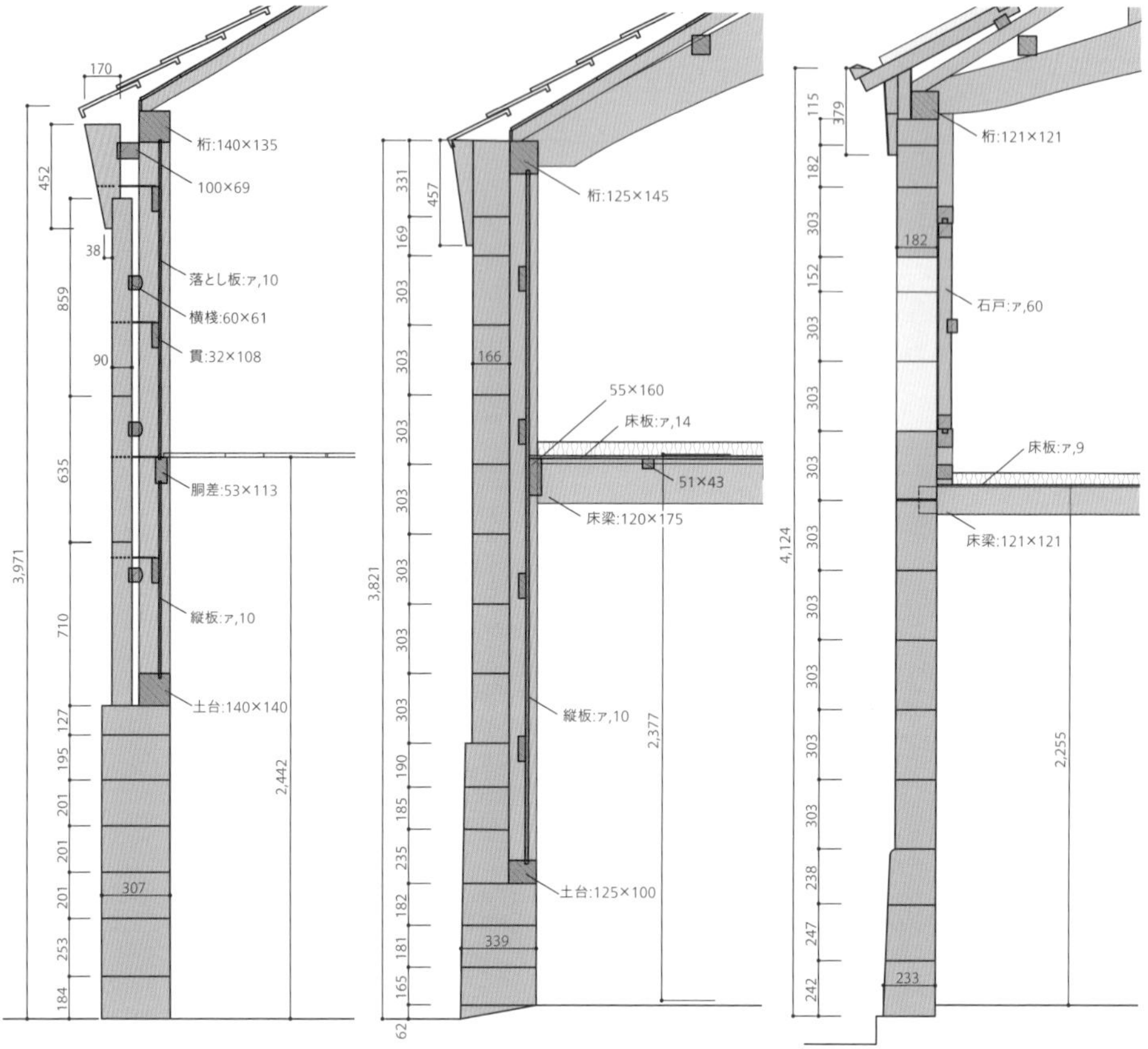


図19 左から順に、張石、積石、組積造





面が記録されている［図17］。同調査では、これは往時主屋にあった火の気のある機能を外に出したものだとしており、釜屋形の構造は、主屋から差し掛けで拡張されたものと、分棟化して組積造でつくられたものとが併存していると述べている。村営化以降、抗火石が大量に採石できるようになると主屋全体の石造化も進むため、現在の本村では分棟で石造の釜屋形と石造の主屋が並び建つという、比類のない形式も見ることができる［図18］。

## 4 技術の系譜と変遷

石造民家の壁の構法には「張石」「積石」「組積造」の三類型が見られる［図19］。「張石」は、初期の石蔵にのみ見られる試行期の構法で、木造軸組の外側に横桟を打ちつけ、三寸厚の薄い石を引っ掛けるというものだった。その固定方法は石に小さな穴を開けて針金を潜らせて貫に釘止めするという大胆なもので、モルタルが普及する以前のため穴を塞ぐためにしばしば外に漆喰が塗られていた［図20］。「積石」は、貫構造の木

［右］図20　引っ掛けた張石。石の目地に白い漆喰が見える。目地の接着には最初は漆喰を使っていた
［左］図21　木造軸組に接して積まれた「積石」。軸組とは接合されていない

造軸組の外側に石を桁の高さまで積んだものである。この「積石」は多くの場合木造軸組とは接合されておらず、柱に接して積まれた自立した石壁である［図21］。「組積造」は一般的な構法と同様に石を下から順に積んだ壁で、木造の軸組を持たず、軒桁は石積み壁の最上部に載せる。

　これらの三類型の壁の構法の変遷は、建物の種類により異なる。石蔵は、木骨の「張石」や「積石」を経て、最後は「組積造」でつくられるようになる。石蔵は一階を穀物や農具の収納、二階を家財道具の収納や若夫婦や子どもの居住空間とするため、「組積造」になった時に石の壁に木の床梁をどうやって接合するかに苦心したようである。例えば前出の図19の石蔵では石の壁を穿って木の床梁を挿すという荒技で二階の床を張っている。一方、他の付属小屋は内部に木部を必要としないので、つくりやすい「組積造」を最初から採用している。大量に得られるようになった抗火石を木材代わりに用いたともいえるだろう。

　主屋は木造軸組で貫の室内側を板張りとし、開口部以外の外周部は全て「積石」で囲う構法をとる。戸袋も石でつくる徹底ぶりで、大工の工事が終わった後に相互扶助で桁の高さまで積み石の壁で取り囲んだという。こうした「積石」のつくりは、二軒

図22　石屋根の主屋（K家、大正期）

［上］図23 初期の「張り石」の石蔵
［下］図24 石蔵（大正15年）の意匠

家を建てるようなものだったと、地域の語り草になっている。主屋の場合は、K家［図22］のように屋根まで石造化した家はほとんどなく、トタン葺きの家も多い。居住用の建物の屋根石には特に目の詰んだ一番良質なものを使用したというので、主屋のような広い面積の屋根石を準備するのはやはり困難だったのだろう。

明治期の建築とみられる初期の石蔵の中には、外壁を「張石」の漆喰塗りの海鼠壁、屋根を瓦葺きとした、土蔵造を模したと思われる建物［図23］が残存することから、石蔵は島外の土蔵の模倣から始まったのかもしれない。一方、大正期の石蔵を見ると、屋根石の雨仕舞いのため屋根に縁取りをつけ、屋根石の継ぎ目に瓦を模したかまぼこの形の石を伏せるなど、次第にその技巧は新島特有の形へと成熟しており、特別な主屋や石蔵にその技が発揮されている［図24］。住民の手づくりの付属屋や石塀から職人による技巧的な石屋根までさまざまな石の民家が共存する、この島にしかない石の集落の景観が形成されているのである。

# 第6章

# 土と石でつくる
# ハンドメイドの風景

図1 奈良の堆肥小屋

# 第1節 土を積んだ小屋



## 1 日本の伝統的な塗壁構法

日本は温暖で多雨な気候のため、樹木や竹、葦などの多様な植物材料が豊富に採れる。そのため建物は古くから木材を用いた軸組構造で、屋根には木端や葦などの植物材料を用いてきた。壁は板材や植物を編んだ面材以外に土を用いるものがある。土に藁を加えて練った壁土を植物材料で編んだ小舞下地に塗り付け、乾燥させることで壁を構成する小舞土壁構法が一般的である。この構法の特徴は、土壁が下地を通して軸組に支えられているという点である。土壁は自立しなくても下地に絡み付けばよく、表面は割れや歪みが少なく平滑になるよう鏝で撫でられる。

世界には、土を叩き締めて固める、練った土で直接成形する、型枠に流し込む、日干しレンガを成形して積む、などの土の使用方法がある。植物材料の入手しづらい地域はその場にある土がふんだんに活用されるため、土が構造を担い、大地から生えたように建物全体が土の場合もある。日本は

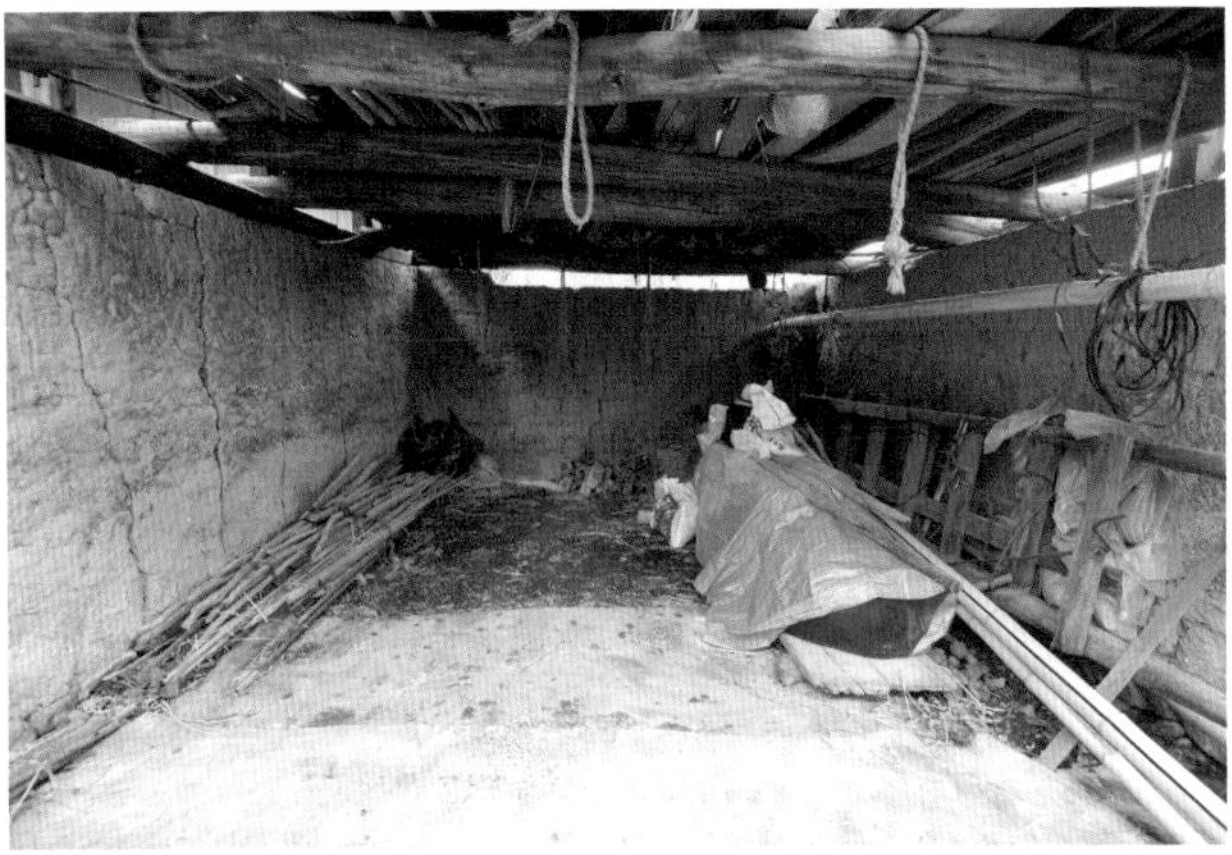

図2 堆肥小屋の内部

雨や地震が多いため、構造体として土を用いるのは避けられ、土壁に雨がかからないように軒を深くするか、板材や漆喰で表面を保護している。

## 2 土を積んだ壁をもつ小屋

本節で紹介する小屋は、水で練った土をそのまま積んだり、団子の形に整えて積んだり、場合によっては石も一緒に積むなど、とにかく土を主体に積み上げて壁が構築され、日本の一般的な塗り壁構法とは異なる壁をもつものたちである。多くの場合で土はむき出しで、なかには土壁が構造を担う例も確認されている。

奈良の小屋を一例［図1・2］として示す。この小屋は練った土を乾かないうちに積んで一体化した分厚い壁を有し、その上に小屋組が載っている。公道に面した妻側が全て開口になったコの字型に壁をまわしただけの平面をしており、建物構成もプランもシンプルな建築である。内部に入るとしんとした静かな雰囲気があり、分厚い壁から感じられる土の量塊と荒々しいテクスチュアによって、地面に掘られた大きな穴もしくは洞窟に入り込んだときと同質の印象がある。この小屋は堆肥小屋で、内部で牛糞や藁などを積み上げ、腐らせて堆肥を作製していた。壁の高さは堆肥を積む高さと同程度である。土壁には黄色の土が使われ、所々に石や瓦片も積まれており、錆か苔か不明な黒ずみがついて、長年風雨に耐えながら農耕を支えてきた歴史を感じさせる。前述の小舞土壁とは異なり、道具も使わず手で伸ばした指跡が残り、乾燥による巨大な亀裂はそのままで、壁の下部は目に見えて分厚くつくられている。びくともしない安定感があり、欠けても土を付けて直せばよいというおおらかさを感じさせ、腐らない。まさに堆肥作製のために働く質実剛健な小屋である。

## 3 各地に分布する土を積んだ小屋と役割

土を積んだ壁を有する小屋は近畿以西で見つかっており、石を一緒に積む土・石積み構法まで含めれば、九州まで分布してい

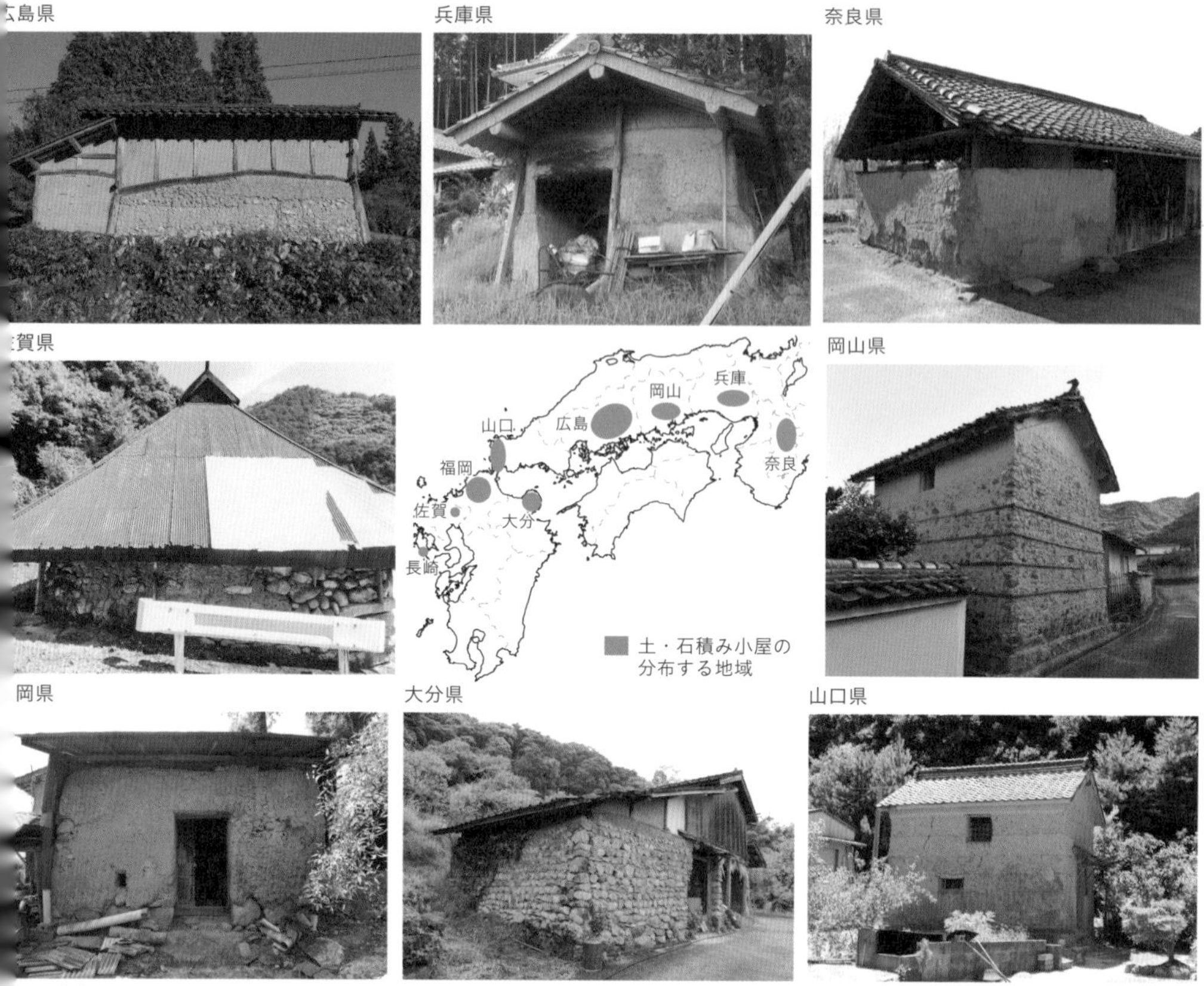


3 日本各地の土・石積み小屋



る［図3］。小屋の使われ方をみると、奈良県はみかん小屋や堆肥小屋、兵庫県は灰屋、岡山県は蔵や納屋、広島県は灰屋や堆肥小屋、山口県は蔵や堆肥小屋、福岡県は蔵と灰屋・堆肥小屋、佐賀県は家畜小屋、大分県は牛小屋やみかん小屋である。これらは全て付属屋であり主屋の隣や敷地の隅、田畑の真ん中に建てられている。機能で分類すれば発酵、灰焼き、保管など木材を使えば腐朽や火災が懸念される場合や、分厚い壁による温湿度のコントロールを必要とする場合に土積み壁を採用する例が多い。農業技術の発達により化学肥料が普及し、灰や堆肥の作製は役割を終えて納屋やガレージとして使われている。

## 4　小屋の構造とつくり方

小屋の構造を大別すると三種類ある［図4］。土を積んだ壁の上に小屋組を載せた壁式構造、木材の柱・梁の間を土積み壁で埋めた軸組構造、そしてこれらの特徴を併せ持ち明確に分類ができない混構造の三タイプである。現地の聞き取り調査では、土塀や練

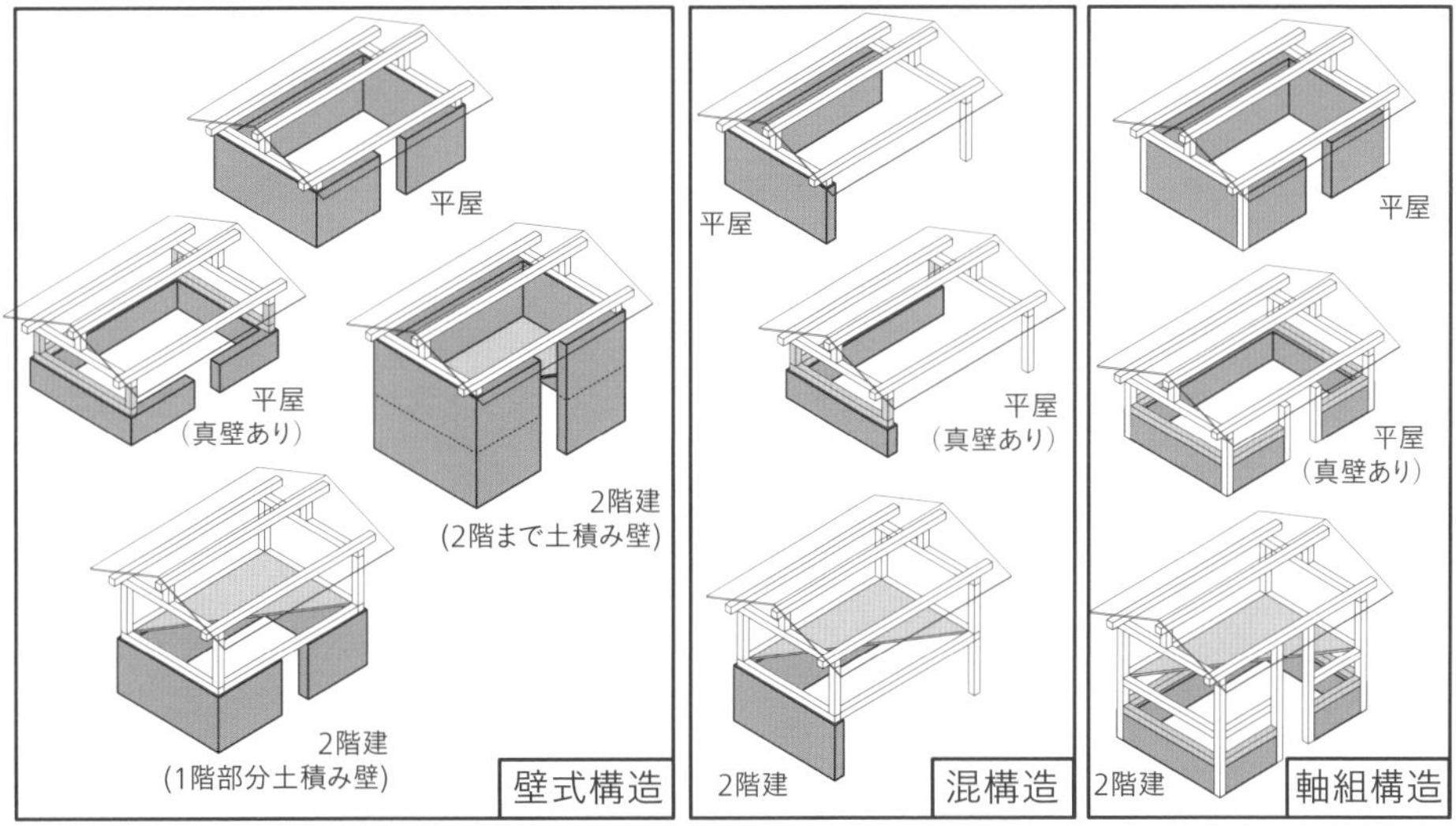


図4 土・石積み小屋の構造分類

［上］図5 小屋組の崩れた土積み小屋（奈良）
［下］図6 右肩上がりに歪んで積まれている壁（大分）



塀の上に屋根を載せる、という表現をする持ち主が多く、この壁については土塀としての方がなじみがあることがわかる。奈良の小屋組が崩落した後の壁だけが残った状態は、確かに土塀が並んでいるだけに見える［図5］。

岡山県、山口県、福岡県には、柱のない土・石積みの壁で二階建ての土蔵になっている例が確認されており、一般に軸組造である土蔵に対して極めて珍しい。同地域には土積み壁を有する小屋も見つかっており、

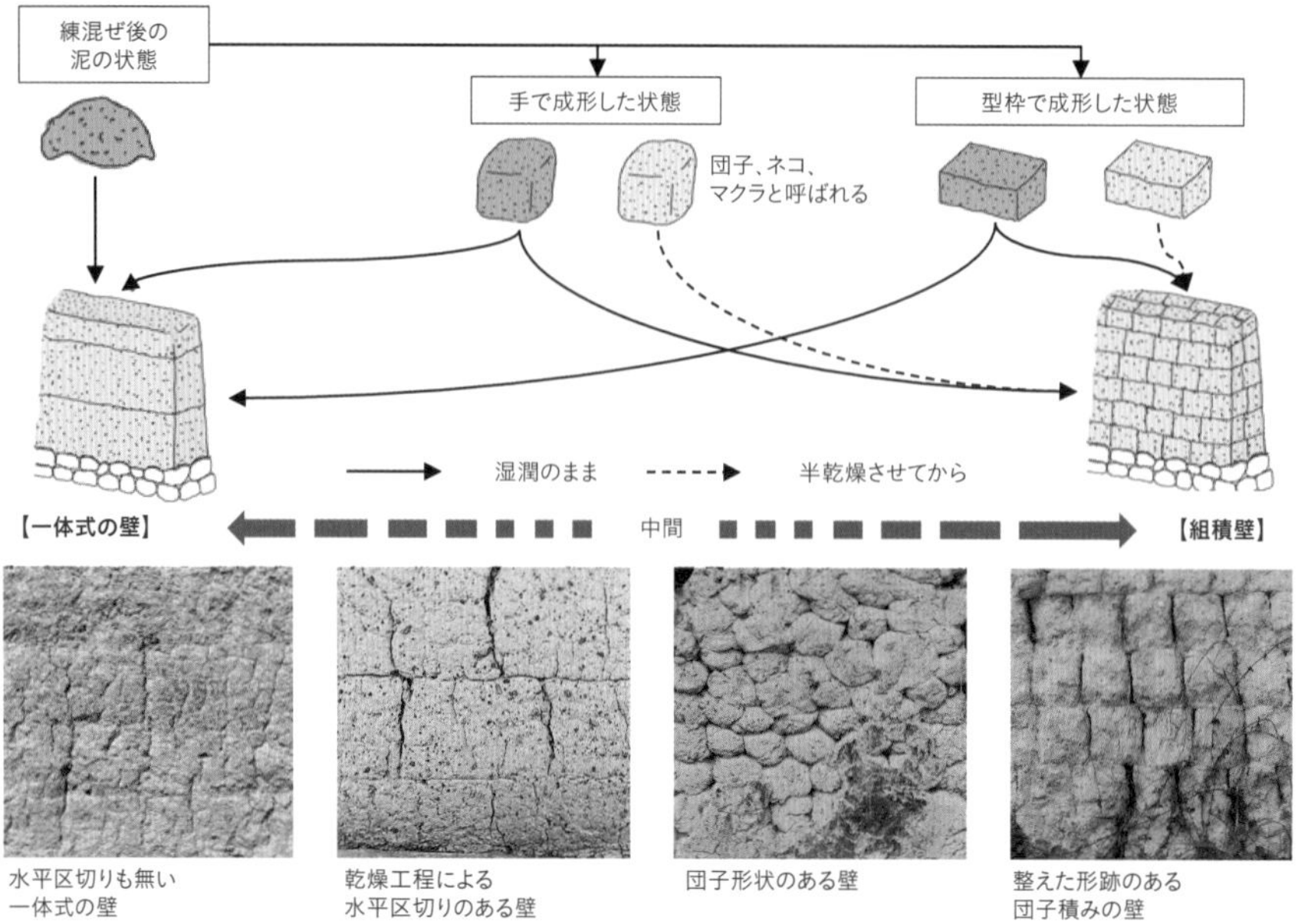


図7 土の状態と構造の分類（土のみを積む場合）

図8 土と石の比率に応じた構造の分類（土と石を積む場合）



工法として積むという選択肢があれば、二階建ての土蔵まで発展する可能性が十分あることがわかる。

土積み壁の施工は職人だけで行う場合もあるが、持ち主や近隣の住民の互助によって実施されることが多い。単純労働に人手を要する組積構法と土の扱いやすさが、技術力を問わず、多くの人の施工への参加を促していることがうかがえる。そのせいか出来上がった壁は歪み、不揃いな石や土団子が、隙間が空くことも気にせず積まれているものも多い［図6］。

## 5 曖昧さを内包する萌芽建築

この土積み壁をもつ小屋は、建物構成がシンプルなうえに、壁は土と石などを混ぜこぜに積んだだけの原始的な建築である。そのため土壁とそれに伴う小屋の構成について多くの曖昧さを含んでいる。

まず土壁そのものの構成だが、つくり方に応じて分類を試みる［図7・8］。土のみを積む場合、練り混ぜた状態から形をつくらず直接積むと一体化した壁が出来上がる。

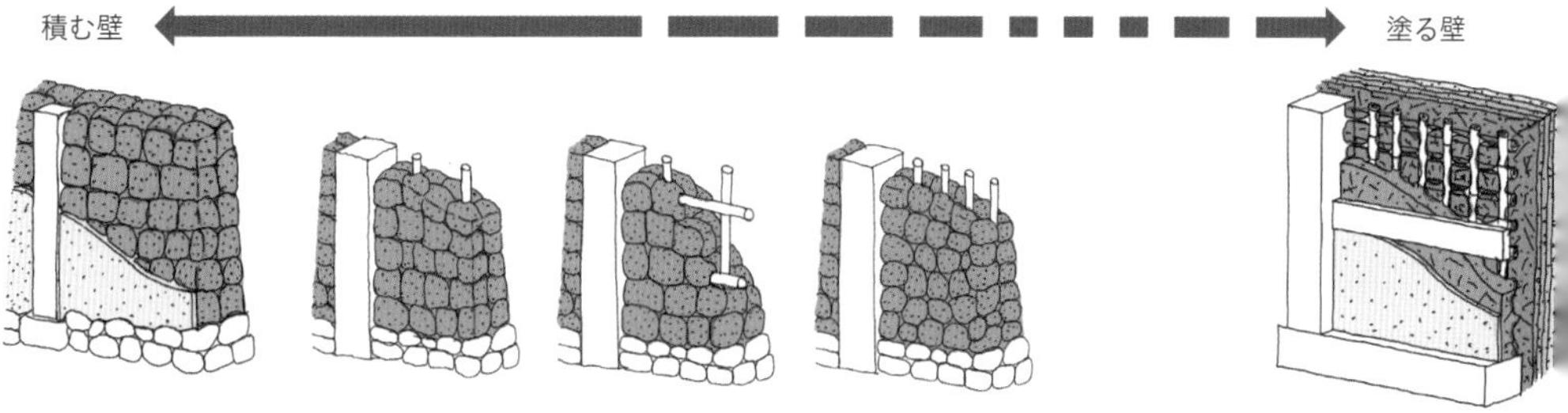


図9 水平・垂直材の有無と工法の変化

これは一体式の壁とみなせる。湿った土は自重で垂れ下がるため、一度に高くは積めないので、複層に分けて施工するが各層の合間に乾燥工程を挟むため、下層との付着をきちんと行わないと一体化せずに水平の区切りができる場合がある。練り混ぜ後にある程度、形を整えて積む場合でも一体化させることもできるが、単純に積むだけでは整えた形を残したままの壁になる。型枠を用いる場合は、一定のサイズのものを量産できるメリットがあり、乾燥させて積めば一般的な日干しレンガの組積壁となる。成形しても湿潤のまま積んで隣同士の成形体をなじませて一体化させれば一体式の壁にもなる。このように、僅かな水量の違いや施工方法の違いで一体式から組積の壁まで自在に変化し緩やかにつながっている。このような曖昧さは、土のように含水量で状態が大きく変わり自由成形が可能な「形づくる材料」ならではであり、石や木のように「切り出す材料」であれば、ここまで形や構成が幅をもつことはなかったと考えられる。石と土を同時に積む場合（図8参照）は、主体が土で石が土に練り込まれて積まれるような一体式の壁から、石の量が増えると石が主体となり土が目地材のように補助的に用いられた組積壁に変化していく。調査では両者のどちらとも分けがたい中間的な構成が多く確認されている。

　次いで土積み壁の内部だが、一部の壁体内には水平材、垂直材として雑木などが挿入されているものがあり種類も複数ある［図9］。垂直材のみの場合は積む壁だが、水平垂直に材が入ると小舞土壁に考え方が近づいていく。しかし、この水平・垂直材は間隔が広く、土を受け止める下地としては粗であり、軸組にも固定されていないため、土壁が軸組に支えられている小舞土壁とはやや性格が異なる。これもまた、伝統的な塗り壁にも土積み壁にもはっきり分けきれない壁である。施工時のガイドとしての役割を意図した可能性もあるが、下地やガイドとしての実質的な効果があったのかは疑問が残る。

　最後に、これまで一律に壁と呼んでいた部分の定義だが、二階建ての高さまである

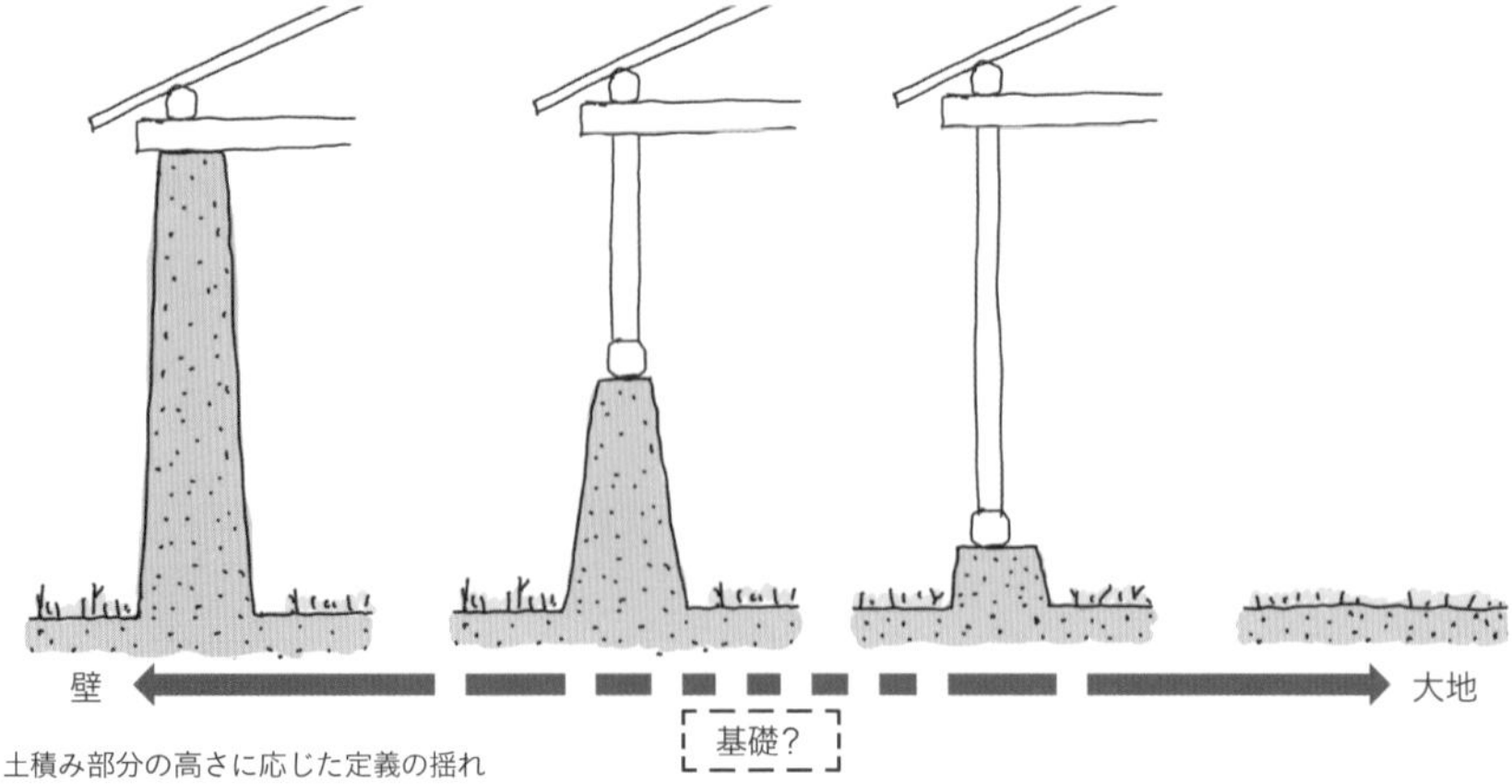


図10 土積み部分の高さに応じた定義の揺れ

ものは間違いなく壁であるが、高さが低くなると基礎のようにもみえてくる［図10］。小屋が壁式構造の場合（図4左参照）、例えば先述の奈良の堆肥小屋（図1参照）では、土積み壁の上部に横材が敷かれ、柱が立っている。横材を土台とみなせば、土積み部分は基礎のようであり、小屋組が通常の軸組なので、現代木造住宅の基礎・土台・小屋組の関係と一致する。軸組構造（図4右参照）の場合、特に広島の小屋には、差し物がありその下部に土台もなく土や石が積まれている。高いものは人の背丈を超えるが、尾道市で見つかった小屋の壁［図11］は低く、木柱・石柱に挟まれており、基礎とも壁とも分類しがたい。また庄原市の旧佐々木邸［図12］の床下にも土と石を積んだものがあり、盗人や害獣、隙間風などの侵入防止を目的としている可能性があるが詳細は不明である（この仕様は日本各地の民家で確認されている）。この土を積んだ部分については、材料・構造、位置関係、寸法の点で現代の建築構法の中で明確に定義できるのか悩ましい。そして、そもそも小屋組が崩落すれば、立ったまま

図11 土と石を積んだ低い壁（広島県尾道市）

草花の苗床となる土壁［図13］は、まぎれもなく大地の一部であり、壁や基礎などの工作物としての姿は仮初めのものであったことを認識させられる。

図12 旧佐々木邸にみる床下の土と石を積んだ部分（広島県庄原市）

## 6 小屋らしい土積みの小屋

土積みの小屋は土という自由度が高く捉えどころのない材料を主に用いたことで、前述の三つの曖昧さをもち、それに伴い小舞土壁構法や組積造のような各種の構法・構造への発展の可能性を有している。本書で紹介される小屋のなかでも、特に未分化で萌芽的な建築として面白い存在である。

図13 建ったまま苗床になる崩れかけの土塀（奈良）

また、土を積んだ壁は、地域や用途に合わせて工夫して用いられたのであろうが、詳細な仕様についてはその場の思い付きも多分にあったと感じられる。これまでの特徴を振り返れば、第1章で引用された今和次郎の言葉にあるとおり、使用目的に合わせ、簡単に自給的につくり、他人への見栄もなく、でたらめな工作過程で建てられた可能性が溢れている。

図1　奈良、法華寺界隈
お坊さんの向こうに土積みの壁と中に藁などを積んだ小屋の様子がうかがえる（入江泰吉撮影、入江泰吉記念奈良市写真美術館所蔵）



第2節

# 奈良のドテヤ・広島のハンヤ・大分のネリビー

## 1　日本の土・石積み建築

日本には土と石を積んだ小屋が近畿以西に多く確認されている。本節では、第5章で扱った石積み建築や本章第3節のドヒョモタセと異なり、壁の構成材料として土も使用する小屋を対象とする。これから説明する小屋は、小規模で構造はシンプル、素人参加型の施工で、古くからの生業を支える役目に特化しており、本書のいわんとする小屋をよく体現している。

奈良のドテヤ（飼っている牛の糞と藁を混ぜて堆肥を作製する小屋）、兵庫のハンヤ（灰屋。かまどや囲炉裏、風呂を炊いた際に出る灰などを農業用の肥料として用いるために貯蔵する小屋のこと。地域によってハイゴヤやハイナヤとも呼ばれ、全国各地で確認できる）、岡山のツチヤ、広島のハンヤ、山口・福岡の土蔵、大分のネリビー小屋、長崎のドロ壁、さらに文献では滋賀のゴロタ石を積んだ小屋などが挙げられる。本節では、代表的な奈良県、広島県、大分県の小屋を取り上げ、これらの不思議な建築に触れていきたい。

## 2　奈良のドテヤ

奈良県は面積の七七パーセントが森林に覆われているが、残りの二三パーセントの平地のうち、国中とも呼ばれる大和平野には、土を積んだ小屋が散見される。ドテヤ、ドテゴヤ、ドテベヤ、ダンゴヤ、ノゴヤおよびハイベヤなど、名称はさまざまで、用途は堆肥の作製［図1］、みかん・柿の保管小屋、灰の作製・保管、農機具などの物置小屋などである。奈良市から天理市、桜井市にかけて山裾沿いに延びる「山の辺の道」

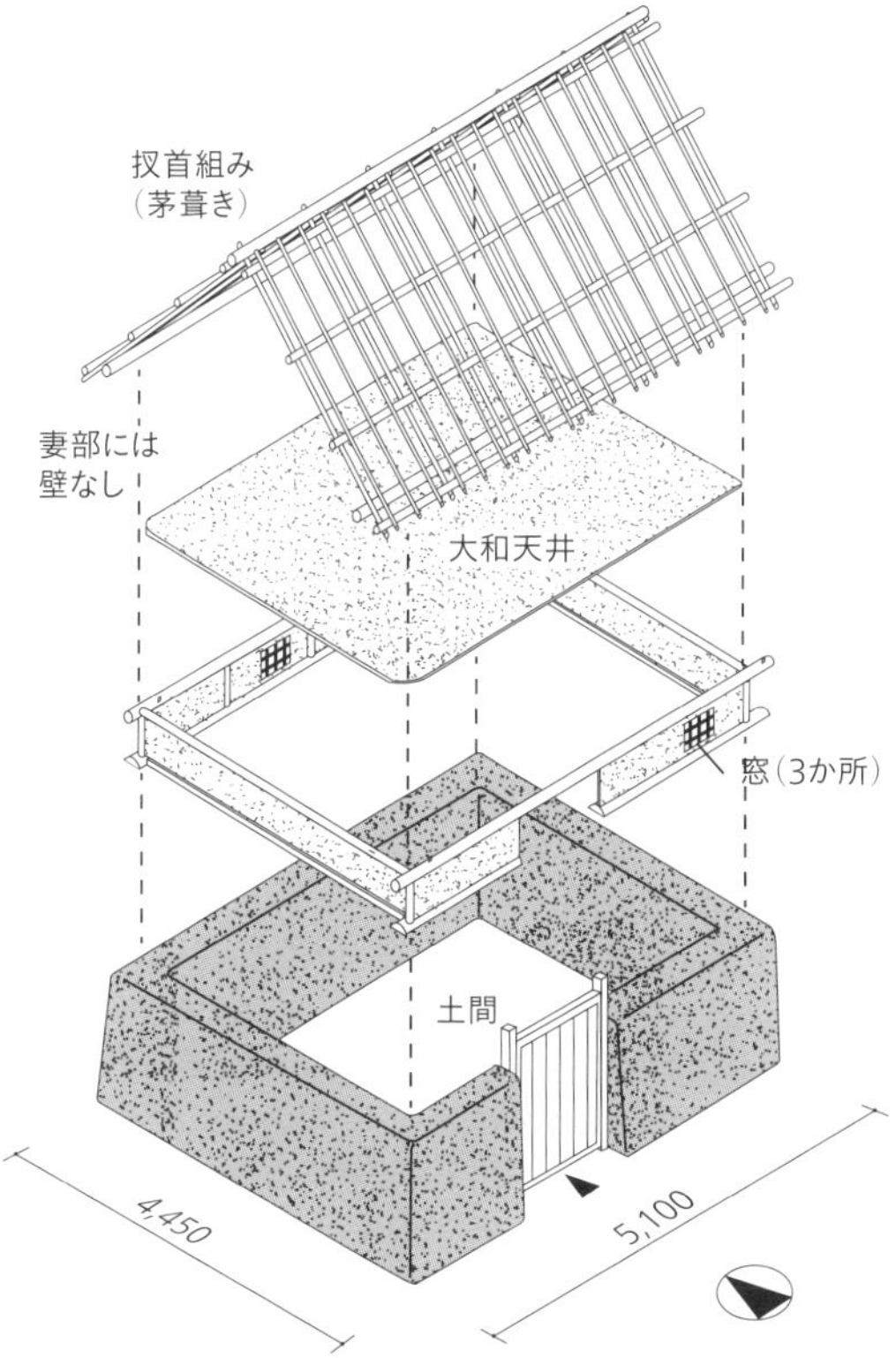


図3 みかん小屋のアイソメ図
土を積んだ壁に扠首組を載せ、天井・扉もある閉鎖型の小屋

図2 みかんを保管する土積み小屋。
土の厚みが伝わってくるずっしりと柔らかい雰囲気がある

という古道に沿って、蜜柑の出荷を遅らせるための保管小屋が多く確認されている。

　奈良の土積み小屋は、練った土を積んで壁をつくるため、古都・奈良の風景の中で、土塀の上に小屋組みを載せただけの印象が強い。持ち主も「土塀を積んでその上に……」と表現する方が多い。土塀の築造技術は大陸からの由来であるが、これらの小屋に関する由来や始まりについては詳しくはわかっていない。古い資料としては奈良出身の写真家・入江泰吉が撮った写真資料に多くの土積み小屋が写っている［図1］。



　小屋は、二三六〇×三二六〇ミリメートル（二・八畳弱）程度のものから、五八〇〇×七一〇〇ミリメートル（二三畳弱）のものまで幅がある。つくりは土積み壁に小屋組みを載せて、屋根は切妻で瓦葺き、トタン葺き、茅葺きがあり、小屋組みと土積み壁の間に真壁を設ける場合がある。壁のまわり方はコの字、ヨの字型で天井や扉もなく開放的である。みかん・柿の保管小屋は、温熱環境のコントロールと防犯のために、天井・壁・扉などがあり、密閉できるようになっている［図2・3］。天井は近畿以西特有の、竹や木材を敷いた上に土を載せた大和天井である。堆肥作製や農業資材の保管を目的とした多くの場合は、ヨの字プランのうち、堆肥を作る際に藁を置いておく場所と、堆肥を作る（現地ではクマすと呼ぶ）場所とで使い分ける場合などが確認できた。間仕切りの壁のないプランでは、隅で堆肥を作製していた［図4］。

　土積み壁のつくり方は、まず練った土を、

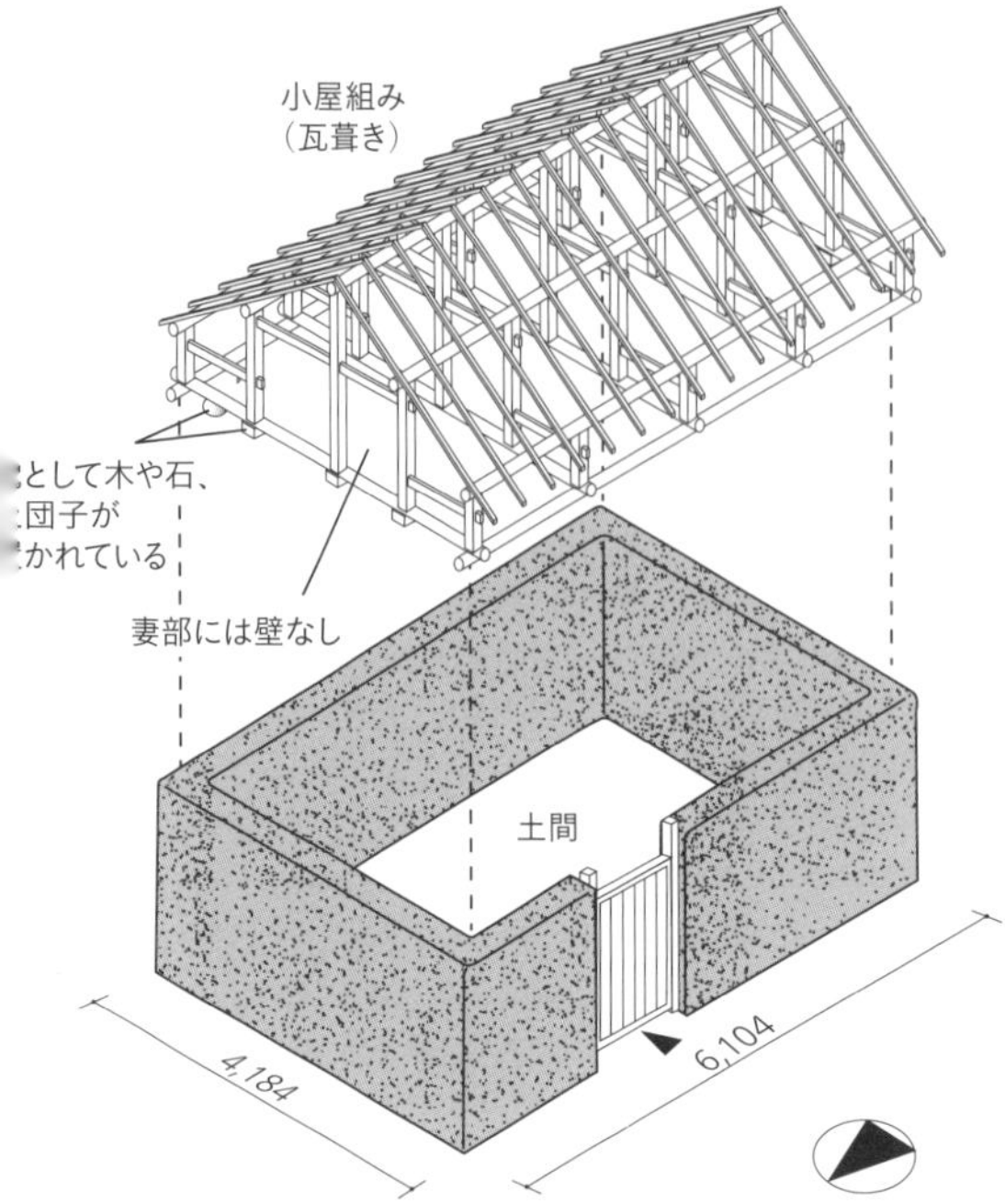

図4 開放感のある土積み小屋（右上：外観、右下：内部、上：アイソメ図）。内部では堆肥を作製したと思われる溜りもあるが、現在は納屋になっている



二五〇〜六六〇ミリメートル程度の高さに積んで乾燥させる。これを繰り返して高くしていく。土団子はマクラやネコと呼ばれるが、サイズが枕や猫と同じくらいという意味らしい。団子の形がはっきり残る場合と、一体化して乾燥用の水平目地だけが残る場合とがあり、どちらも非常に柔らかい雰囲気を持っている。上塗りを施す場合は、土積み部分と異なり、砂利などを含まない藁入りの壁土を塗っている。漆喰やセメントでさらに上塗りしている例も確認できた。

## 3 広島のハンヤ（灰屋）

広島県では人の背丈程度まで土や石を積んだ壁を有する灰屋［図5］が広範に分布している。土石積みの小屋が近畿以西の各県に分布しており、その数は県によって異なるが、広島県は最も多く、数百件に上る。これだけの数の灰屋がある理由の詳細な経緯はわかっていないが、広島は大分や岡山と同じく、古くから肥料や殺菌を目的とした焼土の文化がある。慶長には、安芸国吉田から灰小屋を伝えたとされる記録があり、

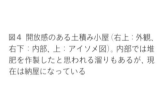

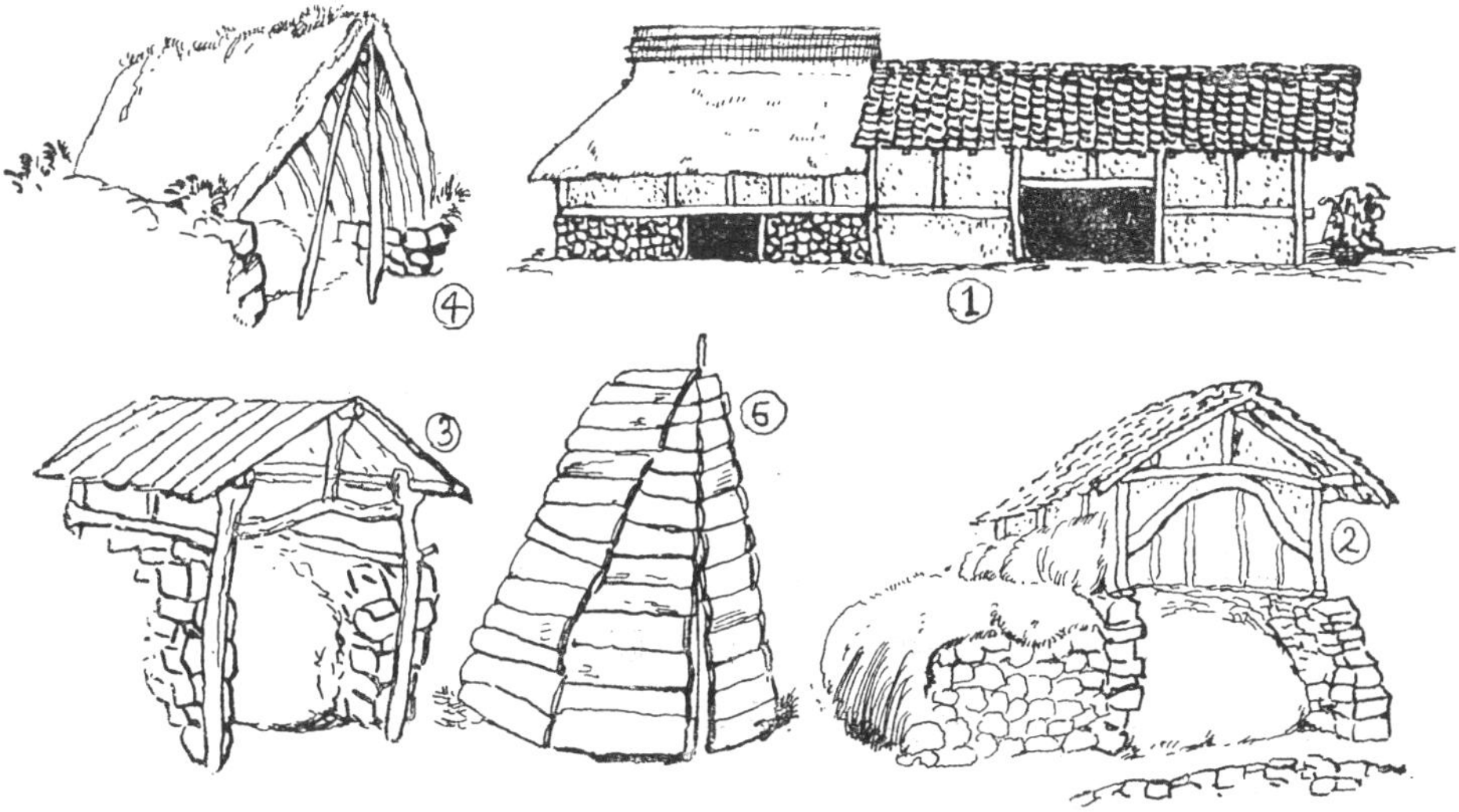


図6 100年ほど前に今和次郎が発見した灰屋
現在では❶が最も確認されており標準になっている。今日では見られない❸❹❺は極めて原始的だが、❺に似たタイプを宮本常一も写真で記録している
（出典：今和次郎『日本の民家』相模書房、1954年。初版1922年）

図5 広島の灰屋。湾曲した柱に差し物、そして腰壁に土と石を積んだ壁が特徴的



少なくとも四〇〇年以上前から存在していることがわかる。化学肥料が出てきてその数は減ったが、戦後の肥料不足の際も、この灰屋によって土・草木を原料として肥料がつくられていた。

灰屋は文字どおり、灰を焼いて保管することを目的としているが、堆肥を作製したり、脱穀作業や農作業中の休憩場所、ドブロクの密造所として使われたこともあった。現在はほとんどが農業用資材やトラクターのための納屋であり、現存するものは五〇年から一〇〇年以上前のものである。

小屋のつくりは、平屋で平入、切妻屋根の瓦葺き、規模は桁行六五〇〇ミリメートル×梁間四〇〇〇ミリメートル程度が標準である。大きいものは一〇〇〇〇×四七八〇ミリメートルもある。最大の特徴は、湾曲した柱と差し物でできた骨組みと、土と石を積んだ壁である。

この柱と差し物は、腐朽しづらい栗材を使うことが多く、手斧ではつった跡がみられる。軸組は大工が施工し、土石積み壁は専門の職人を素人が手伝うこともあった。

図7 灰を焼く際の灰屋の平面との断面。壁沿いで灰をつくり、その際草木は壁の高さを超えない

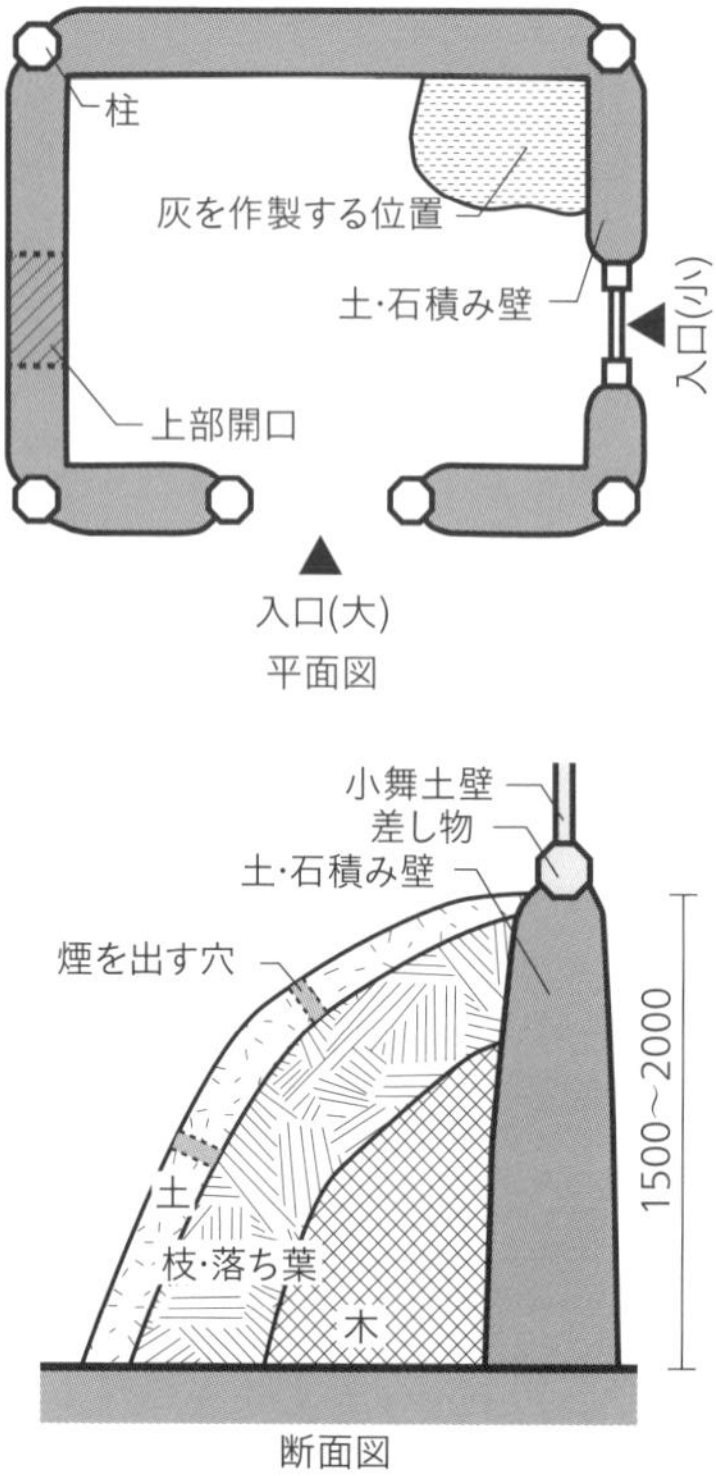

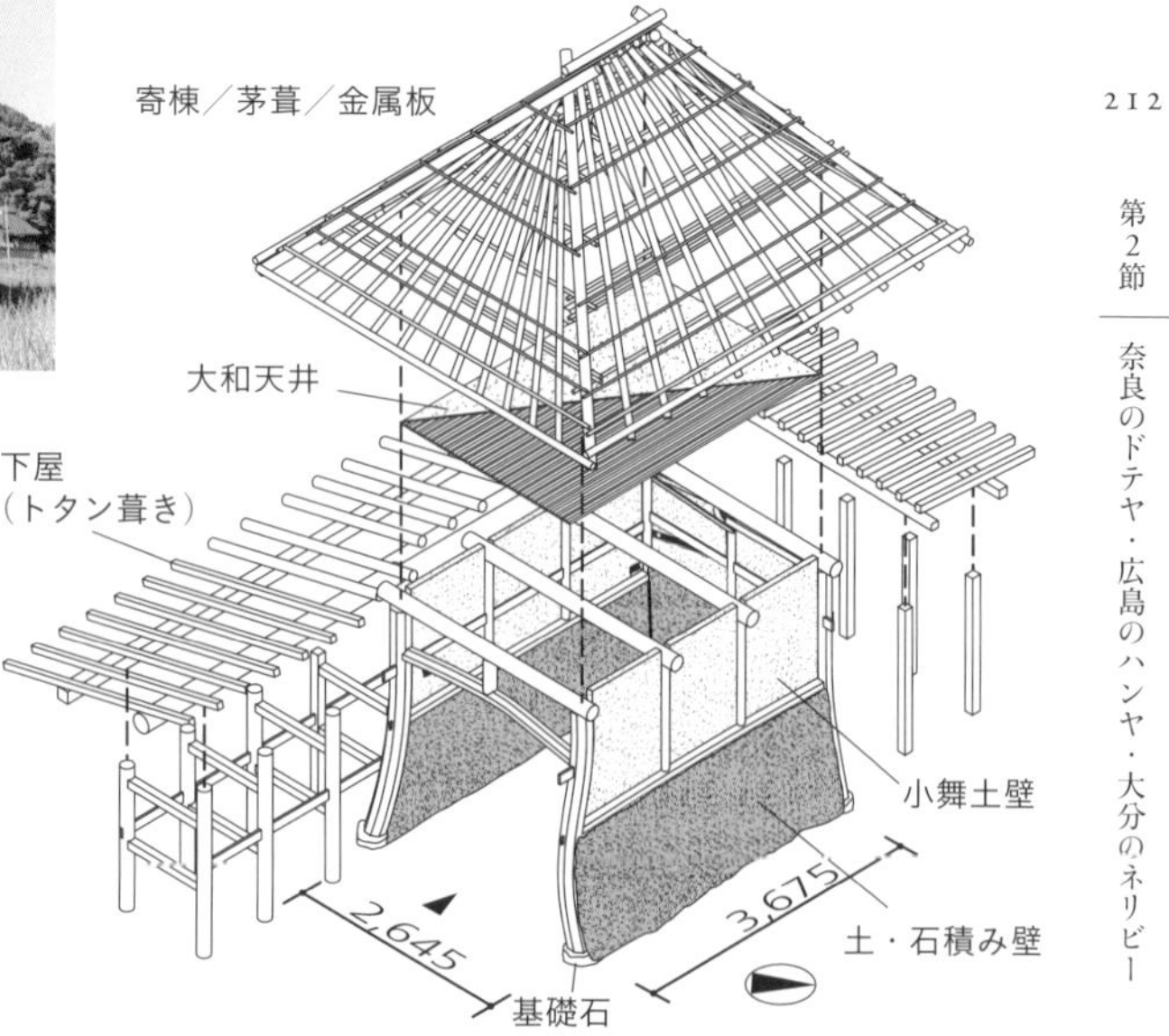


図8 茅葺の灰屋(上上:灰屋が建っている場所、上下:灰屋の外観、右:アイソメ図)
数少なくなっている茅葺の古いタイプの灰屋。田んぼの真ん中に立っていて灰をつくってそのまま使える。規模は小さく、『日本の民家』で今和次郎は車のガレージのようだと形容している

灰屋が豪華だとよい百姓である、灰屋の大小や数で農家の格が決まるなどの話があり、わざわざ湾曲した木材を用いて、手斧仕上げとした点など、大工が意図してこのような骨組みとした可能性が推察される。現在では確認できない古い形としては、今和次郎が一〇〇年前にこの地域を訪れて発見した五つの灰屋が参考になる［図6］。

土と石を積んだ壁は、高さ一〇〇〇〜二二〇〇ミリメートルで、小屋の内部は塗り込めてあり、これは灰の製法と関連している［図7］。灰は落ち葉や雑木を敷き、ここに土を被せて焼いて灰を作る。土・石積みの壁は、この高さを見越してつくられており、柱を覆うようになっている。灰を焼く期間は一日から七日、長いと二〇日かかる場合もある。焼いている期間は、火事にならないように火の番をする必要があり、農閑期にはさまざまな場所で灰屋から煙があがり、この地方の風景になっていた。灰は田畑の作物に肥料として使われたが、特に葉タバコや豆の育成に草木灰が良いとして用いられた。灰屋が火事になる場合もあり、延焼防止のために敷地の隅や田畑の真ん中に建てられることが多かった［図8］。

## 4 大分のネリビー

大分県の国東半島には、土と石を積んだネリビーと呼ばれる壁を有する小屋を見ることができる［図9］。ネリビーとは練塀が訛った呼び名で、赤土を練って石と積んだ壁を

図9 ネリビー小屋。済州島や滋賀県のゴロタ石を積んだ小屋に似ている
（出典：梅原治夫『国東半島の歴史と民俗』佐伯印刷、1974年）

意味する。国東半島は両子火山、大阿蘇の数回にわたる溶岩流出によってできた安山岩が大部分を占めている。

　現在は物置として使われることがほとんどだが、元々は、家畜小屋として牛や馬を飼っていた。複数の部屋を有したり、大空間でさまざまな用途があったりなど、平面構成は多様だが、家畜のいた部屋は土・石積み壁で囲まれる場合が多い。古くは本章第5節のドヒョモタセのように、住居にも使われていたとする文献も見つかっている。

　小屋の規模は、一五～七九平方メートルと幅があり、平均して四〇平方メートルほどで、多くが七〇～一〇〇年以上前に建てられたものであった。小屋のつくりは土・石積み壁、小舞土壁、板壁など各種の壁が用いられ、屋根は瓦葺きの切妻屋根が多いが、入母屋・寄棟の茅葺屋根といった古いタイプの小屋も残っている[図10]。土・石積み壁が用いられる範囲は小屋ごとにばらばらであり、そのため完全な組積造から軸組造、その中間的な混構造と、構造の種別が多い[図11]。平面も複雑で、奈良や広島、

図10 石の多い家畜小屋。積み石と擁壁の石積みとの景観が調和している

その他の地域の小屋と異なり、標準となる形が見いだしづらい。

　小屋の施工は、専門の職人と地域の住民と共同で行う場合があった。土と石を積む場合は、土積みの中に、半ば埋もれるように石や煉瓦・瓦が混ざっていることは他県

図11 外周壁の4分の3が土・石積み壁でつくられた組積造の小屋のアイソメ図

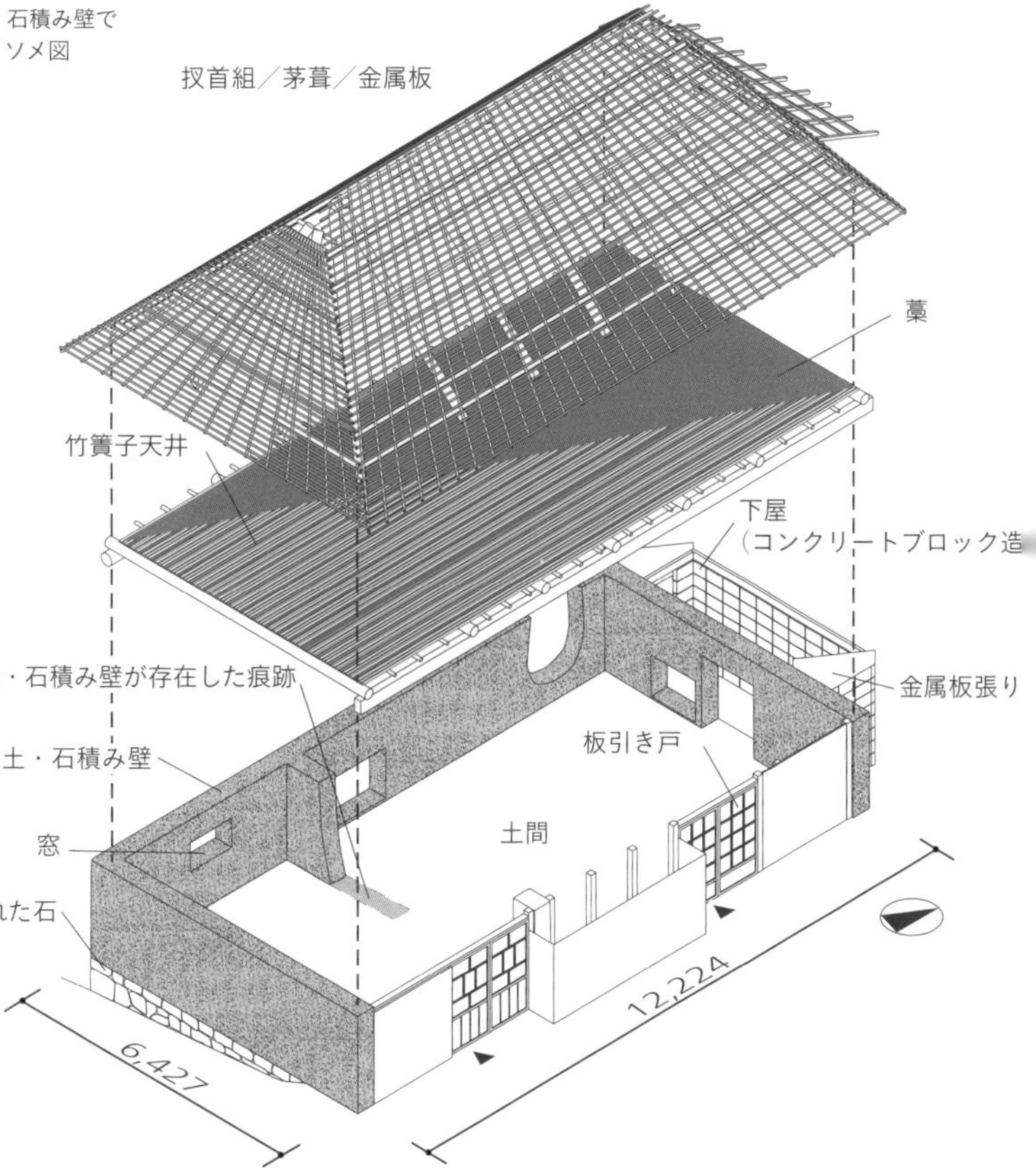

図12 土・石積みの様子。土と石が交互に並ぶように整えられている

でも確認されているが、この地域の積み方は少し異なっている。例えば、石を並べて、その上に練った土を水平に敷き、再度石を並べる。これを繰り返し土と石がミルフィーユのように積まれて壁になるが、石のサイズを揃え、土と石が混ざらないよう徹底されている［図12］。また、石造・レンガ造に見られるように隅石を設け、このとき他の石より丁寧に整形した角石を用いる事例も確認できた［図13・14］。他にも、壁体表面に

［上］図13　隅石に角石を用いた例。石垣や石造建築にみられる技術
［下］図14　壁にあけられた小窓。まぐさ無しで土石積み壁に開口がある珍しい例。組積造らしくアーチになっている

は大きな石を置き、壁体内部に小石が詰めてあり、石垣における栗石のような使われ方も確認できた。国東半島には、石造物や石造美術について歴史があり、石材の採取・加工について蓄積がある。これらの積み方には、石の扱いに対する職人の美意識やこだわりが感じられ、この地域の文化が影響していることがうかがえる。

　ここまで、各地の小屋を見てきたが、文献資料が少なく、成立した経緯について想像に頼らざるをえない部分が多い。農民の生業を支えるために建てられたこれらの小屋は、各々の地域では取り上げるまでもなくありふれており、一方で研究者の民家史や農民建築としての興味からも外れていた存在なのだと考えられる。

　現在、灰屋で灰をつくることはなく、家畜小屋には牛も馬もいない。小屋は既に役割を終えて久しく、崩れればそのまま片付けようという家主が多かった。一方で、屋根を葺き替えた、壁を塗り直したなど今でも愛着を持って大事にしている家もあり、維持されていく可能性も垣間見えた。

　地震と雨が多く、塗り壁こそが日本の土建築のあり方のように捉えられることが多いが、小屋というさまざまな制約から解放された寛大な場では土を積むことを選んだ人々がおり、役目を終えた後もその土地土地でひっそりとこの国のもう一つの土建築のあり方を教えてくれている。

［右］図1　平戸市根獅子地区の景観。建物の一部が、高い石積みの上に土台を置き、壁を立てた「ドヒョモタセ」になっている
［下］図2　平戸市根獅子地区の景観。建物の一部をドヒョモタセにすることで、防風など構造の強化を図っている

第3節

# 長崎のドヒョモタセ



## 1　棚田の中のドヒョモタセ

長崎県の北西部に浮かぶ平戸島（平戸市）では、「ドヒョモタセ」と呼ばれる石積み工法を見ることができる。「土塀もたせ」が訛ってドヒョモタセ。現地では「ドテモタセ」とも聞いた。

さらに「ジゴクマヤ（地獄間屋）」。ドヒョモタセの建物をそう呼ぶこともあるようだ。「間屋」とは小屋のことであるが、地獄の意味はわからない。ともかくも、この呼び名に引き寄せられて調査をした。

平地の少ないこの島では、集落の中も起伏に富み坂道が多い。平戸市根獅子地区を歩くと、建物に石垣がくっついたような不思議な家を多く見かける［図1・2］。石垣の内側に建物を建てているわけではない。石積みの上に土台を置き、壁を立てる。窓を開ける。これがドヒョモタセである。石積みの頂部に伏せる土台を地元では「ジボク」と呼ぶ。地獄間屋は、ひょっとすると「ジボクマヤ」なのかもしれない。

農地は棚田か段畑のいずれかである。各

図3 ドヒョモタセを持つ棚田と一体の屋敷構え（写真上部、平戸市木場地区）

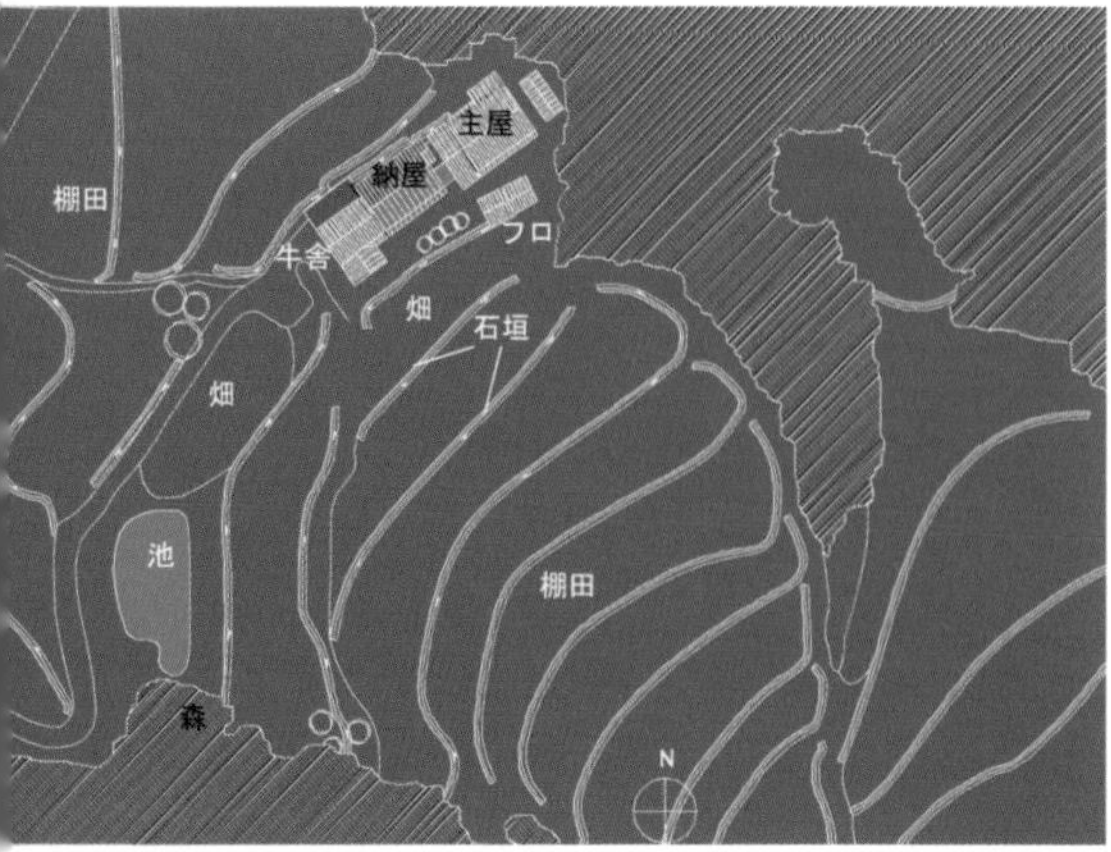


4 棚田・段畑と一体化したドヒョモタセ民家、配置図
部中央）

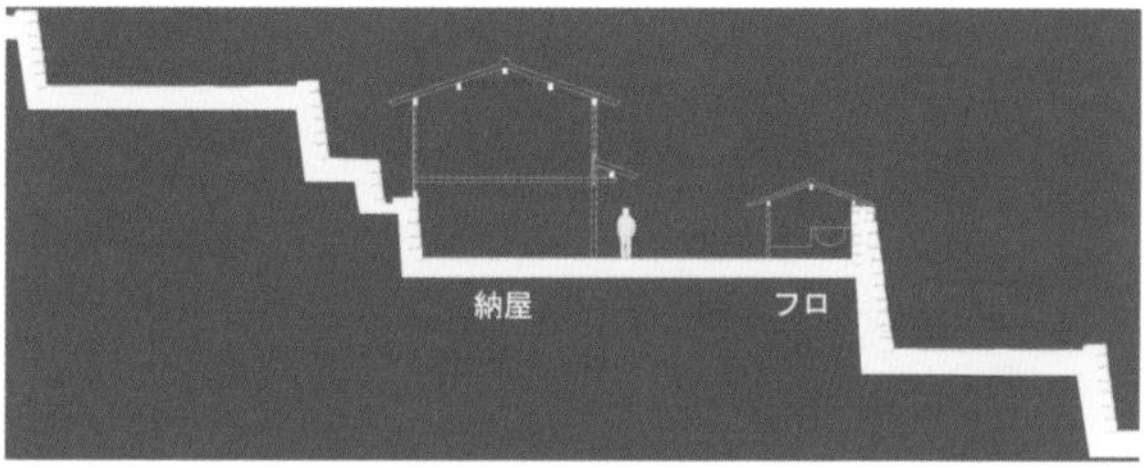


図5 棚田・段畑と一体化したドヒョモタセ民家、断面図

図6 ドヒョモタセ形式で建てられた風呂棟の内部

段の奥行きを深くしようとすると、その分石垣は高くなる。平戸市木場地区で、谷間に開かれた棚田と段畑の連なりを見下ろすようにして佇む一軒の農家を見つけた［図3］。棚田景観にとけ込むように孤立しているその宅地は、他の田畑と同様に細長い［図4］。山側の石垣に沿って主屋を始め納屋や牛舎が直列に並んでいる。

　主屋列の対面には、谷側の石垣沿いに小さな棟が立つ［図5］。お風呂である。室内には五右衛門風呂が据えられ、石積みの内壁がむき出しになっている［図6］。お風呂棟は、段畑を縁取る石垣の一画をそのまま高く積み上げて壁面とし、その上に屋根を掛けている。典型的なドヒョモタセである。

　この家のドヒョモタセはそれだけではない。外からはわかりにくいが、敷地奥の主屋や納屋・牛舎の並びも、背後の石垣を壁面として使っている。納屋に入ると背面が石積み壁であることがわかる。

　棚田や段畑の形状に準じて細長く造成されたこの屋敷では、前後の石垣がドヒョモタセとして家屋の壁となっている。石積み

図7 道から仰ぎ見るような高さのドヒョモタセ。その上に屋根が載っている。炊事場・風呂・便所を兼ねた建物（平戸市木場地区）

という土木構築物と建物が不可分な関係にあり、段畑と屋敷との一体的な景観が構成されている。

## 2 そびえるドヒョモタセ

平戸市木場地区にあるこの家は、林間の道に面して石垣を築いて宅地を造成している。石垣をさらに高く積み上げた箇所がある。道から仰ぎ見るような高さとなり、その上に屋根が載っている。炊事場・風呂・便所を兼ねた建物で、ドヒョモタセとしてはかなり大がかりである［図7］。

昭和一一（一九三六）年、当主（七五歳、二〇一〇年当時）の祖父が四人がかりで背後の山から掘り出し、担ぎ降ろした石で石垣を築き宅地を新造した。その上にホンケ（主屋）を建て、戦前のうちにさらにツボネ（隠居屋）とモノオキ（元茅葺き）をホンケに連ねて建てたのだという。この一続きの棟は、道からは見えない。昭和二〇年代前半、石垣の一画をさらに積み増してできたドヒョモタセが遮っているのである。この石垣は、当主の父（明治末年生まれ）が手伝いを雇って積み上げたもので、背の高いドヒョモタセは、東側の海から吹き付ける強風を防ぐためだという［図8］。ドヒョモタセ棟の並びには、マキの木が石垣の上に植えられている。マキの林も防風林として植えられたもので、ホンケと同時期の植栽である。

南北に長い敷地東側の石垣に沿って、北からマキの林、ドヒョモタセ建物、さらに

図8 ドヒョモタセの石垣は、石積みの厚みは底辺で1250 cm、上部でも860 cm程もある

［右］図9　切石を積み上げた整った形のドヒョモタセをもつ牛間屋。厚みは底面で約60 cm、野面積みほどの厚さはない（平戸市根獅子地区）

モノオキ（納屋）が衝立のように並ぶ。これが敷地の西側に並置するホンケとツボネ、モノオキの棟を海風から護っているのである。

ドヒョモタセの頂部は、進入路側（東側）を側面よりも六〇センチメートル程低くすることで、庇の下に横長に窓を開けている。窓の存在が、単なる石垣から石積みの建物へと印象を変えている。冒頭に示した根獅子地区の家並みの景色と重なるものがある。この石積み建物は桁行四間半、梁間二間に曲がりくねった梁を掛けて切妻の瓦屋根を載せたもので、東側の窓台はドヒョモタセに載り、西側には柱が立つ。なお、屋敷への進入路に面する東側石垣の下段はモノオキの下部が窪んでいる。牛の堆肥置き場である。

屋敷構えの景色を特徴づけるこの石垣とドヒョモタセは、第二次大戦の前後に親子二代にわたり積み上げられたものである。平地が少ない平戸島の屋敷地に共通する斜面立地と防風対策を背景に成立した。

## 3　無筋コンクリートのドヒョモタセ

平戸市根獅子地区の東端に建つこの家には、南北に長い敷地の北側に主屋を配し、その手前に棟続きのツボネと牛間屋（牛小屋）がある。ツボネと牛間屋はともに背の低い二階建てであるが、敷地の関係で牛間屋の屋根は一段下がっている。

牛間屋の東面、腰の部分には植物が繁茂する石積みが延びている。ドヒョモタセであるが、木場地区で見てきたような自然石の野面積みではなく、切石を積み上げた整った形のドヒョモタセである［図9］。

一方、牛間屋の南と西側の二面はコンクリートの壁が地面から立ち上がり、その上に土台を置き短い束柱を立てている。コンクリートはセメントに貝殻と砕石を混ぜたもので、鉄筋は使わない。自家製コンクリートによるドヒョモタセである［図10］。厚みは切石積みのものよりもさらに薄く、建物の外壁然としている。けれども下部が分厚い台形状をなして、上に載る荷重を受け止

図10 牛間屋の南と西側には鉄筋を使わない自家製コンクリートによるドヒョモタセを立てる

めるつくりはやはりドヒョモタセであり、その近代版である。表面には、型枠に使った板の木目も残る。

このような無筋コンクリート製のドヒョモタセは、納屋の下部などにも多く見かける。特に牛間屋には多用されている。牛のツノが当たるからだという。野面積みから切石積み、さらにコンクリート製へと、ドヒョモタセは変化しつつもその伝統は現在にまで継承されている。

## 4 地獄間屋

根獅子地区は、船着場の入江から少し入ると道はすぐに上り坂となり、集落が見えてくる。木々の合間を縫うように屋敷が点在する散居集落である。家は斜面に立地するためにみな石垣を積み上げている。高さは数メートルに及ぶものもある。

各家は、石垣で築かれた狭い敷地にホンケ、ツボネ、牛間屋などを近接して建ち並べている。中庭を囲むものが多く、ホンケとツボネが庭を挟んで向き合う傾向もある。ここで取り上げた家もそうである［図11］。

高い石垣が築かれた敷地の手前、一段低い石垣の上にトタン屋根の小屋が背後の石垣にモタレかかるように建っている。地獄間屋である［図12・13］。元は茅葺きであろう。地獄間屋は、宅地を創出するに不可欠な石垣を利用した小屋であり、土木構造物と一体化したドヒョモタセ建物である。

主屋の脇に建つ牛間屋も三方の腰部がドヒョモタセである。無筋コンクリート製でかなり新しい。明らかに戦後に建て直された牛小屋であるが、堅牢さの必要から伝統的なドヒョモタセが採用されたのであろう。付属屋に継承されるドヒョモタセは、古くは広く主屋にも用いられていた。地域に根ざした伝統的な工法は、付属屋から学べるのである。

平戸島では、山石を積み上げて斜面に宅地を拓いた集落景観を各所で見かける。石垣をそのまま建築に取り込んだのが地獄間屋であり、高い石積みの上に木造を載せる工法がドヒョモタセである。高い石積み壁は風避けとしても効いた。

石垣による人工地盤と、セルフビルドの

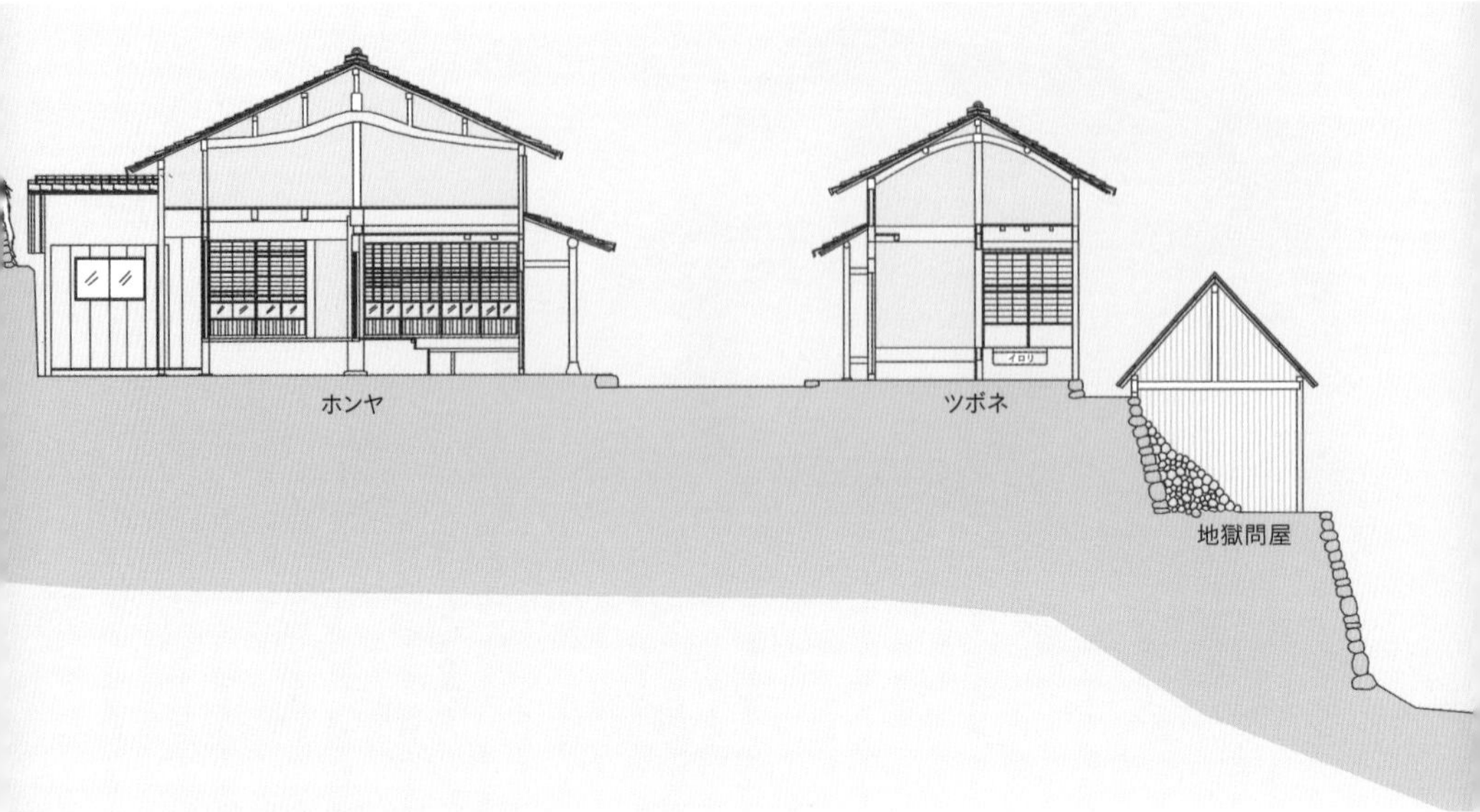


11 石垣で築かれた狭い敷地に中庭を挟んでホンケ（主屋）とツボネ（隠居所）が建つ。
ボネの手前下には石垣と一体となった「地獄間屋」がある（平戸市根獅子地区）

図 12 宅地を築くための石垣を利用した小屋「地獄間屋」。土木構造物と一体化したドヒョモタセ建物の一種である（平戸市根獅子地区）

図 13「地獄間屋」内部。石垣の上に桁を載せ、対面には柱を立て、その間に細い梁を渡し、棟束を立てて垂木を葺き降ろす

石積み工法を伝える小屋や付属屋。今や世界遺産的価値が認められた切支丹信仰の習俗は、平戸島では島独自の集落空間の中で継承されてきた。

図1 斜面地の集落

図2 水平な耕作面をつくるために石を積んで棚田をつくる

第4節

# 石積みという「術《すべ》」——農作業としての石積み

## 1 農作業としての石積み技術

ここでは、小屋から少し離れて棚田や段畑の構造物に着目したい。棚田や段畑の段の部分が石積みでつくられていることがある。特に西日本でよく見られる構造物である。これは人々が斜面で生きるときにわずかな平場をつくるために編み出し継承してきた知恵である［図1・2］。生きるための技術には、それを職能とする人たちのもつ技術とは異なる進化の方向性があると思われる。

津野幸人は『自然と食と農耕』のなかで農業技術の発展について述べている。いわく、農業が発展する段階で人口増加に対応する必要から収量を増やすことが求められ

3 お城や公共事業では隙間をなくすよう石を
緻に整形することが多い。
沢城の石積み（右）とJR牟岐線の盛土擁壁（上）

た。しかし農地を無限に広げていくことは現実的ではないため、農業の進展は土地生産性を高めるよう土地を平らにする、水を引いてくるなど「大地の加工度を増すこと」によって発展してきた。ただ、そうすることで必要となる労働力が増加するため、道具の開発などの労働手段の発明、開発が行われ、それこそが技術の進展の方向性であった、と。

つまり農業の技術は、その単独の技術に特化して進展するのではなく、その場所で快適に生きるという目的のもと、なるべく効果的でかつ労働力を少なくできる方法で行われるのが本質だと言えよう。技術を精緻にすることによって価値を上げていく職人の技術の進展とは異なるところである。

これは農業としての石積みにも当てはまるし、本書で取り上げる付属屋の技術にも当てはまるところが多いだろう。技術の本質やその背景に着目することで、見えてくるものは多いはずである。

## 2 技術の発達と省力化

ここからは、農作業としての石積みの技術についてみてみたい。農地を形づくる石積みは、いかに少ない手間で強い壁をつくることができるか、ということが技術の本質となる。それは具体的には二つの形となって表れる。一つは、近場の石を使うことである。現在のように物を自由に運搬することが難しかった時代、石という重いものを運ぶのは大変な作業で、近場のものを使用するのが最も効率的であった。石がもろいなど、少しくらい石の質が悪くても材料としていた。農地で使われる空石積みという工法において、表面の積み石はお互いに力をかけあって摩擦で壁を形成し、それらが背後の土を抑えるという仕組みとなっている。したがって石にかかる力は主に圧縮の力であり、少々もろい石でも問題なく壁をつくることが出来るのである。

二つ目は、石をほとんど加工しないことである。石の加工は非常に手間がかかるため、石の加工は石の座りをよくするためなど必要最低限において行われた。城の石積み［図3］のように隙間をなくすよう精巧に

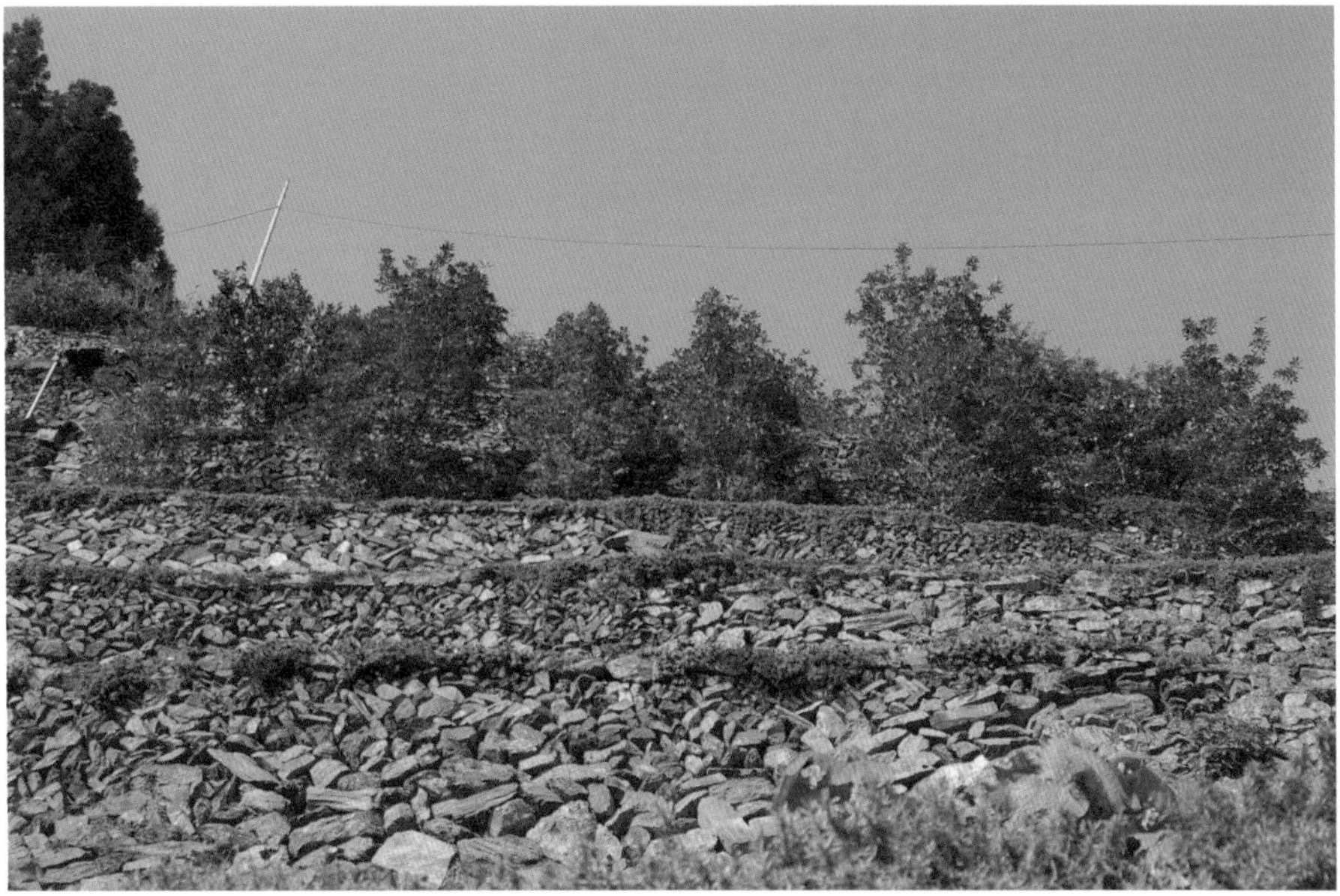

図4　農地では形も大きさもさまざまな石を使う

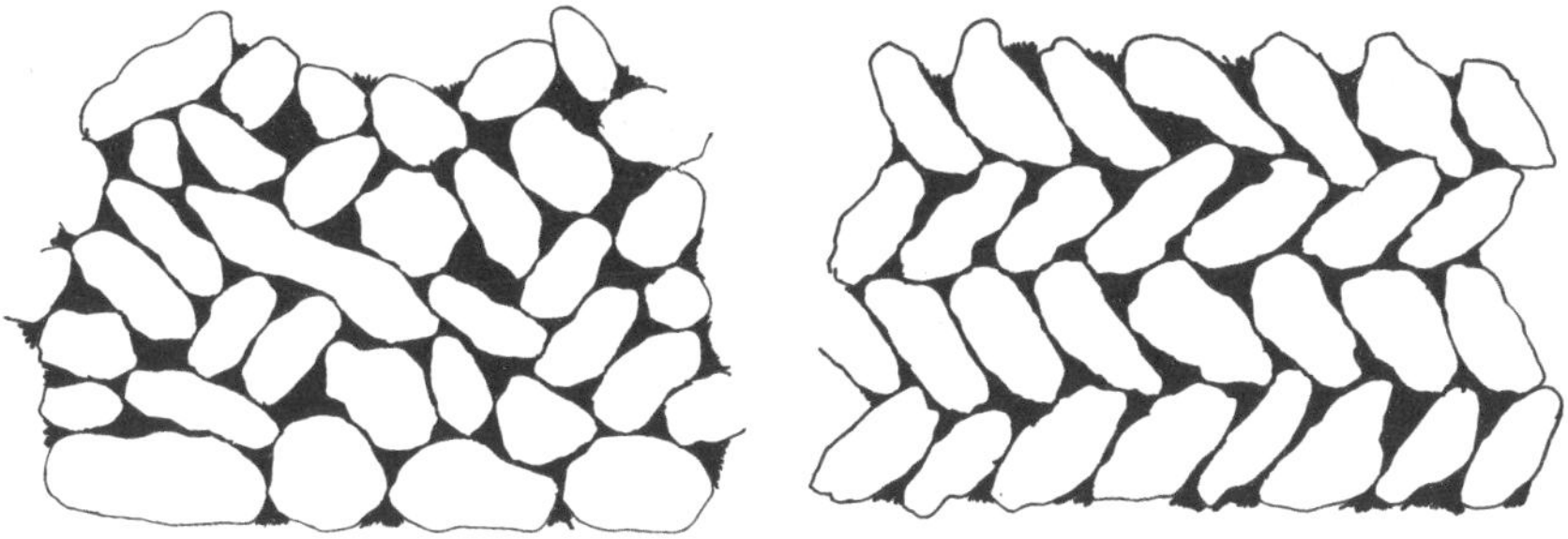

図5　大きさを揃えた規則正しい石積み（右）と農地でよく見られる大きさも形もさまざまな乱積み（左）



加工されることはないし、大きさや形の揃った石を用意するようなことは、基本的には行われなかった。したがって農地に使われているのは乱積みと呼ばれる積み方がほとんどである［図4・5］。

## 3　生きるための技術が生み出したかたち

こうして、近場の石を使う、ほとんど加工はしない、という技術によって生まれた石積みは、おのずと地域性を持つことになる［図6］。それぞれの場所で採れる石は地質に規定されており、その石質は層状に割れる、特定の割れ方がないなど土地ごとに異なる性質を持っている。ほとんど加工しないため、石積みに使用する石の形は、石の質をダイレクトに反映している。また、石の形にふさわしいよう積み方も少しずつ異なり、石積み擁壁そのものが、その土地固有の表情を持つのである。

例えば徳島県では、吉野川を挟んで北と南では異なる石の質を持っている。南は緑色片岩で層状に割れやすく比較的平らな石

7 片岩の石積み

8 砂岩の石積み

図6 地域によって使用する石が異なる。上から、スレート状になる玄武岩、加工しやすい琉球石灰岩、川の近くでは丸い川石を使うこともある

を使用し、北は砂岩系で割れる方向性をあまり持たないためブロック状の石を使用する。この違いは面のつくり方に表出する。

片岩は石の小口があまり大きくないので、壁の面をつくる際には石の最も出ている部

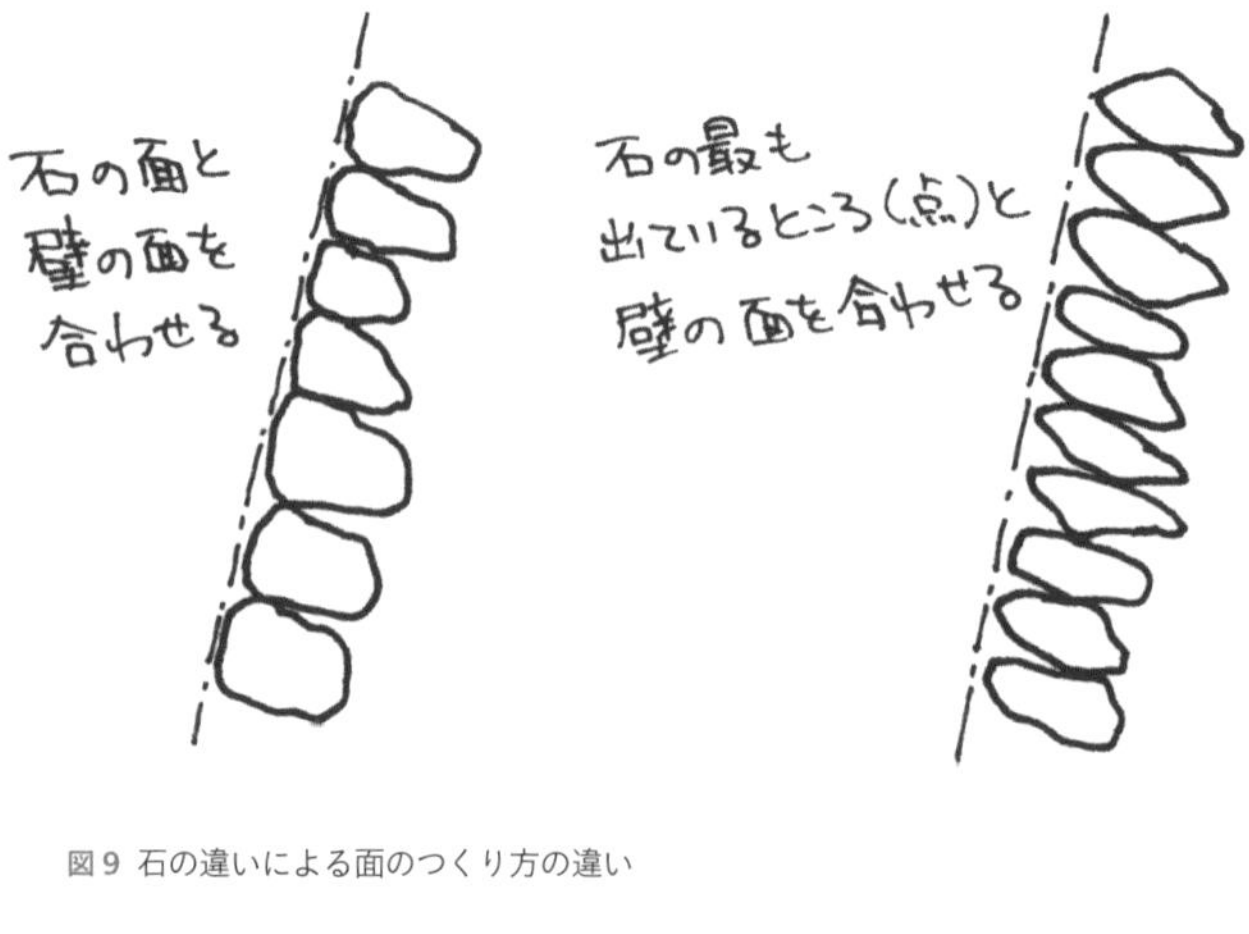

石の面と壁の面を合わせる
石の最も出ているところ(点)と壁の面を合わせる

図9 石の違いによる面のつくり方の違い

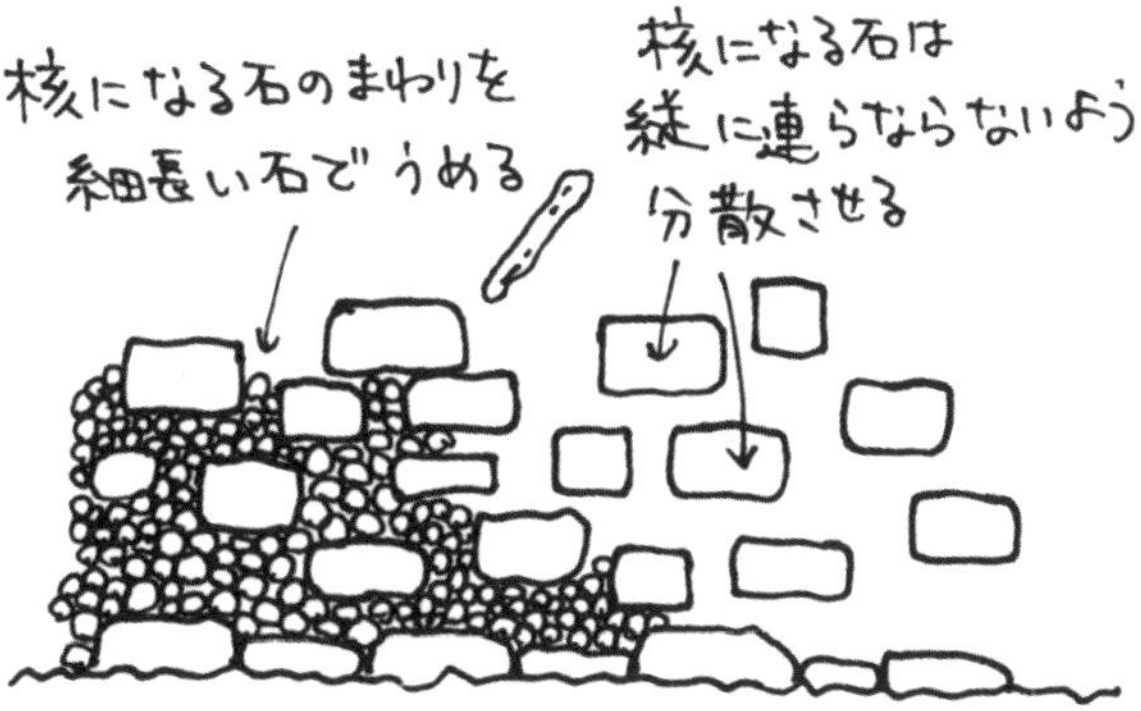


図10 石が棒状に割れるイタリアのチンクエテッレの石積み

分を擁壁面に合わせ、点の集合で面をつくることが多く、一方で砂岩は石の面が大きくなりがちなので、後ろのグリ石で角度を調整しながら石の面で擁壁面をつくる［図7・8］。

他にはイタリアのチンクエテッレでは割れると石が棒状になるため、ブロック状の石を核に棒状の石をその周りに敷き詰めるという方法をとる。また沖縄のように石灰岩を積んでいるところでは隙間が少ない積み方もされる。石が柔らかく加工が容易なため、加工そのものがあまり手間ではないからである。

## 4 石積みが語ること

このように生きる術としての石積み技術を捉え、その目で各地域を見ると、実際にはそれに当てはまらないものも多いが、ここから見えてくるものがたくさんある。もっともわかりやすいのは材料で、地域の石でないものであれば、比較的新しくつくられたものである可能性が高い。また、きれいに加工されたものであれば、新しくつくられたか、あるいはその石積みに何らかの特別な意味があった可能性があるなどである。

例えば、江戸末期から明治、大正にかけて、用水路をつくる技術の発達によって、大規模に棚田が開発されたところがある。このような場所は地域の人の手で一枚一枚開かれたかつての棚田とは違って、公共事業的に委託され職人の手でつくられていることが多く、「生きる術としての石積み」とは異なる表情を持っている。

また、農村部にある昔ながらの石積みでも、宅地の擁壁だけは職人がつくっていることも多い。支える財産が重要なために、宅盤だけは職人に頼んだりすることがあるからである。石が丁寧に加工されていたり、裏にグリ石がしっかり入っていたりなどの違いがある。裏にグリ石がたくさん入っていると草が生えにくいので、それが判別するポイントである。他には、集落の中にある墓地の基壇が大きさの揃った石でつくられていることもある。死者を弔う気持ちが手間をかけて丁寧につくるという形に現れたものであろう。

12　宅盤の石積み。面がきれいに揃い、また裏にグリ石が多いのか草が生えていない

図11　用水の建設とともに一気につくられた非常に整った棚田



このように、生きる術としての技術をモノサシに、集落を見渡すと、それに当てはまるもの、外れるものから考察を深めていくことができるだろう。

# 第7章

# 土蔵
## ——究極の職人技

図1 昭和4年神岡町船津大火直後の写真（出典：『高山市三町防災計画策定書』高山市三町防災計画策定委員会、1996年）
昭和4年5月20日昼過ぎに発生した岐阜県神岡町の大火は、火元とされる玉川町を中心に600戸以上の家屋を焼き尽くした。その前後の写真を見比べると、伝統的な土蔵建築の耐火性の高さがよくわかる。150棟近くあった土蔵のうち、焼失したのはわずか10棟以下であったらしい

図2 昭和4年船津大火以前の写真（出典：『飛騨写真画報（第二巻第二号）』飛騨写真画報社、一九二五年）

# 第1節 「土蔵」の成立と終焉

## 1 「土蔵」とはなにか

昭和四（一九二九）年、飛騨の神岡町船津地区を焼き尽くす大火が発生した。その大火の前後に撮影された写真が残されている［図1・2］。それをみると火災直後の一面焼け野原となった凄惨な様子がうかがえるが、そうした中で、普段は表通りの町家主屋に隠れて見えない土蔵だけが漆喰塗りの白い箱の群となって、いくつも毅然と立ち尽くしている。

このように、伝統的な防災建築である土蔵は、耐久性、耐震性、防犯性などに加え、とりわけ火災に強いという特性から、全国の歴史都市に数多く残存している。むろん耐火という目的ならば木造よりも石造や煉瓦造などが合理的であるとも言えるが、土蔵の主構造は日本の他の一般建築と同じく

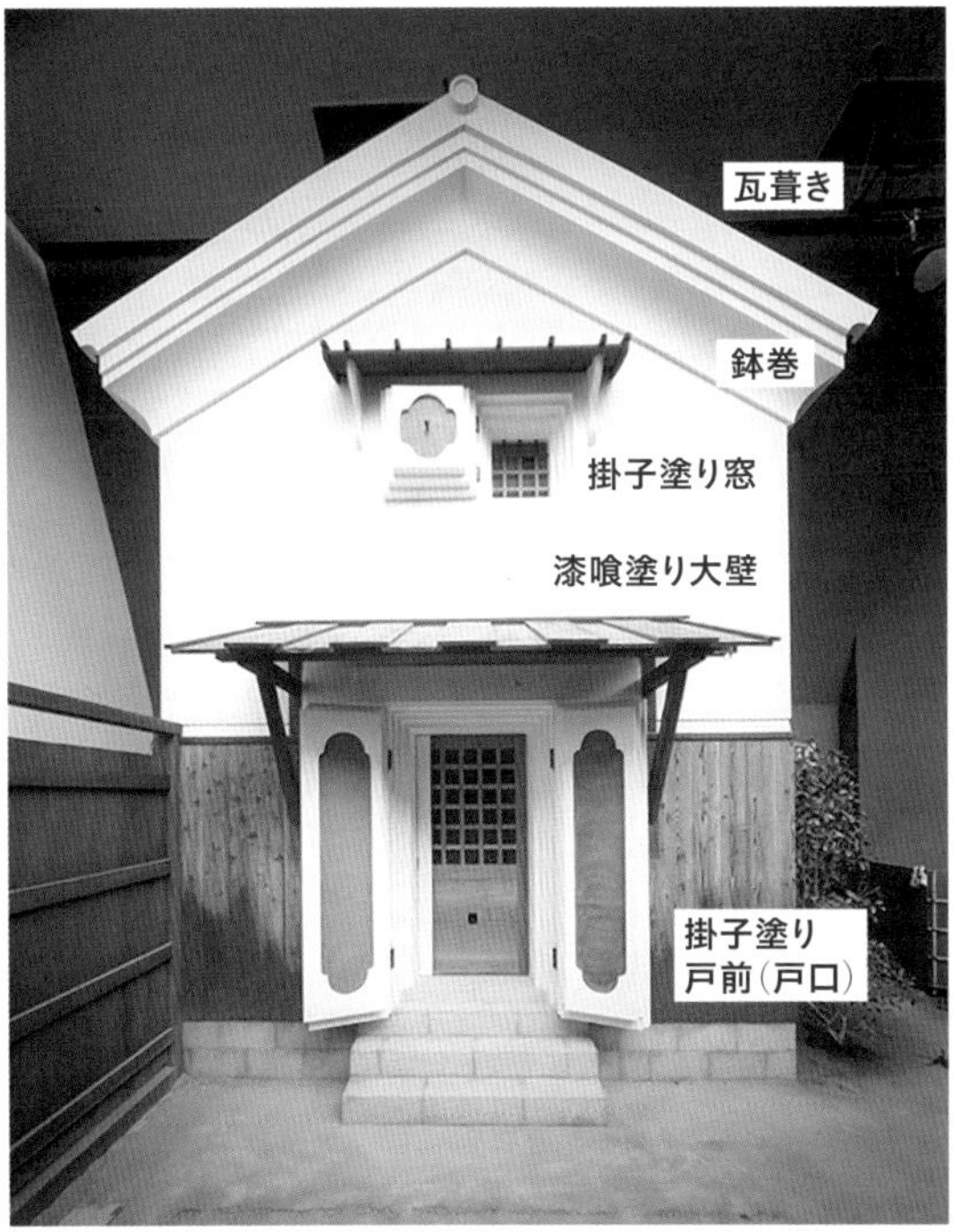

図3 一般的な土蔵
（出典：『大阪くらしの今昔館 公式ガイドブック』2015年、大阪市立住まいのミュージアム）

木造の軸組構法であり、一般と違うのは土壁を厚く塗って木部を隠蔽することである。防火性能を発揮するほどに厚く土壁を塗るには、壁の内部に隠された創意工夫と、壁土を幾層にも塗り重ねる左官職人の高い技術が必要である。それゆえ土蔵は、いつしか「耐火建築」の枠を超え、高度な建築技術の結晶を誇示する「富」の象徴＝ステータス・シンボルともなった。

今日一般的にみられる土蔵には、共通する外観意匠上の特徴がある［図3］。例えば、必ずと言ってよいほど切妻造りの瓦葺き屋根であり、短い軒と螻羽《けらば》の下には鉢巻《はちまき》を廻す。壁は通常は漆喰塗りの大壁で、柱や梁を塗り込めて木部を露出せず、火災時に弱点となる開口部は、建具の周縁を段々形につくり出した「掛子《かけご》塗り」にして火が回らないように気密性を高める。これらは「土蔵」の建築様式を構成する主要な点である。その様式は土蔵固有の構法に裏づけられたものであり、それは長い歴史の中で培われた日本の高い職人技術と一体的な関係にある。しかし、これまで、こうした土蔵の様式が成立した経緯について語られることはあまりなかった。以下では、その主要な様式的特徴を上記の諸点に絞ったうえで、その成立過程を概観してみたい。

## 2 「土蔵」成立の技術史的背景

先史・古代の日本において、貴重なものを収納する蔵（倉）は、防湿のために床《ゆか》を高く上げた高床で、外壁に木材が露出した「板倉」であった。正倉院に見られる校倉

図4 正倉院正倉（奈良時代）
高床の壁構造である校倉造りは、防湿性、防犯性、防鼠性などに優れるが、木部が露出しているので一般建築よりも高い耐火性があるわけではない。中世から近世にかけて技術の進展とともに、板倉から土蔵に切り替わったのも首肯できる（正倉院正倉）

造りは、その例としてよく知られる［図4］。

一方、平安時代の貴族住宅である寝殿造りをみると、その内奥部に窓のない「塗籠《ぬりごめ》」と呼ばれる閉鎖的な空間があり、そこは冬期の寝室や貴重品の納戸として使用されたとされる。山田幸一の研究によれば、藤原実資の日記『小右記』（長徳二／九九六年五月五日条）をみると、そこは「塗籠」とはいえ、今日いう「塗り込め」のように木部が土壁で隠蔽されていたかは不明で、少なくとも扉は板材の現しであったとされる（山田幸一『壁』）。しかし、少し時代が下って平安時代の末期になると、藤原頼長の日記『台記』（久安元／一一四五年四月二一日条）に「文蔵」（書庫）に関する記述があり、それによれば板壁に「石灰」を塗って、戸には「蠣灰」（貝灰）を塗っていたことがわかる。大壁の漆喰塗りで、扉も同じく塗り込められていたのだろう。

中世になると、都市と経済の発達を背景に繁栄した金融業者が、自らの敷地に土塗りの堅固な土蔵＝「土倉《どそう》」を建てるようになる。当時、「土倉」とはそうした豪商自体の代名詞でもあったから、土蔵は社会的な「富」の象徴でもあったのだろう。中世の土蔵の姿は、『春日権現験記』（延慶二／一三〇九年成立）に描かれたものがよく知られている［図5］。周囲の建物が火災により焼失した直後、人々が土蔵に避難している光景が描かれている。その土蔵の壁は輝くように白く描かれ、その耐火性の高さを謳い上げているようである。前記の「文蔵」の例からも、おそらく漆喰塗りであろう。柱は露出せずに厚い壁で塗り込められ、切妻の屋根面も白く塗られているから、屋根が焼け落ちた「置き屋根」の形式であったという説もある。しかし、火災直後なのに建物の脇に屋根の焼損材が描かれず、その場合危険なはずの平側が人の避難場所になっている点も解せない。土蔵の周囲を取り巻く多数の柱が未だ燻《くすぶ》っていることから、建物の内部に入れ子状に建てられたものとも思われる。いずれにしても鉢巻はまだ見られず、戸前（土蔵の戸口のこと）は、前方に突き出た「獅子口」があるかわりに、扉の厚みはごく薄く描かれており、少なくとも「掛子塗り」にはなっていない。

図5『春日権現験記』(1309)に描かれた土蔵(出典:『春日権現験記絵—甦った鎌倉絵巻の名品』宮内庁、2018、「春日権現験記絵」巻14第16段(部分)皇居三の丸尚蔵館所蔵)
塗り込めた屋根の上に木造屋根を載せる「置屋根」であったという説もあるが、火災直後なのに建物の脇に屋根の焼損材が描かれず、平側が人の避難場所になっている点は解せない。ただし、史料によれば、火災時に急遽屋根を取り外す例もあったらしいから、置屋根の説も否定はできないが、建物の内部に入れ子状につくられたものの可能性もあるだろう。中世に遡る洛中洛外図に土蔵が全く描かれていないことや(伊藤ていじはそこに為政者の意図を見ているが)、「土倉」は中世の豪商のシンボルであったとはいえ、それが町並みに現れるとは限らない、ということも勘案すべきである

図6 駿府城総塗籠の構法(撮影:中塚雅晴)
土を固着させるのが難しい軒裏は、木部に縄を巻いたり、縄を巻いた竹を木部に打ち付けたりして、土の喰い付きをよくして剥落を防止する

近世になると、中世における土蔵をつくる技術が、時代の先端的建築であった城郭建築の「総塗籠」の構法に応用された。すなわち、壁や軒裏は、防火、もしくは鉄砲伝来に伴う耐弾の必要性のため、漆喰塗りの厚い土壁で覆われて木部を露出させない。そうした総塗籠の特徴をよく表現した呼称である「白鷺城」と呼ばれる姫路城天守(慶長一三/一六〇八年)はその代表である。とりわけ「揚裏」とも呼ばれる軒裏は土を塗るのが難しい部位で、木部に縄を巻いて土の喰い付きを良くするなどの技法も生み出された〔図6〕。城郭建築の膨大な壁面積と全国的なその建設量の大きさを考えると、漆喰の原料である石灰を生産する工場の整備や大量の左官職人の養成など、国をあげて生産技術の水準を上げる必要があったはずである。近世城郭建築の嚆矢として織田信長の安土城(天正七/一五七九年)が知られるが、その外観(復元案)〔図7〕をみると、おそらくその技術的基盤が未整備であったことの影響で、漆喰壁よりも板壁を主とするものであった。現存する「総塗籠」の天守の最古は、その三〇年後の姫路城天守であり、そ

図7　安土城　復元模型　内藤昌復元©
（出典：内藤昌『復元安土城』講談社、二〇〇六年）

れ以降は多く見られるようになるから、おそらくその基盤整備はこの頃なのだろう。しかし、近世初期における城郭の建設ラッシュは、まもなく江戸幕府による一国一城令（慶長二〇／一六一五年）などの諸政策によって終焉し、だぶついた生産力は民間に降り、町家の土蔵の中に、その先端的な技術が広く浸透するとともに、各地の地方色が加味されていった。次節以降でみるように、土蔵の地方色は一見きわめて豊かである。それが土蔵の魅力であることは確かであるが、他面そうした派手な地方色とは裏腹に、土蔵の外観様式の基本と、それを生み出す技術的基盤には、地方性がほとんど見られないのである。

## 3　土蔵の建築様式

### 外観

中世末から近世にかけての京都の町並みを俯瞰的に描いた屏風絵等として知られる「洛中洛外図」に、土蔵――本節では、便宜上単体の建物として独立した蔵を対象とする――はどのように描かれているだろうか。試みに、京都国立博物館編『洛中洛外図 都の形象』（一九九七年、淡交社）に収録された五一件の洛中洛外図を詳しく見てみると、「土蔵」が描かれている最初のものは一六世紀末の景観年代とされる「聚楽第図」（三井記念美術館蔵）［図8］で、中世に遡るそれより

図8　「聚楽第図」（景観年代：一五八七〜一五九四年）に描かれた土蔵（出典：京都国立博物館編『洛中洛外図―都の形象』淡交社、一九九七年）

古いもの四件には全く描かれていない。一七世紀初めの元和年間とされる「洛中洛外図（池田本）」（林原美術館蔵）あたりから土蔵の数が急増し、筆者らが数えたところ、一七世紀末までに作成された二一件の洛中洛外図に合計二六七棟の土蔵を確認でき、その全てが切妻造りの瓦葺きで描かれている。

なお、近世初期の洛中洛外図をみると、主屋の屋根上に突出する塔屋状の、柱を現さない小部屋をよく目にする［図9］。既往の研究では、それは土蔵の一種としての「内蔵」であると指摘されている。主屋の建築と一体化しているこの「内蔵」は、庭に建てられる土蔵（庭蔵）の祖形であったとの指摘もあるが、その説には賛否があるようである。見方によれば、家屋の中奥部、通常採光されない部分にある大壁の独立部屋が発達し、主屋を貫いて突出したもののようにも思われる。あるいは平安貴族の邸宅の「塗籠」が一般の町家に浸透（流行）しつつ、中世を通じてそれが発達したものではなかろうか。とすれば、さきに見た『春日権現験記』の漆喰塗りの土蔵は、その原型というべきものにも見えてくる。

［上から］図9　洛中洛外図（池田本）の「内蔵」（景観年代：元和年間）（出典：同書）
図10　洛中洛外図（池田本）の「三階蔵」（景観年代：元和年間）（出典：同書）
図11　洛中洛外図の土蔵（勝興寺本）、軒裏の塗り込め、（景観年代：17世紀）（出典：同書）

図12　川越の土蔵造りの町家（主屋）

## 鉢巻

今日見る土蔵の外観を特徴づける「鉢巻」は、資料上、一七世紀後期以降に見られるようになる。鉢巻がない土蔵は、もちろん軒を出すわけであるが、その軒裏の表現をみると、垂木一本ごとに波型をつくり出して、外壁と同じく白色で描かれるものが圧倒的に多い［図11］。おそらく前記した城郭の総塗籠と同様の技法が絵画として表現されたものであろう。

## 掛子塗り

観音開きの漆喰塗りの扉で、その召し合わせの部分が段々形の「掛子塗り」となっているのが、本格的な土蔵であると一般に考えられている。倉庫としての土蔵ではないが、川越の土蔵造り［図12］はその代表であり、そこでは掛子塗りの窓が、外観を豪壮に飾る主要な意匠要素になっている。その形状は、いうまでもなく外からの火を遮断し、閉じたときにぴったり密着させるためのものであり、それをつくるには高い左官技術が必要とされる。

この掛子塗りは、資料上は近世初期から見られる。掛子塗りの戸前は、寛永三（一六二六）年の創建とされる二条城の土蔵（米蔵三棟）［図13］に見られるから、近世初期にはすでに存在していたことがわかるが、古いものは戸前だけが掛子塗りになっており、上階の窓（平屋の場合は高窓）は鉄格子や虫籠窓であり、前掲の二条城北米蔵の窓も片開き土戸だが掛子塗りではない。戸前も窓もいずれも掛子塗りになっている土蔵を探すと、今回の資料の中では一八世紀になるまで見られない。とりわけ町家では戸前よりも窓のほうが町並み景観上目立つから、窓の掛子塗りは外観上重要である。戸前と窓の両者における掛子塗りの成立年代に、このようなズレが生じたことの背景には、近世初期における民間の左官技術の高度化に伴う掛子塗りの技術的普遍化があるのではないかと思われる。まずは開口面積が大きい戸前だけでも手間をかけて念入りにつくろう、という防火の発想があったと思われるのである。

図13 二条城の土蔵（北）（米蔵）

## 漆喰塗りの外壁

土蔵の外壁は白漆喰の上塗りが施されるのが一般的である。漆喰塗りは、高松塚古墳などの古代壁画にも確認されるので、すでに古代には建材として使用されていたようだが、山田幸一によれば、近世初期に仕上げに使う糊《のり》料として高価な米から安価な布海苔《ふのり》に転換するという発明があり、その発明と時代的に併行する城郭の建設ラッシュに伴って、漆喰壁が一気に普及したのだという。なお、西洋の漆喰――プラスターあるいはスタッコのこと――は砂（骨材）を用いて堅固な壁とするが、日本の漆喰は通常は骨材を入れず、和紙の苆《すさ》を入れて平滑な表面とする点で特徴的であり、その技法はすでに古代から一般的であった（山田幸一『壁』）。かつて建築家吉阪隆正が指摘したように、日本の漆喰のつるつるした滑らかな肌合いは、「日本的なもの」を感じさせる。

洛中洛外図において外壁が白で塗られた大壁のものを漆喰塗りと判断すると、ほとんどの土蔵が漆喰塗りであり、真っ黒で塗られた黒漆喰と見られるものも若干みられる。鉢巻がある土蔵の外壁は全て漆喰塗りで、それ以外は主に茶色であり、おそらく仕上げの漆喰を塗らない中塗仕舞の壁であろう。茶色の壁の土蔵の多くは、軒を出して鉢巻きを付けない［図14］。中塗仕舞の壁の土蔵は、雨による外壁の汚損を防ぐため、鉢巻が普及した以後も、軒を出す形式が採用されたのではないだろうか。

図14 中塗仕舞の土蔵（「洛中洛外図（萬野B本）」、景観年代：17世紀）（出典：京都国立博物館編、前掲書）

以上をまとめると、一般的な土蔵は、すでに近世初期から瓦葺きの切妻造りであったが、その上に、軒の出が短くなって鉢巻ができ、戸前は早くから掛子塗りになっていたが、やがて戸前だけではなく窓も掛子塗りとなる。その意味で、今日みられる土蔵の外観が成立したのは一八世紀頃（近世中期頃）であったと考えられる。管見の限りでは、掛子塗りの窓の初出は寛保三（一七四三）年以前とされる旧太田脇本陣林家借物倉であり、これは鉢巻がなかったが、鉢巻と戸前・窓の掛子塗りが揃って現れるのは寛政一一（一七九九）年とされる大橋家米蔵が、建設年代が判明する中では早いものの一つである。

　大壁のマッシブな外観の印象とともに、鉢巻を用いて軒を出さない土蔵の外観様式は重厚感を感じさせ、いかにも重々しく、堅牢な建物に見える。掛子塗りの開口部も、そうした様式とデザイン上の紐帯で結ばれており、その全体的な印象を一層強めている。それは、重厚さを好む江戸的な造形感覚による建築様式の一つであったと言えるであろう。

## 4　土蔵の構法

　右に述べた土蔵の外観様式は、それに固有の技術的基盤に裏づけられている。詳しい説明は次節でなされるが、以下では、土蔵の特徴的な構法について概略しよう。

### 下地壁構法

　外壁に土を厚く塗り重ねるには、その土の大きな荷重に耐えうる堅固な壁下地の構

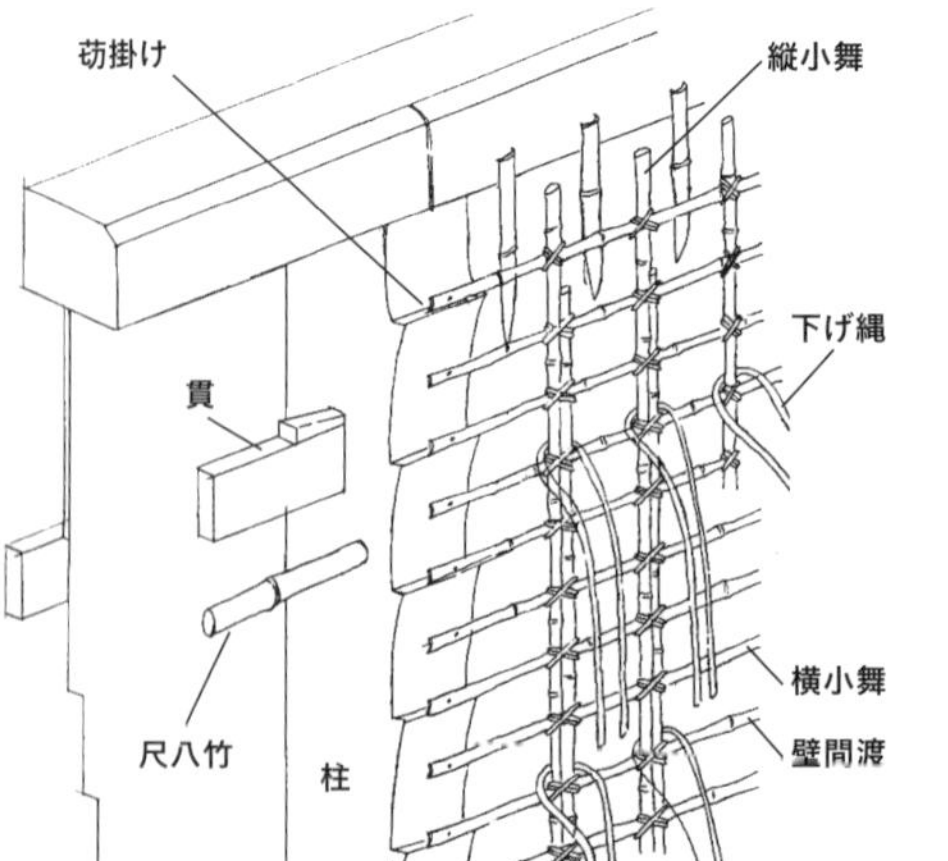


図15　一般的な土蔵の壁下地（出典：滋賀県教育委員会『重要文化財旧西川家住宅（主屋・土蔵）修理工事報告書』滋賀県、1988年）

図16 旧西川家住宅土蔵 壁下地（出典：同報告書）

法が必要となる。土蔵の一般的な壁下地をみると、「尺八竹」を遣《や》り越し穴で柱間に渡し、横間渡（横竹）を柱の外面に固定するための「苆掛《すさが》け」と呼ばれる欠き込みを柱外面につくり出し、壁間渡間に横小舞を配り、壁間渡・横小舞と縦小舞、および縦小舞と尺八竹を縄で結束する［図15・16］。外からの火を防ぐために壁土を外側に幾層も厚く塗り重ねていき、室内側は柱を現しとする。ゆえに柱芯と壁芯はズレるから、壁間渡を柱の芯ではなく、柱の外面に固定するわけであり、そのほうが（穴が不要なので）施工上も合理的である。また、壁間渡には「下げ縄」を垂らし、土の荷重を壁間渡に伝えて壁土が自重で下がらないようにする。下げ縄はその後、壁最上部から最下部へ荒縄を垂らすやり方に変化するとともに、角縄や樽巻きなど荒縄による土壁補強の技術がさまざまに発達することになったものと思われる。

こうした構法は、おそらく城郭建築の成立過程において開発された技術であろう。尺八竹、苆掛け、下げ縄などは一般の建築には見られないものであり、壁を厚くするために工夫された土蔵や城郭に特徴的な構法である。

## 架構

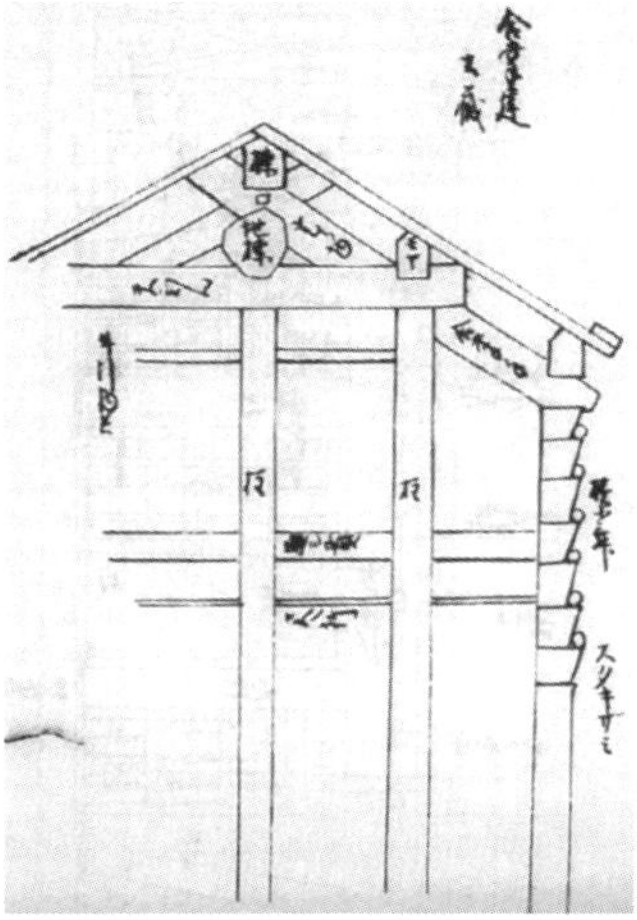

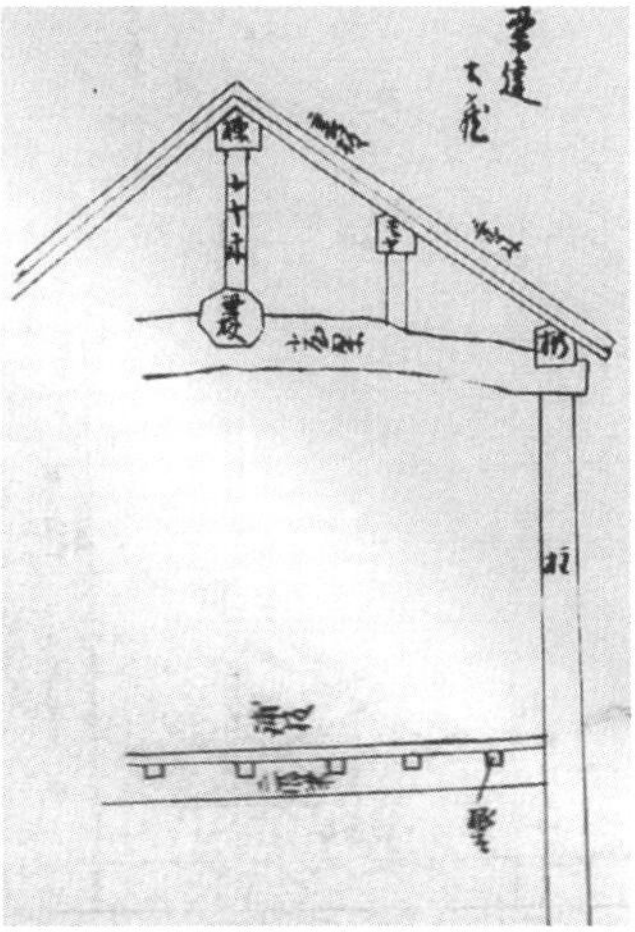

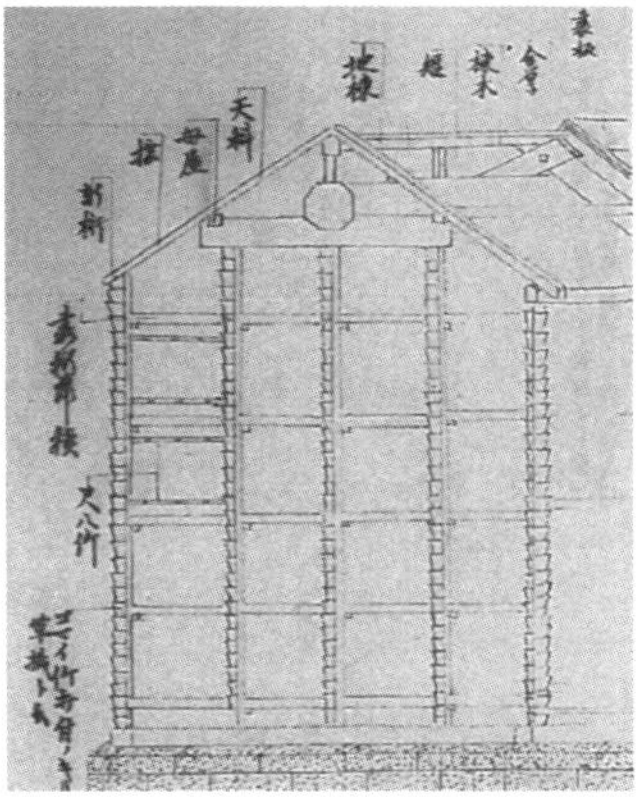

［上から］図17『大工雛形規矩鑑集蒂指口』（合掌建）寛政末（1800）年頃（出典：若山滋、麓和善『日本建築古典業書第8巻』大龍堂書店、1993年）
図18『大工雛形規矩鑑集蒂指口』（梁建）寛政末（1800）年頃（出典：同書）
図19『今西氏家舶縄墨私記 乾』（合掌建）文化10（1813）年（出典：同書）

図20　RC造の土蔵の提案（A. レーモンド、川崎邸土蔵、昭和9年）（出典：アントニン・レイモンド、エリー・フォール『アントニン・レイモンド作品集 1920-1935』城南書院、1935年）
レーモンドは、土蔵を、伝統的な木造軸組構法に、高い防火性能の「外殻」を形づくる構法を組み合わせた構法的折衷物と捉えている。開口部の掛子塗りは、コンクリート製の突起を噛み合うようにして通常の段々形よりも気密性を高めるつくりになっているのも興味深い

土蔵の架構形式を大きく分けると、梁と束を組み上げて母屋を支える「梁建」と、登り梁（合掌）をかけて母屋を支える「合掌建」の二つの形式があることが『大工雛形規矩鑑集蒂指口』（一八八〇年）［図17・18・19］などの近世の大工技術書に記されている。また、それらに比べて数は少ないが、棟持柱を用いた簡易的な架構も今日に残されており、これは比較的小規模な土蔵に用いられる。一方、近代になると、西洋技術を取り入れた洋小屋（キングポストトラス）も出現し、それは比較的大規模な建物で用いられている。「梁建」と「合掌建」を比較すると、近世において前者は総数の約三割、後者は六割となり、後者のほうが圧倒的に多く、その傾向は、明治期に入ってもあまり変化しない。両者の違いとして、「合掌建」は、小屋裏を有効利用できるから同じ規模でも高さを抑えることができるという点が挙げられる。

## 5　土壁の近代化と終焉

明治期に入っても土蔵は、基本的に江戸期から変化しなかった。その理由は、それが耐火・耐久建築として十分に完成された様式であったからであろう。

　しかし、明治期も終わり、大正・昭和期になると、建築の「近代化」＝合理化の観点から「土壁」が疎まれるようになった。というのも、土壁を塗り重ねるには多くの工程で乾燥期間を設けなければならないから、施工に非常な時間と手間がかかるためである。昭和初期、ドイツの建築家グロピウスの「トロッケン・モンタージュ・バウ（乾式組立構造）」という簡便な組み立て構法（鉄骨造）の試みが日本に紹介され、その影響のもと、市浦健の〈自邸〉（昭和六／一九三一年）や土浦亀城の〈自邸〉（昭和一〇／一九三五年）などに見られるような、木造の軸組に板状のパネルを張る大壁構法が提案された。土壁に置換しうる新構法を主眼とする技術的な試みが、二〇世紀の建築を牽引したのである。こうした土壁排除という建築生産の合理化は戦後にも続けられ、今日のハウスメーカーの住宅を見ても左官仕事などは、ほぼ完全に排除されている。

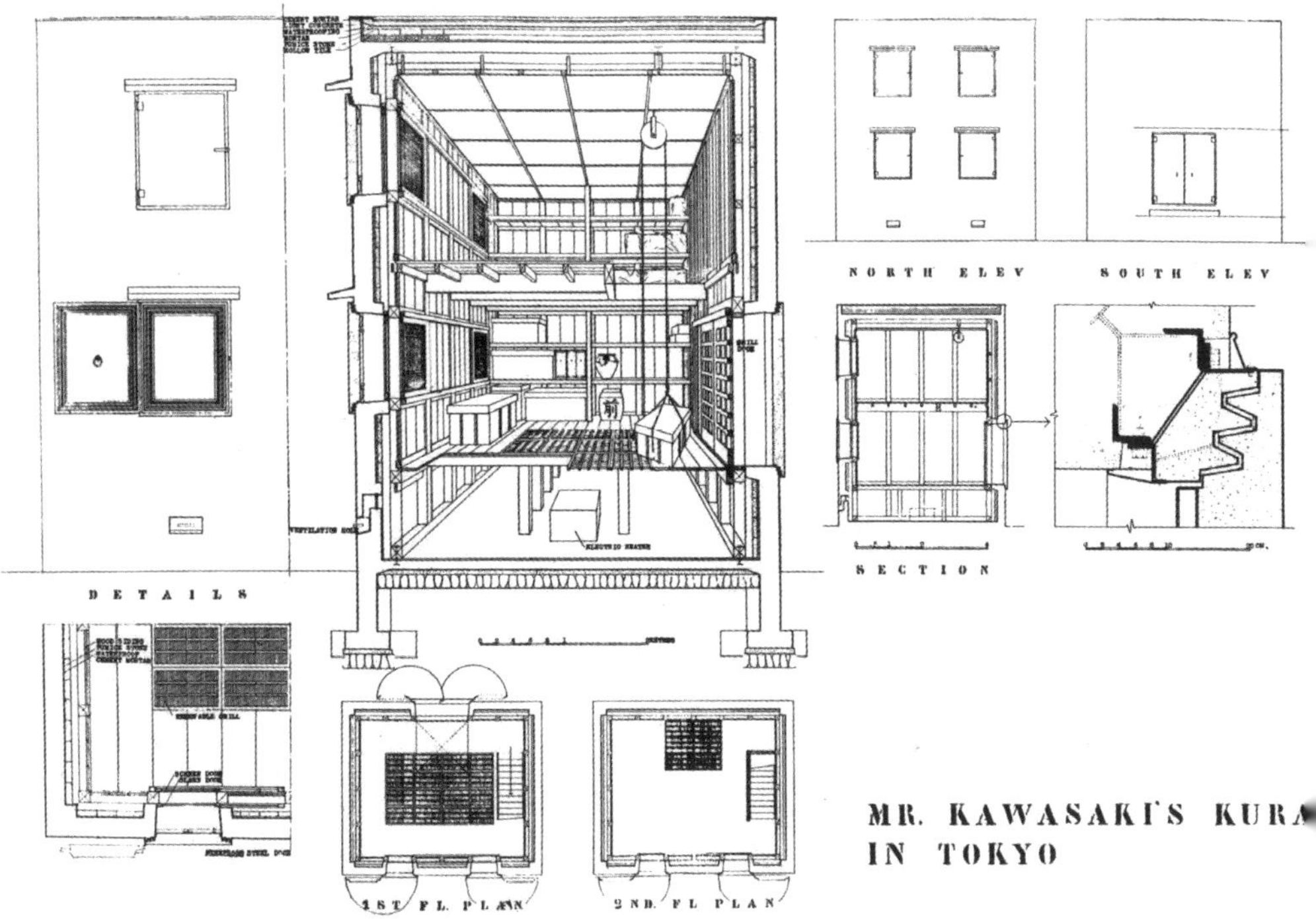


戦後のそうした傾向に追い打ちをかけるように、「戦後民主主義」の浸透により、ステータス・シンボルとしての「土蔵」の存在意義も失われ、今では同じくらい耐火的な構造ならコンクリートで倉庫を建てようと考えるのが普通であろう。すでに戦前においてRC造の「土蔵」を提案した建築家アントニン・レーモンドは、その意味で慧眼であったといえる［図21］。

本節で述べたように、土蔵は、歴史的にみて、左官の高い職人技術が結晶したものであった。今日まで残された全国各地の土蔵が象徴的に示しているのは、「土の壁」そのものの防火性と耐久性の高さである。そこに蓄積された古人の防災の叡智は、現代まで何とか生きながらえている伝統構法の職人たちに支えられて、現代に受け継がれているのである。

図１ 土蔵の外観の例。屋根形式（大別して屋根まで塗り上げる場合と、二重屋根をかける置屋根形式）、開口部の構成（図９参照）、なまこ壁や漆喰装飾（鏝絵）などが、多様な外観をつくりだしている

第２節

# 左官技術からひもとく土蔵

## 1 土蔵は左官が棟梁

日本のほとんど全国各地でみることのできる土蔵は、実に多様な外観をしている［図1］。屋根形式や開口部の構成、仕上げ技法など、特徴の表れる要素は多く、地域性や個性が豊かである。このような多様性をもちながらも、どこへ行っても土蔵は土蔵だと容易に認識できるのはなぜだろうか。それは、いずれの土蔵も共通して全体に壁面の多い重厚な立ち姿をしているためであろ

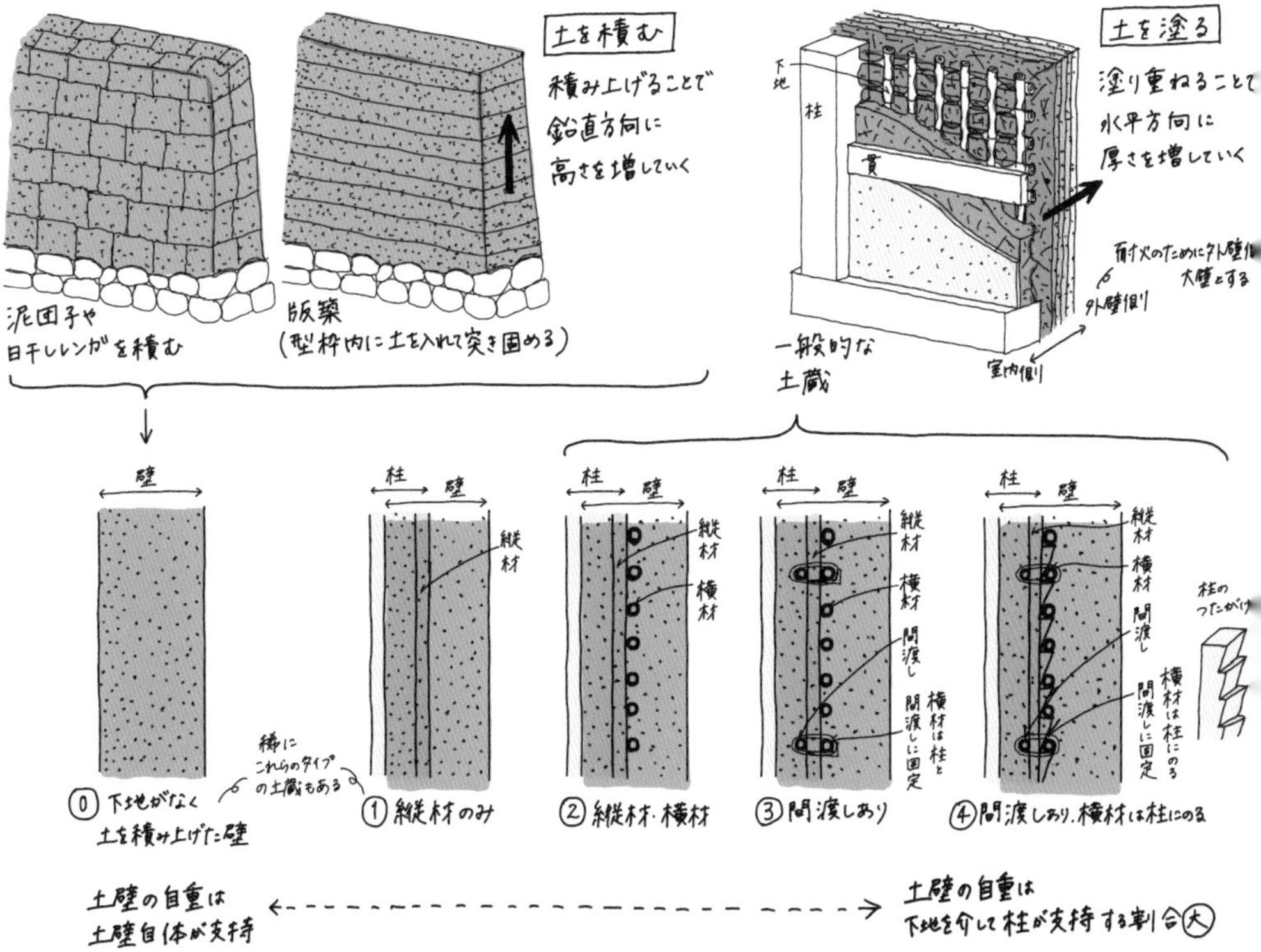


図2 分厚い土壁をつくる方法と土壁の支持方法。日本の土蔵のように塗り重ねる層数の多い壁構法は類をみない。図中の⓿は非木造で土を積んでつくる場合であり、日本では山口県や九州地方の限られた地域の土蔵の構法として確認されている。❶から❹は木造であり、下地の構成によって重厚な土壁の支持方法が微妙に異なっている





う。

　土蔵は一般に木造建築であるが、耐火のために外部に木材が表出しないよう、土を塗り重ねて大壁としている。重厚な立ち姿の正体は土を塗り重ねた壁なのである。壁は分厚く、三〇センチメートルを超えるものもある。この厚さを確保するには、壁土を幾度となく塗っては乾かすために相当な手間と時間を要し、こうした左官工事が建築工事の大方を占めるので、土蔵の棟梁は大工ではなく左官といわれている。

　日本では古来より木造軸組の間を充填する壁として、土を塗り重ねた木舞土壁が用いられてきた。このような背景をもつ日本では土蔵も土を塗り重ねてつくられたことに違和感はないが、壁を分厚くするためにこれほど塗り層数の多い壁構法は海外ではみたことがない。分厚い土壁の建築はむしろ海外に多いのだが、泥団子や日干しレンガを積み上げる、あるいは型枠内に土を入れて突き固める版築などの方法が主で、土蔵の構法とは考え方を異にする［図2上段］。第一に木造か非木造か大きな相違点である

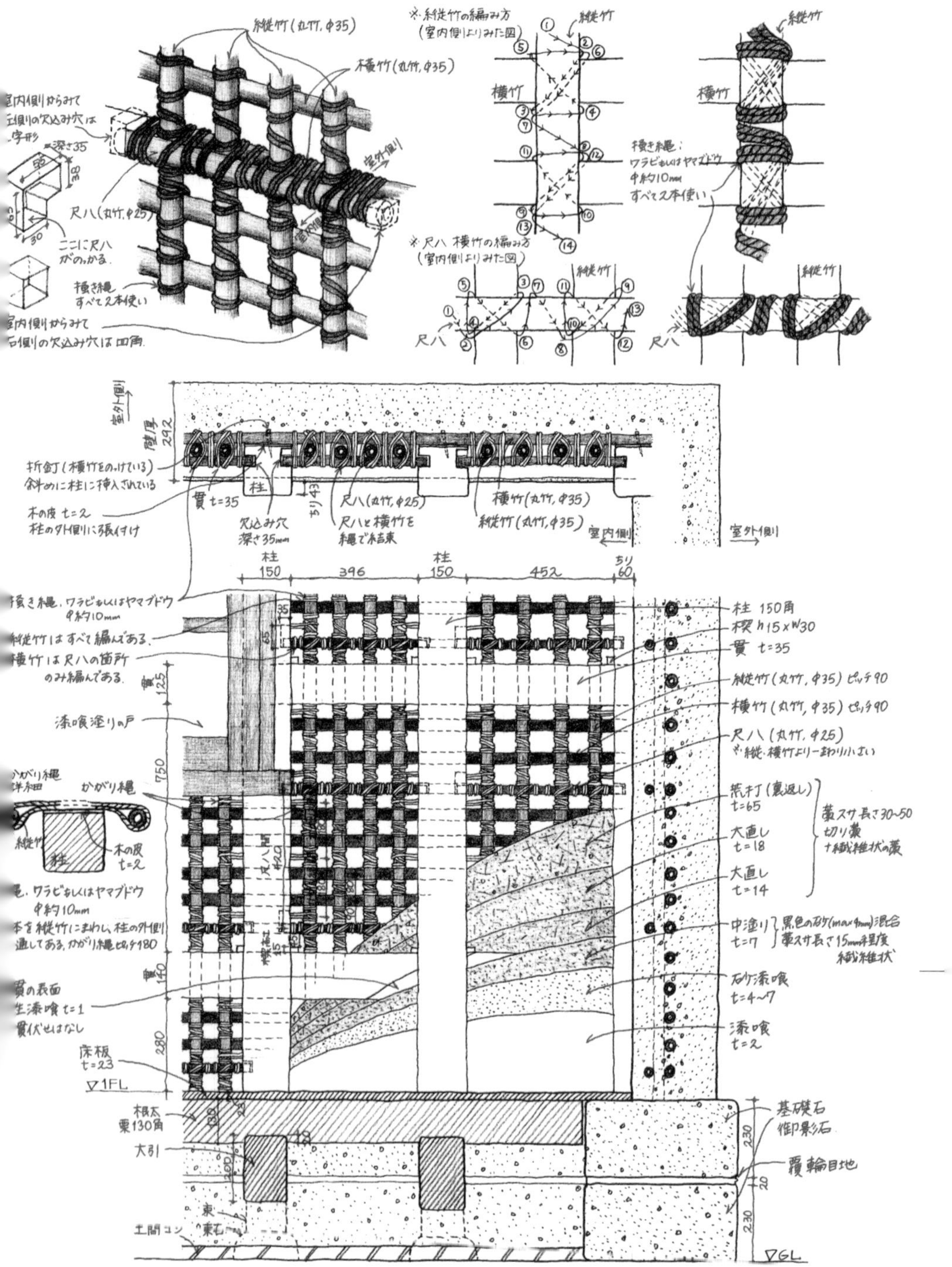

縦竹（丸竹, φ35）
横竹（丸竹, φ35）
室内側からみて
左側の欠込み穴は
字形
深さ35
95
38
30
ここに尺八
がのっかる
尺八（丸竹, φ25）
室外側
室内側
掻き縄
すべて2本使い
室内側からみて
右側の欠込み穴は 四角
※縦竹の編み方
（室内側よりみた図）
縦竹
横竹
※尺八 横竹の編み方
（室内側よりみた図）
縦竹
尺八
縦竹
横竹
掻き縄：
ワラビもしくはヤマブドウ
φ約10mm
すべて2本使い
縦竹
尺八
室外側
壁厚 292
折釘（横竹をのっけている）
斜めに柱に挿入されている
柱
貫 t=35
ちり 43
木の皮 t=2
柱の外側に張付け
欠込み穴
深さ35mm
尺八（丸竹, φ25）
尺八と横竹を
縄で結束
横竹（丸竹, φ35）
縦竹（丸竹, φ35）
室内側
室外側
柱
150
396
柱
150
452
ちり
60
掻き縄、ワラビもしくはヤマブドウ
φ約10mm
縦竹はすべて編んである。
横竹は尺八の箇所
のみ編んである。
35
65
貫 125
漆喰塗りの戸
750
かがり縄
かがり縄
縦竹
柱
木の皮
t=2
縄、ワラビもしくはヤマブドウ
φ約10mm
木を縦竹にまわし、柱の外側
通してある。かがり縄ピッチ180
尺八間 420
90
貫 140
貫の表面
生漆喰 t=1
貫伏せはなし
280
床板
t=23
▽1FL
根太
束130角
大引
130
200
束
束石
土間コン
柱 150角
楔 h15×W30
貫 t=35
縦竹（丸竹, φ35）ピッチ90
横竹（丸竹, φ35）ピッチ90
尺八（丸竹, φ25）
※縦・横竹より一まわり小さい
荒打（裏返し）
t=65
大直し
t=18
大直し
t=14
藁スサ長さ30~50
切り藁
+繊維状の藁
中塗り
t=7
黒色の砂(max4mm)混合
藁スサ長さ15mm程度
繊維状
砂漆喰
t=4~7
漆喰
t=2
基礎石
御影石
覆輪目地
230
20
230
▽GL

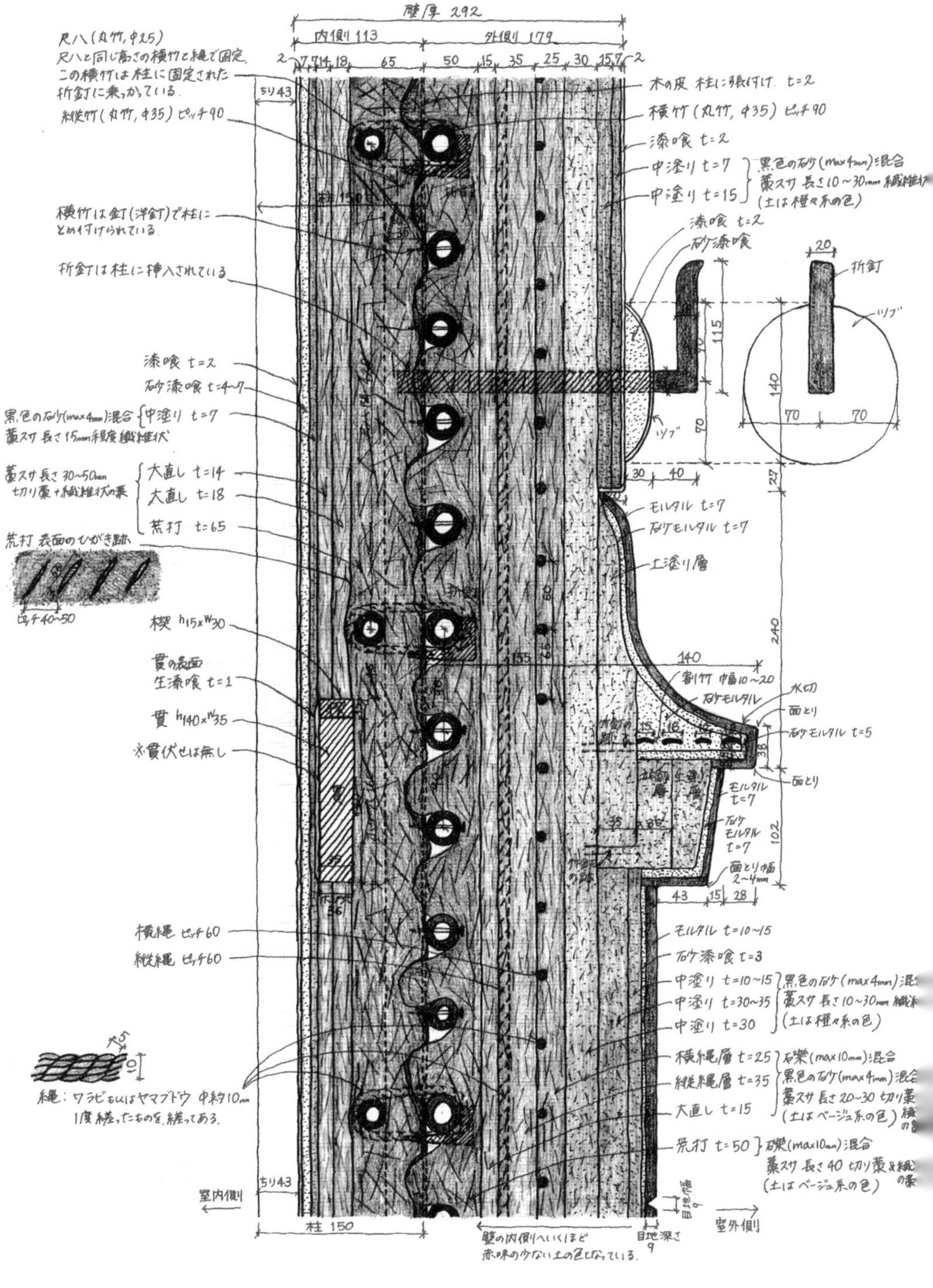


図3 岩手県気仙郡の土蔵の下地詳細（右）と壁体断面図（左）。一部の壁体の解体調査に基づき作図している

図4 下地に最初に塗り付ける第一層（荒打ち）に用いる泥団子

が、木造でも木骨石造や木骨レンガ造のように軸組とは別に壁体を積み上げる方法もあるなかで、木造で土を塗り重ねる土蔵は重厚な土壁の支持方法が少々複雑である。重力に対して素直に積み上げる場合と異なり、水平方向に厚さを増していくために、工程の異なる複数の層を一体化させることが必須の要件となる。そのため、土蔵は特有の左官技術があってこそ成立している。

## 2 「塗り重ねる」分厚い壁の構成

この「塗り重ねる」壁はどのように構成されているのか、岩手県気仙郡の土蔵［図3］を例にみていこう。

まず重要なのは重厚な壁体を支える下地である。各々の地域で入手可能な竹や雑木といった軸状の材料を、木造軸組に取り付け、縄で編んでいく。例示した岩手県の土蔵の場合、下地は室内側から、柱に彫り込んだ穴に挿入された間渡し（尺八と呼ばれる）、縦に配列した縦竹、そして横に配列して柱の外側に固定した横竹の三種類で構成されている。横竹は尺八に縄で結束され、外壁側の分厚い土壁は横竹と尺八を介して柱が支持するような構成となっている。

こうした下地に壁土を塗り付け、表層に至るまで繰り返し塗り重ねていく。その層構成は土蔵によって多様であるが、下地にくい付く第一層（荒打ち）と、表層を美しくまとう仕上げ層、そして両者の間で第一層の不陸を調整して、最後に塗る平滑な仕上げを可能とする中間層の、最低三つの役割をもつ層で構成される。この考え方は、例えば民家に用いられる一〇センチメートル程度の厚さの土壁でも同じであるが、土蔵の場合は壁厚が厚くなることに伴い、一般に第一層が厚くなり、中間層は複数の層で構成される。第一層が分厚くなるのは、下地が太く堅牢になることとも関係し、その塗り付けの際には、通常の左官仕事で用いられる鏝板や鏝を用いずに、ハンドボール大の泥団子を投げつけて下地に絡ませることが多い［図4］。中間層には下地にくくりつけた縄（下げ縄）を伏せ込む層［図5］や、縦や横に配した縄（縦縄・横縄）を入れ込んだ層［図6］など、各層の一体化や軽量化、乾

図5 右は下地に第一層（荒打ち）を塗り付けている様子。下地には下げ縄がくくりつけられている。左は第一層の塗付け後に下げ縄が見えている様子。次の工程で下げ縄が壁土に伏せ込まれる

図6 右は横縄、左は縦縄を入れている様子

燥期間の短縮などを意図して、縄が多用されるのも一つの特徴である。岩手県の例でも、縦縄と横縄が入っていた。

## 3 下地構成にみる土壁の支持方法

さまざまな土蔵の壁体構成をみていくと、同じ「塗り重ねる」壁でも下地の構成によって土壁の支持方法に微妙な違いがあることに気づかされる。実際には千差万別な下地構成を網羅するものではないが、下地構成の種類を図2の下段に示した。図中の❶は広島県の建築について書かれた『ふるさとの住い』のなかにみられる稀な例であるが、下地が縦材のみの場合である。縦材に縄を巻き付けておき、この縄に絡ませながら泥団子を積み上げて第一層をつくり、その表層を塗り重ねる。この方法だと少なくとも第一層は組積的な支え方となる。❷は縦材と横材で構成されるもので、❶と比べて土壁の自重は横材を介して柱に流れる。❸は縦材・横材に加えて間渡し（尺八）の入るタイプで（図3の土蔵はこれに該当）、❷と比べて外

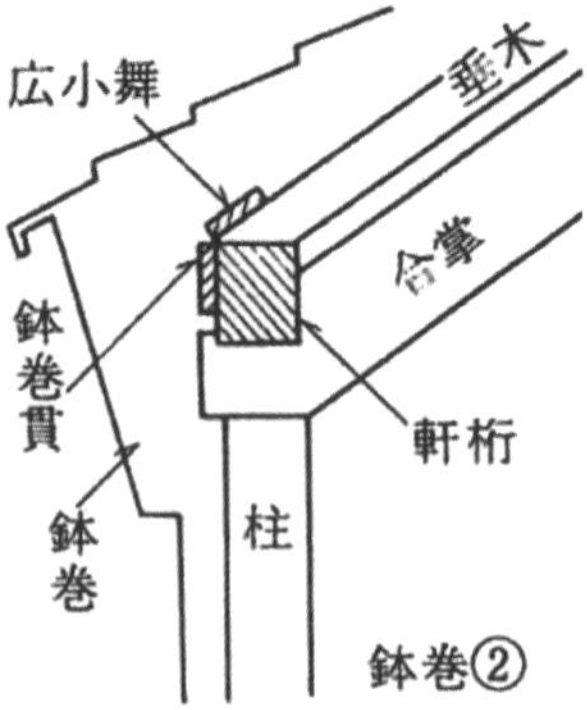


図7　鉢巻の構成（出典：『建築大辞典（第二版）』彰国社、1993年）

図8　岩手県気仙郡の土蔵の鉢巻部の構成（左頁）と鉢巻の様子（右）。左頁図は一部損壊した部分の調査に基づき作図している

部側の土壁の自重を、横材につながれた間渡しを通して柱に伝えることができる。❹は横材が、柱の外面を切り欠いた「苆《すさ》掛《が》け」に載る例で、土壁の自重は横材を介して直接柱が支えている。

すなわち、❶から❹へいくにつれて、重厚な土壁の支持を柱にゆだねる割合が大きくなっていることが窺える。同じ木造構法のなかにも、極端には組積的な土の支持方法もあり、軸組構法とのグラデーショナルな関係が土蔵建築に隠されている。先述のように第一層には泥団子が用いられるが、泥団子は積み上げの単位ともなり、下地がある場合でも下から積み上げた後に表面を均すような施工がなされることもある。塗り重ねる土蔵の構法のなかにも、厚みを出すために「積む」に近しい行為が内包されているのである。

## 4　見栄えを支える左官の技

左官の仕事は重厚な壁体だけでは終わらない。火災や雨水に対して弱点となる箇所には土蔵独特の形態があり、これらをいかにしてつくるかが、左官の技として求められる。とくに土蔵は耐火性が売りであるから、火がこもりやすいといわれる軒裏や、火炎の侵入口ともなり得る開口部には、特有の形態とそれを支える技がある。

軒裏は、壁体部よりも厚く土や漆喰を塗り込めることが多く、この部分を鉢巻と呼んでいる。一般的には鉢巻の出寸法はそれほど大きくなく、軒桁に直接打ち付けた鉢巻貫に縄巻竹などを取り付けて塗り下地とするが［図7］、先の岩手県の例では壁体から約四五センチメートルも鉢巻が張り出していた。大きな張り出しをつくるため、桁材より外部へ持ち出した登梁に鉢巻貫を固定し、鉢巻貫の室内側に方杖のように斜めに丸竹の下地を取り付けていた。垂直面でない分厚い土壁を重力に逆らって保持するのは容易ではなく、岩手県の例では、小屋裏・鉢巻・壁体の塗り層内に縄をひとつながりに渡し、軽量化を意図したのであろう丸竹が鉢巻内に挿入されるなどの工夫がみられた。ところで、これだけの大きな張り出しが機能上必要であったかは疑問である。

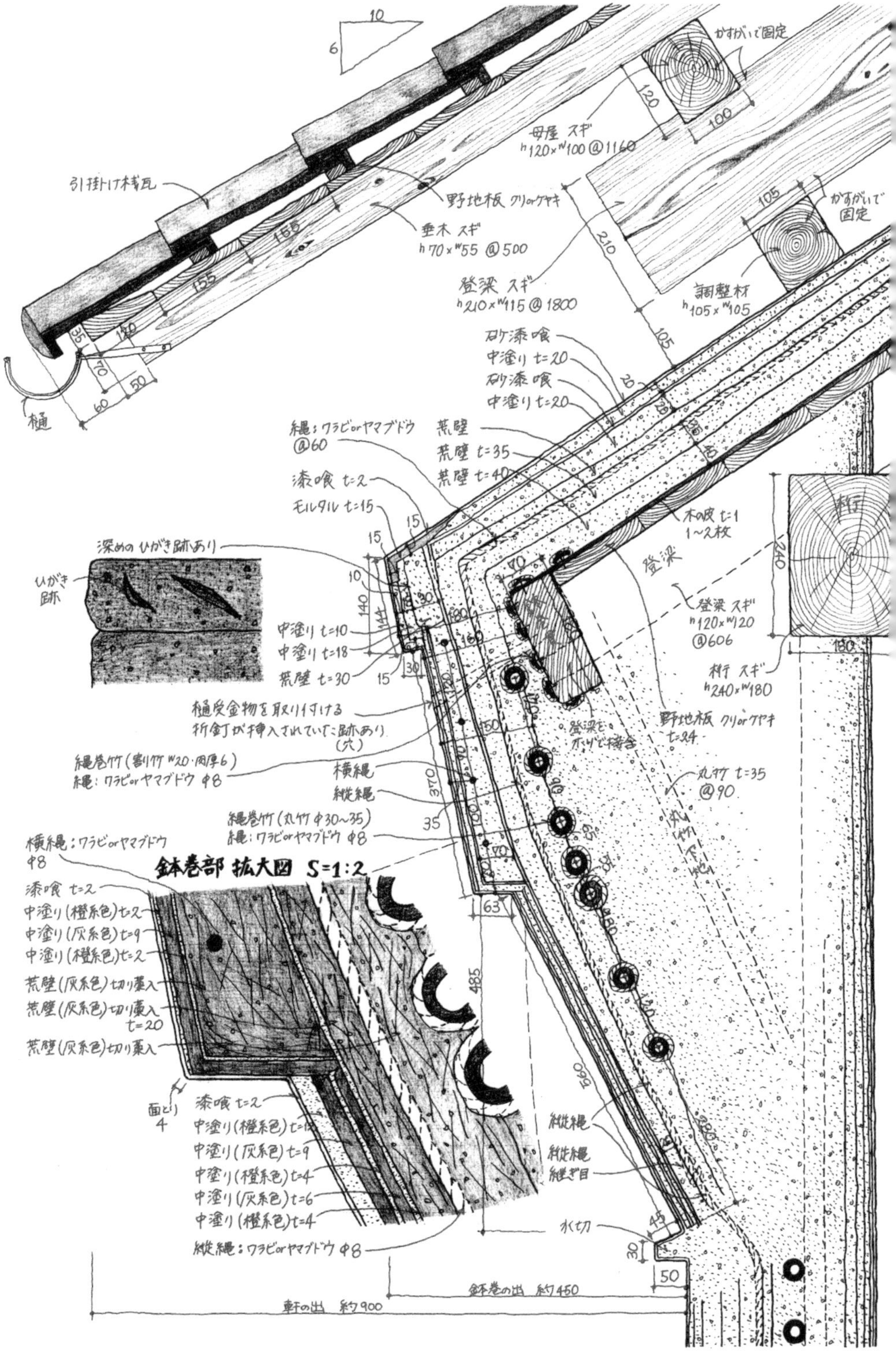

10
6
かすがいで固定
120
100
母屋 スギ
h120×w100 @1160
105
かすがいで固定
210
引掛け桟瓦
野地板 クリorケヤキ
垂木 スギ
h70×w55 @500
165
155
120
35
70
50
60
樋
登梁 スギ
h210×w115 @1800
調整材
h105×w105
105
砂漆喰
中塗り t=20
砂漆喰
中塗り t=20
20
縄：ワラビorヤマブドウ
@60
荒壁
荒壁 t=35
荒壁 t=40
漆喰 t=2
モルタル t=15
15
15
10
140
144
30
木の皮 t=1
1～2枚
登梁
桁
240
登梁 スギ
h120×w120
@606
180
桁 スギ
h240×w180
深めのひがき跡あり
ひがき跡
中塗り t=10
中塗り t=18
荒壁 t=30
15
30
樋受金物を取り付ける
折釘が挿入されていた跡あり
（穴）
野地板 クリorケヤキ
t=24
登梁をホゾで接合
縄巻竹（割竹 w20・肉厚6）
縄：ワラビorヤマブドウ φ8
横縄
縦縄
丸竹 t=35
@90
丸竹下地
370
35
縄巻竹（丸竹 φ30～35）
縄：ワラビorヤマブドウ φ8
横縄：ワラビorヤマブドウ
φ8
鉢巻部 拡大図 S=1:2
漆喰 t=2
中塗り（橙系色）t=2
中塗り（灰系色）t=9
中塗り（橙系色）t=2
荒壁（灰系色）切り藁入
荒壁（灰系色）切り藁入
t=20
荒壁（灰系色）切り藁入
63
485
面とり
4
漆喰 t=2
中塗り（橙系色）t=12
中塗り（灰系色）t=9
中塗り（橙系色）t=4
中塗り（灰系色）t=6
中塗り（橙系色）t=4
縦縄：ワラビorヤマブドウ φ8
560
縦縄
縦縄
継ぎ目
水切
45
30
50
鉢巻の出 約450
軒の出 約900

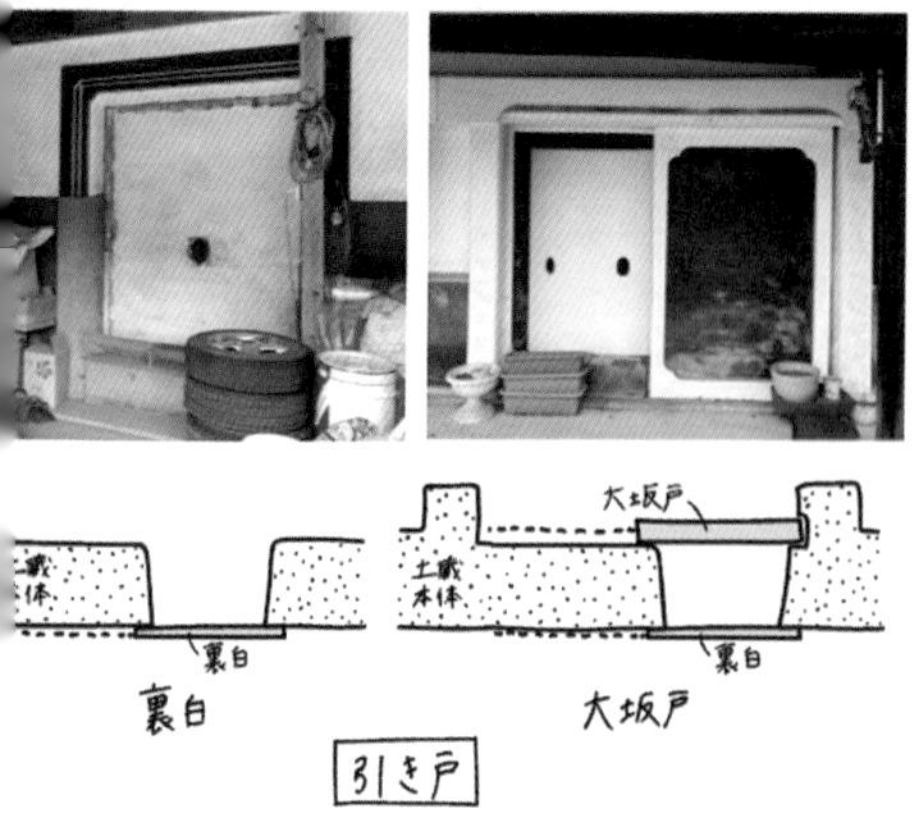


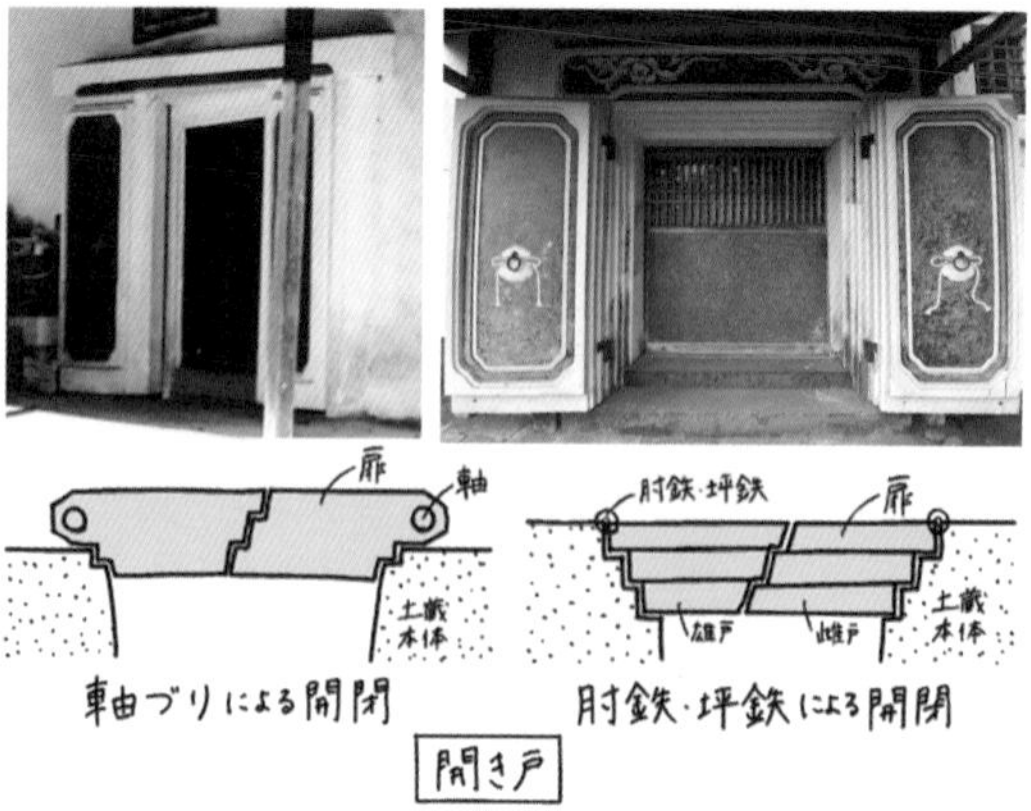


図7のようなつくり方でも防火上必要な壁土の付け代は確保できるだろうし、壁体保護のために軒の出を確保したいとしても、置屋根である岩手県の例の場合、軒の出は二重屋根に委ねればよかったはずである。そうすると大きな張り出しの最大の目的は見栄えだと考えるのが自然だろう。

もう一つの弱点である開口部（戸前、窓）もまた、ユニークなものである。開口部に用いられる戸の多くが、土や漆喰で塗り込められており、ここにも左官の技が披露される。戸には引き戸と開き戸があり［図9］、なかでも肘鉄《ひじてつ》・坪鉄《つぼてつ》と呼ばれる金物が蝶番となって開閉する開き戸は、火炎の遮断を意図した段々状の掛子《かけご》で扉と土蔵本体とがかみ合わさり、防火上最も優れた形式といわれている。掛子の段数［図10］は二段から四段が一般的であるが、まれに五段、そして六段のものもあるらしい。段数を増すほど施工の手間は増し、精度の良いかみ合わせをつくるために高度な技術を要する。防火上は必要以上とも思われる段数もあるが、段数が多いと格段に豪華な印象をつくることができる。掛子をさらに美しく見せるための「掛け違い」［図11］という方法もあり、これは土蔵本体と扉の掛子が連続してみえるように、本体と扉を、掛子一段の見付け寸法分ずらすというものである。防火性を求めるだけでは生まれないデザインである。

掛子以外にも、開口上部の眉《まゆ》や冠木《かぶき》、開き戸の開放時にみえる鏡や引き金物（鐶繰《かんぐ》り）周辺、そして仕上げ技法へのこだわりなど、開口部には機能上必要な部分を見栄え良くつくる左官の創造力をみることができる［図12］。

このように火災時の弱点となる箇所は、その弱点を何とかして克服するため、手を加え、工夫を重ねる必要があった。どうせ手を加えるならば、より美しいものをという作り手や職人の想いが、機能上の必要性を超えて見栄えの追求へと駆り立てている。

これほどの追求ができたのは、左官が水で練った不定形の土や漆喰を「塗る」プロであったことが大きい。図3に断面として現れている水切りや、図6の鉢巻に付く段、そして段々状の掛子も、その形状の部材が

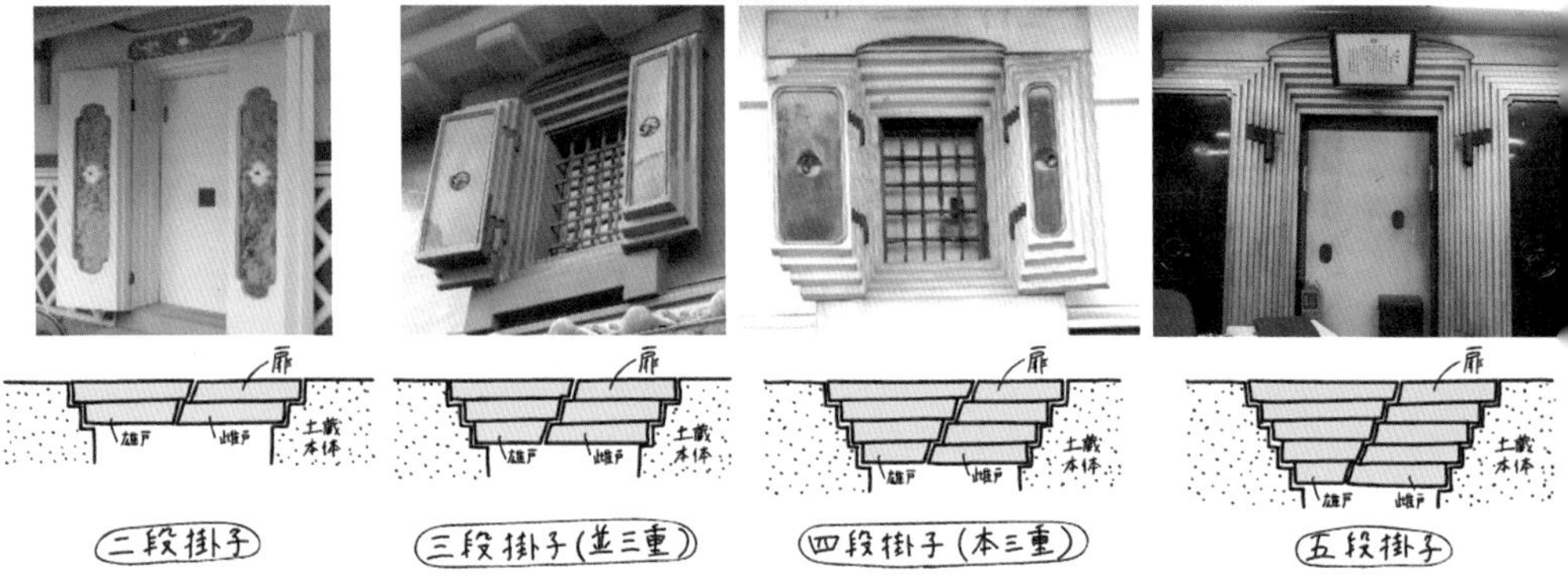


[右頁]図9　土蔵の戸の種類。古来よりの形式として知られる引き戸と、元和年間(1615～24年)以降に現れたといわれる開き戸がある。引き戸は室内側に取り付けるものは裏白(うらじろ)、外壁側に取り付けるものは大坂戸と呼ばれている。開き戸は軸棒を中心に開閉する軸づりと、肘鉄・坪鉄と呼ばれる金物が蝶番となって開閉する方法とがある

[上]図10　段数の異なる掛子の例。三段は「並三重」、四段は「本三重」と呼ばれている

あるわけではなく、元々何もないところに適切な下地を組み立て土を塗り重ねて形を与えている。不定形材料は創意工夫と技能次第でいかなる形もつくることができ、こうした不定形材料を平時より使いこなしていた左官にとって、いかなる表現も塗る技の延長として磨くことができたのであろう。仮に定形材料を「積む」プロであれば、左官ほどの形の自由度をもった表現に、そう簡単にはたどり着けなかったのではないか。「塗る」建築である土蔵に多種多様の表現が付随するのは偶然ではなさそうである。

　そして、仕上げを施せば見えなくなる壁の中には、土蔵を下支えする下地や壁の層構成に、知恵を絞り手をかけた痕跡が隠されている。棟梁としての左官を生んだ土蔵という建築は、当時の左官の意気込みや息づかいを感じさせ、個性的で創造性に満ち、今も私たちを楽しませてくれる。

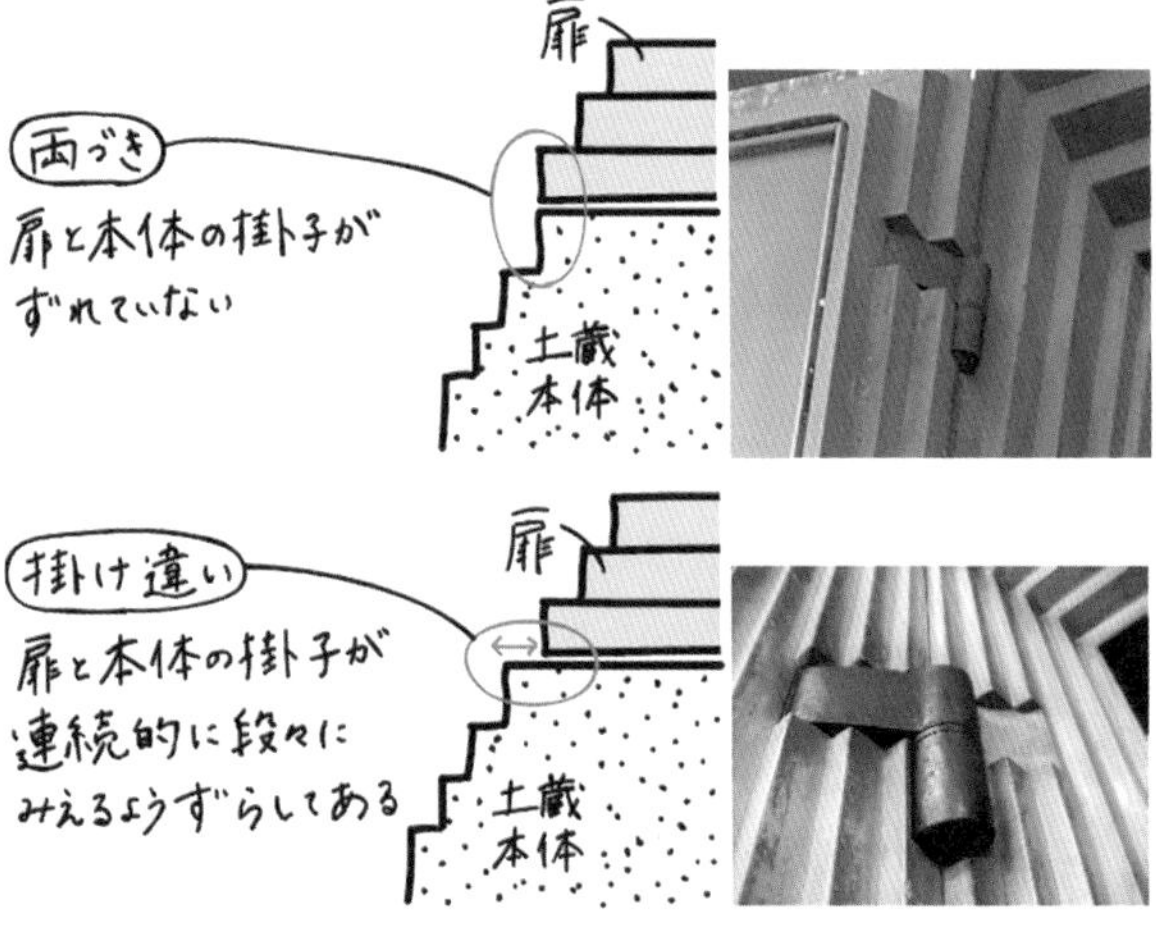


図11　土蔵本体と扉との位置関係による種類。本体と扉をずらさない「両づき」と、掛子一段の見付け分ずらす「掛け違い」がある

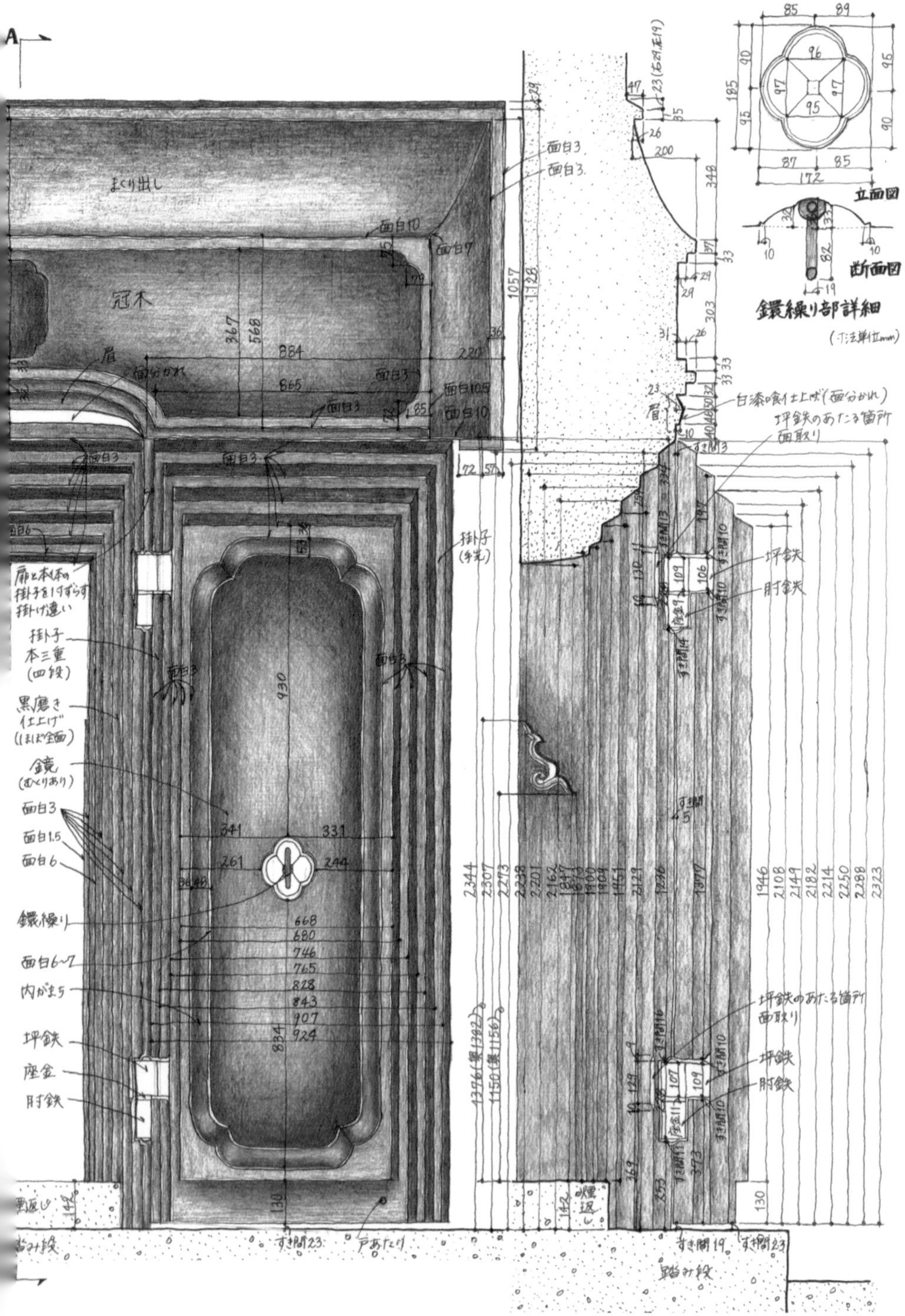


2 秋田県横手市の土蔵の出入り口（雄戸部分）。左官仕上げのなかでも最高難易度ともいわれる黒磨き仕上げが全体に施され、面取り部は白漆を残した面白（めんじろ）としている。開口上部の冠木はなめらかな曲線を描くように張り出させ、開き扉の鏡には外側が凸となるむくりが付くなど、手間を惜しまず見栄えを追求した戸前となっている

図1 長野県原村中新田の平出家主屋。茅葺の主屋が焼失後、昭和49年に再建された

図2 右手に「ダシ」と呼ばれる張り出しが付いた諏訪地方の土蔵（写真：原村教育委員会提供）

第3節

# 諏訪地方のダシが付いた土蔵

## 1 平成の土蔵

長野県原村の中新田地区は、八ヶ岳連峰のなだらかな西麓に広がる高原集落である。昭和四九（一九七四）年、同地区の平出直美氏は当時小学校六年生。この年の春、平出家の主屋が全焼する。ちょうど修学旅行の間の出来事で、帰宅すると茅葺きの自宅が燃えてなくなっていた。秋に再建された現在の主屋は赤いトタン葺きの軒を深く出し、立ちの低い瓦葺の二階を載せて安定感がある［図1］。化粧貫が映える外観はよく目立ち、当地における戦後に建てられた民家の好例である。実際、当家の新築を契機に周辺住宅の改築が進んだという。

主屋を新築したのは父親の平出吉長氏である。伝統的な建て方へのこだわりは、主屋再興の約二〇年後、土蔵の再建を決意さ

図3　平成7年12月に棟上げ、同9年12月に竣工した平出家の土蔵。地域で最も新しい土蔵は、ダシが付いた土蔵の典型的な形式を継承している（写真：原村教育委員会提供）

せる。平成七（一九九五）年、傷んでいた古い土蔵を取り壊し、一二月に上棟、翌年に荒壁を塗り、九年に中塗り・本塗りを経て同年一二月に完成する。

原村で最も新しいこの土蔵は〔図2・3〕、諏訪地方の伝統的な形式に忠実に倣う。最大の特徴は、二階正面の「ダシ」と呼ぶ出っ張りである。ダシは正面に張り出し、その上に「置き屋根」を長く葺き下ろし、側面はへの字の独特のシルエットを形づくる。

ダシは「虹梁」の上に載る。虹梁は黒漆喰で塗り包み、「若葉」と呼ぶ渦紋あるいは家紋を白く施した太い梁のことである。虹梁の両端は、一方は柱、他方は土蔵本体から張り出した「味噌蔵」の上に載る。味噌蔵が土蔵一階の左右どちらか（左手前が多い）に付くことで、平面がL字型になる点も当地の土蔵の特徴である。寒冷な気候から味噌や漬物の凍結を防ぐために、味噌部屋も塗り込められ土蔵本体に付属するのである。

ダシは二階の収納空間であるが、土蔵本体の二階とは土壁で区切られ繋がっていない。通常は側面に出入り口を開け、外から梯子を掛けて出入りする。ダシが二階の独立した収納空間であることは、ダシの成り立ちに関わる点なので後述する。

土蔵の妻面は、ダシの出入り口に加えて、上部中央に「丑鼻」と呼ぶ二尺程の丸い台座に大黒や恵比寿などをモチーフとする鏝絵や家紋・屋号・文字を描く（図2参照）。左

図4　道路側からの土蔵の景観（長野県茅野市泉野上槻木地区）。土蔵は北を向き、南面する主屋と向き合うように建つ。したがってダシは敷地側を向き、主屋と対面するように配置されている

図5 茅野市泉野上槻木地区の東城家土蔵。北側（右手）に付くダシは塗り込まれていない

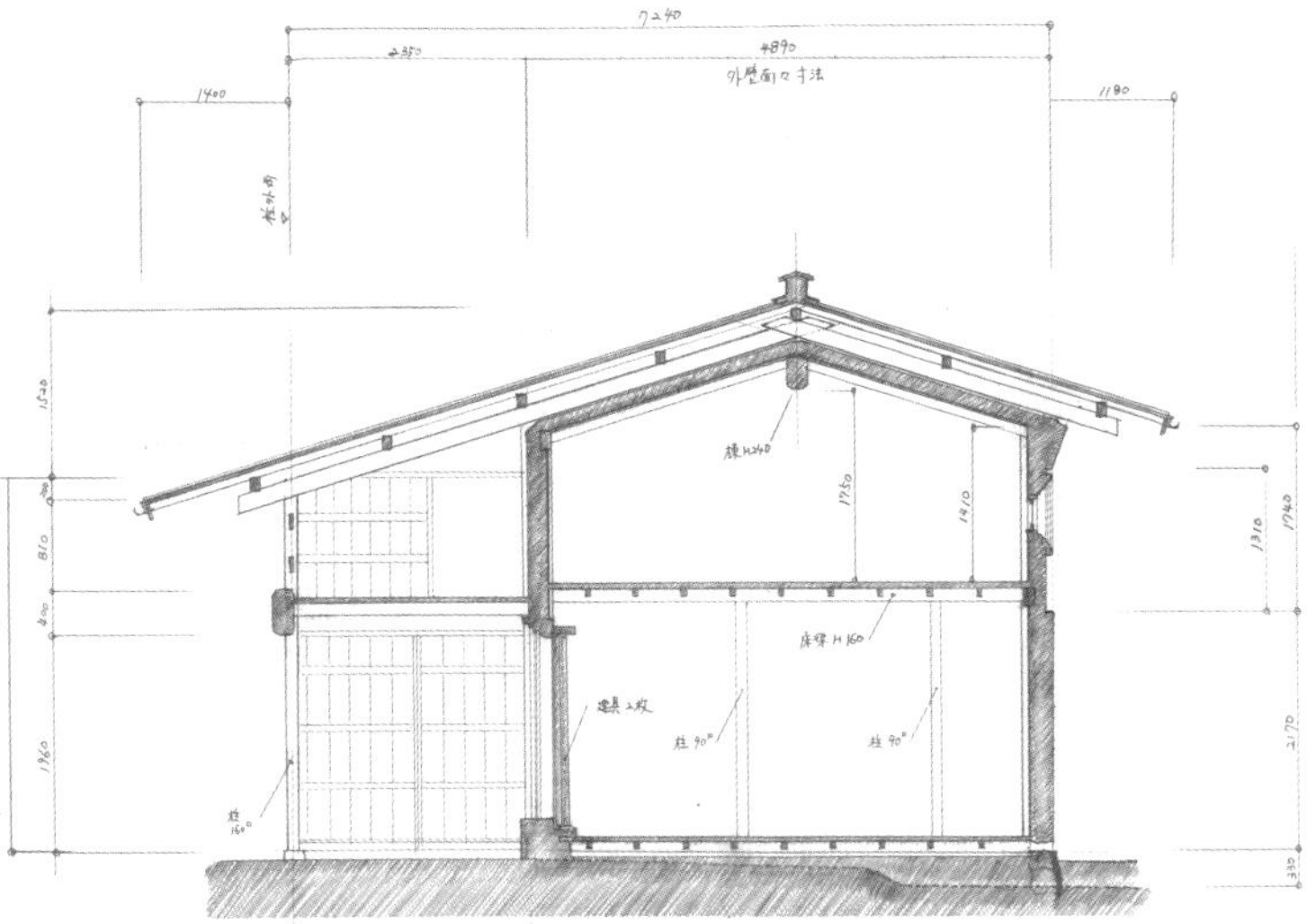


図6 東城家の土蔵断面図（茅野市泉野上槻木地区、調査・作図：北條豊和）

官の腕の見せ場で、土蔵を飾る要所となっている。

ダシの下は蔵本体と味噌蔵の「戸前」の庇空間でもある。戸前とは土蔵入り口の扉まわりのことで、物の出し入れの便宜から庇を差し掛けたり（戸前庇）、部屋を設けたりする（戸前部屋）。

なお、平出家土蔵のダシの正面は化粧貫が外壁を飾る。化粧貫を多用する主屋の意匠と呼応しあう。施主の吉長氏のこだわりかもしれない。しかし、化粧貫は、ダシの成り立ちを語る上で重要な要素である。

## 2 ダシの原型

原村の北に隣接する茅野市。泉野上槻木地区では、ダシ付きの土蔵が旧道に沿って点在する景色が続く。東西に走る道の北側に家屋敷が並び、南を向く主屋に対面する形で土蔵が道沿いに建つからである。道からは土蔵の背面が見え続けるが、ダシは北側の主屋に向けて張り出す［図4］。

そのような土蔵群の中で、東城家の土蔵は、道側から一見するとダシが付いていないように見えたので、筆者の目に止まった［図5］。実際、この土蔵は本体部のみ土塗り壁で、ダシはあるが、置き屋根の下に木部のみで組まれている。虹梁は松材がそのまま、床が張られ、柱間には貫を通すもの

［上左］図7　東城家土蔵のダシ。梁は太い松材が使用され、前面に張り出すように渡されている
［上右］図8　茅野市豊平南大塩地区で見かけたダシをもたない土蔵。戸前庇が長く差しかけられているのみである。ダシ付き土蔵の原型
［下］図9　戸前庇を長く差しかけ、側面に板壁を立てた土蔵（茅野市宮川坂室）

の壁は最初からない。屋根の下のデッキのような［図6］、まさにダシの原型といったところである。梁は太く、しかも表側に張り出すように渡され意匠的に強調されている。明らかに虹梁の原型である［図7］。

ダシは、戸前空間に伸ばされた屋根庇の下に床を張り二層にすることで成立する。軒下空間を有効に活用するために考案されたことが、東城家の土蔵からわかる。

ダシを持たない土蔵もある［図8］。戸前庇を長く差し掛けたこの土蔵は、庇を支える二本の柱間に太い梁を渡し、束を並べる。束に貫穴が見えることから、当初は貫が通されていたのであろう。また、戸前空間の側面に板壁を立て、内部化を図る事例も見かけた［図9］。いずれも、ダシ付き土蔵の祖型と目される。土蔵本体から戸前庇先の梁に根太を掛け渡し、床を張るとダシができる。東城家の土蔵がそれである。さらに、ダシも土壁で一体的に塗り込めれば、ダシ付きの土蔵が完成する。

東城家の東隣、小澤家の土蔵はダシの側面も本体と一続きに塗り込まれた事例である［図10・11］。しかし、梁だけが木部のまま塗り残されている。太い松の直材を誇示する意図がありそうである。図3の黒漆喰を塗り若葉で装飾した虹梁は、この松梁の象徴性が置換されたものであろう。

## 3　ダシの成立背景

東城家の北側に立つ隣家の土蔵も、ダシは木部のままである［図12］。興味深いのは、側面にも簡易な庇を差し掛け、棚を設けて

図10 小澤家（東城家東隣）の土蔵。ダシは塗り込められているが、梁だけ塗り残されている

図11 小澤家土蔵断面図（調査・作図：秋葉正美）

大量の稲木や農具類を収納していることである［図11］。この地域の土蔵は置屋根形式であるが、軒の出が一様に長く、妻側のケラバの出も深い。大きな屋根は雨や雪から土壁を守るためであるが、同時に軒下空間の活用を促した。

原村や茅野市域の農村を歩けば、土蔵しかも規模の大きな土蔵が多く目にとまる。腰部は海鼠壁（「腰巻」と呼ばれる）、ダシが付く土蔵である。土壁を保護すべく、家型に刈り込まれた防風垣も各所にある。土蔵はイチイの垣根の中にすっぽりと収まり、外形は見えない［図13］。大切な家財を守る土蔵であるが、当地では土蔵それ自体が大切な財産であり、家を表徴する重要な存在であることがわかる。

しかし土蔵以外には、納屋などの付属屋は意外に少ない。言うなれば、土蔵は味噌蔵を併設するだけでなく、多用途な収納施設であることが調査を通してわかってきた。一階は米（籾）蔵であり、そのために内部に「分庫」を備える（次節参照）。二階は道具蔵などとして使われる。土蔵は総じて大型で、戸口が複数あるものも散見されるのは、その多機能性ゆえであろう。中には、二棟の蔵を並べて立て、「双び蔵」と呼びたいような事例もある［図14］。しかも、例示したものは二棟の土蔵の間が屋敷への入り口になっている（ただし扉はない）。敷地正面に構

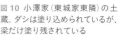

［上から］
図12　東城家の北側に建つ隣家の土蔵。妻側にも小屋根を差し掛け、棚を仮設して稲木などを収納している
図13　永井家の防風垣根（長野県原村払沢地区）
図14　茅野市宮川坂室の双び蔵の事例。蔵の間が敷地の入り口
図15　鉄平石葺きの土蔵。石材は土蔵の置屋根の上に載せている

える土蔵の並びは、家の格式性を高めるのに十分である。

　収納機能を土蔵に集約化する中でダシという付属施設が生成された。さらにダシが塗り込められ、黒漆喰の虹梁を軸にその意匠性が強調され格式性を帯びることで、諏訪地方の土蔵は、主屋に増して家の象徴として重要性を高めた。ゆえに、主屋の建て替えが進展する中でも多くの土蔵が塗り直され、あるいは新造されて継承されている。

　なお、書き忘れたことがあるので補足したい。この地方の土蔵の屋根は、古くは鉄平石で葺かれていた。今も石葺きを残す土蔵がある［図15］。屋根の軒先には鼻隠板を打ち、ケラバは破風板で収める。破風板は棟先で千木となって交差する。屋根飾りも土蔵を飾る重要な要素であった。

第4節

# 諏訪地方の「たてぐるみ」とは何か

［上］図1「たてぐるみ」の事例。主屋の背面に顔を出す土蔵（長野県原村中新田）
［左］図2「たてぐるみ」の事例。宮川新井地区にはたてぐるみの家が並んでいる（長野県茅野市宮川新井）



## 1 たてぐるみの民家

それにしても、倉を抱きかかえるような家造りは珍しい。

日本中の民家を見て歩いた今和次郎をして珍しがらせたのが、長野県諏訪地方の「たてぐるみ」である。

八ヶ岳の西山麓に位置する諏訪市や茅野市、原村には、主屋が土蔵を内部に抱き込み、主屋などの一隅から土蔵が顔を出したような建て方がある［図1・2］。「だきぐるみ」と呼ぶこともあるらしい。土蔵を主屋内部に収めつつも、一部を外に見せる点には、土蔵の保持を誇示する意図もあろう。

たてぐるみは明治後半から始まり、昭和初期に最も多く建てられたという。普及した理由は主に二つ。第一は敷地条件で、独立した土蔵を建てるだけの広さがなく、特に分家を出す場合はたてぐるみの民家をこぞって建てたのだという。第二は防寒性である。高冷地である諏訪地方は、放射冷却

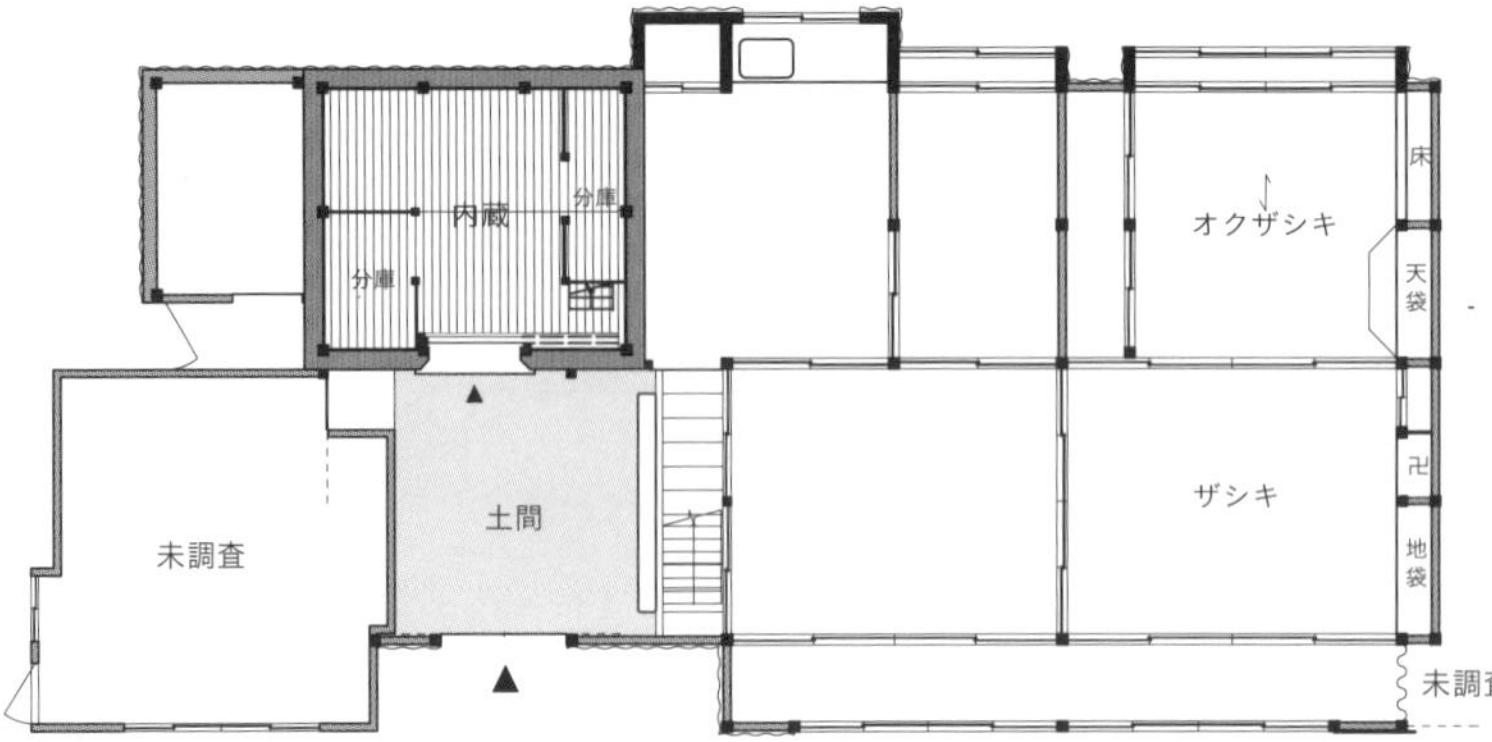


図3 日達家住宅主屋平面図

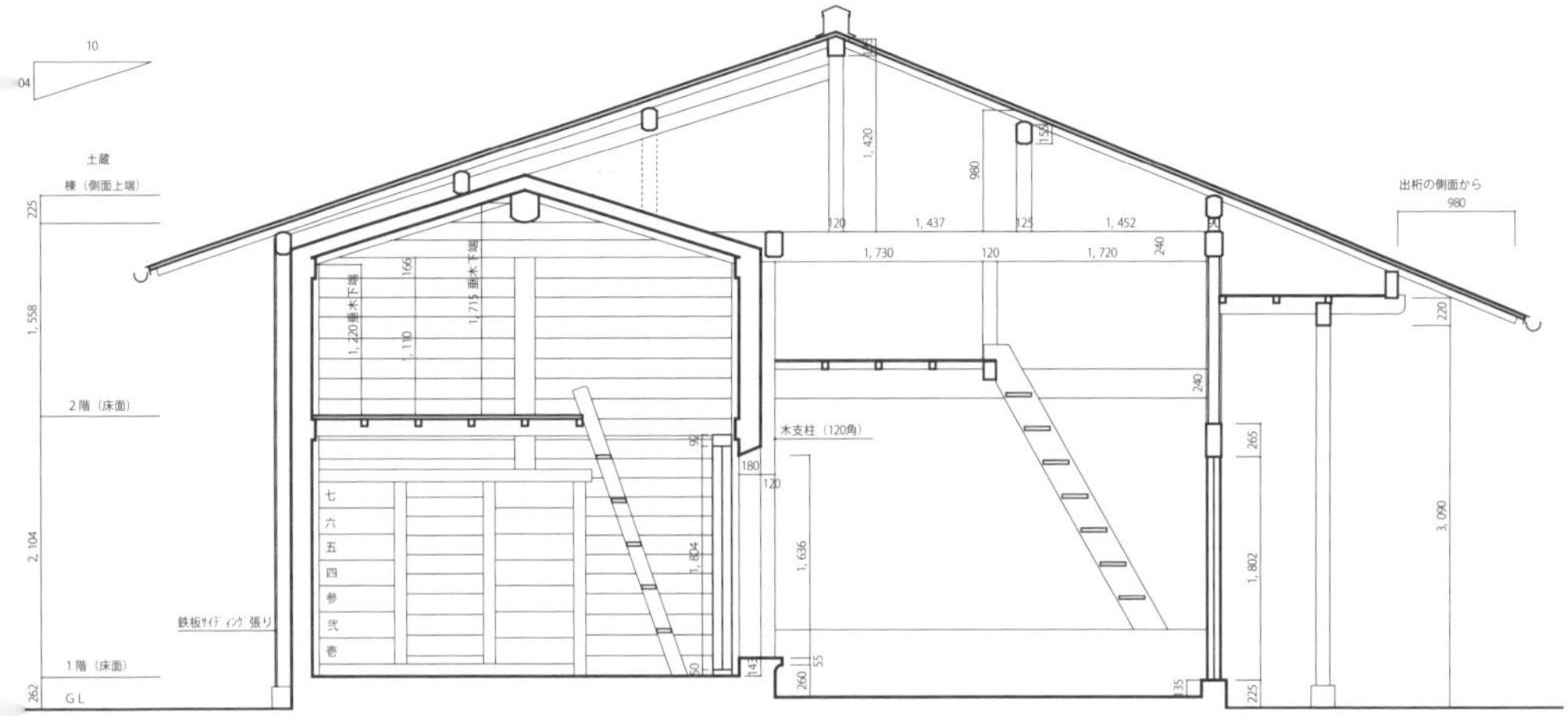


図5 日達家住宅主屋断面図（調査・作図：秋葉正美）

図4 日達家住宅の内蔵一階内部。階段下の箱は「分庫」と呼ばれる米櫃。柱間に「落し板」を嵌めて米を出し入れする

の厳しい二月はマイナス一〇度を下回る。内蔵の保温性を実際に確かめた報告もある。漬物やコメを取りに行くのに内蔵は便利だ、という生活上の利便も挙げられる。その他、主屋の中に土蔵を取り込むことで盗難に遭いにくい、という理由も頷ける。

土地の狭さと寒さ対策から諏訪地方で独自に広がったというたてぐるみ。筆者らも長野県原村でその典型例を調査した。原村払沢の日達家の主屋は切妻造り平屋建てで、大正二（一九一三）年に建てられた［図3・

4］。中に収まる土蔵も同時期のものであろう。二階建ての土蔵は土間の後方、すなわち主屋の北西隅（戌亥の方角）に置かれ、土間から出入りする［図3］。土蔵の一階は壁に沿って籾を収納する「分庫」を並べる。分庫は板で仕切り正面に番付された板を落とす［図4］。二階は分庫脇の梯子段から上り、家財道具類を収めている。

内蔵は間口三間、奥行二間。二階建てとはいえ小ぢんまりとして、切妻屋根の主屋内部にすっぽりと収まる［図5］。内蔵の小規模性は、主屋の土間に建て込むことを前提にサイズが規定されているからであろう。

## 2 たてぐるみの納屋

原村中新田の平出家には、主屋の南側に二階建ての納屋がある。両側面に土蔵が顔を出し、土蔵に巻きつくように納屋は建っている［図6・図7］。納屋と書いたが、東南（辰巳・巽）の位置を占め、南と東面に防風垣を

図6 平出家納屋の外観

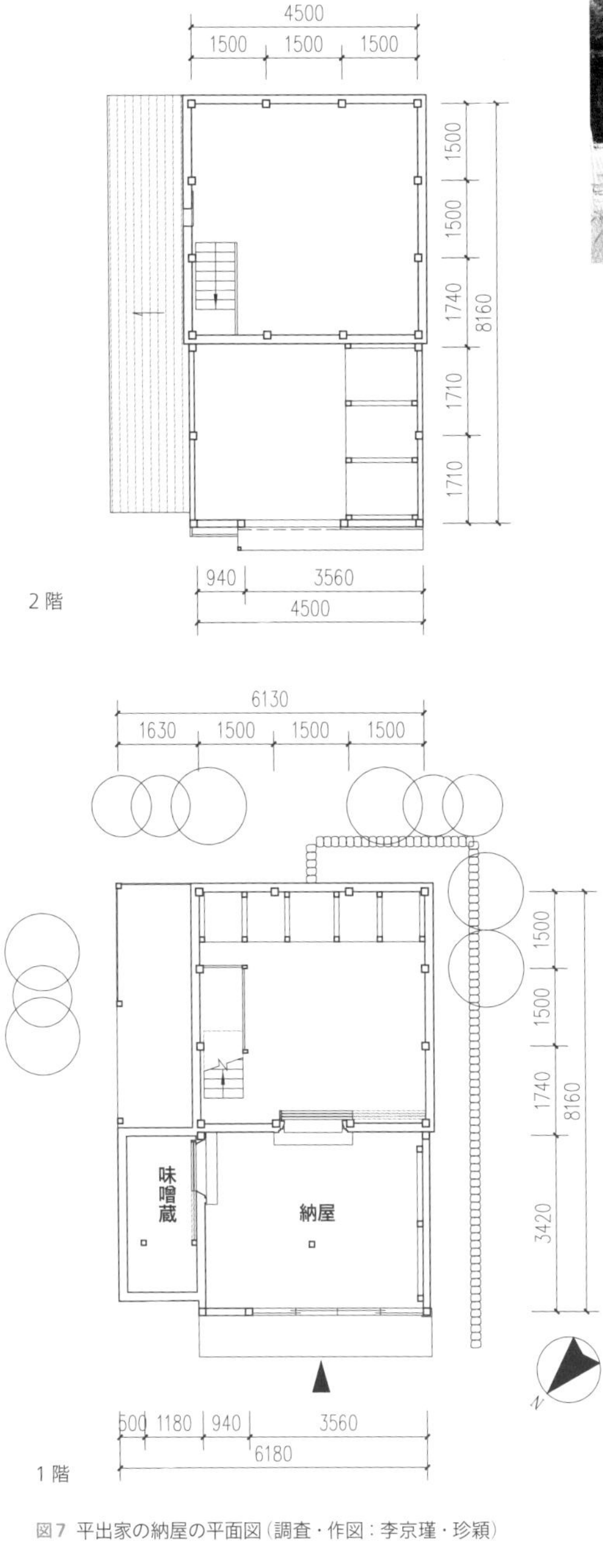


図7 平出家の納屋の平面図（調査・作図：李京瑾・珍穎）

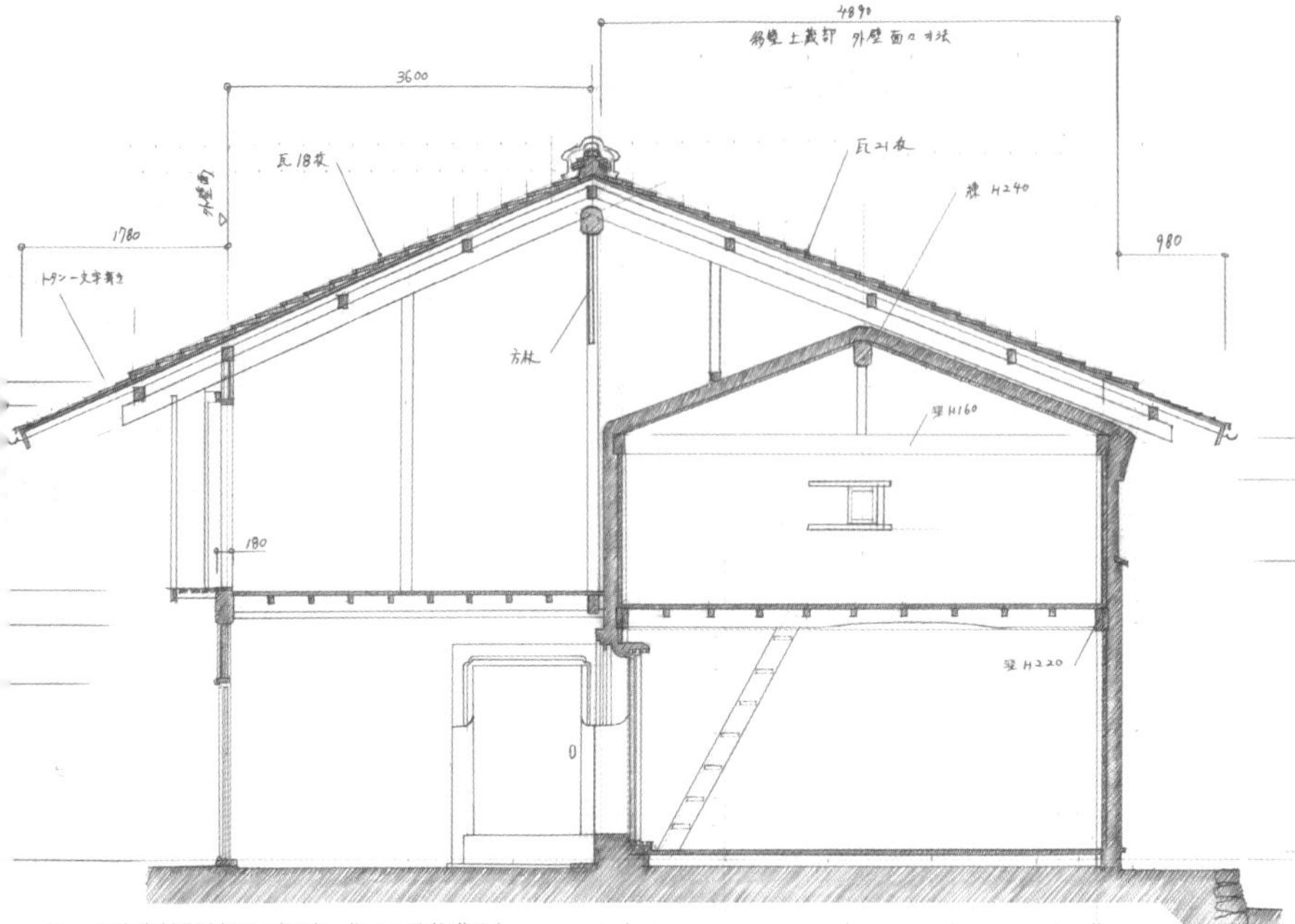


図8　平出家納屋断面図（調査・作図：北條豊和）

図9　平出家納屋の2階（屋根裏）

配していることから、土蔵と呼ぶべきかもしれない。

　土蔵本体も二階建て、間口奥行いずれも約二間半と珍しい正方形である。土蔵の左手前には平屋の味噌蔵が付設する。納屋は切妻造り、土蔵の切妻屋根をなぞるようにひとまわり大きな屋根を掛け、L型に接する土蔵と味噌蔵の戸前空間を二層の納屋空間としている［図8］。

　この土蔵は、他所から買い求めたものと伝わる。事実、土蔵の棟木に打ち付けた棟

図10　芳澤家土蔵の外観

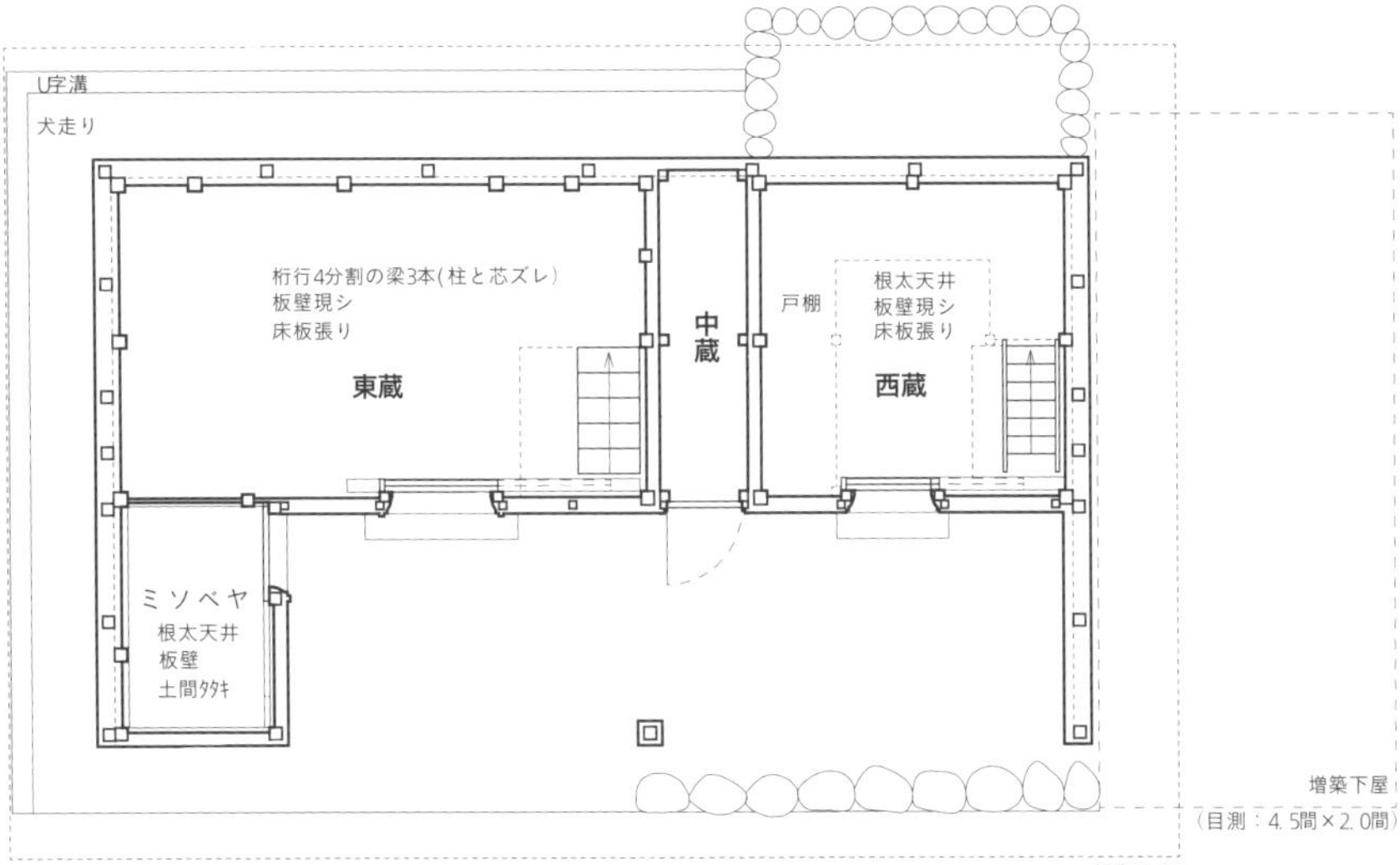


図11　芳澤家土蔵1階平面図（調査・作図：秋葉正美）

札には棟梁大工と宮司の名とともに「昭和廿七年九月大吉日修法　同年拾月四日棟上」とあり、昭和二七（一九五二）年の内に移築し祈禱を経て上棟されたことがわかる。この地域では、かつて土蔵は売買の対象とされていたようで、平出家の当主は「困ったら蔵を売れ」という俗諺をよく聞いたという。

この土蔵は、その屋根をもたない外形から推し計れば、移築される前も内蔵であった可能性が高い［図9］。たてぐるみが解かれ、土蔵だけが買われて来たのかもしれない。だとすれば、移築後も「たてぐるむ」必要がある。昭和二七年の秋、獲得した土蔵は納屋に建て包《くる》まれ、平出家の付属屋として再建されたのである。

## 3　たてぐるみの土蔵

明治四〇（一九〇七）年四月二六日午前一時半、中新田から発した火は同地区から八ツ手地区へと燃え広がり、地区の歴史に残る大火となる。中新田地区は惨事を伝えるために記念碑を立て、同日を大火記念日

としている。

中新田の芳澤家土蔵は、この災難をくぐり抜けた希少な土蔵として伝わる。調べてみると、土蔵の扉や内部に類焼の跡があり、火を受けながらも持ち堪えたことが確認できる。そればかりか、蔵内部の部材はかなり経年して古く、近世に遡る可能性が高い。

土蔵はしかも間口幅が一〇メートルを超え、奥行きも七メートル近くある。村内で最大規模、諏訪地方でも最大級に相当しよう。

さて、芳澤家土蔵の外形は、前節で取り上げたこの地域に多く分布するダシ付き土蔵と類似し、その大型版のように見える〔図10〕。しかし、実はそうではない。本項はこの土蔵の正体を読み解くことにある。鍵は大火である。

まずは、土蔵の概略を説明しておこう。味噌蔵（ミソベヤ）が左（東）端部に併設する〔図11〕。二階の正面は化粧貫で飾り、その下部は黒漆喰に白く絵様をあしらう長大な「虹梁」を渡している。味噌蔵を含めて、ダシ付土蔵定石の構成と意匠である。長い虹梁の左端は味噌蔵に載せ、右端は袖壁で受け、途中に柱を添えている。支柱を立てた蔵は他に見かけない。

土蔵の本体には戸口が三か所も開く。向かって右（西）の扉から「西蔵」「中蔵」「東蔵」と呼ぶ。味噌蔵を含めれば四つの戸口が戸前の空間に並んでいる〔図12〕。東と西の土蔵は戸口に引戸式の土戸を塡め、内部は二階建てで広い。一方、中蔵は開き戸式の土戸、開けると中は奥に細長く吹抜けた部屋である。

一階平面図に即して芳澤家土蔵のレイアウトをたどったが、一階を見ただけではこの土蔵の成り立ちはわからない。なぜ戸口が三つもあるのか。なぜ中蔵はこんなに狭く、天井が高いのか。答えは二階にある。二階に上れば土蔵の全容が一望でき、謎が解ける。

二階へは、正面の一角に開いた出入り口に梯子段を掛けて上る。内部は広い。芳澤せつ美氏は、この大きな二階の屋根裏空間を「オダレ」と呼ぶ。オダレは塗り込められた土蔵造りである。オダレの意味はわか

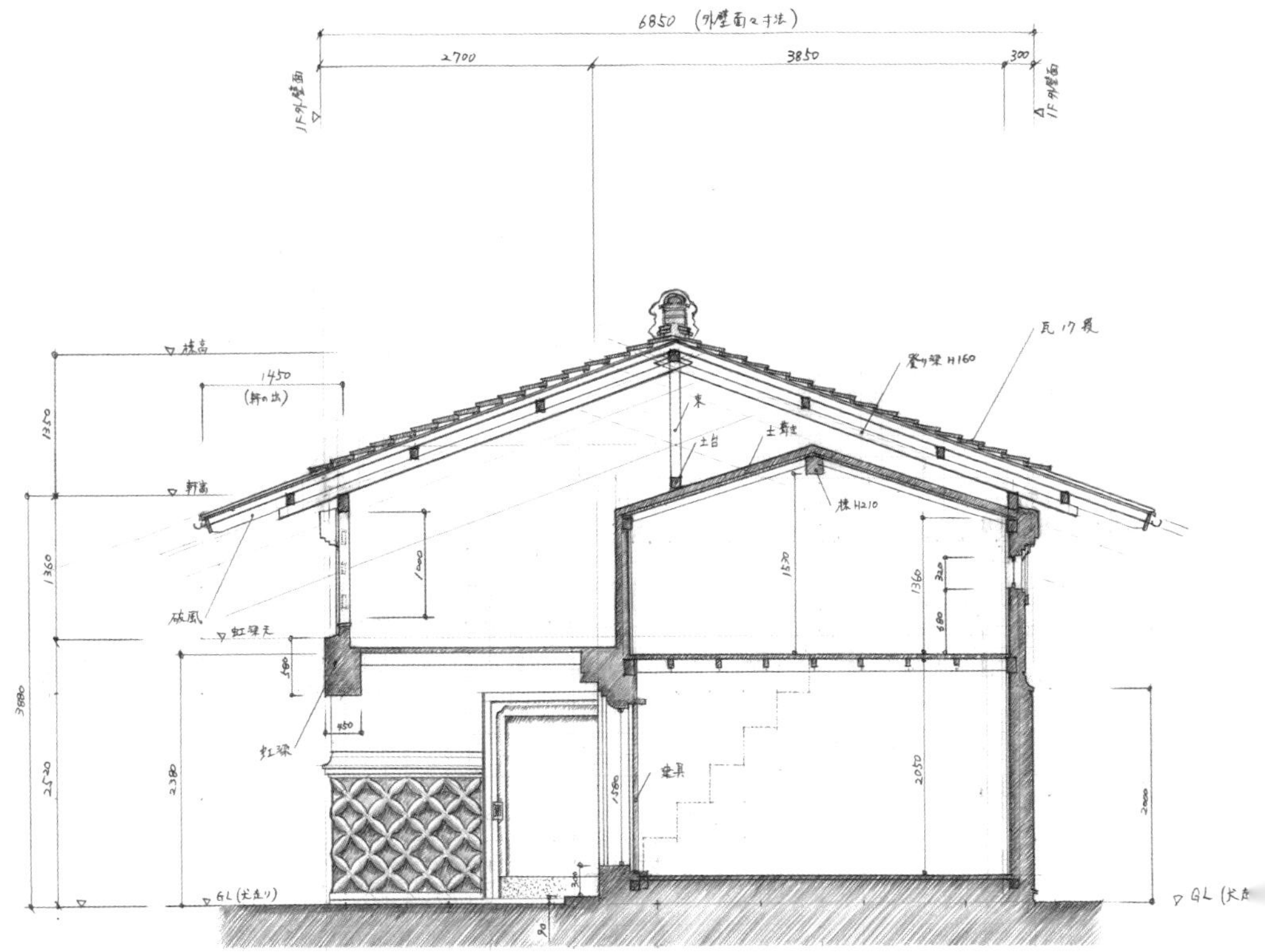


図14 芳澤家土蔵断面図（調査・作図：北條豊和）





らないものの、断面図が示す屋根の形状からも、オダレは前節で取り上げたダシとは明らかに異なる［図14］。大屋根の下、オダレの内部には白漆喰で塗り込まれた土蔵の屋根が東西に長く延びていて、中程に凹みがある［図13］。凹みの左右が東西の土蔵の屋根であること、くびれた部分が中蔵に相当することが一目で了解される。しかも、くびれは元は東西の土蔵間の隙間で、屋根を掛けて内部化されたものであろうと想像がつく。

芳澤家土蔵は、明治四〇年の大火に耐えた。しかし、西蔵の扉および二階内部の天井板に黒い焼け跡が残る。類焼の痕跡から推し測れば、土蔵本体は焼失を免れたものの、土蔵の上に載る屋根は焼失したに違いない。実際、オダレを構成する木材は、土蔵本体の木部と比較して新しく、大火以降に組まれたものと見て間違いないだろう。中蔵の内部も同様に新しいことから、大火以後に増設された空間だと判断される。

したがって、大火以前の芳澤家の土蔵は、オダレの代わりに東西両棟に屋根を掛けた

図15　双び蔵の類例（茅野市泉野上槻木）

姿が想定される。両蔵の間は狭いため、ひと続きの屋根が掛けられていたはずである。

　茅野市及び周辺では、「双び蔵」と呼べるようなこの種の類例が散見される（図15・前節図13参照）。

　二棟の土蔵は火をもらい屋根を失いながらも、土蔵本体は健在であった。修復に際して、なぜか元のような屋根は掛けず、両棟を抱き込むようにして土蔵造りのオダレが新造され、隙間に中蔵が増設された。味噌蔵は、大火でかなり損傷を受けたが、旧来の形に復旧された。内部に新旧の部材が混在するからである。

　芳澤家の土蔵は、大火後、オダレによって「たてぐるみ」されたのである。なぜ「双び蔵」に類する元の姿に修復されなかったのか。その理由は前節で指摘したことと関係していよう。この地域では、付属屋機能を土蔵に集約化する伝統がある。この伝統がダシ付きの土蔵形式を創出し、連棟型の形式（双び蔵）を生み出し、深い庇下を活用する工夫を促した。芳澤家の土蔵は、大火後オダレで建て包《くる》むことで、ダシよりもさらに収納力を高めたのである。実際、広い敷地を持つ芳澤家の付属屋は、この大型の土蔵のみである。

## 4　「たてぐるみ」の意味

　本節の小見出しに掲げた「たてぐるみの民家」と「たてぐるみの納屋」「たてぐるみの土蔵」は、土蔵を内包する点で共通する。土蔵を主屋で建て包む。納屋で建て包む（平出家）。そして土蔵を土蔵（オダレ）で建て包んだのが芳澤家の土蔵である。

　「たてぐるみの民家」は、諏訪地方の民家主屋の建て方。対する後の二つは、土蔵の移築（平出家）と被災した土蔵の修築（芳澤家）という、ともに土蔵を再建する営みの過程で、機能が増幅された「たてぐるみ建築」である。

　主屋だけでなく、付属屋にも「たてぐるみ」がある。もう一つの「たてぐるみ」。それは、付属屋の機能を土蔵に集約する伝統の中で、土蔵を核とした複合的な付属屋を創出する諏訪地方独特の建築作法なのである。

図1 旧甲斐家住宅の蔵座敷（大正12年築、国登録有形文化財）

第5節

# 会津喜多方の蔵座敷



## 1 蔵座敷の成り立ち

蔵座敷とは土蔵の中に設けられた客座敷のことである。『建築大辞典』は昭和四九（一九七四）年が初版であるが「蔵座敷」の項目はなく、平成五（一九九三）年の第二版（改訂版）に追加された。七〇年代以降、日本各地で進展した民家調査が背景になっていよう。

大辞典いわく、蔵座敷は桃山時代に京坂地方の町家に現れ、次いで江戸の町家に多くみられたといい、今日では山形県・福島県地方に多く残されていると指摘。主屋に接するか取り込まれる場合は「内蔵座敷」とも称し、結婚式・来客の接待と寝室など、家の主要な行事にのみ使用された、と書く。

同辞典は「三階蔵」という項も立て、桃山後期から江戸初期にかけて近畿の富裕商人がステイタスシンボルとして建てたもの、外壁・軒裏を塗り込めとし平面は正方形に近く「内部に蔵座敷があった」とする。

京都・江戸に見られた蔵座敷の実態はわからない。わずかに江戸については、明治初年の日本橋界隈の風俗などを回想した

［上］図2 旧甲斐家住宅蔵座敷の21畳の座敷
［下］図3 旧甲斐家住宅蔵座敷の畳廊下（入側縁）・濡れ縁・土縁

『旧聞日本橋』（長谷川時雨著、岡倉書房、一九三五年）に一階を座敷とする三階蔵が登場する。京都の町家では表側が町式目などによる規制を受けたため、奥深くに位置する土蔵座敷に数寄屋のデザインを施し、洗練された感覚が発揮されたと指摘されている（高橋康夫他編『図集日本都市史』東京大学出版会、一九九三年）。



## 2 旧甲斐家の蔵座敷

福島県の会津地方は土蔵が多く残り、喜多方は蔵座敷の町として知られている。蔵座敷は幕末期から見られるものの（後述）、明治二〇（一八八七）年以降本格的に流行した。「土蔵座敷」とも呼ばれる。

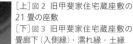

喜多方では、町家の主屋自体が土蔵造りで建てられ、主屋の座敷が即ち蔵座敷というものもあれば、蔵座敷を収容した土蔵を主屋棟の背面や側面に付帯させるもの（連結型）、さらには廊下で主屋とつながる「離れ座敷」としての蔵座敷など、多様な形式が報告されている。

離れ座敷型の代表例は豪商甲斐本家の蔵座敷であろう（国登録有形文化財、喜多方市字一丁目）［図1］。喜多方を代表する蔵座敷であり、公開されている。大正一二（一九二三）年の建築。二一畳の座敷、一八畳の続き間に一二畳大の畳廊下が付く破格の広さで、壁は金雲模様の唐紙貼り、天井高が三七八〇ミリメートルもある［図2］。座敷飾りは一間半幅の床の間の左右に違い棚と天袋を配し、黒檀の書院を設ける。座敷は畳廊下（入側縁）・濡れ縁・土縁を介して庭に開放されている［図3］。蔵座敷といいながらも庭に向かって開かれ、室内空間は書院座敷そのもので蔵の中にいる感覚はない。この点は、次節で取り上げる秋田県下の蔵座敷との大きな違いである。

## 3 喜多方の蔵座敷

『喜多方の町並（商家）』（喜多方市、一九八〇年）によれば、最古の蔵座敷は江戸末期に遡る遠藤家住宅（南町）の座敷である。部屋は一五畳と一二畳半の続き間ながら、当初は大引天井を現し座敷飾りもない。畳を敷いただけの簡素なものであったようである。次いで古いのが嘉永七（一八五四）年に建てられた冠木商店（喜多方市字一丁目）の蔵座敷である。遠藤家住宅の蔵座敷とともに、先に連

［上から］
図4 冠木商店蔵座敷への入り口まわり
図5 冠木商店蔵座敷の次の間
図6 冠木商店蔵座敷の座敷飾り

図7 冠木商店蔵座敷の出入り口。
左右引き分けの土戸と雨戸・障子を立て込む

結型と呼んだ主屋に付帯する形式の蔵である。

これらは甲斐本家のものとは異なり土蔵としての独立性が高く、いずれも観音開きの土戸を介して主屋と接続している［図4］。冠木商店の蔵座敷は八畳の続き間で、次の間には箱階段と仏壇を設け［図5］、座敷には床の間と違棚を設えて書院座敷としての構成を整える［図6］。座敷には幅一間の出入り口を二か所に設け、左右に引き分ける





土戸と雨戸・障子を立て込んでいる［図7］。

嘉永七年に建てられた冠木商店の蔵座敷は、喜多方における蔵座敷の形式が幕末には成立していることが確認できる事例であり貴重である。

若喜商店（喜多方市字三丁目）の蔵（座敷蔵・道具蔵）は、喜多方市の三津谷地区に開設された煉瓦工場で焼かれた煉瓦を外壁に用いて明治三七（一九〇四）年に建てられた。洋風の外観は異彩を放っている［図8］。主屋も昭和六（一九三一）年に洋風の店舗に建て替えられ、背後の煉瓦造の蔵と接続されて現在のユニークな外観ができた（主屋・蔵ともに国登録有形文化財）［図9］。

この木骨煉瓦造の座敷蔵は二階建てで、一、二階に座敷を設けている点も珍しい。一階の座敷は縞柿で造作された「縞柿の間」で天井は鏡板張りとし、二階は格天井を張り欅尽くしの「欅の間」とするなど、座敷意匠を違えて気分を変えている［図10］。洋風の意匠は外観のみで、書院座敷としての形式を崩さない室内は蔵座敷の伝統を保守している。

図10 若喜商店蔵座敷の2階座敷「欅の間」

以上のように、喜多方の蔵座敷は幕末には成立していることが知られ、明治期には煉瓦を使用した洋風のものも登場し、大正期に入り甲斐本家の蔵座敷において到達点を迎える。最高級の離れ座敷が土蔵造りを前提とする点に、会津地方の住文化における土蔵造りの伝統性とその格式の高さが窺える。

［上］図8 若喜商店の蔵座敷（木骨煉瓦造、明治37年築）
［下］図9 若喜商店の主屋（昭和6年築）と背後に接続する蔵座敷

# 横手市増田の蔵座敷

第6節

図1 旧松浦家住宅（重文）の主屋



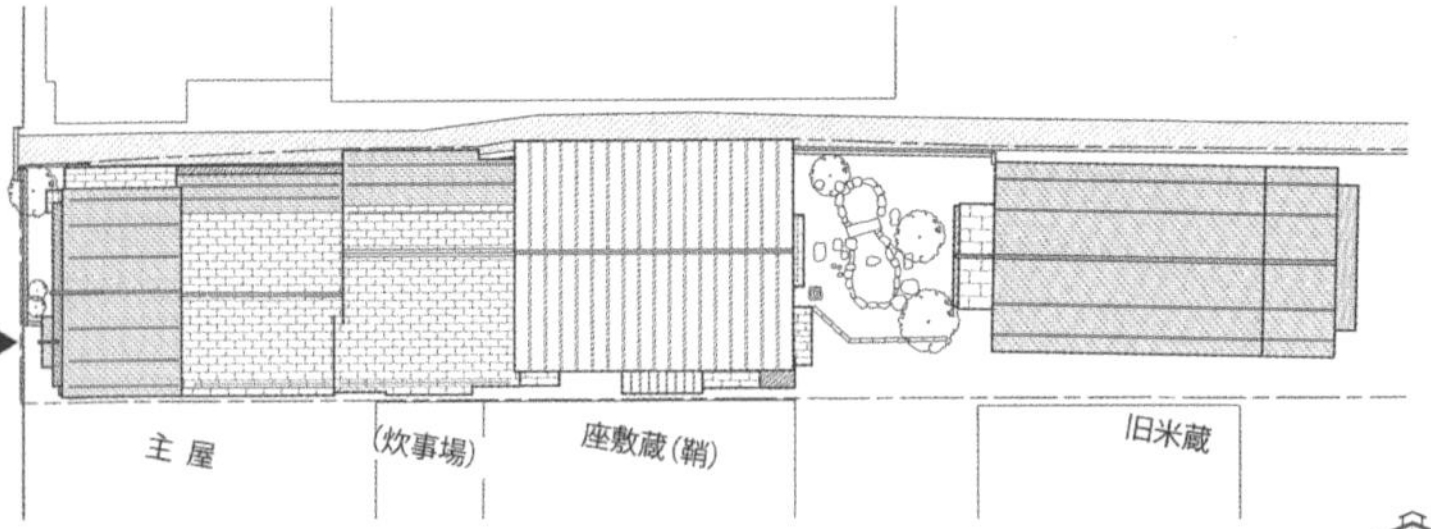


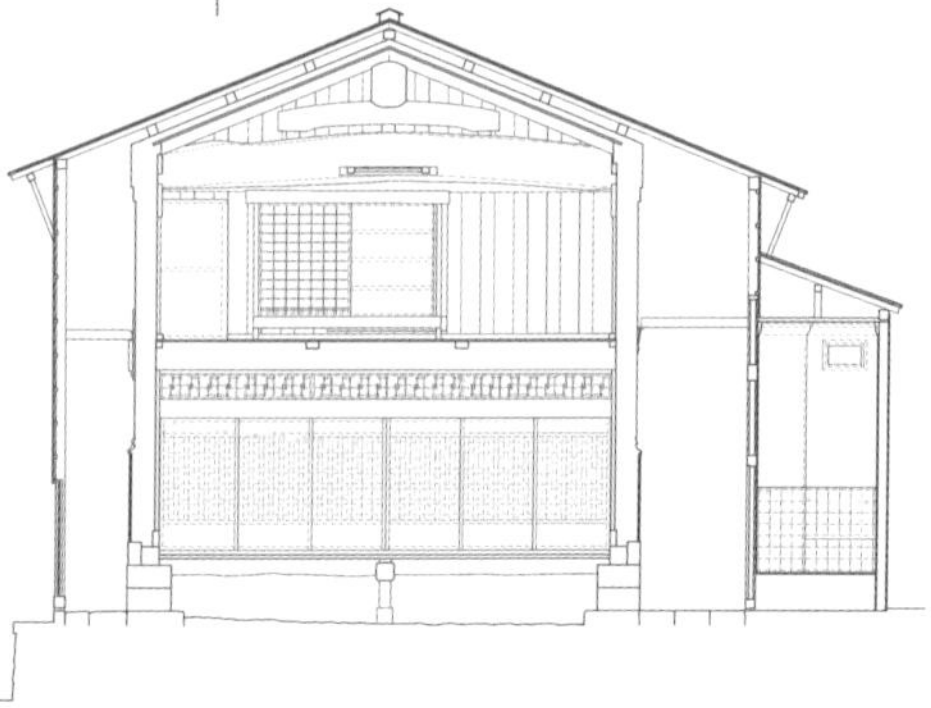

図2 旧松浦家住宅の配置図（左）と鞘の中に建つ内蔵（座敷蔵）の断面図（右）
（出典：『横手市指定文化財 松浦千代松家住宅調査報告書』2016年）

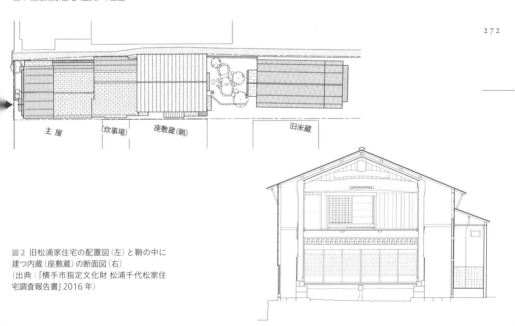

［上］図3 旧松浦家住宅（重文）
内蔵2階階段廻り
［下］図4 同1階前室

秋田県の横手市増田町は中世城下町の骨格を残しつつ、近世初頭から手倉・小安両街道の合流点という立地を生かした物流拠点として発展した。中町と七日町を軸とする地区の中心部は、国の重要伝統的建造物群保存地区に選定されている。

妻入の大型町家が建ち並ぶ通りの景観は壮観であるが、町家の最大の特徴は通りからは見えない。主屋奥の鞘の中に内蔵を納める形式に特徴があるからである。主屋の裏はアトリウムのように鞘で覆われ、積雪期でも自由に行き来ができる。鞘の中に内蔵があり、内蔵の中に座敷がある。増田地区の蔵座敷、筆者には極めて特異に見えた。そのあたりのことを中心に書いてみたい。

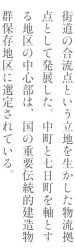

## 1 座敷なのか蔵なのか

保存地区のほぼ中心に位置する七日町の旧松浦家住宅（重文）は、間口五間半、奥行一二間半と大型の主屋が明治二二（一八八九）年（文書より）の建築［図1］。その背後に取り付く鞘の中に二階建ての内蔵が建つ［図2］。明治三六（一九〇三）年（棟札）に建てられた内蔵は、桁行六間半、梁間三間半とこれまた大型の妻入二階建ての土蔵で、一階が蔵座敷とその前室、二階は家財の収納庫である［図3〜5］。

蔵正面の戸前廻りは黒漆喰の磨き壁とし、掛子四段塗りの観音開きの土戸は麻の

図6 旧松浦家住宅（重文）、内蔵（蔵座敷）正面の戸前廻り

葉模様の組子をあしらう鞘飾りで保護し、外壁の腰部にも漆塗りの木製格子を嵌め込み装飾性を高めている［図6］。

内蔵一階は、手前が板敷の前室（二八畳）、奥に畳敷の座敷（一七畳半）を設ける。板間と畳敷の間には市松模様の障子戸六枚を立て、上部には透かした欄間を嵌める［図4参照］。前室は柱を四分の一間（約一尺五寸）間隔と密に並べ、柱をはじめ床板・大引など木部の

図5 旧松浦家住宅（重文）、内蔵1階蔵座敷

表面を透き漆で仕上げている。このような軸組の構成と仕上げは増田地区の明治期の内蔵に多用されている。しかも、密な柱の配列は蔵座敷にもそのまま続き、蔵座敷に増田独特の意匠性を与えている。

旧松浦家住宅の蔵座敷は座敷飾りも特異

［上］図7　まちの駅福蔵（旧佐藤與五兵衛家住宅）蔵座敷
［下］図8　増田観光物産センター蔵の駅（旧石平金物店）内蔵正面の戸前廻り

図9　増田観光物産センター蔵の駅（旧石平金物店）の蔵座敷

である。天袋を組み込んだ幅一間の吊り床と、天袋及び筆返し付の棚板を備える地袋とを曲折りに配置するという極めてユニークな構成である〔図5参照〕。さらに繰形が付いた長押を巡らせ、やはり繰形を施した廻縁に猿頬天井を吊るという凝った造作を施しながら、一間幅の吊り床の部分を除いて四分の一間間隔の柱が林立する室内は、座敷と言いながらも前室と一体となった土蔵独特の閉鎖的な空間性を強く留めている。

「まちの駅福蔵」（旧佐藤與五兵衛家、中町）の蔵座敷は明治一二（一八七九）年（棟札）に建てられ、旧松浦家住宅内蔵よりも古い〔図7〕。透き漆仕上げの柱が一尺間隔とさらに高密度に並び、座敷飾りは扉口の脇に幅一間程の奥行の浅い壁面に、床の間と天袋、違い棚を巧みに組込んだ独創的なものである。

「増田観光物産センター蔵の駅」（旧石平金物店、中町）の主屋裏手の内蔵は旧松浦家と同時期の明治二〇年代とされる。梁間三間、桁行六間と旧松浦家の土蔵とほぼ同じ大きさで、観音開きの掛子四段塗りの土戸を開いた戸前廻りの意匠も旧松浦家のものと似

]図10 佐藤又六家住宅（重文）、鞘に包まれた主屋（店蔵）
観
]図11 佐藤家住宅（重文）、鞘に覆われた主屋（店蔵）2階の
観

ている［図8］。桁行六間の手前四間分を板敷の前室とし、奥二間分（一四畳）に棹縁天井を張り、畳を敷き詰めて座敷とする構成、及び柱を四分の一間間隔に並べる点も同様である。しかしながら、柱や大引は生地のままで、座敷と前室境の差鴨居、及び座敷の大戸口の枠にだけ透き漆を施している。座敷飾りはない［図9］。

佐藤又六家住宅（重文、中町）は保存地区内の建物で最も古い町家とされている［図10］。主屋も店蔵とし［図11］、しかも店蔵を鞘に納めるという全国的にも珍しい町家として



注目される（鞘は後補と考えられている）。実際その外観は特徴的で、鞘二階の窓から店蔵の外観が覗く。この店蔵は明治元（一八六八）年から建てはじめ、三年をかけたという。

主屋の裏手に二階建ての文庫蔵が建つが、この蔵は主屋よりも古く江戸時代に遡ると調査報告書は指摘している。桁行七間、梁間三間強の文庫蔵一階の奥の隅に八畳間の蔵座敷を設ける［図12］。報告書は「蔵座敷風」と書くように、座敷飾りはなく天井は前室と同じ調子で、文庫蔵の一画に仕切り、畳を敷いただけのものである［図13］。報告書は、当初座敷はなく一連の板敷であったろうと指摘し、当地で蔵座敷のある内蔵が盛んにつくられた明治後期頃に改造され、できた可能性を示唆している。

佐藤家にはもう一つの蔵座敷がある。店蔵二階の表側に設けられた二〇畳の座敷である［図14］。天井はなく小屋組を現しているが、幅一間の吊り床とその脇に引き違いの襖を立てている。しかし座敷飾りの部材は新しく一目で後補とわかるから、当初は畳を敷いただけの部屋であった模様である。

［上から］
図 12 佐藤又六家住宅（重文）、文庫蔵 1 階
図 13 佐藤家住宅（重文）、文庫蔵 1 階の蔵座敷
図14 佐藤家住宅（重文）、主屋（店蔵）2 階の座敷構え（後補）

## 2 増田町家の蔵座敷の特異性

以上、増田地区における蔵座敷の類例を取り上げた。当地では、近世の段階に蔵座敷はなく、明治中頃以降、座敷を仕組んだ

内蔵を積極的に建てるようになった。

しかし、蔵座敷を飾る造作の力点は、座敷飾りもさることながら、むしろ土蔵の構造部材そのものに置かれたようである。透き漆を多用し、しかも色を微妙に塗り分けるなどして、柱や天井を美しく見せることを最重要視しているように感じられる。

座敷飾りは、旧松浦家住宅や「まちの駅福蔵」などが示すように奥行きが浅く平坦で、それゆえ床の間は吊り床程度とし、床の間と床脇とを一体的に再構成した「独創的」な座敷飾りも工夫された。「まちの駅福蔵」はその最たる例であろう（図7参照）。

天井は低く、漆で光沢を増した柱が林立する室内は閉塞感が高く、土蔵の室内であることが強調された座敷である。座敷飾りを持たない座敷もあった。しかし、蔵座敷が座敷である所以は、大きな大戸口を必ず設けている点である。座敷飾りは大戸口の脇に置かれることが通例であり、大戸口は書院窓のようにも見える。座敷飾りがない場合、大戸の開口部はなおさら重要で、「増田観光物産センター蔵の駅」では戸口の枠に漆が施され装束されている（図9参照）。ここでは、畳敷きと棹縁天井と大戸口、さらに前室との間仕切りが蔵座敷の最小限の構成要素なのである。

秋田県横手市増田地区の町家を特徴付けている蔵座敷は、あくまでも土蔵の一画であることを前提に、前室と一体的に構成されている。前室と座敷を間仕切る鴨居上部の欄間は透かされ、前室との一体性が担保されている（図4参照）。いかに座敷の造作を飾ろうとも、土蔵の要素を消し去ることはせず、むしろ土蔵らしさを際立たせるように室内は造作され、ゆえに座敷飾りも蔵座敷独特の意匠性が追求された。

増田町家の蔵座敷は、喜多方など会津地方の蔵座敷、すなわち庭と連続した定型の書院座敷を土蔵内部に組込んだものとは一線を画するものである。その意味で当地の内蔵は、地方性に富む豊かで独自の蔵座敷文化を育んだ。

# 第8章

# もうひとつの民家の系譜

右］図1　北山杉の磨き丸太倉庫（京都市中京区京北細野町地区、2008年12月撮影。その後改修され、活用されている）
左］図2　面一のアルミサッシを全面に立て付けた現代の干し柿小屋（松江市畑集落、島根県）

## 1　動態としての小屋

「小屋とは小規模・粗末・仮設の建物」と諸書にある（第1章第2節参照）。そのとおりだと思うも、小屋がなぜ粗末で時に仮設なのか。踏み込んだ言及はない。

小屋の多くは生業に関わる働く建物である。第2章はその諸相を解説した。平尾は、小屋が簡素で更新されやすく失われやすいのは、「そもそも生業が動態であるという事実と、深く結びついている」と説いた（第2章第1節参照）。この指摘は本書の重要な成果である。生業が動態なら小屋も動態である。

生業の変化に応じて増築や建て替えを繰り返す必要から、小屋は手作りも許容しつつ簡単な工法と手近な材料でつくられた。平尾の博捜による豊富な図版類はこの事実を多弁に物語る。集められた小屋たちの姿形は、伝統民家（主屋）とはかけ離れていても、みな合理的である。筆者がたまたま見つけ、驚きのままに調査した北山杉の磨き丸太倉庫（第2章第6節参照）。頭でっかちの外形が印象深いこの小屋も、地元大工が機能に即し無駄を排して考案したものである［図1］。

「インダストリアル・ヴァナキュラー」と平尾が呼ぶ現代の小屋は、小林が取り上げた松江市畑集落の柿小屋（第2章第2節参照）も該当しよう。工作物と建物の中間にある特異な形態は、干し柿生産とその規模拡大に即応した生業建築である。他所からも学びつつ不断の改良を重ねることで柿小屋の形態は変化し、アルミサッシとガラスを多用する現代の姿へと発展した［図2］。建築家によるモダンな住宅のようにも映る柿小屋が点在する景色は、それでもなお、強い風が通り抜ける沢筋の地勢を巧みに利用した干し柿の里の伝統を引き継ぐ文化的景観であり続けている［図3］。

舟小屋は小屋の代名詞的存在である。本書も佐渡（第2章第4節参照）と隠岐の島（第2章第5節参照）を取り上げた。佐渡では珍しく棟持柱を持つ二戸一形式の舟小屋に着目し、その構造形式の意味を所有形態との関係を軸に探った。隠岐の島は舟小屋の宝庫である。小林は、舟のさまざまな保管形式

［右］図3　干し柿小屋が散在する松江市畑集落の景観
［左］図4　元舟小屋群。現在はガレージや倉庫として使われ、背面に入り口がある（京丹後市丹後町竹野、京都府）

を紹介しつつ、波打ち際から距離がある舟小屋への舟の引き揚げ方、あるいは浜辺へ舟を押し出すための伝統的な装置の仕組みを解説し、半農半漁の自給的生活のもとで、磯漁における舟小屋の働きを具体的に示した。さらには、農業に利用される舟小屋も紹介し、農・漁業に関わる水辺の多様な暮らしと舟小屋との関係を描いた。

動態としての小屋は、それゆえ消え去ることもある。平尾が捉えた佐渡のウインチ小屋（第2章第1節参照）はもはや舟小屋ではない。消滅しないまでも、入り口の向きを変え車の車庫や倉庫になった元舟小屋群もある（京丹後市、京都府）。似て非なる小屋の景観であるが、舟小屋の形をよく留めている［図4］。

奥矢が取り上げた宇治茶の製茶集落（第2章第7節参照）もまた、戦後の機械生産に至る前段階で歴史が止まった地区である。しかし、茶工場群が主役の伝統的建造物群は製茶史を物語る遺産として価値が高い。

一方、鯨の解体加工場である納屋場（第2章第8節参照）は跡地しか残らない。しかし、山田が明らかにしたその実態は、小規模という小屋の概念に背く。鯨を捌くための巨大な小屋は、仮屋であることに本質がある。納屋場は仮設ゆえに大きく、その大きさゆえに残らなかった。しかし仮設の小屋は、小規模であれば常設化され、柿小屋や舟小屋のように今日まで使われ続ける可能性を持つ。「小屋とは小規模・粗末・仮設の建物」とは、実は相互に相対的な定義であり、ゆえに動的なのだとも言える。

## 2　「オリヤ養蚕」の意味

「養蚕の時期には、床上はすべて蚕室になるので、家族はみな土間に寝ていた」（第2章第3節）。釜床が紹介する逸話には生業と居住の関係が垣間見える。狩浜地区（愛媛県西予市）の「オリヤ養蚕」（第2章第3節参照）は養蚕小屋と住居を組み合わせたものである。民家は職住一体の住居と説明される。しかし、その本質は生業が主で居住が従の「職主住従」であることを、オリヤ養蚕は端的に示した。優先すべきは生業であり、人はその余地に住まう。

図5 養父市域（兵庫県）に多数現存する三階建ての元養蚕民家の事例。二階建てに三階を増築したものも多い

養蚕は、近世近代の日本民家に大きな影響を与えたことは間違いがない。合掌造りや兜造り、山梨県の櫓造り（突上げ屋根）など、多彩な屋根の形は養蚕を背景に形成されたと考えられている。養父市域（兵庫県）に残る三階建て民家群の独特の姿も、蚕室の拡充が促したものである［図5］。岩手県下では、馬の生産が「曲り家」の民家形式を生んだと古くから言われている。民家の発展過程の背後には、居住性の向上よりも、生業の進展にその原動力が見いだせる。

生業と居住との関係は、家屋が小規模であるほど先鋭化する。京都西陣には、「織屋建て」と呼ぶ町家が今も多く残る。機場を内包する町家である。形式は多様で、機場を別棟で従える大型町家がある一方、機場の片隅に居室を設けた小規模な長屋建てもある［図6］。小規模で工場然とした織屋建て町家のありさまは、オリヤ養蚕と同じではないか。

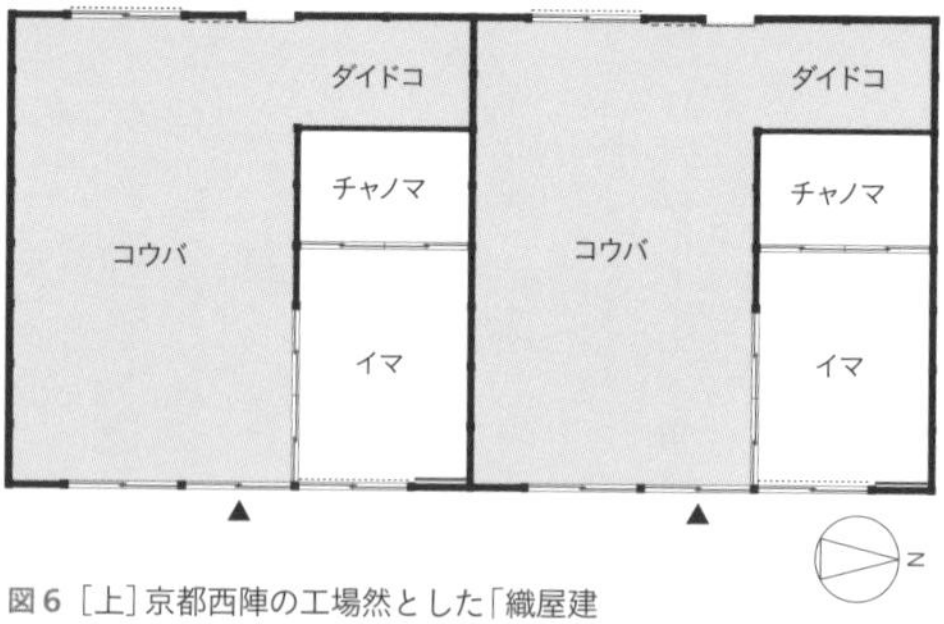


図6 ［上］京都西陣の工場然とした「織屋建て」町家（二戸一建て長屋）の一例 ［下］上記織屋建て町家の復原平面図（出典：大場修『「京町家カルテ」が解く京都人が知らない京町家の世界』淡交社、2019年）

図7 精緻な石積みによる嵩上げ宅地（古座川町一雨、和歌山県）

生業を担う小屋は、粗末であっても生計の基盤である。基盤ゆえに更新に対応すべく簡易なのだ、と考えることもできよう。民家における生業の重みは、粗末な建物だけに見落とされがちであるが、オリヤ養蚕や織屋建てのように主屋と一体化した時、生業の重要さは顕在化する。

## 3 住み続けるための砦

敷地内にある小屋は付属屋でもある。第2章で取り上げた小屋の多くは生産現場の一画に建つものが多くあったが、ここからは敷地内の付属屋である。

付属屋・小屋は生命を守る砦ともなる。水害時、人は主屋を離れ「水屋」や「水揚げ小屋」に逃げ込む（第4章参照）。しかし、水が引けば人は主屋に戻る。水屋は水が止むまでの待機場であり、物資の避難場所なので簡素な小屋である。命を託した避難小屋の質素さは、奥矢が紹介した富士山における石室を原型とする山小屋と似ている。

水害多発地帯では、宅地が石積みで一様に嵩上げされている。さらに畔柳が紹介する「舟形屋敷」や「三角屋敷」などは、水流方向に尖らせた石垣で水をかわし逆らわない（第4章第1節参照）。石垣はおしなべて立派で、命を委ねる避難小屋とは対照的である。その違いは何なのか。

整えられた見事な石垣は、住み続ける意思の表示ではないのか。定住の覚悟を示す精緻に組まれた石垣［図7］。石積み職人の技は、屋敷構えを誇示する需要により高められた。卓越した石積みの美しさは、地域に根ざす持続的居住の表徴である。しかし、住み続けるには逃げ場が欠かせない。防空壕がそうであるように、水揚げ小屋は一時を凌ぐ仮屋であり、ゆえに小屋なのである。

代々の地で日常を継続するための自助施設である水屋や水揚げ小屋、あるいは石積みは、畔柳が言うところの「水防の知恵」、すなわち地域社会に根ざした共助の規範意識や、水害を生活の一部として甘受する生活習慣と一体となった「水防文化」として捉えることができる。住み続ける砦とは、その有形と無形の遺産全体を指している。山小屋の本質は「お助け小屋」にある、との奥矢の指摘（第4章第4節参照）とも響き合う。

高台への集団移転が進む近年の地域防災の取り組みとは一線を画した減災の思想。その主役は付属屋であり屋敷構えであり伝統的な地縁である。

## 4 屋敷構えの研究

黒野は、家屋敷の諸要素に道や水路を加え、屋敷と地続きの農地のまとまりを「イエの領域」とみなし、これらが集落全体の中で秩序づけられていることを砺波平野（富山県）で説いた（第3章第1節参照）。集落の成り立ちを、構成要素から全体に至る一連の居住システムと捉えて地域の全体性を示したのだ。

集落構成の秩序が、屋敷内の家屋配置から主屋の間取りにまで通底している。この知見は重要である。しかるに、日本の民家史研究は長らく主屋研究であった（「まえがき」参照）。民家は集落と切り離され、主屋に紐付く付属屋の存在も視野から外された。黒野に学べば、主屋を含む屋敷構えの重要性に改めて気づかされる。

平尾は屋敷の「囲い」と家屋配置に着目した（第3章第2節参照）。地理学者杉本尚次による「閉鎖型、開放型」の分類、および「西日本では付属建物をもつのが一般的であり、東日本では主屋が大型化し、諸機能が主屋に集積する傾向」があるとする民家研究者草野和夫を引用し、「西日本が閉鎖型の付属屋による囲い、東日本が主屋を中心とする開放型」という図式を示した。

さらに中村は、弘前（青森県）を例に武家地の屋敷構えを論じた（第3章第3節参照）。屋敷の主役は主屋であるが、通りからは主屋の存在は希薄で付属屋も少ない。武家屋敷由来の屋敷構えの伝統は、近代以降も生垣や庭の樹木という環境要素で継承されていること示し、主屋以外の要素が屋敷構えを担い得ることを明確にした。

屋敷構えは、主屋と付属屋、さらには樹木などを総合的に論じるプラットフォームである。屋敷構えの類型差と地域差を捉えることで、集落景観の成り立ちとその地域特性に迫り得る。研究途上にある付属屋は、屋敷構えというフレームで捉えることで、

図8 黒石市（青森県）のこみせ通り

図9 落し板方式で雪の深さに対応する旧今庄宿の雪囲い
（福井県南越前町、撮影：杉本和樹）

地域の歴史的景観の要素として正しく捕捉できるはずである。

## 5 豪雪と共生する営み

世界で屈指の豪雪地帯に人が住む日本。第3章後半のテーマは防雪である。新潟の「雁木」（第3章第4節参照）は町家の軒庇であり、主屋の付属空間である。青森県や秋田県では「コミセ」と呼ばれている［図8］。旧今庄宿（福井県）の雪囲い（第3章第5節参照）は、主屋や土蔵に設置するテンポラリーな組立式の板囲いである［図9］。さらに、秋田の「鞘」（第3章第6節参照）は主屋や付属屋の覆屋である。三者三様の防雪施設や装置を、本書は単に紹介しただけではない。

雁木について黒野は「住人は雁木を夏季と同じ状態のまま積雪時の通路としたのではない。（中略）住人が雁木を拠点として主屋と通りの雪処理をし、町の居住システムをつくっていた」と、第3章第4節の冒頭で書いている。雁木は単に雪をよけるアーケードではなく、冬季における居住システムの要だというのである。雪と共存しつつ都市生活を営む上で、雁木は基幹的なインフラとしての役割を果たしていたことを、本節は克明に明らかにした。

旧今庄宿（福井県）の雪囲いはプレハブ式の仮設工作物である。青柳はその仮設性と「落し板」形式を広い視点で検討した。雁木やコミセは都市部で発達した常設の防雪装置であるのに対し、仮設の雪囲いは農村部に多い。しかし、仮設の柱に板を落す類例が農村部にはないとして、今庄の雪囲い

図10　歌川広重「東都大伝馬街繁栄之図」（天保14〜弘化4年刊、東京都立図書館蔵デジタルアーカイブ）表通りに並ぶ大店の庇下（暖簾が内側）はアーケード状になっている



は雁木の祖型のような存在ではないかと推し量る。

一方、江戸町人地の都市史研究で著名な玉井哲雄は、江戸の町家にも「庇下通り」（または「庇下」「店下」）と呼ばれる幅一間ほどの土間の通路があると指摘した上で［図10］、雁木とは「日本の近世都市では必ずしも珍しいものではなく、一般的に見られた町家前面に連続した形の庇が、その雪中道路として有用性のために維持され続けたのだと考えた方がよい」と述べている。そもそも町家前面の連続通路が成立するためには、町家が稠密かつ整然と櫛比《しっぴ》する状況が前提にあるが、北陸道の宿場町である今庄のまち並みはそのような都市的条件を満たさない。今庄の雪囲いは、ゆえに個別の仮設工作物として今日まで保持されてきたのかもしれない。いずれにせよ本書は、ともに主屋の付属施設である雁木と雪囲いの、働き方とその都市的意味の一端を明らかにした。

土蔵を収める鞘建築も秋田方面における伝統的な防雪施設であるが、安高らが取り上げた長谷山邸（秋田県羽後町）の土蔵を覆う鞘は、土蔵の上、鞘の屋根の下に三階座敷を設けるという類まれなる建築である。積雪から主屋や付属屋をガードする黒子のような鞘それ自体が座敷を内包するという、極めて異例の建築なのである。「鞘座敷」とも呼びたい旧長谷山邸の三〇畳の座敷は空中に持ち上げられ、土蔵上部に据え付けられている。土蔵の中の閉鎖的な蔵座敷とそびえる鞘座敷。脇役のはずの鞘建築が主客転倒した稀有な建築である。しかし、この特異な多層建築は、豪雪地帯ゆえに屋根面積を抑える工夫の帰結でもあると言える。雪と建築とのダイナミックな対応関係が、付属屋で展開されているのである。

## 6　石の振る舞い

日本における石の文化を「そこにある石を積むことで形成されたもうひとつの系譜」と安森は評した（第5章第1節参照）。そこにある石は「石のまち」を全国に生み、「石の物性に応じた技術と営み」を生成した。第5章は「石と木、職人と素人、建築と土木の境界」にまたがる各地の多様な付属屋や

図11　塀を兼ねて各家が抗火石を蓄える（新島、東京都）

小屋を例示し、第5章第1節はそれらを的確に総記した。

　同章はさらに、石造建物の「代用品」としての特性を明らかにした。小樽の木骨石造建築は石と木の代表的な混構造建物であるが、「北国では施工の難しい在来の土蔵造りや塗屋の代替構造として展開した」と角は指摘する（第5章第4節参照）。

　流木で家をつくったと言われるほど木材に乏しい新島（東京都）では、豊富に産出する抗火石（軽石）を用いて、便所、豚小屋、堆肥小屋、物置、薪小屋など、全てが木から石へ置き換えられ、安価で加工性に富む石造建物が木造の代用として普及した（第5章第6節参照）。

　長崎県の練塀民家においても、似たような状況があった。石積み壁を主体とする練塀建物と木造軸組建物との、言い換えれば付属屋と主屋とのヒエラルキーな関係性が明らかにされた（第5章第5節参照）。当地の民家の主屋は練塀建物からの脱却を指向し、練塀構造は付属屋群に残された。簡素な付属屋ほど石積みなのである。国家による石造建築の権威に対する民間の木造建築という、明治以降の日本における石と木の上下関係はここでは逆転している。民間建築における石材は、まさに「そこにある石」なのである。

　新島の抗火石に話を戻そう。抗火石が興味深いのは、住民が協力して石を積み、難所のみ職人が請け負う島の相互扶助の伝統（もやい）があり、塀を兼ねて各家が石を蓄え［図11］、もやいの下で石を貸借し売買もした、という点である。石材が住民間を行き来する。石塀は動産であり、住民相互で融通され、屋敷の一角に積み上げられて建物となる。

　高畠町（山形県）においても、石を備蓄し再利用する慣習が今も残る（第5章第3節参照）。高畠石である。かつて石は米と交換され、貯まれば石蔵が建った。高畠石は米の代用品としての独自の価値を持ったという長田の指摘は、石材の知られざる世界を見開いた。

　交換＝流通、備蓄＝石塀、建築＝石蔵。石が地域通貨のように振る舞い、動産と不動産を行き交う。地域社会における石のありさまは、単に石蔵の特異な建設過程ということに留まらない。地場で採れた石が地域の中で貨幣の代用品として扱われ、石造建物となる。高畠石がつくるまちの景観は、地域社会の営みの歴史的所産なのである。発注し対価を払う、単純な建築行為とは異なる「高畠石蔵」の豊かな生成過程を、長田は掘り起こした。

## 7 ハンドメイドの世界

真田は、農作業の石積み技術を問うた（第6章第4節参照）。唯一土木を扱う本節は、「技術」とは何かを再考する。石垣の高度な築造技術との対極にある棚田や段畑の石積み。近傍の石を使い、加工せず、労働力をかけず、効率的に丈夫な石積みを築く技術。農民の「生きるための技術」は、体の動かし方から道具の手入れ、休憩の仕方に至るまで経験知による総合力であり、その所産としての石積みは、地質に紐付く地域固有の文化の体系である、と真田は評した。

棚田の石積みと同類の、石と土を積みあげたハンドメイドの小屋や付属屋を第6章では取り上げた。長崎のドヒョモタセは土木と建物の境界に跨る希少な構築物である（第6章第3節参照）。中村が奈良や広島、大分で見いだした土積みの小屋も、大地から生えたように地面に踏ん張る異形の建物である（第6章第2節参照）。いずれも木造の建築技術から大きく逸脱し、伝統的な民家の軸組構造とも乖離している。

中村らが調査した不思議な小屋群の多くは灰屋などで、下半身が土団子を積み上げてできている。石ころを加えたものもある。「壁はゆがみ、不揃いな石や土団子が、隙間があることも気にせず積まれている」ことに、この手の建物の特徴がある。素人仕事の包容力こそが土積み建物の本質だと、中村らは自らの体験を踏まえて説いた（第6章第1節参照）。

不揃いで手の跡が付いた小屋。不定形な土団子建物の許容度の高さは、ハンドメイドの際たる特質である、と言いたいのであろう。基礎なのか壁なのか、基礎であり壁でもある、判別がつかない構築物が日本の片隅でしっかりと息づいている。建築学の範疇から外れ、大学で学ぶこともない生業の小屋たちは、素人仕事の再発見とともに、建物の既成概念をも押し広げている。

## 8 土蔵と土蔵造り

民家の付属屋の代表は、農家、町家を問わず土蔵であろう。保管・貯蔵のための防火建築であるが、富のシンボルであり屋敷構えの象徴的な構成要素として広く普及している。

第7章は、意外に知られていない土蔵とその構法の歴史から始まる（第7章第1節参照）。同節では、土蔵の様式と技術に地方性がないとする青柳の指摘が注目される。城郭建築の発達とともに左官技術と意匠形式が確立し、地方へ浸透した可能性が高い。民家の付属屋でありながら、土蔵の持つ普遍性は民家主屋と対照をなしている。

それゆえに、諏訪地方（長野県）の土蔵の独特の姿形は筆者の目に珍しく映った。「ダシ」を持つ土蔵である（第7章第3節参照）。地元でもあまり注目されていなかったが、調べてみると「置き屋根」の深い軒下空間の活用を契機とすることがわかってきた。土蔵の収納力を高める工夫がダシの形を生み、土蔵の伝統的な技術のもとで様式化された。納屋などの付属屋をあまり持たず、土蔵に集約されるために大型化した当地の土蔵。ゆえに、主屋にもまして屋敷構えの表徴として道沿いに建ち並ぶ。しかもその伝統は強固で、平成に至っても新築・再建される土蔵も紹介した。

山田は、日本で独自に発達した驚異の左官技術をひもといた（第7章第2節参照）。日本の「塗り重ねる壁」は海外にはないという。なるほどそうだ。世界に数多ある土の建築は、泥団子や日干し煉瓦を積み上げたものがほとんどである。土を不定形なまま「塗る」技術の探求は、厚みを出すための「積む」行為を内包しつつ、美を求めて「磨く」技術に連なり、日本に固有で高度な土の建築文化を花開かせた。付属屋ではあるが、土蔵は富や格式の代弁者たる所以である。

「土蔵造り」というものがある。土蔵は付属屋であるが、土蔵造り（塗籠造り）は主屋

［上］図12　八女福島（八女市、福岡県）の土蔵造りの町家。「居蔵」と呼ばれている。この町家には、天保9年（1838）の棟札に「於福島市中居蔵建始」と記されている
［下］図13　福島県会津若松の大商家福西家本店の店蔵（中央）

でもある。土蔵造りの町家、八女市（福岡県）ではこれを「居蔵」と呼ぶ［図12］。土蔵造りの店棟は「店蔵」［図13］、座敷は「蔵座敷」である。主屋系の土蔵造りは、とりわけ生業（店蔵）と接客（蔵座敷）における信用や威厳を表す建築形式として社会性を帯びつつ発達し、東日本を中心に広がりをみせている。

しかし、東日本の蔵座敷は一様ではないことも本書は指摘した。書院造りを内包し外へも開放的で、土蔵の中にいることを忘れる会津地方（福島県、［図14］）の蔵座敷（第7章第5節参照）に対して、横手市増田（秋田県）にみる蔵座敷（第7章第6節参照）は「蔵勝ち」で、内部は土蔵内部の造作がそのままに、漆塗りの柱が密に並ぶ閉鎖的で濃密な独自の座敷を生成している［図15］。しかも、その室内意匠は家ごとに異なっている。

木割書というマニュアルに基づき造作される書院座敷は地域性が希薄であるが、増田の蔵座敷の特異性はそれゆえ際立っている。座敷の規範から逸脱したその意匠性は、主屋から距離をとった敷地の奥部で、鞘に包まれて建つ付属屋（土蔵）が内包する離れ座敷ゆえの自由さなのか。少なくとも、書院造りの作法に捉われない強固な土蔵文化の所産であることに間違いはない。

主屋が包蔵する形式もある。諏訪地方（長野県）の「たてぐるみ」である（第7章第4節参照）。主屋が付属屋（内蔵）を守るたてぐるみは、住居や店や座敷を包み込む土蔵造りとは意味的な対照をなしている。しかし、「建物の内部に入れ子状に建てられたものとも思

［上］図 14　会津若松の福西家本店の座敷蔵内部
［下］図 15　佐藤養助漆蔵資料館の蔵座敷入り口まわり（横手市増田、秋田県）

われる」と青柳が推論する『春日権現験記』（一三〇九年成立）にみる中世の土蔵の姿と、たてぐるみは重なる。平安貴族の邸宅の「塗《ぬり》籠《ごめ》」との接点は牽強付会だとしても、成立の初期段階において土蔵とは内蔵であり、主屋から土蔵は這い出てきたのかもしれない。

土蔵（付属屋）と土蔵造り。両者の関係性から導かれる土蔵と主屋との対等性と互換性は、土蔵の歴史に由来する公算が大きい。

## 9　結語

本書は付属屋・小屋とは何かを考えた。主屋からは計り知れないもう一つの民家の世界。多方面の視角から本書は迫った。付属屋や小屋は生業を担い、時には生を守る最後の砦となる。暮らしの本拠である主屋は、これらを帯同せずには成り立たないことを明らかにした。

軸組木造の精華である日本の民家。これとは異相の材料や構法や技術を、付属屋や小屋から探り出した。民家という建築文化が本来持つ多様性や、地質や地勢とも連関する深い地域性は、付属屋や小屋を通してこそ再確認できる。さらに付属屋たる土蔵は、世界的にも稀な左官技術の真髄であることも明確にした。それが内包する蔵座敷の、その独自の世界観の一端も探った。

本書は、付属屋・小屋研究の端緒とすべく多様な視点を提示した。未知なる付属屋や小屋に照準を合わせれば、新たな位相の民家研究が再起動するはずである。

# 参考文献




## 第1章

- 今和次郎「郷土建築」『アルス大建築講座』アルス、一九二六年
- 今和次郎『民家論（今和次郎集第2巻）』ドメス出版、一九七一年
- 白木小三郎『住まいの歴史』創文社、一九七八年
- 今和次郎『民家野帳』柏書房、一九八六年
- 『日本民家語彙解説辞典』日外アソシエーツ、一九九三年
- 宮澤智士「庶民住宅」『絵巻物の建築を読む』一九九六年
- 緑草会編『よみがえる古民家「民家図集」』柏書房、二〇〇三年
- 小林秀輝「文化的景観の領域と類型に関する研究―長崎県対馬におけるコヤと集落の分布をもとに」九州大学学術情報リポジトリ、二〇一九年

## 第2章

### 第1節

- 今和次郎『日本の民家』岩波書店、一九八九年（初版一九二二年）
- 草野和夫『近世民家の成立過程―遺構と資料による実証』中央公論美術出版、一九九五年

### 第3節

- 西予市教育委員会『西予市文化的景観調査成果報告書』西予市教育委員会、二〇一八年

### 第4節

- 新潟県佐渡郡小木町編『南佐渡の漁労習俗――南佐渡漁撈習俗緊急調査報告書』一九七五年
- 地井昭夫「漁業集落の研究とその方法についての考察」『日本建築学会論文報告集』二三七号、一九七五年、一三五－一四五頁
- 『日本歴史地名大系第一五巻 新潟県の地名』平凡社、一九八六年、一一七七－一一七八頁
- 畔柳昭雄ほか「日本海沿岸に立地する舟小屋の空間特性に関する調査・研究―集落を取り巻く環境条件と舟小屋の関わりについて」『日本建築学会大会学術講演梗概集』一九九九年、四二一－四二二頁
- 宮崎隆昌ほか「沿岸集落における空間構成の入れ子構造に関する研究―集落の空間的特性と個体間の「距離感覚」の関係性」『日本大学生産工学部研究報告A』三六巻二号、九－二二頁、二〇〇三年
- 京都府与謝郡伊根町教育委員会『伊根浦――伝統的建造物群保存対策調査報告書』二〇〇四年
- 神崎宣武ほか『INAXBOOKLET 舟小屋――風土とかたち』ＬＩＸＩＬ出版、二〇〇七年
- 今村洋一ほか「新潟県における舟小屋の残存状況及び外観特性」『日本建築学会北陸支部研究報告集』五四号、二〇一一年、四〇九－四一二頁
- 佐渡市教育委員会編「文化財総合的把握モデル事業報告書―佐渡市歴史文化基本構想」二〇一一年、六九－七〇頁
- 陳国棟、大場修「日本海沿岸域集落における船小屋に関する建築史研究」『日本建築学会大会学術講演梗概集』二〇一五年、二六七－二六八頁
- 陳国棟、大場修「日本海沿岸域集落における船小屋に関する建築史研究 丹後半島における妻入と平入の船小屋について」『日本建築学会大会学術講演梗概集』二〇一六年、四七七－四七八頁

### 第6節

- 佐野朱美、大場修「北山杉の里集落の景観と民家形式――京都市中川地区の集落景観の構成と特徴」『日本建築学会

近畿支部研究報告書』四九号、二〇〇九年、八七三-八七六頁
• 大場修『中川北山町の集落・民家・杉丸太小屋―京都・北山杉の里集落の文化的景観とその再生活用のための基礎的研究』京都府立大学大学院生命環境科学研究科、二〇一〇年
• 大場修、川北敦美、田淵敦士「京都市北区中川地区の杉丸太小屋について」『日本建築学会近畿支部研究報告書』五〇号、二〇一〇年、九五七-九六〇頁
• 大場修「第3章第3節 中川の民家と社寺の建築的特質」「同第4節 林業倉庫の建築的特質」『京都中川の北山林業景観』京都市文化市民局文化芸術都市推進室文化財保護課、二〇一九年

**第7節**

• 京都府茶業百年史編纂委員会編『京都府茶業百年史』京都府茶業会議所、一九九四年
• 大場修、京都府和束町『宇治茶生産集落の家屋構成―京都府和束町湯船地区』二〇一五年
• 上田純一、向井佑介編「和束地域の歴史と文化遺産」『京都府立大学文化遺産叢書』第九集、京都府立大学文学部歴史学科、二〇一五年
• 木下夏実、奥矢恵「和束町の製茶集落における茶工場の特徴と変遷」『日本建築学会北海道支部研究報告集』九五巻、二〇二二年、三六五-三六八頁
• 「和束の茶業景観 文化的景観保護推進事業調査報告書」和束町、二〇二三年
• 茶源郷グループ「歴史と文化遺産」http://www.bunka.you-wazuka.com/index.html

# 第3章

**第1節**

• 鈴木成文『住まいを読む―現代日本住居論』建築思潮研究社所、一九九九年
• 佐伯安一『近世砺波平野の開発と散村の展開』桂書房、二〇〇七年

**第2節**

• 今和次郎『日本の民家』岩波書店、一九八九年（初版一九二二年）
• 杉本尚次『日本民家の研究』ミネルヴァ書房、一九六九年、一五六-一五八頁
• 川島宙次『滅びゆく民家―屋敷まわり・形式』主婦と生活社、一九七六年
• 東京大学工学部建築学科稲垣研究室編『奈良盆地における住宅地形成の解析』新住宅普及会住宅建築研究所、一九八二年
• 草野和夫『近世民家の成立過程―遺構と資料による実証』中央公論美術出版、一九九五年
• 山本直彦ほか「歴史的風土特別保存地区における民家の屋敷構えに関する研究―明日香村の奥山・飛鳥・河原・岡・島庄の六大字を事例として」『日本建築学会計画系論文集』八一巻七二二号、二〇一六年、六七五-六八五頁
• 平尾和洋、大場修「民家の付属屋配置と規模に関する定量的考察」『日本建築学会近畿支部研究報告集』二〇一三年、一四九-一五二頁

**第3節**

• 東北工業大学建築史研究室編「弘前市仲町伝統的建造物群保存地区保存計画見直し調査報告書」弘前市教育委員会、二〇二〇年

- 中村琢巳『生きつづける民家―保存と再生の建築史』吉川弘文館、二〇二二年


### 第4節


- 東京大学工学部建築史研究室編『越後高田の雁木』上越市教育委員会、一九八二年
- 八文字雅昭、後藤治「積雪地域における伝統的な雪囲いの面材の違いによる役割の考察」『日本建築学会大会学術講演梗概集』二〇一七年、八三五‐八三六頁
- 新潟大学建築計画研究室編『町家読本――高田の雁木町家のはなし』上越市文化振興課、二〇一九年


### 第5節


- 榎本昇人、土本俊和、梅干野成央「長野県大町市稲尾における土蔵の鞘に関する調査報告」『日本建築学会北陸支部研究報告集』二〇一〇年、三七三‐三七六頁
- 朽津信明「日本における覆屋の歴史について」『保存科学』五〇号東京文化財研究所、二〇一一年、四三‐五七頁
- 横手市産業経済部観光物産課伝達推進室、工学院大学大学建築学部建築デザイン学科後藤研究室編「増田―横手市増田町伝統的建造物群保存対策調査報告書」二〇一二年
- 積雪状況（羽後町HP）


### 第6節


- 恩田重男『雪の生活学』無明舎出版、一九八一年、一九‐二五頁
- 『黒石の町並―伝統的建造物群保存調査報告書』黒石市教育委員会、一九八四年
- 安藤邦廣ほか『住まいの伝統技術』建築資料研究社、一九九五年、五〇‐六五頁
- 菅原邦生、波多野純「近世における雁木通りの建設整備過程」『日本建築学会計画系論文集』六二巻四九四号、一九九七年、二二一‐二二八頁
- 氏家武『雁木通りの地理学的研究』古今書院、一九九八年
- 菅原邦生「日本における雁木通りの伝播過程について」『日本建築学会北陸支部研究報告集』二〇〇九年、四六九‐四七四頁
- 菅原邦生「近代における雁木通りの構成要素について」『日本建築学会計画系論文集』七九巻六九七号、二〇一四年、七八三‐七八八頁


## 第4章

### 第1節


- 播磨一、畔柳昭雄「洪水常襲地帯に立地する集落と建築の空間構成及び水防活動に関する調査研究―利根川流域と揖斐川流域に立地する集落の比較」『日本建築学会計画系論文集』六八巻五六九号、二〇〇三年、一〇一‐一〇八頁
- 畔柳昭雄「人と水との係わりの構図から見た流域圏・都市の再生」『都市計画』日本都市計画学会、五八巻二号、二〇〇九年、四九‐五二頁
- 畔柳昭雄ほか『水屋・水塚―水防の知恵と住まい』LIXIL出版、二〇一六年
- 横田憲寛、青木秀史、畔柳昭雄「水害常襲地域における建築的減災対策に見る地域特性に関する研究―利根川・荒川・大井川・及び信濃川・揖保川・淀川を対象として」『日本建築学会計画系論文集』八一巻七二七号、二〇一六年、一九二九‐一九三七頁
- 畔柳昭雄「水屋・水塚を通してみる水防の知恵と文化」『会報河川文化』九〇号、二〇二〇年、八‐一〇頁


### 第2節


- 青木秀史、畔柳昭雄「荒川流域における水屋・水塚を備えた屋敷の立地状況とその空間変容に関する研究」『日本建築学会計画系論文集』八〇巻七一〇号、二〇一五年、八五

一‐八六一頁
• 青木秀史、畔柳昭雄「水害常襲地帯における地域・建築と住民生活に関する研究」『日本建築学会計画系論文集』八〇巻七一七号、二〇一五年、二五六九‐二五七六頁

### 第3節

• 『二〇一一年紀伊半島大水害――国土国交省近畿地方整備局災害対応の記録』二〇一三年
• 織田苑子「和歌山県古座川流域における水害史と集落の水防景観に関する研究」（二〇一二年度京都府立大学大学院修士論文）

### 第4節

• 富士吉田市歴史民俗博物館編『富士を登る　富士山叢書第四集』富士吉田市教育委員会、二〇〇六年
• 奥矢恵、大場修「近世富士山における山小屋建築の諸相と山岳景観」『日本建築学会計画系論文集』八四巻七五六号、二〇一九年、四六五‐四七五頁
• 奥矢恵、大場修「富士山における石室の形式と構法」『日本建築学会技術報告集』二六巻六三号、二〇二〇年、七五三‐七五七頁
• 奥矢恵、北川洋「富士山の吉田口登山道における茶屋の変遷とその構法」『日本建築学会計画系論文集』八六巻七八一号、二〇二一年、一〇七三‐一〇八一頁

## 第5章

### 第2節

本稿は、拙稿（以下、一番目〜四番目の文献）を元に加筆し新たにまとめ直したものである。調査は、宇都宮大学安森亮雄研究室（当時）と、NPO法人大谷石研究会の共同（五番目〜七番目）、栃木県建築士会の共同（八番目）で実施した。

• 安森亮雄「栃木県宇都宮市の大谷石――産業・建築・地域における生きられた素材」日本遺跡学会監修、髙田祐一編『産業発展と石切場――全国の採石遺構を文化遺産へ（戎光祥近代史論集2）』戎光祥出版、二〇一九年、四三‐五七頁
• 安森亮雄「農村集落における大谷石の町並みと建物の類型学（「大谷石文化学」連載・建築都市1）」宇都宮市大谷石文化推進協議会、https://oya-official.jp/bunka/culturestudies/kenchikutoshi1/
• 安森亮雄「中心市街地における大谷石の町並みと建物の類型学（「大谷石文化学」連載・建築都市2）」宇都宮市大谷石文化推進協議会、https://oya-official.jp/bunka/culturestudies/kenchikutoshi2/
• 安森亮雄「大谷石の産業建築――地域産業におけるものづくりの空間と風景（「大谷石文化学」連載・建築都市5）」宇都宮市大谷石文化推進協議会、https://oya-official.jp/bunka/culturestudies/kenchikutoshi5/
• 安森亮雄「大谷石建物と町並みに関する類型学的研究――宇都宮市徳次郎町西根地区を事例として」『日本建築学会計画系論文集』第八二巻、七四〇号、二〇一七年、二七三三‐二七四〇頁
• 小林基澄、安森亮雄、二瓶賢人「大谷石建物と町並みの調査と類型分析――宇都宮市上田地区を事例として」『日本建築学会技術報告集』第二四巻、五八号、二〇一八年、四二一‐四二六頁
• 二瓶賢人、安森亮雄、小林基澄「大谷石建物群の町並み調査と建物の類型分析――宇都宮市西芦沼地区を事例として」『日本建築学会技術報告集』第二四巻、五八号、二〇一八年、一二六七‐一二七二頁
• 小林基澄、安森亮雄「宇都宮市中心市街地における大谷石建物の類型と断片的町並み」『日本建築学会計画系論文集』第八四巻、七五六号、二〇一九年、四八九‐四九八頁

大谷の歴史的経緯の記述は、以下をふまえたものである。

・宇都宮市教育委員会「「大谷の景観」調査報告書—名勝指定に向けた総合的調査」二〇〇四年三月
・大谷石研究会編『大谷石百選』市ヶ谷出版社（二〇〇六年初版、二〇一六年第二版）
・橋本優子編「石の街うつのみや——大谷石をめぐる近代建築と地域文化」宇都宮美術館、二〇一七年
・日本遺産「地下迷宮の秘密を探る旅——大谷石文化が息づくまち宇都宮」https://oya-official.jp/bunka/（二〇二四年一月閲覧時）


### 第3節


・農林省米穀局編『米穀倉庫の建築設計』日本米穀協会、一九三八年
・赤坂正勝「国見石について」『郷土の研究』第三八号、二〇〇八年


### 第4節


・越野武『北海道における初期洋風建築の研究』北海道大学図書刊行会、一九九三年
・日本建築学会北海道支部編『小樽市の歴史的建造物—歴史的建造物の実態調査（一九九二年）から』小樽市教育委員会、一九九四年
・「木骨石造が地震に強いって！ 本当かな?」歴史的木骨石造建築物耐震調査研究会報告会、駒木定正報告、二〇二一年一一月二七日


### 第5節


・今和次郎、富田乃生、渡辺明「近世に於ける隠れ切支丹の住宅とその変遷」『日本建築学会論文報告集』五七号、一九五七年、五〇一-五〇四頁
・出津カトリック教会『出津教会誌』一九八三年
・宮澤智士「農家の中世から近世へ」『民家Ⅱ農家（日本名建築写真選集17巻）』新潮社、一九九七年
・山本輝雄「日本の住まいにおける信仰空間の存在について」『福岡国際大学紀要』六号、二〇〇一年、九三-一〇三頁
・平戸市教育委員会「平戸島と生月島の文化的景観保存調査報告書」二〇〇九年、三二七頁
・長崎市「平成20年度外海地区文化的景観保存計画策定調査報告書」二〇〇九年
・長崎県教育委員会『長崎県内の多様な集落が形成する文化的景観保存調査報告書 論考編』長崎県、二〇一三年


### 第6節


・東京都教育委員会『東京都文化財調査報告書7：伊豆諸島文化財総合調査報告第2分冊』東京都教育委員会、一八五九年
・東京都新島本村役場企画課『抗火石沿革史』東京都新島本村役場、一九七九年


## 第6章

### 第2節


・今和次郎『日本の民家』岩波書店、一九八九（初版一九二二年）
・梅原治夫『国東半島の歴史と民俗』佐伯印刷、一九七四年
・入江泰吉『昭和の奈良大和路—入江泰吉の原風景 昭和20〜30年代』光村推古書院、二〇一一年


### 第3節


・平戸市教育委員会「平戸島と生月島の文化的景観保存調査報告書」二〇〇九年、三二七頁
・長崎県教育委員会『長崎県内の多様な集落が形成する文化的景観保存調査報告書 論考編』長崎県、二〇一三年

### 第4節

・岩城英夫、田村真八郎、江島一浩、吉田武彦、津野幸人、吉田寛一『自然と食と農耕（人間選書82）』農山漁村文化協会、一九八六年

## 第7章

### 第1節

・伊藤ていじ『中世住居史』東京大学出版会、一九五八年

・富山博「元禄期の土蔵について──京都・大和を中心として」『日本建築学会東海支部研究報告』一九六八年、一六七-一七〇頁

・山田幸一『壁（ものと人間の文化史45）』法政大学出版局、一九八一年、八三、一三〇、一三八頁

・日向進「近世初期における町衆の住居とその数寄的空間について」『日本建築学会論文報告集』三〇四号、一九八一年、一五三頁

・吉阪隆正「ヴェニス通信（抄）」『建築の発想（吉阪隆正集 第7巻）』重村力、島田幸男編、勁草書房、一九八六年、八一頁

・富山博『日本古代正倉建築の研究』法政大学出版局、二〇〇四年

・高屋麻里子「洛中洛外図屏風に描かれた町家と土蔵の変遷」『日本建築学会計画系論文集』七一巻六〇七号、二〇〇六年、一五七-一六二頁

・丸山俊明「近世初頭の京都における町家土蔵の配置」『日本建築学会計画系論文集』七三巻六二三号、二〇〇八年、九一-九六頁

・吉川奎、青柳憲昌「近世・近代の土蔵の外観と構法」『歴史都市防災論文集』一六巻、二〇二二年、四九-五六頁（本稿は、拙稿で明らかにした知見にもとづくものである）

### 第2節

・柴井重次『左官雛形─初心手引（上）』勝村治右衛門等、一八七六年

・出牛政雄『土蔵』三和印刷、一九八〇年

・『ふるさとの住い』芸北町教育委員会、一九八六年

・『建築大辞典（第二版）』彰国社、一九九三年

・鈴木光編『左官事典』日本左官業組合連合会、二〇〇四年

・吉田一正「観音扉の作り方」『建材フォーラム』二〇一二年一月

・山田宮土理「土の建築を解く（Vol.1～4）」『日左連誌』七二五-七二八号、二〇二二年（本稿の一部は拙稿の内容を再編したものである）

### 第3節

・『原村の土蔵を彩る鏝絵（郷土の文化財第4集）』原村教育委員会、二〇一四年

・『原村の土蔵を彩る鏝絵』原村教育委員会、二〇一八年

### 第4節

・今和次郎「倉を抱いている民家」『ニューハウス』相模書房、一九六七年（『民家論（今和次郎集第2巻）』ドメス出版、一九七一年、四四二頁）

・杉本尚次『日本民家の研究』ミネルヴァ書房、一九六九年、一二六頁

・丹生谷章『中部地方の民家』明玄書房、一九八二年

・伊藤文夫「諏訪地方における地域文化の地理学的考察」『新地理』三五巻一号、一九八七年、一九-四〇頁

・橋本剛、安藤邦廣ほか「諏訪地方の「タテグルミ」に形成される温熱環境」『日本建築学会大会学術講演梗概集』二〇〇八年、九一-九二頁

・栗山桂輔、小沢朝江「長野県諏訪地方における「建てぐるみ」の類型とその背景」『日本建築学会学術講演梗概集』二〇一〇年、六一-六二頁

- 豊川尚、安藤邦廣ほか「長野県諏訪地方の建てぐるみに形成される室内温熱環境の実測調査」『日本生気象学会雑誌』五二巻一号、二〇一五年、二九-四三頁
- 『原村の土蔵を彩る鏝絵』原村教育委員会、二〇一八年

**第5節**

- 伊藤豊松『蔵のまち喜多方（ふくしま文庫23）』福島中央テレビ、一九七六年
- 伊藤ていじ「都市の蔵」『蔵—暮しを守る』東京海上火災保険、一九七九年
- 草野和夫「喜多方の商家土蔵座敷の位置形態と発生について」『日本建築学会大会学術講演梗概集』一九八〇年、二〇五九-二〇六〇頁
- 『喜多方の町並（商家）—伝統的建造物群保存調査報告書』喜多方市教育委員会、一九八〇年
- 金田実『蔵——会津喜多方　写真集』国書刊行会、一九八二年
- 『建築大辞典（第二版）』彰国社、一九九三年
- 高橋康夫、宮本雅明、吉田伸之、伊藤毅編『図集日本都市史』東京大学出版会、一九九三年
- 相羽康郎、村上真一、花本涼子「歴史国道楢下宿に関する研究—楢下宿の町並み変容と提案」『日本建築学会大会学術講演梗概集』一九九七年、四九一-四九二頁
- 東京藝術大学大学院美術研究科文化財保存学専攻保存修復建造物研究室「喜多方市小田付——伝統的建造物群保存対策調査報告書」喜多方市教育委員会、二〇一六年

**第6節**

- 横手市産業経済部観光物産課伝建推進室、工学院大学建築学部建築デザイン学科後藤研究室編「増田—横手市増田町伝統的建造物群保存対策調査報告書」横手市、二〇一二年
- 『増田の蔵』増田「蔵の会」、二〇一二年
- 国立文化財機構奈良文化財研究所編「松浦千代松家住宅調査報告書—横手市指定文化財」横手市、二〇一六年
- 国立文化財機構奈良文化財研究所編「佐藤又六家住宅調査報告書—国登録有形文化財」横手市、二〇一六年

**第8章**

- 玉井哲雄『江戸　失われた都市空間を読む』平凡社、一九八六年
- 鈴木理生『江戸のみちはアーケード』青蛙坊房、一九九七年
- 九州芸術工科大学環境設計学科歴史環境研究室・都市環境研究室編『八女福島　八女市福島伝統的建造物群保存対策調査報告』八女市教育委員会、一九九八年
- 大場修編著、養父市教育委員会編『養父市大杉地区伝統的建造物群保存対策調査報告書　建築編』養父市教育委員会、二〇一六年
- 大場修、京丹後市史編さん委員会編著『京丹後市のまちなみ・建築』京丹後市、二〇一七年
- 「第3章第3節　中川の民家と社寺の建築的特質」「同第4節　林業倉庫の建築的特質」『京都中川の北山林業景観』京都市文化市民局文化芸術都市推進室文化財保護課、二〇一九年
- 大場修『「京町家カルテ」が解く　京都人が知らない京町家の世界』淡交社、二〇一九年

# あとがき

本を「あとがき」から読む人がいる。あとがきで本の値踏みをする人も知っている。その本がなぜ書かれたのか、本の目的や背景は「まえがき」で示されるが、それは公式の説明である。もっと個人的なきっかけや思いのような「内輪話」を知りたいとなれば、あとがきに目が向かう。私も例外ではないので、ここは「身の上話」から始めてみたい。

私は一九八〇年から民家調査に参加した。具体的には兵庫県の龍野旧城下町の町家である。恩師は『近畿の民家』（相模書房、一九八〇年）を著した故林野全孝京都府立大学名誉教授。林野研究室の助手に赴任直後の仕事が龍野（兵庫県）の伝建調査であった。近畿地方の民家（農家）建築を中心に長年調査をしてこられた先生にとっても、間口の狭い小規模な町家建築は未知の調査対象であったはずである。

調査現場で私が二階に上ろうとすると、「二階なんか採らなくてよい」とやや嗜める口調で先生は言われた。二階とは主屋の二階で、その間取りの調査など不要だ、と言われるのである。町家の主屋以外の付属屋も先生の眼中にはなかった。

その一言が脳裏に焼きついているのは、当時の私が民家調査の経験がゼロであったからであろう。何を調べるべきか、何を省くべきかわからない当時の私には、二階の調査の必要性を反論できるはずもない。しかし、不服そうな私をゼミの学生が気の毒に思ってくれ、こっそりと二階の図面を採ったことが私の町家研究の起点となる。龍野の町家研究では、二階居室の成立過程が重要な論点のひとつとなったが、それは恩師に内緒で調べた資料をベースにしている。

当時の民家研究は、農家住宅を軸に復原調査と編年研究に主眼が置かれていた。古い農家住宅に二階はそもそもないし、主屋を付属屋が取り巻いていても、調査の関心は古い主屋に向いていた。町家の二階はいわば主屋内の付属空間であり、先生の目には周囲の付属屋と同等のように映っていたのであろう。

民家の調査現場で最も重要な作業は主屋の復原平面図の作成である。古い民家ほど価値が高いとされるも、古い民家ほど改造が多く変遷過程が複雑なので、より精緻な痕跡調査と高度な復原図の作成技術が求められる。先生いわく「復原調査は一〇年かかる」というほど、現場での訓練を要する調査法である。改造の痕跡を見つける作業は、目を凝らし部材の傷を発見する注意力があればさほど難しいことではない。しかし、多数の痕跡をつなぎ合わせて整合性のある復原図をつくるには、民家学の知識を前提に部材を見分ける判断力と推理力、総合力を要し、短期間だけ研究室に席をおく学生や院生が担当できるものではない。

実際に、助手時代の前半、私は先生にくっついて復原調査の薫陶を受けた。まさに、一子相伝のように痕跡復原の方法を学んだ。復原調査を分担するようになってからは、林野班、大場班の二チームで調査の効率が高まり、調査の後、手描きした痕跡図や復原図を互いに突き合わせて議論したものである。

林野研の助手時代、駆け出しの初学者ながら、苦労して描いた復原図に、なぜか私は少し物足りなさを感じていた。当時はわからなかったけれども、今となってみれば復原図が本来的に持つその「捨象性」を感じとっていたのだと思う。復原とはその後の増改築を外し、当初の形式を探る作業である。主屋の原形を突き詰める復原調査を前提とする方法論が確立することで、ますます主屋に関心が集中し、主屋以外のものが遠ざかっていった。そのことで取りこぼした民家建築のモノやコトの重要性に気づくには時間を要したが、当時の「足りなさ感」は、本書の遠い淵源のように思えるのである。

本書は、科研基盤B「「住空間史学」構築のための分野横断的研究」（二〇一九年から五年間）の成果であるが、当初予定していたものではなく、いわばコロナ禍の副産物である。初年度は、研究メンバー一同で現地を巡検しつつ今後の進め方を話し合うなど順調なスタートを切ったが、二年目以降身動きが取れなくなる。外に出ることが叶わなくなった一方、オンライン環境が整備されたことで、連続的な研究会の開催に思い至る。

科研のメンバーでは足りず、さまざまなツテで、ツテがなくとも不躾に研究会の講師を依頼し続けた。月例の研究会は途切れることなく二一回。回を重ねる中で書籍化を思いつく。毎回の研究会では、報告者から多くの付属屋や小屋の実例が紹介される。極めて詳細な手描きの図版に魅了された回もあった（本書に収録されている）。二年近く続いた研究会で共有された多数の付属屋や小屋を束ね整理し公刊するアイデアは、まさに「もうひとつの民家の系譜」をまとめる試みに他ならない、との確信に変わった。

当時、私はたまたま別の出版事業に執筆者の一人として参加していた。その担当者が鹿島出版会の渡辺奈美氏であった。お会いしたことはないものの、ネットの編集会議で渡辺氏のお顔も拝見していた。こっそりと本書の企画を打診すると、大いに興味を示していただいたことで、本書は急速に動き出した。

各ページを彩るカラー図版は、図説書であることに重きを置く本書の生命線であるが、出版費用を押し上げる。高額な専門書になることを防ぐべく、科研の「研究成果公開促進費（JSPS科研費 JP23HP5171）」を申請。採択されたことで、なんとか概説書の価格帯で刊行にこぎつけることができた。

本書の執筆者は一九人を数える。大量の図版は各人から持ち寄られたものである。「付属屋・小屋集成」と名づけても良いほど、関係の図版がこれほど一同に集う類書は近年ないはずである。本書が契機となり、民家学に新たな視点と座標が加わることになれば幸いである。また、地域の文化資源として、全国の付属屋や小屋に光が当たり再評価されることに、本書が一役かうことになればこれに勝るものはない。

図説本の編集には多大の労力が伴うが、一貫して丁寧な編集作業をこなしていただいた鹿島出版会の渡辺奈美氏には心より御礼を申し上げたい。本書の刊行のために原稿を寄せていただいた一六人の執筆分担者の皆様にも感謝の念でいっぱいである。併せて、全国各地で付属屋や小屋の現地調査にご協力をいただいた地元の関係各位に、この場を借りて深く謝意を表します。

大場　修

二〇二四年一月

# 略歴

## 編著者

### 大場 修　おおば・おさむ

立命館大学衣笠総合研究機構教授／京都府立大学名誉教授／工学博士

主な著作：『物語・ものの建築史 風呂のはなし』（鹿島出版会、一九八六）、『近世近代町家建築史論』（中央公論美術出版、二〇〇四、日本建築学会賞（論文）受賞）、『「京町家カルテ」が解く 京都人が知らない京町家の世界』（淡交社、二〇一九、同学会著作賞受賞）、『京都 学び舎の建築史』（京都新聞出版センター、二〇一九）、『占領下日本の地方都市―接収された住宅と都市空間―』（編著、思文閣出版、二〇二一）、『くらしの景観 日本と中国の集落』（臨川書店、共著、二〇二二）

## 著者

### 青柳憲昌　あおやぎ・のりまさ

建築史家・立命館大学准教授／一九七五年東京生まれ。東京工業大学工学部建築学科卒業、東京工業大学助教を経て現職。博士（工学）。専門は日本建築史・文化財保存。主な著書に『建築家による「日本」のディテール』（彰国社、二〇二三）、『日本近代の建築保存方法論』（中央公論美術出版、二〇一九、建築史学会賞受賞）など。

### 安高尚毅　あたか・なおき

小山工業高等専門学校教授／福岡県出身。一級建築士。九州大学大学院芸術工学研究科芸術工学専攻博士後期課程単位取得退学。博士（芸術工学）。宮本雅明に師事。プランテック総合計画事務所、東和大学、島根大学を経て二〇二一年より現職。著書に『松江市史別編1松江城』（共著、松江市、二〇一八）、『和室礼賛――「ふるまい」の空間学』（共著、晶文社、二〇二二）など。

### 奥矢 恵　おくや・めぐみ

京都府立大学大学院生命環境科学研究科環境科学専攻准教授／京都府立大学大学院生命環境科学研究科環境科学専攻博士課程修了。博士（学術）。伊東豊雄建築設計事務所所員、科学技術振興機構日本科学未来館展示企画・設計担当を経て二〇一九年より現職。専門は山小屋を中心とした小屋・付属屋、山間集落の建築歴史・意匠。

### 長田城治　おさだ・じょうじ

郡山女子大学家政学部生活科学科建築デザイン専攻准教授／一九八三年山形県生まれ。東海大学大学院総合理工学研究科総合理工学専攻修了。博士（工学）。東北芸術工科大学文化財保存修復研究センターPDを経て、現職。専門は日本建築史、近代建築史。著書に『占領下日本の地方都市』（共著、思文閣出版、二〇二一）など。

### 角 幸博　かど・ゆきひろ

北海道大学名誉教授／一九四七年札幌市生まれ。一九七〇年北海道大学工学部建築工学科卒業。二〇一一年より現職。二〇一二年からNPO法人歴史的地域資産研究機構代表理事として歴史的地域資産の保存活用を展開。二〇一五年札幌芸術賞、二〇一六年日本民俗建築学会竹内芳太郎賞受賞。二〇一六年博物館網走監獄館長、二〇二〇年日本民俗建築学会会長。

### 釜床美也子　かまとこ・みやこ

香川大学創造工学部講師／徳島県出身。二〇〇九年筑波大学大学院人間総合科学研究科博士課程修了。博士（デザイン学）。二〇一三年に香川大学に着任。構法・生産組織の視点から民家や集落の調査研究を行う。

### 黒野弘靖　くろの・ひろやす

新潟大学工学部建築学プログラム准教

授／一九六一年生まれ。博士（工学）。一級建築士。専門は建築計画。著書（分担執筆）に『住まいを読む』（建築資料研究社、一九九九）など。

**畔柳昭雄**　くろやなぎ・あきお

日本大学名誉教授／一九五二年三重県生まれ。一九八一年日本大学大学院博士後期課程建築学専攻修了。工学博士。日本大学教授を経て現職。香川大学創造工学部客員教授。主な著書：『海の建築』（水曜社、二〇二一）、『消えゆくアジアの水上居住文化』（共著、鹿島出版会、二〇一八）など多数。主な建築作品：アルミ海の家Ⅰ・Ⅱ・Ⅲ、茶室一瞬亭

**小林久高**　こばやし・ひさたか

島根大学総合理工学部建築デザイン学科准教授／一九七二年三重県生まれ。一九九八年早稲田大学理工学部建築学科卒業。二〇〇八年筑波大学大学院人間総合科学研究科博士後期課程修了。三井木材工業株式会社、森林総合研究所での勤務を経て二〇一三年より現職。古民家や伝統的集落について、その構成を社会的背景から分析する研究を行っている。博士（デザイン学）。

**小林基澄**　こばやし・もとすみ

小山工業高等専門学校助教／一九九一年茨城県生まれ。二〇一五年宇都宮大学工学部建設学科卒業、同大学院修士課程修了、大学院博士課程を経て、宇都宮大学産学イノベーション支援センター非常勤研究員。二〇二〇年より現職。専門は建築歴史意匠。博士（工学）。

**真田純子**　さなだ・じゅんこ

東京工業大学環境・社会理工学院教授／博士（工学）。一般社団法人石積み学校代表理事。主な著書に『都市の緑はどうあるべきか』（技報堂出版、二〇〇七）、『誰でもできる石積み入門』（農文協、二〇一八、土木学会出版文化賞）、『風景をつくるごはん』（農文協、二〇二三）がある。専門は緑地計画史、景観工学、農村計画、土木史。

**陳国棟**　ちん・こくとう

無名営造社　建築設計事務所主宰／一九八五年生まれ。多摩美術大学博士前期課程修了、京都府立大学大学院博士後期課程単位取得。主な作品：帰柳楊宅（AR House awards 2023 受賞）、翰林湖階段の家（2023 Architecture MasterPrize Awards 受賞）など。

**中村琢巳**　なかむら・たくみ

東北工業大学建築学部准教授／一九七七年東京生まれ。二〇〇〇年東京大学工学部建築学科卒業。著書に『生きつづける民家——保存と再生の建築史』（吉川弘文館、二〇二二）、論文に「歴代木村清兵衛にみる数寄屋大工の近代」（家具道具室内史）など。

**中村航**　なかむら・わたる

足利大学講師／二〇一〇年早稲田大学卒業、二〇一八年博士（工学）取得。奈良女子大学を経て、二〇二一年より現職。専門は建築材料で特に土素材や自然素材を研究している。ＳＤレビュー２０１９入選、ＳＤレビュー２０１３ＳＤ賞等入賞。

**平尾和洋**　ひらお・かずひろ

立命館大学理工学部建築都市デザイン学科教授／一九六六年生まれ。京都大学工学部建築学科卒業、京都大学大学院修了。パリ建築大学ラ・ヴィレット校、京都大学工学研究科助手を経て現職。主な著書に『テキスト建築意匠』（共著、学芸出版社、二〇〇六）『建築デザイン発想法』（学芸出版社、二〇〇九）、『沈黙と光——ルイスカーンの建築精神——』（訳、青山社、二〇一三）、『日本の建

**安森亮雄** やすもり・あきお

千葉大学大学院工学研究院建築学コース教授／一九七二年東京都生まれ。一九九六年東京工業大学工学部建築学科卒業、同大学院修士課程修了、オランダ・ベルラーヘ・インスティテュート留学、東京工業大学大学院博士課程を経て、助教。二〇〇九年宇都宮大学准教授、二〇二〇年より現職。主な研究分野は、建築と都市の関係性を中心に、地域の素材と産業をテーマとし、大谷石をはじめ全国の「石のまち」のフィールドワークを展開。グッドデザイン賞等受賞。博士（工学）。

**山田宮土理** やまだ・みどり

早稲田大学理工学術院准教授／博士（工学）。専門は建築構法・材料。一九八五年神奈川県生まれ。早稲田大学理工学部建築学科卒業、博士後期課程修了後、二〇一四-二〇一六年早稲田大学建築学科 助手、二〇一六-二〇二〇年近畿大学建築学部 助教、講師を経て二〇二〇年より現職。受賞としてSDレビュー2019入選、SDレビュー2023 SD賞、二〇二三年日本建築仕上学会論文奨励賞など。

**山田由香里** やまだ・ゆかり

長崎総合科学大学工学部教授／神奈川大学大学院博士後期課程修了。平戸市と各務原市の教育委員会を経て、長崎総合科学大学准教授。二〇一六年より現職。博士（工学）。著書：『長崎の教会堂—風景のなかの建築』（共著、河出書房新社、二〇一六）、『鉄川与助の大工道具——長崎の教会堂に刻まれた知恵と工夫』（長崎文献社、二〇一八）。

＊本文内に特記なき図版は、執筆者撮影・作成、もしくは所蔵による

# 図説《ずせつ》
# 付属屋《ふぞくや》と小屋《こや》の建築誌《けんちくし》
## もうひとつの民家《みんか》の系譜《けいふ》

二〇二四年二月二九日第一刷発行

編著――大場 修
著者――青柳憲昌＋安高尚毅＋奥矢 恵＋長田城治＋
角 幸博＋釜床美也子＋黒野弘靖＋畔柳昭雄＋
小林久高＋小林基澄＋真田純子＋陳 国棟＋
中村琢巳＋中村 航＋平尾和洋＋安森亮雄＋
山田宮土理＋山田由香里

発行者――新妻 充
発行所――鹿島出版会
〒一〇四-〇〇六一
東京都中央区銀座六-一七-一
銀座六丁目-SQUARE 七階
電話 〇三-六二六四-二三〇一
振替 〇〇一六〇-二-一八〇八八三

印刷――シナノパブリッシングプレス
製本――牧製本
デザイン――日向麻梨子（オフィスヒューガ）


ISBN 978-4-306-04714-3 C3052



本書の内容に関するご意見・ご感想は左記までお寄せ下さい。
URL: https://www.kajima-publishing.co.jp/
e-mail: info@kajima-publishing.co.jp